JUAA選書………15
[大学基準協会監修]

大学評価の体系化

大学基準協会
高等教育のあり方研究会

生和秀敏 = 編著
SEIWA, Hidetoshi

東信堂

はしがき

　「大学評価は何のために行うのか」。これが本書を企図した我々の共通した課題意識である。我が国で最も歴史と実績のある評価機関である大学基準協会が、なぜ今、改めてこのような問いかけをするのか、疑問に思われる関係者も少なくないと思う。しかし、大学基準協会を取り巻く評価環境の変化、時代と社会の動向を反映した新たな大学の使命の模索、そして何よりも、大学基準協会が目指す大学の質の向上と繋がる評価のあり方を、より広い視野から見つめ直すことが、大学基準協会の責任ではないかと考えたからである。

　1947年、設置された大学基準協会は、設立当初、前身の大学設立基準設定協議会のチャータリング機能と高等教育の質の向上を図るアクレディテーション機能という幾分性格の異なる役割を自らに課していた。その後、1956年、大学設置基準が定められ、大学設置の法的手続きであるチャータリングは、政府機関である文部科学省（当時は文部省）の所掌することになってからは、大学基準協会の英文名でも明らかなように、アクレディテーション・アソシエーションとして機能することになった。

　1956年に改訂された大学基準協会定款の第3条で、「本会は会員の自主的努力と相互援助によって我が国における大学の質的向上をはかるとともに大学教育の国際的協力に貢献することを目的とする」と規定され、具体的な事業として、大学基準の制定、適用及び改善等の事項が示された。以来、大学基準協会では、会員校の参加によって定めた大学基準が適切に守られ、大学の質が維持されているかどうかを、会員校の相互評価（ピア・レビュー）を行うという評価方法を続けてきた。

　しかし、2002年、学校教育法によって自己点検・評価が義務づけられ、加えて、認証評価制度が導入され、国が認証した第三者機関による評価が求められるようになった。さらに、2003年、国公立大学の法人化に伴い、6年の業務期間に区切った業務実績評価が行われるようになっている。いずれも大学評価という範疇の中に位置づけられているが、評価の目的・評価基準・評価方法は同じではない。

自己点検・評価と評価結果の公表は、自主・自律を標榜する大学は、絶えず自らの活動をモニタリングし、問題点や課題を明らかにし、その結果を関係者に公表すると共に、自らの責任において必要な改革・改善を行うことを求めたものである。従って、評価基準も評価方法も基本的には各大学の判断に委ねられている。

　認証評価と呼ばれている第三者評価は、国により認証された評価機関が、それぞれの評価機関が定める大学基準に基づいて大学を評価するもので、具体的な評価項目は、法令等によって大学に求められている基本的な要件の遵守状況に加え、各評価機関が考える大学像をアカデミック・スタンダードとして位置づけ、その基準に合致しているかどうかを評価するための項目から構成されている。しかし、認証評価制度の導入が大学設置基準の大綱化と表裏一体であり、政府の審議会答申を評価に組み込んでいる点などから考えると、政府の関与の強い評価制度になっている。

　法人評価は、国公大学の法人化を契機に導入されたもので、6年という定められた事業期間中の業務実績をあらかじめ設定された中期目標・中期計画の達成度を手掛かりに、法人の設置権限をもつ国や地方公共団体が行う評価である。大学の業務が教育研究等の活動であることから、大学評価の範疇に含まれるが、あくまでも基本は法人の評価であり、投資に見合う成果が認められるかどうかといった政策評価の色彩が濃い。

　さらに、法科大学院の新設を契機に、専門分野別評価が導入されたり、大学の多様化に対応する機能別評価の可能性が検討されたり、大学の国際的競争力を高めるという政府の高等政策を反映してか、タイムズやトムソン・ロイターなどが公表する大学ランキングが市場関係者の関心を引くなど、今や大学評価は、多様化の一途を辿っているように思われる。しかし、残念ながら、大学評価の基になるはずの大学の理念や使命についての議論は必ずしも十分ではなく、「大学評価は何のために行うのか」という問いかけを回避した「理念なき評価」が一人歩きしている印象がある。

　では、一体、大学の使命とは何だろうか。一般には、教育と研究と社会貢献と言われているが、大学の伝統や設置形態等によって、自ずと力点の置

き方に違いが生じるのは当然である。旧制大学の流れを汲む研究大学を指向する大学では、学術研究の推進とエリート教育を大学の使命と考えるヤスパース型の大学論を是とする傾向が強く、新制大学の多くは、多数の平均的学生の教育に主眼を置くオルテガ型の大学論が中心で、その内容は、よき市民の育成を目指すリベラル教育と専門への基礎としてのジェネラル教育を合体したアメリカをモデルとしたものになっている。

　しかし、多くの大学にあっては、教員は自らを研究者として意識する傾向があることは否めない事実であり、専門分野を教授することが自分の役割だと考える傾向が強い。大衆化時代にあっても、ヤスパース型の大学論からオルテガ型の大学への転換に踏み切れないのは、案外このあたりに原因がある気がする。いずれにせよ、それぞれの大学が自らの理念や使命を実体のあるものにするためには、理念や使命の再確認を行った上で、運営方針、教育研究組織、教員の意識、学生の期待、授業の内容と方法が、相互に有機的な関連性をもっていることが強く求められる。機関別認証評価を行う評価機関は、この点に評価の焦点を置くことが重要であろう。

　評価は価値判断であり、価値が判断の基準である。評価は一定の価値を前提として、それを基準として、事象や事象間の相互関係や経過が、その基準をどれだけ実現しているかという「価値合理性」に立脚している。従って、大学評価を行うためには、前提となる大学の理念や使命が明確でなければならない。大学の個性や特徴は、まず自らが掲げる使命や目的に現れるべきものであり、個性に応じた評価とは、その大学の使命や目的の顕現化の程度を評価できるものでなければならない。果たして現在の大学評価は、そのようになっているのだろうか、評価の意味と目的を大学と評価機関は本当に共有しているのだろうか、評価のための評価になってはいないだろうか。大学評価の国際的な動向をも視野に入れ、もう一度、我々は大学評価の意味を問い直す必要があると考えている。

　本書は、大学基準協会が公表した「大学評価論の体系化に関する調査研究報告書」(2015年12月)のうちの、第三部・アンケート及び海外訪問調査報告

の部分を除いて構成したものである。刊行の体裁は異なるものの内容的には同じものである。この間、報告書の内容を大きく変更する必要のある状況変化はないという認識から、あえて、このような刊行様式を採った。また、多数の執筆者が関わっているため、原稿脱稿時期に違いがあり、内容の統一性に関しては、かなり問題があることは自認している。しかし、第3期の認証評価機関を迎えるにあたり、速やかな刊行が求められているため、このような次第となった点をご理解頂き、関係者の清鑑を乞いたい。

2016年9月
公益財団法人大学基準協会
高等教育のあり方研究会
大学評価理論の体系化に向けた調査研究部会
部会長　生和秀敏

目次／大学評価の体系化

序　章 …………………………………………………… 生和　秀敏…3

第一部　大学評価の背景と現状　　　　　　　　　9

第1章　大学論の変遷と展開……………………………… 11
第1節　大学とは何か—その理念と使命—　………… 有本　章…12
第2節　新制大学の大学像 ……………………………寺﨑　昌男…28
第3節　大学の新展開と課題—ユネスコ高等教育世界宣言— 生和　秀敏…41

第2章　大学改革の方向………………………………… 51
第1節　審議会答申の概要 ……………………………… 生和　秀敏…52
第2節　大学の国際化対応 ……………………………大森　不二雄…62
第3節　地域社会における大学の役割 ………………… 稲永　由紀…82
第4節　高等教育政策の動向と課題 …………………… 生和　秀敏…92

第3章　大学評価の歴史的展開………………………… 103
第1節　アメリカのアクレディテーションの歴史 ……… 前田　早苗…104
第2節　イギリスの大学評価について
　　　　—高等教育の一元化以降の教育評価の変遷— ……… 工藤　潤…115
第3節　日本の大学評価の歴史 ………………………… 前田　早苗…128

第4章　大学評価の制度化……………………………… 143
第1節　大学設置基準の成立と大学設置認可制度 ……… 早田　幸政…144
第2節　認証評価制度の制度的特質 …………………… 早田　幸政…154

第5章　大学評価の国際的動向………………………… 163
第1節　国境を越えた高等教育質保証ネットワークの進展
　　　　—INQAAHE を中心に— ………………………… 堀井　祐介…164
第2節　ヨーロッパにおける地域規模の動向
・European Association for Quality Assurance
　in Higher Education（ENQA）………………… 堀井　祐介…170

- European Consortium for Accreditation (ECA) ……… 堀井　祐介…178
- European Quality Assurance Register
　　for Higher Education (EQAR) ……………………… 大佐古　紀雄…184

第3節　各国における大学評価の動向
- ドイツ ………………………………………………………… 木戸　裕…190
- フランス ……………………………………………………… 大場　淳…198
- オランダ ……………………………………………………… 大場　淳…202
- 北欧諸国 ……………………………………………………… 堀井　祐介…207
- アメリカ合衆国 ……………………………………………… 前田　早苗…221
- ラテンアメリカ諸国 ………………………………………… 斉藤　泰雄…232
- 中国 …………………………………………………………… 黄　福涛…237
- 韓国 …………………………………………………………… 渡辺　達雄…243
- オーストラリア ……………………………………………… 杉本　和弘…248

第4節　国際的共通性と地域的特異性 ……………………… 大場　淳…256

第二部　大学評価の体系化に向けて　271

第1章　大学評価論の理解 …………………………………… 273
第1節　大学評価論の枠組み ………………………… 生和　秀敏…274
第2節　大学評価論の諸相 …………………………… 生和　秀敏…283
第3節　大学評価のPDCAモデル …………………… 生和　秀敏…291

第2章　大学評価の展開 ……………………………………… 303
第1節　プロセス・アウトカム重視の評価 ………… 杉谷　祐美子…304
第2節　大学の個性的発展を促す評価 ……………… 生和　秀敏…332
第3節　ステークホルダーに対応した評価
　　　　―多様な大学への期待、市場価値のある評価情報― 堀井　祐介…340
第4節　評価方法の改善 ……………………………… 和賀　崇…347
第5節　教育プログラムの評価 ……………………… 生和　秀敏…361
第6節　内部質保証システムを支えるIR機能 ……… 鳥居　朋子…372

終　章　調査研究の総括 …………………………… 生和　秀敏…385

大学評価の体系化

序章

生和　秀敏

I. 大学評価の現状と課題

　大学基準協会は、設立から4年を経過した1951年、アメリカのアクレディテーション・システムを参考に、正会員校としての適格性を判断するための「適格判定」を実施した。「わが国における大学の質的向上を図る」という目的で行われたもので、これが、わが国における大学評価の原型と考えられる。しかし、この評価は、協会の正会員校や協会への加盟を希望する限られた大学を対象としたものであり、全ての大学を対象としたものではなかった。

　大学評価が全ての大学にとって重要な課題となったのは、1986年の臨教審答申で、大学は自らの責任で自身の教育研究活動や社会的貢献度を評価するためのシステムについて検討を行うこと、大学団体はそのメンバー大学を相互評価する必要があることなどが提言されたことに端を発している。その後、大学評価を制度的に確立するために「自己点検・評価と評価結果の公表」が全ての大学に義務づけられ、2004年には、大学設置基準の大綱化に伴う事後チェックのための質保証システムとして、国が認証する評価機関による第三者評価の受審を義務づける「認証評価制度」がスタートし、今日までに至っている。

　この間、大学全体を評価する機関別認証評価に加え、専門職大学院を評価する専門分野別認証評価、専門分野別の評価を行うための専門分野団体による外部評価の推奨、各専門分野におけるベンチマークの提案など、大学評価を取り巻く状況はかなり変化してきている。現在、大学評価において焦眉の課題となっているのは、「大学教育の実質化と繋がる評価のあり方の再構築」であろう。また、大学の個性を尊重する立場から、認証評価などの公的質保証システムに加え、自己点検・評価の充実と評価結果を改善・改革に繋げる「内部質保証システムの構築」が強く求められるようになっている。こ

れは国際的な大学評価の潮流であり、他律的な評価から自律的な評価への新たな展開と言える。

本協会では、これまで行ってきた大学評価の経験と新たな大学環境の変化を念頭において、今後の大学評価の主な課題として、(1)内部質保証という概念の定着化、(2)社会に対する説明責任の徹底、(3)大学の多様化・個性化への対応、(4)アウトカム評価の有効活用などを挙げている。

II. 新たな大学評価の必要性

大学評価は、何を大学の使命・目的と考えるか、何を大学に期待するのかという問題と深い関連がある。しかし、大学評価についての考え方は、各自が考える大学像や置かれている立場によって微妙に異なっている。個人の成長を促す「教育評価」の視点から大学評価を論じる立場もあれば、高等教育政策の「政策評価」として大学評価を位置づける立場もある。また、大学の「自主性・自律性」を重視する大学評価もあれば、「市場の動向」との関係から大学評価を考えるべきとする立場もある。大学が公教育機関である限り、いずれの立場も無視することはできないが、そのことが評価目的の拡散に繋がり、評価の重層化と結びついている。

新たな大学評価のあり方を考えるに当たっては、「大学評価の意味と価値は何か」という基本命題に改めて向き合わなければならない。まず「何のために評価するのか」という基本的な問い掛けを行い、「誰が評価するのか」「何を評価するのか」「どのような方法で評価するのか」「評価結果をどう活用するのか」といった視点から大学評価の現状を点検・評価し、「どこに問題があるのか」「なぜ問題があるのか」「どうすればよいのか」などを総合的・体系的に整理することが必要である。これは、評価機関のみならず、自己点検・評価を実施している大学関係者も等しく考えなければならない課題である。

さらに、これからの大学評価は、大学の国際化の流れに対応できる広い視野に立った汎用性の高い大学評価を目指す必要である。そのためには、国内のみならず各国の大学評価の実態や取り組むべき課題を調査・研究することが必要である。大学を対象とした大学教育の質保証に関する国際比較調査

はあるが、国内外の評価機関を対象とし、その活動実態を通じて大学評価のあり方を組織的・総合的に調査・検討した報告はない。本書のもととなった調査研究の中核をなす国内外の評価機関を対象とした調査は、わが国における大学評価の「国際的通用性」を高める上で有用な情報となる可能性が高い。

III. 調査研究の目的および方法

わが国では近年、自己点検・評価に関わる問題、機関別評価と専門分野別評価の問題、教育研究の評価と法人評価の問題、機能別分化に対応した評価の問題など、大学評価に対応した議論が活発化している。しかしながら、こうした問題に関して理論的に裏打ちされた議論が展開されているとは言い難く、また種々の問題が系統的に整理されているとは必ずしも言える状況にない。

このたび行った調査研究の目的は、大学評価についての文献の収集・分析を行い、論点の明確化と今後の大学評価の改革の鍵となる概念を抽出し、抽出した鍵概念をもとに国内外の大学評価の実態について評価機関を中心にアンケート調査と訪問調査を行い、国や地域の特性を踏まえた上で、国際的に見て汎用性の高い大学評価のあり方を探ることにある。

この目的を実現するために、国内外の大学評価について関心を寄せる若手研究者を中心とした「高等教育のあり方研究会・大学評価理論の体系化に向けた調査研究部会」を設置し、本協会の調査研究グループのメンバーと協力して、調査研究に当たることとした。また、定期的なグループ討議では斯界の有識者の参加と助言を得ながら、理論と実践の両面から検討を加えた。

調査方法は、国内外の大学評価および評価実施に関係する文献の収集および分析を行う文献調査、国内外の評価機関および評価機関ネットワークへのアンケート調査、海外の評価機関および同評価機関の評価を受審した大学を対象とした訪問調査の3つの柱から構成されている。

（1）文献調査

大学評価に関する政府審議会答申、大学団体ならびに経済団体の意見書、主要学術団体による学会誌掲載論文、認証評価機関による研究誌掲載論文、

単行本や報告書等の各種文献を入手可能な範囲で網羅的に収集し、大学評価に関する鍵概念を抽出するとともに、文献リストを作成した。

(2) アンケート調査

INQAAHE 会員団体とわが国における全ての認証評価機関に対し、質問調査票を送り回答を求める。なお、海外機関へは電子メール、国内機関へは郵送方式で送付し、それぞれ電子メールと郵送による回答を求めた。調査項目は、各調査機関の特徴を知るためのフェース・シートと、大学評価の現況を知るための基本的事項、さらに、今後の大学評価の展開において重要と考えられる事項から構成した。

(3) 訪問調査

大学評価に関して特徴的・先進的な取り組みを行っていると推察される海外の評価機関を地域特性を考慮しながら選定し、関係者に対して聞き取り調査と意見交換を行うとともに、アンケート調査では十分に把握できない評価の実態や評価の根拠となる資料・データ等の収集を行った。大学を対象とした海外調査はあるものの、評価機関を対象としたこのような調査はほとんどない。今回の調査研究の大きな特徴と言える。

なお、文献リスト、アンケート調査の結果及び訪問調査の結果の詳細については、本書に載録していない。

IV. 本書の構成と特徴

本書は、上記の研究調査の結果を踏まえながら、各識者がそれぞれ研究を纏めたものである。全体の目次構成は、「第1部　大学評価の背景と現状」、「第2部　大学評価の体系化に向けて」の二部構成となっている。

「第1部　大学評価の背景と現状」では、現在の大学評価の基礎となる大学論や大学評価の歴史的・制度的・国際的背景について俯瞰するため、第1章「大学論の変遷と展開」、第2章「大学改革の方向」、第3章「大学評価の歴

史的展開」、第4章「大学評価の制度化」、第5章「大学評価の国際的動向」という章立てで構成されている。

「第2部 大学評価の体系化に向けて」では、一連の調査研究結果を踏まえ、これからの大学評価の展開において強く求められている事項を中心に、第1章「大学評価論の理解」、第2章「大学評価の展開」という構成になっている。

本書は、文献調査、アンケート調査、訪問調査など各種の手段を用いて行った調査研究を踏まえながら、大学評価の現状と課題を述べたものであるが、大学評価論の体系化という当初の意図からは程遠い内容になっている。そもそも大学評価が俎上にのぼったのは、高等教育の大衆化に伴う大学の増加にあることは事実である。大学評価の体系化を試みるためには、時代と共に変化する大学像を的確に捉え、その背景となる時代や社会のマクロな動向を理解しなければならない。「中世以来、変わらないものは教会と大学である」という人もいるが、今やそれは幻想である。

教育目標を明確に定め、教育課程の編成や教育方法に意を払うことは、大学の学校化であり高等教育機関としての大学には相応しくないと考える人もいる。しかし、学問の追究より社会に役立つ人材の育成を大学に期待する実社会の声は大きく、教育目標の達成とそれを可能にする教育方法の開発を大学教育に強く求めている。

大学評価の判断基準となる価値は、高邁な理念や普遍的な使命の実現というより、どれほど社会や時代の要請に応える人材を育成できているか、いわば、時代や社会への適応力と見なすことが可能である。しかし、それならば、評価は社会が直接行えばよいことであり、市場の論理に従って大学運営を行えばよいことになる。

大学関係者が自らの責任で行う大学評価は、何を目的に行うものなのか、誰のための評価なのだろうか、価値判断の基準は、実利性や有用性だけでよいのだろうか、時代精神という形で社会全体を覆っているポピュリズムに対して大学評価はどのようなスタンスを取るべきなのだろうか、難しい課題は少なくない。

本書は、大学評価に対する統一的な見解を示したものではない。執筆者

個人個人が自らが考える大学論に基づいて大学評価の課題を指摘したものであり、相互に矛盾した記述も当然見られる。しかし、大学評価の現状とキーとなる概念については、ほぼ合意した上で執筆している。この点についてはあらかじめお断りしておきたい。

第1部
大学評価の背景と現状

第1章　大学論の変遷と展開

第2章　大学改革の方向

第3章　大学評価の歴史的展開

第4章　大学評価の制度化

第5章　大学評価の国際的動向

第1章　大学論の変遷と展開

第1節　大学とは何か―その理念と使命―
　　　　　　　　　　　　　　　　　　有本　章

第2節　新制大学の大学像
　　　　　　　　　　　　　　　　　　寺﨑　昌男

第3節　大学の新展開と課題
　　　　―ユネスコ高等教育世界宣言―
　　　　　　　　　　　　　　　　　　生和　秀敏

第 1 章　大学論の変遷と展開

第 1 節　大学とは何か―その理念と使命―

有本　章

　標題の「大学とは何か」には種々の角度からの問いが含まれているに違いない。大学は高等教育 (higher education) に主たる比重を占めながら、中等後教育、第三期教育などとは区別される固有の制度や概念であるばかりか、大学自体に限定してもその定義が区々であり得るのは、種々の角度からの問いが含まれることの証左である。例えば、大学に関する法律、実態、理論に即した定義が可能なのはその一端を物語るはずであるし、同じ大学を対象にしながら視座の相違によって必ずしも同じ大学像を描けるとは限らない。そのような問題を踏まえながら、大学とは何かを問う本稿では、大学史を概観する中で、教育と研究を中心に理念や使命が構築されてきたこと、現在は過去を踏襲し研究と教育に収斂しながらも未来からの挑戦に対処して新たな理念や使命の模索と措定が課題であることを考察する。

１．法律による定義

　わが国の法律では、戦前は帝国大学令や大学令によって、戦後は教育基本法 (1947 年制定) と学校教育法 (1947 年制定) によって大学の規定がなされてきた。この中、後者の両方は大同小異なので、「学校教育法」に従えば、「大学は、学術の中心として、広く知識を授けるとともに、深く専門の学芸を教授研究し、知的、道徳的及び応用的能力を展開させることを目的とする。2 大学は、その目的を実現するための教育研究を行い、その成果を広く社会に提供することにより、社会の発展に寄与するものとする」(第 9 章第 83 条) と定義している。換言すれば、大学の理念や使命は「社会的機能」の観点から

教育と研究を基軸にした社会貢献であるとみなしている。

II．実態に基づく定義

法律の定義を踏襲するとしても、大学の実態に照準すれば、①大学の社会的条件、②大学の社会的構造、③大学の社会的機能、などの側面が分析できるから、③に即した法的観点のみならず、①②に即した社会的条件や社会的構造の観点が浮上することが分かる。「学問の府」である大学は、上級知識の「専門分野」(academic discipline) を素材に研究、教育、サービスなどの「学事」(academic work) を遂行する制度かつ組織体であり、各時代の社会的条件に規定されると同時に、社会構造のさまざまな側面を擁し、研究や教育の社会的機能を遂行して社会発展に貢献する。

1．社会的条件

第 1 に、これら①②③の観点のなかで社会的条件 (social condition) に注目すれば、大学の誕生と発展の軌跡を辿る必要がある。大学の誕生については、種々の視座から議論することができる。筆者は、ヘースティング・ラシュドールと同様、大学は中世大学をもって誕生したと考える (Rashdall, 1895 [1968])。その場合でも視座や論点が種々あるが、その詳細は 6 つの視座 (具体的には、ユニバーサリズムとナショナリズム、下構型構造と上構型構造、科学制度化以前と以後、単層構造と重層構造、学寮型とマルティ・バーシティ型、教師主導と学生主導、等を含む) から論じたが、それは別稿に譲ることにしたい (有本, 2005)。本稿では、世界的に中世大学、近世大学、近代大学、未来大学と辿る大学の軌跡が、農業社会、工業社会、知識基盤社会を基盤とした、第 1 の波、第 2 の波、第 3 の波という社会変化に対応しているとみなす。農業社会に位置する第 1 の波の時代の 12・13 世紀において誕生した中世大学は、イタリアのボローニア大学が学生主導、フランスのパリ大学が教師主導の大学のそれぞれ嚆矢として、その後誕生した世界の諸大学の原型となった。両者はウニベルシタス (Universitas) と呼称されるように、学問のギルド＝組合という原義をもって登場した。立派な正門や建物を擁した今日の大学とはいささかイメージの異

なる「学問の組合」が大学の原型である。揺籃期の中世には世界で80程度の大学が存在したので、それはせいぜい現在の日本の国立大学の数(86)に匹敵する。2014年現在の日本の大学数は781校(国立86校、公立92校、私立603校)となり、現在は日本だけでも800近い大学数を数えるので、世界的に多数の大学が存在すると容易に推察できる。大学は量的にはごく小規模でもって制度化され出発し、今日の大規模な状態(例えば学生数、教員数、職員数など)へと発展を遂げたのである。

　近世まで含めると約600年持続した中世大学は実際には途中で衰退して消滅し、専門学校やアカデミーに肩代わりされた歴史がある(吉見, 2011, 64-78頁)。しかし産業革命を契機に登場した工業社会では第2の波の時代が始まり、大学は蘇生し、活気をとり戻すに至り、その典型としては1810年にベルリン大学が登場して先鞭をつけた近代大学が発展の緒につき、19～20世紀を通じて約200年間発展を遂げた。脱工業社会化の進行に伴い1960年頃から情報社会化を迎えて第3の波の時代が助走期を迎えたが、その頃には近代大学は現代大学の様相を呈し、21世紀に入る時点から脱情報社会化に転じ、さらには知識基盤社会化を迎え、第3の波が本格化するなかで未来大学への模索が生じた。

　こうして、誕生から今日まで一度死んだという説があるとはいえ約800年の年輪を刻んで長躯発展を遂げ命脈を保ってきた大学は、クラーク・カーが指摘したように、他に類例をみない社会制度である(Kerr, 1963 [1966])。それだけに、一口に大学と言っても、その理念や使命が終始不変的かつ直線的な軌跡を描いたのではなく、紆余曲折しながら現在に辿りついたことは想像するに難くない。今や教育と研究こそが固有の理念だとしても、中世大学からこの両輪が確立したのではない以上、教育・研究の並立する現行の法的定義が定着するまでには多くの時間を要した。

　世界的動向に日本の大学を位置付ければ、第2の波の時代から制度化された日本の大学は、中世・近世大学の前史を欠如して、いきなり近代大学から出発した。戦前は研究志向のドイツモデルを導入し、学部の中に研究と教育を同居させ、戦後は大学院を擁するアメリカモデルを導入して学部の中に教

養教育と専門教育を同居させたことを回想すると、先進モデルの折衷的な移植でもって成立した日本的大学の長所と短所があるとみなされる。

2．社会的構造

第2に、組織体の社会構造に注目してみよう。バートン・クラークの分類(sector、section、hierarchy、tier)を援用すると、社会的構造には、設置者(国・公・私のセクター)、セクション(ヨコの専門分野＝学部、学科、講座、研究所)、ティア(タテの専門分野＝学士課程、大学院)、ヒエラルヒー(大学間の階層、格差)、などがある(Clark, 1983[1994])。その他にもガバナンス(国家政府と大学の関係)、理念・目的・目標(使命、エートス、信念)、構成員(理事、教員、職員、学生)、機能(研究、教育、サービス、管理運営)、などが存在する。ここではその詳細な検討は割愛して、歴史的には大学組織体が大規模化と複雑化を辿っている事実の一端に触れておきたい。

組織体としての大学は集団やさらに社会である以上、社会の憲法に相当する部分が存在し、社会を律する規範やエートスや信念が存在する。その部分は総じて理念や使命を指すと解される。例えば、セクターに即してみると、国立大学は国家の人材、公立大学は地方自治体の人材、私立大学は法人の人材をそれぞれ輩出するという理念や使命がある。理念や使命は組織体を統合するのであるが、現実には理想通りにならないのは、組織体は一枚岩ではなく、とりわけ内在する経営と教学の側面は必ずしも協調的であるとは限らず、むしろ利害対立と葛藤を生じるからである。

中世大学の学問ギルドは、学芸、法学、医学、神学などの学部から構成され、概ね凝集力を持つ単一の組織体であり、いわばユニ・バーシティ＝単一大学であったし、社会に埋没せず「象牙の塔」の性格をかなり擁したが、次第に大規模化して学部、大学院、研究所などを集積した都市さながらのマルティ・バーシティ＝複合大学へと変貌を遂げた(Kerr, 1963[1966])。

エイブラハム・フレックスナーは、1930年頃、アメリカの大学の変貌ぶりに慨嘆した。「真の大学とは、高尚で明確な目的によって特徴づけられた一つの有機的組織であり、精神の目的である。…拡大を求め、さまざまな需

要に迎合し、野蛮な努力を行った結果、有機的統一体としての大学は分解してしまった。」(フレックスナー, 1930 [邦訳 2005 年, 192 頁])。「いかさま医者、技術者、抜け目のない「セールスマン」、実践家が、泰然と支配力を獲得している。」(同上, 227-228 頁)。

　彼が 80 年後の現状を観察すれば、さらに嘆き悲しむに違いない。学事の基礎たる専門分野が拡大・分化するに伴い、今日の大学は、講座、学科、学部が増殖し、組織体がいやがうえにも拡大し、中世大学のせいぜい 4 学部から 10〜20 学部へ増殖し、その傘下に多数の学科を擁するに至った。市場化の進展と呼応して大学は従来の「知の共同体」から市場原理で動く「知の企業体」へと変貌を遂げ、現在では「象牙の塔」や「複合大学」どころか、効率、能率、利潤を追求するアカデミック・キャピタリズム＝大学資本主義が強まりを示している (Slaughter and Rhodes, 2004 [2012])。グローバル化、市場化、IT などと呼応してフェニックス大学のように、e ラーニングによる世界的ネットワークを持ったマクドナルド型大学の知の企業体も登場しているのである。

　大学組織体のみならず大学構成員の多様化も否応なく進行する。ノン・プロフィット (非営利) の大学は利潤追求をめざす営利組織ではないにもかかわらず、経営の比重が増すにつれ主役を務める経営者、職員などの固有文化が強まると同時に、アカデミック・キャリアを経由せずにビジネス世界から職員に直接任用され大学経営に参画する人材は増加している。他方、伝統的な教学には学長、教員、学生などの構成員が存在する。教授、准教授、助教、講師など教員のキャリア・パスも職員と同様に、アクシデント型、融合型など伝統的なアカデミック・キャリア以外からの参入が増え多様化が進行しつつある。アメリカでは、教員の半分以上はパートタイムと化した。日本も大同小異である。教員の多様化ばかりではなく、エリート段階には年齢、階層、学力など同質的であった学生は、大衆化段階では多様化を遂げ、ユニバーサル化段階の今日では超多様化が生じている。

3．大学の理念と使命

　第 3 に、大学の社会的機能では理念・使命の根幹をなす研究、教育、サー

ビスの学事が重要である。中世大学の小世界から近代大学の大世界へと変貌した大学は、理念や使命も「知の共同体」から「知の企業体」へと変容を遂げる中で、歴史を通じて共通するのは、学事の3機能の中では車の両輪である研究と教育に比重が置かれてきたことである。そのことは、第1の波、第2の波、第3の波の時代を通して変遷を辿る理念や使命に注目すれば理解できる。

　まず、第1の波の時代に誕生した中世大学の理念は何であろうか？今日と明日が順接的であるが故に変化に乏しい農業社会では、知識の伝達を主とする教育の比重が大きい。「先生」から「後生」への知識注入の教育が大学の使命となり、3学4科（自由7科）、スコラ哲学などの鋳型に嵌める教育が追求される下地があるし、実際、「親の肩代わり」「浸透過程」「ラテン語教育」「復唱教育」などの比重が大きい。14歳頃から入学する学生に対して親に代替して世話をし、定評のある教科を復唱させる教育では、単純再生産型の教育が支配的であった。

　これに対して、産業革命によって科学主義と産業主義を包摂した工業社会に誕生した近代大学の理念は何であろうか？宗教の肩の上に載って登場した科学は、独自性を発揮するにつれて、創造性や発明発見に価値を置き、社会の保守性に対して実験や調査を媒介にした研究によって容赦なく革新・改革のメスを入れる。知識の伝達である教育機能を継承しながらも、新たに知識の発見である研究機能を追加した近代大学は、中世大学への訣別を果たすことになった。その牙城たるドイツの大学は実験室やゼミナールに研究を持ち込み、教員と学生が同格に研究する風土を醸成し「教授の自由」と「学習の自由」を追求した。ヴィルヘルム・フォン・フンボルトの提唱した研究と教育の統合は近代大学の実現すべき理念として標榜されることになった（Von Humboldt, 1910；Schelsky, 1963［1970］）。理念と現実とは同じではなく、実際には研究パラダイムが席巻する中で両者の統合よりも研究志向への傾斜に拍車をかけたが、その牽引車の役割を果たしたドイツの大学は世界各地から学者や学生が蝟集する世界の「学問中心地」に躍進した（Ben-David, 1977［1982］；有本編, 1996）。

ドイツモデルが席巻するこの時期以後、大学の理念・使命にパラダイム転換が生じた。特に研究と教育の関係、教養教育と専門教育の関係に注目するべきである。「学問中心地」へ留学生を大量に送り込んだアメリカは先鞭をつけ、ドイツモデルの優位性を認めそれを独自に修正して移植につとめ、学士課程は教育、とりわけ教養教育、大学院は研究と専門教育に比重をおくという役割分業を実現した。ドイツでは学部の中に教育と研究を一括していたのを、アメリカでは前者を学部＝学士課程、後者を大学院＝修士課程・博士課程に配置して、分業しながら両立させる制度と方法を考案した。世界初の発明である大学院は、1876 年にジョンズ・ホプキンス大学を嚆矢に出現して以来「科学の故郷」として研究と専門教育の拠点となり、学部は教養教育の拠点となった。こうして研究・教育、教養教育・専門教育の分業と統合というアメリカモデルを確立したのである。

他の国々の反応は区々で概して緩慢であった。イギリスの大学はドイツの動きに敏感ではなかったので、伝統的な大学であるオックスブリッジの尖塔は 19 世紀後半まで改革せず仮死状態に瀕していたのが偽らざる実情である。他方、スコットランドのエジンバラやグラスゴーなどの大学は、ドイツ型に反応して新たな理念を模索する動きを胎動させたのである。

フランスの大学はドイツの影響を受けず、教育中心の伝統を温存したと同時にナポレオンの大学改革によって、大学の中央集権化を図った。大学は教育の拠点であるのに対して、大学とは別置のアカデミー＝国立研究所を研究の拠点とした。教育中心のフランスモデルはソ連（ロシア）に移植され媒介され 1960 年代以前の中国にも移植されて影響を及ぼした。後知恵的に言えば、仏ソなど研究と教育の分離方式は独米などの統合方式に比較して失敗したと言えるかもしれない。

このように、英仏ソ中などの国々では独米方式への移行は緩慢であった。翻って日本の大学は近代大学からスタートを切った、後発国型であるが故に過去のしがらみが無く先進国モデルを移植して、一気呵成に近代大学の構築を試みることができた。中山茂が指摘したように、英、独、仏、米など先進国の講座や学科の品定めを「ウィンドー・ショッピング」方式で行い、当時

ではトップ水準の学問を移植することに成功した (中山, 1977)。その意味では、上記したように先進国モデルの折衷型に特色を発揮した。折衷型とはいえ、学問中心地のドイツモデルを偏重した結果、戦前の「帝国大学」以来、研究志向の強い大学風土を形成した。

19世紀以後に先進的なドイツモデルに対峙して、各国ともその移植と研究・教育、教養教育・専門教育の在り方が問われた、との仮説を立てれば、特に日米の反応は爾後今日までの1世紀間の明暗を帰結したのではないであろうか。ドイツを模倣したアメリカは、教育と研究を分離して統合する方式を考案した。同時に研究と教育の両立に欠かせない改革を断行した。例えばハーバードやイェールは、過去の教育中心の時代には100％の自校閥を形成していたのを反省し、研究の重要性を認識した時点で決然として翻意し、3分の1を他大学出身者に開放するアウトブリーディング (他系繁殖) の政策に転じた (Pierson, 1977；有本, 1981)。この先見の明は今日、世界の大学ランキング上位層を構築する確かな原動力になったと解される (Arimoto, 2013)。他方、同時期に同様に研究志向を重視した日本は、分業と統合を模索せず、他系繁殖を阻む路線を歩み、100年後の今日でも依然として60％以上、中には80％のインブリーディング (自系繁殖) を維持する大学もみられる (朝日新聞社, 2013)。この点は潮木守一の指摘した「京都帝國大学の挑戦」が失敗した原因にも通底する (潮木, 1997)。

この失敗は、日本社会の文化や風土を刻印した大学固有の体質の問題であると解される。日本の大学が「学問の府」としての学問志向の確固たる理念構築に向けて出発するには、好機到来であったにもかかわらず、結果的には好機を逸して失敗した。とすれば、それは研究と教育の理念の発展を阻害する大学風土の特殊性に起因するだろう。換言すれば、ユニバーサリズム (普遍主義) やアチーブメント (業績主義) を志向する「開かれた大学」よりも、パティキュラリズム (特殊主義) やアスクリプション (属性主義) を志向する「閉じられた大学」の風土は100年以上に亘る停滞をもたらしたのである。むしろ、エイブラハム・フレクッスナーに従って、大学が「時代の表現」だとみなせば、大学の発展を妨げる日本社会の「社会的遅滞」が作用したことを物語ると言っ

てもよかろう(フレックスナー, 2005 [1930], 邦訳 32 頁)。

　以上、800 年の大学史を回顧して大学の過去、現在、未来を素描的に検討した結果、理念や使命は社会変化との関係でもって構築され、農業社会、工業社会、知識基盤社会の各々の社会的条件を刻印されて発展しており、理念や使命には、過去の伝統を継承し、未来からの挑戦に対応する中で、保守と革新のせめぎ合いから生まれる創造力が内包されていると言える。その意味では大学は創造力を持った「生き物」にほかならず、その真髄は知識を基盤に学事を追求し、とりわけ車の両輪である研究と教育を追究する制度として見出せるはずである。

III. 大学論からの定義─大学の理念と使命とは何か

1. 研究と教育の関係

　こうして、研究と教育、教養教育と専門教育などは大学の理念・使命の中核を形成し、大学論の中核に位置づくのである。フィリップ・アルトバックは、哲学的な大学論を唱えた学者として、ヤスパース、オルテガ、ニューマン、フレックスナー、などを列挙した(Altback, 1979)。彼らの所論に注目するならば、同様の理念・使命が見られる。

　カール・ヤスパースは『大学の理念』の中で研究と教育の統合を指摘している。「とりわけ、授業はそれの実体【実質】として研究を必要とする。だからこそ、研究と教授の結合が、大学の放棄すべからざる高い原則なのである。それは、…"最良の研究者が理念上同時に唯一の善き教師である"からである。…【教師でも学生でも】、自ら研究する者のみが、本質的に学習することもできるのである。自ら研究しない教師は、固定したことを伝達し、教授法的に順序立てるにすぎない。大学は【単なる】学校 Schule でなくて、大学 Hochshule【高級学校】なのである。」(ヤスパース, 1946 [1952], 翻訳 93 頁)。

　エイブラハム・フレックスナーは大学の理念として「知識と観念の保存、知識と観念の解釈、真実の追求、これらを実践し「続ける」ように学生を訓練することである。」(フレックスナー, 1930 [1994] 翻訳 34 頁)と述べている。彼はドイツの大学やその移植であるジョンズ・ホプキンズ大学を中心に科学研

究の機能を統合させた高度な研究と教育の推進に重点をおいた大学理念を唱え、当時 (1930 年頃) のドイツの大学を称賛しアメリカの大学を批判した。

　オルテガ・イ・ガセットは、次のように述べている。「中世の大学は、研究 (探求) ということをしていない。職業教育にもごくわずかしかかかわっていない。すべてが「一般教養」―神学、哲学、「学芸」(artes) であった。ところが今日「一般教養」と呼んでいるものは、中世におけるそれとは異なっている。中世のそれは、けっして精神の装飾品でも、品性の訓練でもなかった。そうではなくて、当時の人間が所有していたところの、世界と人類に関する諸理念の体系であった。したがってそれは、彼らの生存を実際に導くところの確信のレパートリーであったのである。…その諸理念の総体、ないしは体系こそが、言葉の真の意味における教養【文化】(la cultura) である。だからそれは装飾品とはまったく反対のものである。」(オルテガ, 1930 [1996], 翻訳 22-23 頁)。彼は研究より教育、特に教養教育の重要性を主張する。

　ヘンリー・ニューマンの大学論はオルテガと近似しており、教育とリベラルアーツ志向の点で共通し、紳士教育や宗教教育を重視する点では異なる。リベラルアーツは古典カリキュラムによってジェネラリストの養成を行うのであって、職業教育のようにスペシャリストの養成ではないと主張した。彼の古典主義的なリベラルアーツは、リーダーの育成、徳育主義、教育重視、人格形成、古典主義、教条主義、教育のための教育、といった特色がある。他方、17 世紀以後の哲学的なリベラルアーツは、批判精神、制約のない探求、実証主義、寛容、平等主義、個人主義、真理のための探究、といった特色がある。吉永契一郎は、この相違点からみて、ニューマンの古典主義には限界があると指摘している (吉永, 2011, 271 頁)。

　以上、ヤスパース、フレックスナー、オルテガ、ニューマンの大学論を瞥見した。ヤスパースの大学論はドイツ型の研究中心大学を中心に少数エリートの大学を論じていることから、この所論は、時代的には、第 2 の波のエリート時代の色彩を投影して、明らかにエリート型＝下構型大学を擁護している。フレックスナーの大学論はドイツの大学を称賛しアメリカの大学を批判していることから、ヤスパースの見解に近い。オルテガの大学論は教養教育型で

あり、ドイツのエリート主義大学へ反対し、アメリカの学士課程＝教養教育に近い考え方であることから、大衆型＝上構型大学を擁護していると解される。ただ、中世大学の一般教養を理念とする点では限界がある。ニューマンの大学論は、オルテガと通底し、中世大学の古典的リベラルアーツを主張している点で近代大学のリベラルアーツ論とは一線を画しており、しかも紳士教育や宗教教育を上位概念として教育を重視し、大学は研究の場ではないとしている。

　紹介した大学論は、研究、教育、教養教育、専門教育の何れかを重視し、概ね研究と教育を重視しているにもかかわらず、「時代の表現」や反射鏡でもある大学に関する所論が各時代の要求を刻印されている限り、そこに一定の制約と限界が宿ることは否めない。別言すれば、近代大学がドイツ型の研究主義と専門教育を踏襲して今日の研究や専門教育が偏重される時代には、リベラルアーツ教育、教養教育、一般教養の見直しには意義がある半面、近代大学が研究を制度化した事実を無視して中世大学の教育とカリキュラムに回帰し執着するのでは限界がある。各大学論は長所を擁するとともに第2の波の時代の制約を内包するところに短所を擁する。その意味で今日の時代に見合う理念の構築が問われるのである。

2．研究と教育の統合から R–T–S 連携へ

　このことを踏まえて研究と教育の統合を指摘し、さらに「研究と教育と学修の統合」への展開を示唆した、フンボルトの大学論には改めて注目する必要があろう。中央教育審議会答申（2004年）の指摘を想起すると、「大学人を第一義的に研究者であると自己規定し、研究成果の披瀝が最高の教育であるとする考え方は、主として少数エリートに対する教育を想定して成立するものであり、21世紀の今日では歴史的意義を有するに止まるのではないか。」という。これは疑問無しとしない。フンボルトの場合もヤスパースと同様にエリート主義の研究と教育の統合を主張している以上、その点の限界を見直し、第2の波の時代に拘泥せず、第3の波の時代におけるユニバーサル化に対応した理念として再構築することが欠かせない。

第1の波の時代は、農業社会を中心としていたが、分業化が未分化であるため、自由7科や3学4科からなる教養教育が比重を占めたのに対して、第2の波の時代は、産業革命後の分業化と科学・学問の専門分化との呼応によって、専門教育の比重が増した。学問中心地として台頭したドイツモデルが産業主義と呼応した専門主義に傾斜したのと、ヤスパース、フレックスナー、フンボルトなどの大学論が専門教育を主張したのとは符合しても不思議ではない。しかし第3の波の時代の中軸を占める知識基盤社会は、新たな産業構造をもたらし、専門教育では対応が困難に陥るのであり、知識基盤社会の不確実性を反映した産業構造の変化が生じ、専門教育の分化型よりも融合型や統合型が進行するため、専門教育の見直しは必至とならざるを得ない。分業化へ対応した専門分野別の学修よりも、専門分野の新陳代謝や再編へ基礎性、柔軟性、創造性の側面で対応できる教養教育的かつ汎用的な学修が不可欠とならざるを得ない。この新局面に対して、オルテガやニューマンの主唱した教養教育論が通用するかというと、第1の波の時代の古典に固執する方法論に限界がある以上、第2の波の時代に見合うフンボルトモデルの方法論を克服して、第3の波の時代の水準へ高める課題がある。

　知識基盤社会やユニバーサル化が進展する未来大学では、フンボルトの主張した「研究・教育の統合」のみならず「教育・学修の統合」、さらには「研究・教育・学修の統合」(R-T-S Nexus) を追求する段階に突入するのは避けられない。大学と社会との境界がボーダレス化する知識基盤社会では、マイケル・ギボンズたちの指摘どおり知識は「モード1」から「モード2」へと移行する (Gibbons, et.als., 1996)。それどころか、大学はロバート・マートンの指摘した「CUDOS」型 (Merton and Storer eds., 1973) の科学エートス支配の終焉を告げ、大学内と社会の両方に通用する理念の樹立が不可欠となる。こうして科学や研究の理念が支配した従来の大学は、教育の視点や教授-学修の視点、とりわけ学生の学修の視点が重視される中で、新たな大学像をめぐる理念・使命の創造が問われるのは避けられないのである。そのことは大学院にも学士課程にも大学全体に共通に該当する課題である。

　第1に、大学院では従来の研究、専門教育の伝統は継承されるばかりか、

大学が「学問の府」を標榜する限り、研究の価値は一層高まり、研究拠点たる大学院や「研究大学」の比重が増す。その意味では21世紀が世界的に「学問的生産性」とりわけ「研究生産性」を競う大学ランキングの時代となるのは否めないであろう (Shin, et. als., 2011)。研究と専門教育の強化は、アメリカの大学院の制度化以来追求されてきた方向であり、日本でもそれを踏襲して大学院の拡充を模索してきた。しかしこの第2の波のモデルは新たな第3の波のモデルとして通用するかと言えば、もはや通用しそうにない。実際、日本に照準すれば、1990年代以来の拡充政策は失敗し、各大学の大学院重点化路線は挫折し、学生の就職難と大学院進学者減少を招来した (金子, 2013)。市川昭午は10年以上前に、「大学院のインフレ現象、博士の粗製乱造、大学院の質的低下」を予測したが現実となった (市川, 2001；有本, 2006)。遅ればせながら現在は大学院のパラダイム転換が必要な段階に直面しているのである。

　知識基盤社会は、従来の産業構造を崩壊させ、職業の新陳代謝を加速させ、融合化を生じるメカニズムを内包している。学問の分業化ではなく融合化は従来型の学問編成を崩壊させる。産業界は狭い専門の専攻者たる大学院卒を敬遠するから、産学のミスマッチが就職難を強めざるを得ず、産業界の動きに大学院が取残される現象は、知識基盤社会では分業的な専門教育よりも、学際的、融合的な専門教育、さらに専門分野を包括し統合する教養教育の重要性を加速させるはずである。

　第2に、学士課程に目を転じれば、ユニバーサル化の進行は学生の超多様化を加速し、個々の学生に対応した教育を不可欠とする限り、学士課程の比重は高まらざるを得ない。学士課程が教養教育の場であるアメリカでは、大学院の専門教育の前提に教養教育が存在し、専門基礎教育や共通教育が存在し、教養と専門の架橋と統合を可能にしている。これに対して、日本では教養教育の形骸化が大学院の専門教育の破綻を連鎖的に導いている現実がある。それに加え、1991年の大綱化以来、学士課程も大学院も専門教育に偏重するという時代錯誤に陥っているのは否めない。両者を接続するとの大学の理念・使命が未確立のまま、その接続を前提にした学生のアクティブラーニングを学士課程に移植しても定着はおぼつかない。

こうして、第3の波の時代には、社会の不確実性に対峙して確固たる理念・使命を指定した大学がいかなる打開を図るかが問われるのであり、具体的には研究・教育・学習（学修）、教養教育・専門教育の組み合わせをいかに構築するかが課題とならざるを得ない。特に学士課程と大学院の学生への対応が重要性を増す。複雑な社会変化に対処できる創造力や問題解決力などの涵養が必要性を増すことに伴い、学生は従来のように専門教育を踏襲した受け身的な「学習」（learning）ではなく、産業の再編成と学問の再編成が呼応して進行する時代に有効な「学修」（study）を踏まえた豊かな学力の醸成が期待される。他方、教員にはかかる学生の主体的な学修を引出すための教育が一層求められから、研究力を担保して学生の学修力を深める教育力の涵養が欠かせない。かくして、この新時代の大学においては、フンボルト理念を援用し、再構築し、研究と教育と学修の連携を追求するために、R-T-S の統合が課題とならざるを得ないのである（Von Humboldt, 1910；Clark, 1997；有本, 2013）。

　ちなみに、世界19カ国で筆者たちが実施した大学教授職調査を基にして現在の世界的動向を探ると、大学教員は先進国、発展途上国を問わず過去15年間に研究志向へ傾斜しており、研究と教育の統合の困難性が進行している（有本編, 2011；Arimoto, 2013）。世界の大学教員は「研究が教育の強化に役立つ」と回答する割合が高いものの、研究志向の増加傾向は、「研究と教育の両立性」の後退を示唆しているのも否めず、研究と教育が困難であるにとどまらず、「研究・教育・学修の統合」はなおさら困難な状態に陥りつつあるのである。とりわけ、世界的に研究と教育の両立性が困難とする大学教員の割合は20％程度であるにもかかわらず、日本では51％に達し世界1困難であり、困難度が異常に高い。

　日本の大学は中世大学の前史を持たずいきなり近代大学として登場し、特に研究志向のドイツモデルを移植したとの事実を想起すると、その成果と同時に、研究偏重に起因する負の遺産が肥大しているとみなされる。戦前以来、醸成されてきた研究志向が第2の波の時代に適した大学の日本モデルの理念として機能し、それを支える固有の大学文化や風土があったが、今後の第3の波の時代に求められる大学像、理念、使命に照らす場合、文化遅滞や時代

錯誤に陥ることが危惧される。現時点に立脚して「大学とは何か」を問うならば、研究を担保した教育や学修の発展を理念や使命としていかに積極的に創造するかが問われるのである。

結語

本章の主題である「大学とは何か」は、大学の歴史の回顧を必要とする。大学は時代を表現する「生き物」であるからである。今日の法的定義に照らせば、大学は研究と教育を中心に社会貢献する制度である。歴史的かつ世界的な視点から、第1、第2、第3の波、すなわち農業、工業、知識基盤社会に呼応した中世（および近世）、近代（および現代）、未来の各大学の大学像を追跡すると、巨視的な理念や使命は教育、教育と研究、研究と教育と学修を基軸に構築され、展開されていると解されよう。その意味から今後の大学の理念や使命を構築するには、研究・教育・学習（学修）の軸と、専門教育・教養教育の軸を考慮しながら、過去の伝統を踏襲しつつ未来からの挑戦への的確な対応が課題となるから、R-T-Sの統合は中心課題となろう。

【参考文献】

Altbach, P.G. (1979) *Comparative Higher Education : Research Trends and Bibliography*, London: Mansell.
朝日新聞社 (2013)『大学ランキング2014』朝日新聞社。
有本章 (2005)「大学の誕生」那須春雄(編)『今、教育の原点を問う』勉誠出版, 37-50頁。
有本章 (2006)「大学院教育の研究―回顧と展望」『大学論集』18集、83-105頁。
有本章 (2013)「学士課程教育の質保証―総論」『KSU高等教育研究』第2号、1-19頁。
有本章 (編) (1996)『「学問中心地」の研究』東信堂。
有本章 (編) (2011)『変貌する世界の大学教授職』玉川大学出版部。
Arimoto, A. (2013) "Research and Teaching: The Changing Views and Activities of the Academic Profession". In U. Teichler, A. Arimoto, and W.K. Cummings, eds., *The Changing Academic Profession: Major Findings of a Comparative Survey*. Dordrecht: Springer. pp.117-163.
Ben-David, J. (1977) *Centers of Learning: Britain, France, Germany, United States: An Essay*. New York: McGraw-Hill.（ジョセフ・ベン＝デーヴィッド『学問の府―原典としての英仏独米の大学』サイマル出版会、1982年）。
Clark, B.R. (1983) *Higher Education System: Academic Organization in Cross-National Perspective. Berkeley* : University of California Press.（バートン・クラーク【有本章訳】『高等教

育システム：大学組織の比較社会学』、東信堂、1994 年）。
Clark, B.R., (1997) "The Modern Integration of Research Activities with Teaching and Learning," *Journal of Higher Education* 68, no.3 (May June 1997), pp.241-55.
Flexner, A. (1930) *Universities: American, English, German.* (エイブラハム・フレックスナー【坂本辰朗・羽田積男・渡辺かよ子・犬塚典子訳】『大学論』玉川大学出版部、2005 年）。
Gibbons, M., Limoges, C., Nowotny, H., Schwartzman, S., Scott, P., and Trow, M. (1994) *The New Production of Knowledge: The Dynamics of Science and Research in Contemporary Societies.* London: SAGE Publications.
市川昭午 (2001)『未来形の大学』玉川大学出版部。
Jaspers, K. (1946) *Die Idee der Universität* (カール・ヤスパース【森昭訳】『大学の理念』理想社、1952 年）。
金子元久 (2013)「大学院の現実」『IDE 現代の高等教育』No.552、4-11 頁。
Kerr, C. (1963) The Uses of the University, Harvard University Press. (クラーク・カー【茅誠司監訳】『大学の効用』東京大学出版会、1966 年）。
Merton, R.K. and Storer, N.W.【Eds.】. (1973) *The Sociology of Science: Theoretical and Empirical Investigations.* Chicago: University of Chicago Press.
中山茂 (1977)『帝国大学の誕生』中央公論社。
Ortega Y Gasset、Jose (1930) *MisiÓn de la Universidad* (J. オルテガ・イ・ガセット【井上正訳】『大学の使命』玉川大学出版部、1966 年）。
Pierson, G.W. (1952) *Yale College: An Educational History 1871-1921.* New Haven: Yale University Press.
Rashdall, H. (1895) The Universities of Europe in the Middle Ages, 2 vols. in 3 parts. Cambridge: Cambridge University Press【orig. Oxford: Clarendon Press】. (ヘイスティング・ラシュドール【横尾壮英訳】『大学の起源』東洋館出版社、1968 年）。
Schelsky, H. (1963) *Einsamkeit und Freiheit. Die deutsche Universität und ihre Reformen*, (シェルスキー【田中昭徳・阿部謹也・中川勇治訳】『大学の孤独と自由―ドイツの大学ならびにその改革の理念と形態』、未来社、1970 年）。
Shin, J.C., Toutkoushian, R.K., and Teichler, U.,【Eds.】(2011) *University Rankings: Theoretical Basis, Methodology and Impacts on Global Higher Education.* Dordrecht: Springer.
Slaughter, S., and Rhodes, G. (2004) *Academic Capitalism and the New Economy: Markets, State, and Higher Education*（【成定薫、阿曽沼明裕、羽田貴史、福留東土訳】『アカデミック・キャピタリズムとニュー・エコノミー：市場・国家・高等教育』法政大学出版局、2012 年。
中央教育審議会 (2004)「我が国の高等教育の将来像」（平成 16 年 9 月 6 日答申）。
吉永契一郎 (2011)「ジョン・ヘンリー・ニューマンの『大学論』」『大学論集』第 42 集、265-278 頁。
潮木守一 (1997)『京都帝國大学の挑戦』講談社。
Von Humboldt, W. (1910) "On the Spirit and the Organizational Framework of Intellectual Institutions in Berlin, " Translated by Edward Shils, *Minelva 8* (1970) :pp. 242-50.

第1章 大学論の変遷と展開

第2節　新制大学の大学像

寺﨑　昌男

　与えられた「新制大学の大学像」というテーマに答えるのは、簡単なようで実は難しい。「像」の担い手すなわち「イメージの主体」が多様だからである。

　学者・教授たち、学生たち、文部官僚をはじめとする教育行政担当者たち、新制大学発足時に最有力の政治主体であった占領軍当局者たち、そして新聞購読者のような「一般の人々」。このように挙げれば、新制大学出発当時、「新制大学」というものに対して抱いていたイメージは、それぞれ大きく違った。「像」という言葉を、情動を含む「期待」や「批判」にまで広げて考えると、違いの幅はさらに大きなものだったに違いない。

　ひと口に「学者・教授」と言っても、敗戦当時すでに威信を持っていた学者たちと戦線から帰還した若手新進の研究者たちとでは、新制大学像は大いに違っただろう。旧制大学教授たちと高等学校・大学予科専門学校の教授たちとの違いも大きかったに違いない。学生の中でも学生運動の活動家たちとその体験を持たなかった学生たちとの間には大きな差があったと思われる。また中央官省の官僚や占領軍当局者たちがすべて一枚岩の大学像を持っていたというわけではあるまい。

　戦後一般化した「世論調査」や「アンケート調査」といった意見調査の類で「教育制度」を取り上げたものを見れば「一般国民」といわれた人々の新制大学の像は推察できるものの、多くのアンケートでは、高校以下のいわゆる「六三制」に対する評価と重なって問われることが多かった。そのため、もっぱら大学だけについての詳細な評価分布はほとんど出ていない。

　こういうわけで、テーマを全面的に論じることはとても出来ない。本論

では、学者・教授と行政官僚、そして占領軍関係者に絞り、しかも時期を新制大学発足前後の短い時期に限って、素描を試みる。

1. 学者・教授たちの憂慮と新構想

　旧制大学の新制大学への転換について最も深く憂慮し批判していたのは、官学系の大学、特に帝国大学あるいは旧制高校に在職していた人文・社会科学系の教員たちだったのではなかろうか。批判の根にあったのは日本の伝統的な、そしてしばしばドイツ的な学問観による、アメリカ風の学問への軽視ないしは蔑視だったように思われる。大戦中にアメリカの大学や学界がドイツ等から逃れたユダヤ系学者を多く迎え、戦後の発展へのエネルギーを蓄えていたなどという情報は、戦時下の日本にほとんど伝えられていなかった。

　こういう学問史的な評価のほかに、制度的・質的な憂慮は更に大きかった。新制大学という所はつまるところ「職業学校」「専門学校」になるだろうし、新制高等学校から直接に進学して来る学生たちの学力低下は免れないだろう、という憂慮であった（以下、教育刷新委員会関係の記述は『教育刷新委員会・教育審議会　会議録』全13巻、1995～98年刊による。ただし以下すべての引用では旧仮名遣いを新仮名遣いに改めた）。

①「六三三制というような形に行けば、結局学問の最高学府なんと云う風な事には大学はならないし、矢張りハイヤー専門学校というようなものになる」。

②「今度の大学は大学校ということであって、本当の大学はその上でやるべきものと思う。それ〔新制の大学〕は職業教育の完成という事が云えると思う」。

①は小宮豊隆委員の、②は天野貞祐委員の発言である。

　小宮は敗戦当時東京音楽学校校長を勤めていたが、夏目漱石の流れを汲む文芸評論家として著名で、大正期の代表的教養人として早くから知られていた。天野は高名なカント哲学者であり、京都帝大教授を経て第一高等学校校長を勤めていた。①②は、この両人が当時の教育刷新委員会（1946年8月～、総理大臣諮問機関）の特別委員会における委員（天野）と主査（小宮）として同席

した場で、互いに呼応して発されたものであった。

　両方とも1946年11月末という時点の発言であり、同委員会総会はこの後間もなく「六－三－三－四－プラス大学院」の新学制を決定し、それを受けた文部省が翌年3月を目途に学校教育法を起案して行く、という運びになった。

　こうした委員会の一連の流れに対して、小宮や天野は、終始、距離を置いた。特別委員会や総会では局面によっては六三制に象徴される新学制から逸脱したり対立したりする意見を述べた。特に天野の場合、旧制高校を維持すべきことを終始主張し、旧帝国大学中の東京・京都両大学は「総合大学院」として残して学術水準の維持に努めるべきだ、と提案してやまなかった。さらに勤労青少年教育機関として昭和時代に発足していた男女青年学校（男子は小学校卒業後7年以上、女子は5年以上）も、六－三学校体制の傍らに残すべき学校系統だと論じた。

　当時の新聞雑誌等が伝える大学論や新制大学論を見る限り、こうした天野の提案に賛成する意見は決して少なくなかった。後年、教育哲学者・森昭は、アメリカの対日教育使節団報告書を吟味する文献のなかで、「新制大学制度とは、高校以下の学校制度に六－三学校体制が採用されたその選択の結果受け取ったものであって、大学人自身の選択によるものではなかった」（周郷博ほか編『アメリカ教育使節団報告書要解』1950年）と記している。大阪大学教官であった森自身の心情も含めて、旧制帝国大学関係者にとって,新制大学を迎えた頃の心理的事実は、まさに「希望もしないものを押しつけられた」というものであったろう。旧制高校で教養教育を受けたこともない、しかもそれまでの入学者より1歳若い18歳の新制高校卒業生を受け入れることになったことも、そういう感想を生む一原因だったに違いない。しかも、その学生定員は、旧制時代よりはるかに多くなることが予想された。

　しかし、先の教育刷新委員会の他のメンバーや、1946年11月に早くも準備的会合が組織された大学基準協会に集まった大学人たちの意識や評価は、違った。

　教育刷新委員会を委員会としてリードした南原繁（政治学、東京大学総長）は、学校系統は単純なものでなければならず、新しい日本の建設には全く新しい

国民教育制度が準備されるべきであるという構想の持ち主であった。

　彼は、対日教育使節団の報告書が出来上がる前から、占領軍当局の高官に面会し、申し入れを行った。その模様を記した占領軍側文書には、南原と東京帝大法学部の同僚高木八尺（政治学・アメリカ研究）が行った「特別報告」が記録されている。大学に関する部分の要旨は次のようであった。

　① 旧制高等学校、大学予科制度は改正すべきである。
　② 高等学校（旧制）は日本の教育全体に「窒息させるような役割」を果たしていることにかんがみて、これを廃止する。
　③ 専門学校は男女共学のカレッジとし、二以上の学部を持つ大学（ユニヴァーシティー）との間に差別を設けない。
　④ 全ての段階での機会均等が拡充できるようにしながら、小学校、高等学校、専門学校、大学を設ける。
　⑤ 大学は全国のあらゆる地方から学生を入学させるべきである。
　⑥ 全ての大学に大学院が設けられるべきである。
　⑦ 師範学校は廃止されるべきである。

　　（土持ゲーリー法一『米国教育使節団の研究』1991年に拠り整理）

　上の特別報告によって、使節団員たちは報告書（1946年4月1日発表）に「六－三－三制の採用」を明記した。また南原は、発足当初に副議長を、すぐ後に議長を勤めた教育刷新委員会で次々に学制改革論議が進められた際、上記の①～⑥とほぼ同一の路線をたどるよう会議をリードした。微妙に違ったのは「専門学校をカレッジとして残し、男女共学化する」という③の点だけだったが、後にやや形を変えながらも「短期大学制度化」として実現した。そしてその短大構想は、大学設置委員会委員長・和田小六（東京工業大学学長、当時大学基準協会会長）によって南原委員長宛提案されたものである。

　「新学制はまっすぐな、開かれた進学体系を保証する。新制度は、この六－三－三制に抵触しない限り受け入れるが、例外は認めない」というのが、南原の揺らぐことのない方針であった。例外的に2～3年制の短期大学を暫定措置として設けることは、六三三四制と矛盾しない制度だからであった。そして新制大学こそ、この一貫した学校階梯の冠となる機関であった。

南原と終始同じ路線に立った教育刷新委員会委員の一人が務台理作（哲学、東京文理科大学学長・東京高等師範学校長）であった。彼は部分的には天野と共通する状況認識を持っていると認めながらも、新しい大学制度は次のようなものになると考えるべきだ、と主張した。

「【新しい大学は】職業教育を主としてやるけれども、併し学問をやる者は矢張り大学に於て学問をやるようなコースをとって学問をやるように伸びて行こう、そう云うものが大学の伝統ではないか、大学の伝統と云うものを生かすには職業教育もやるが、しかしそれは或完了教育になる。それは四年で完了する。併し無限に伸びて行く者もその中に含むのである。四年で完了せずに上の研究機関に延びて行く。そう云う者を存分に生かして行く。こう云うものが六三三の上に出来るものにしたらどうか」。

「大学は大学校になる」という天野の論に対抗して、正面から務台が開陳した反論である。その背後には、東大・京大を研究所あるいは大学院に変えろという天野・小宮たちの意見への批判が含まれていた。大学院は、研究所ではない。大学卒業後さらに「伸びて行こう」と希望する者に開かれた教育機関であり、大学と一体のものであるというのも、務台の主張であった。

さらに注目すべき点は、務台の大学論・大学院論があくまで学習者である学生の志向（職業教育を志すか、学問を続けるか）を前提としていたこと、すなわち学習主体としての学生の存在を前提に立論されていたことである。この発想は後に紹介する文部省刊の冊子に極めて近かった。また務台の描く大学・大学院のイメージは、"「全入」に近い大学と拡大の続く大学院"という現代の様相にも極めて近い。

さてその務台は和田小六・初代会長を中心とする大学基準協会の指導的メンバーの一人でもあった。教育刷新委員会でも「教育根本法」（後に「教育基本法」となる）を担当した第一特別委員会の有力委員でもあった。すなわち両会を通じて、大学改革の事情を知悉する、数少ない教育改革リーダーの一人

であった。従って務台の上記のような主張は、当時の大学基準協会で共有されていた大学像と決して無縁のものではなかった。

　この時期の大学基準協会で描かれていた大学像がどのようなものだったかをここで詳しく記す必要はあるまい。『大学基準協会五十五年史』(2005年刊)の記述や所収資料をぜひ参照されたい。

　重要な点だけを摘記しよう。

① 新制大学はその転換申請に当たって自主性、自治を尊重されること、
② 申請校は各自、施設・設備、カリキュラム、研究・教育水準等々について「大学」たるにふさわしい要件を満たしていること、
③ 大学に転換するためには、大学自身が組織した専門団体たる大学基準協会が立案し制定する基準の適用を受けるべきこと、
④ その基準によって、特に学科課程に関しては、専門教育科目のほか一般教育科目を開設し、保健体育は必修とし、科目履修の制度としては単位制度を採用し、学校教育法に基づいて卒業に必要な単位を制定するなどの必要条件を満たすこと、
⑤ 申請の上は、その大学が独自に果たす役割とその大学の全形態をもとに審査・評価が行われる。評価によって画一化をはかるものでは全くない。

　このうち新制大学像との関係で特に注目されるのは、①の大学の自治・自由の承認と③の教養教育の保証、そして⑤の示した画一性への警戒と多様性の承認である。

　⑤について付け加えておこう。

　新制大学発足後20年経った1960年代初めあたりに、マスメディアを通じて「専門家」たちから「新制大学の画一化が進んだのは大学基準などが出来たからだ」というメッセージがしばしば流されたことがある。しかし大学基準が作られる前後のあらゆる史料は、この説が根拠なき政治的メッセージだったことを示している(これに関しては、特に第一期の「大学基準及びその解説」および南原繁ほか『戦後大学改革を語る』《1971年、堀尾輝久・寺﨑編》所収の諸証言を参照)。

II. 文部官僚の新制大学像とキャリア選択の重視

　中央官省特に文部省の官僚たちは、この時期新制大学像をどのように描いていただろうか。

　これについても、個々の人物や役職によって大きな違いがあったに違いない。例えば制定初期の学校教育法の「大学院」に関する規定などは、旧制時代の大学令の大学院に関する文言と瓜二つであった。新制の大学院像に関して、同法が起草された1947年の年頭の時点では、省内でも正確な見当がついていなかったものと思われる。

　他方、高度経済成長が終わったころから、かつての文部官僚が体験記を数種著したが、それらの中には占領下の行政状況を「異状」と見、大学基準協会は占領軍の生んだ非正統的な存在と見て批判したものも少なくない。そのような立場の場合、新制大学像はおおむね否定的なものとなり、先に見た小宮や天野等新制大学批判の学者たちと結果において相似たものになっている。

　しかしその対極に立つような、いわば新制大学広報論に近い出版物もあった。学徒図書組合文化部編『新制大学への道』(社団法人学徒図書組合、1948年10月10日刊)という小ぶりの本がそれである。これまでもこの文献について何度か触れてきたが、あらためて詳細に紹介しておこう(寺﨑昌男解説・社団法人学徒図書組合文化部編集『新制大学への道』1949年発行, 日本図書センター日本教育史基本文献・史料叢書61, 1998年復刊)

　冒頭には次のようにある。

　「一九四九年(昭和二四年)の春から新制大学が出発した。新しい日本の建設を双肩に担う多くの、有為な、野心に満ちた青年諸君の前に、今や、明快な、ただ一本の新制大学への道が示されている。

　現代の青年諸君にとっては、古い時代の青年がともすれば悩まされがちであった高専コースの選択は、既に問題ではない。高等学校へのコースか、大学予科への道か、それとも専門学校へ進むかという選択の問題はないのである。真一文字に、新制大学へのコースが敷かれているだけである。」

敗戦直後の大学論のほぼ全てに目を通してきた筆者から見て、これは新制大学に対する最もストレートな賛辞である。また、まれに見る新制大学肯定論であった。しかもその賛嘆と肯定の視点が、徹底的に、「青年諸君」の進路すなわち中等学校を終わった者の選択との関わりで説かれている点が、重要な特徴である。

　上記の導入に続く章は「Ⅱ どこに、どんな大学ができたか、そしてその選択は」「Ⅲ 入学したらどんな風に勉強するか」「Ⅳ 自分には受験資格があるか」「Ⅴ 入学試験はどんなふうに行われるか」「Ⅵ 入学から学生生活へ」となっている。つまり全巻が青年の進路選択すなわちキャリア・コースの選択を重視するという発想で一貫している。

　この新制大学論が、なぜ文部官僚の大学論と言えるのだろうか。それは論述の中心部分が文部省内のメンバーによって書かれていたからである。

　先ず「序」を記しているのは、文部省大学学術局長(剱木亨弘、後に文部事務次官、参議院議員、文部大臣)である。剱木は「本書は、有力な教育関係者が編集委員となって編述されたもの」で「その正確な認識と資料と、さらに入学志願者に対する溢れるような愛情」とによって、新制大学への最良の手引きとなるであろう、と述べている。

　第一章「Ⅰ 新制大学は、今までの高専校・大学とどう違うか」から先述のⅤまでの部分の筆者は分からない。しかし仮にこの5節の執筆者が官僚以外の人物だったとしても、本全体が大学学術局の企画承認によるものだったことは明らかである。

　最末尾Ⅵの執筆者中、文部省在籍者とテーマは、次のようであった。

「健康と整理とを！」
　　(調査課長・釘本久春)

「学生生活とアルバイト」
　　(大学学術局学生生活課長・堅月米太郎)

「男女共学と女子学生」
　　(大学学術局視学官・守谷百合子)

　上記の三節外の二節は一橋大学および立教大学の教授が執筆したもので

ある(多田鉄夫「大学の学習について(一橋大学の場合)」、内田安久「受験の心理について」)。序と併せてこの執筆陣を見ても、この本が文部省大学学術局と調査課とによる公的著作物であることを繰り返す必要はあるまい。

　敗戦直後の時点で、新学制に最も理解深くコミットし、新制大学制度のメリットの核心部分をつかんでいたのは、文部省官僚たちだったのではあるまいか。章・節の目次を見ても、学校の種類と選択、受験資格・受験方法、選抜方法や入学後のコース選択に至るまで、考えられる最大の包括性と懇切さに満ちた冊子である。

　文部省と大学との関連を、教育行政権が中央集中を遂げた1950年代半ば以後の関係をもとに考えるのは、誤りを生む。少なくともこの1949年刊の文献は、占領への反感に発する新制大学批判や蔑視とは全く対極的なものである。また「駅弁大学」(弁当を売っているような駅のある町にはどこにでもある大学)「蛸の足大学」(府県内の処々方々にあった大学・旧制高校・専門学校・師範学校等を無理に統合して作られた大学)といった揶揄と蔑視に満ちたマスコミの大学像とも全く逆の新制大学像であった。その「像」の有力な一つの担い手は、当時の文部官僚であった。

III. アメリカの専門家と占領軍当局者の大学像

　『新制大学への道』が刊行される3年前の1946年4月に発表されたのがアメリカの対日教育使節団報告書である。「高等教育」という章の執筆過程も全て明らかになっているが、大学学長、教授、教育行政経験者たちから成る専門家ばかりであった。

　新制大学像という視点から見て特に重要なのは次の一節であった。

　「日本の大学制度は、如何なる国の高等教育計画においても通常見られるような諸要素を基本としなくてはならぬ。そして才能ある青年を常に豊富に供給することが、その計画の中の一つであることは論をまたない。高等の学問へ進む権利のあることが、国民大衆にもまた高等教育を支配する行政機関にも、はっきりと認識されなくてはならぬ(文部省訳)」。

「高等の学問へ進む権利」の原文は *right to access to higher learning* である。大学という高度の学問機関にアクセス（進学）する権利を保障することを、高等教育レベルを含む学校制度の基本理念とせよ、と使節団は勧告したのだった。

この勧告の趣意は、先に引いた『新制大学への道』の冒頭の一節「青年諸君の前に、今や、明快な、ただ一本の新制大学への道が示されている」に通底している。いや、時間経過からいえば、後者は前者の精神を正直に受けて記されていたと見てよい。それだけでなく、『新制大学への道』は、高等教育の制度編成に関する国際的普遍的な原理に沿う新大学が青年たちの前に準備されたことを、国民に表明する文献でもあったのである。

さて1946年の教育使節団報告書は、上記のパラグラフのほかにも大学の開放に関して重要なキーワードを提供していた。

① 「高等教育は少数者の特権ではなく、多数者のための機会とならなければならぬ」

② 「自己の資力では勉学できぬ男女に対しては、適当な学校への就学が確実に保証されるよう、財政的援助が与えられるべきである。優秀な学生たちを援助すべきこの責務は、女性の権利に関して最近公表された主張によって、著しく増大している。この大胆な感心すべき処置は、原則においては男女同権の問題を解決した」

②で言及されている「大胆な感心すべき処置」とは、この前年の1945年12月に政府が閣議諒承した「女子教育刷新要綱」のことを指す。その要綱に、大学教育の女性への開放に関して、実に多くの提言が盛られていたのは周知のことである。ひるがえれば、『新制大学への道』も最後の一節は文部省女性視学官による「男女共学と女子学生」という節で成り立っていた。

占領軍の「内面指導」の質や占領政策の評価の問題と関連して新制大学像を吟味する場合にも、文部行政と大学施策との関係を判断する場合と同じく、「像」が生まれた時期との関係でその位置づけを考えておかなければなるまい。すなわち占領軍当局が労働運動への抑圧を強め、国際的な冷戦のもとで教育を「重視」しようとするようになった1948年以降とその前との違いを十分に理解しておくべきであろう。

また上に述べた新制大学像と、使節団報告書の勧告を実現すべく動いた CIE の担当官たちの大学論とを簡単に同一視することも適当ではあるまい。

ただし実際の「指導」のうちの最良の部分は、1 例を挙げれば、大学基準協会の会合で開陳された高等教育専門家たちの下記の講演を通じて見ることができる（『大学基準協会五十五年史』資料編所収、右欄は講演月日）。

① E．ウイグルスワース「新制大学の概念」(1947 年 5 月 12 日)
② W．イールズ「大学設立基準適用について」(同上)
③ L．ホームズ「新制大学の設立認可について」(同上)
④ T．マッグレール「新制大学と一般教育」(不詳)
⑤ R．クーパー「一般教育と社会科学」(不詳)
⑥ W．イールズ「教授法の改良」(1949 年 2 月)

最後に、大学基準協会がさまざまな基準を作り終わってから 3, 4 年後、文字通り占領期の末に総司令部が出した一つの勧告をあげておこう。それは教育勧告の中に反共主義的な大学論が混在した結果、学生運動等の標的となって、当時は無視された。しかし今日読むと興味深い。1951 年 7 月に関係者あて配布された『高等教育の改善に対する勧告』である。

四つの部分を引いておこう。

①「大学の自由と自治について一般に認められている概念に沿うあらゆる方法によって、大学の職員及び学生団体から共産主義的な及びその他全体主義的な影響を取り除くよう進めること。」
②「大学のクラスの管理に際し、講義による方法になるべく依存しないようにし、学生の討論及びその他の形式の積極的参加に一層多く重点を置くよう大学教授を奨励し促進すること。」
③「講義の方法を用いることが望ましい時には、その講義を改善する独特な方法を研究することを大学教授に奨励し促進すること。」
④ 妥当な理由によって免除されない限り、学生は大半の定められた講義に参加しなければならないという大学の規則の再認識と実施を進めること。」

（海後宗臣・寺﨑『大学教育』、戦後日本の教育改革 9、1969 年、東京大学出版会刊にほぼ全文が収録されている）

①は「一般管理上の責任」という大項目に含まれている一項目であり、②〜④は「教授法と機構」という大項目の最初の3か項目であった。

①に含まれる反共主義の主張は、当時の学生運動の批判標的となった。しかし②〜④は、現在ならば初任者教員FDの項目となっても少しもおかしくない内容である。ただし、大学進学率が8％にも及ばなかった1951年段階では、これらの項目は、多くの大学教員にとって、余計な忠告ないし占領者の傲慢な勧告と見えたであろう。筆者の知る限り、大学側からはほとんど反応はなく、無視された。ただし先に触れた大学基準協会における占領軍当局者の講演と重なる点も多い。1951年になって初めて日本人教員に向けられた言葉ではなかった。

見方を変えれば、当時の日本の大学は「教授活動」を大学のミッションの重要部分と見なす占領軍の新制大学像から遠く離れたところにあった。占領軍当局者の中には、官・公・私立大学を通じて、日本の学生たちが苦しい生活条件にもかかわらず熱心に勉学する様子に感心した文章を残している者もあった (寺﨑「戦後における占領軍と私学」『早稲田大学史記要』23)。しかしそこにおける教授方法の未開拓状態については根深い批判を持っていたと見られるのである。その不満が、1951年になって先の「勧告」に盛られたのだと考えられる。

おわりに

粗雑な描き方ながら「新制大学の大学像」について論じてきた。

「像」には多様な担い手があったと指摘したにもかかわらず、その中の三つのカテゴリーしか取り上げることはできなかったことをお詫びしたい。

書き終わって思うのは、敗戦直後の時期が日本の大学史にとっていかに大きな転換期だったかということである。

もちろんマーチン・トロウのいう「高等教育のエリート型からマス型への転換」が始まる日はまだ遠かった。関係者たちも、帝国大学を頂点とする「エリート型高等教育」の実像を疑うべくもなく眼前に見、その「復興」こそが課題だと思っていた時代である。この背景のもとで、本論で紹介した新制大学

像が主張され、語り広げられた。

　その後、60数年前の日本人にとっては不可視だった歳月が進み、当時の新制大学像のある部分は、イメージではなく実像となる基盤が生まれた。しかし当時大学基準協会の諸基準の起草を担った委員会で「新制度の要」として検討され基準の中に盛り込まれた点の中には、今なお改善されるべき点として、今日も事新しく論じられているものが少なくない。

　最も代表的なのは、中教審の大学院改善論である。単位制度や課程中心主義の原則その他が今さらのように強調され、修士・博士両課程のカリキュラムの体系化と演習によるコースワークの重視、成績評価制度の整備等々といった制度的イシューのイロハが、繰り返し論じられている。しかしこれらの原則こそ、1940年代末から50年代はじめにかけて大学基準協会委員と占領軍当局の専門家たちが知恵を寄せ合って審議し「大学院基準」に盛り込んでいたものであった。要するに、戦後日本における新制大学「像」の中には、今なお「幻像」にとどまっている部分が実は多いのではないかと思われる。

　振り返ってみれば、敗戦直後の日本の大学・高等教育はエリート型高等教育期の最終段階であった。そこへ受け取ったのが、大衆化の最盛期に向おうとしていたアメリカの高等教育像であった。日本側の意識とアメリカの示すモデルとの差が大きなものであったのも当然である。しかし問題は、その後の推移の中で、この差を埋める努力が十分に行われてきたかどうか、ということに帰結すると思われるのである。

第1章 大学論の変遷と展開

第3節　大学の新展開と課題―ユネスコ高等教育世界宣言―

生和　秀敏

　21世紀の大学が目指すべき方向と行動指針については、「ユネスコ高等教育世界宣言―21世紀の高等教育　展望と行動―」で明らかにされている。これからの大学のあり方を総合的に考える上で参考になる点が多い。宣言は、「序」と「高等教育の使命と機能」「高等教育の新たな展望の形成」「展望から行動へ」という流れに沿って、17条から構成されている。「序」では、20世紀の後半以降、高等教育への需要が急速に高まり、高等教育の多様化が進むなかで、社会の文化的・経済的発展にとって、また、知識や技術を習得し、高い倫理観に裏付けられた理想的な未来を切り拓くためには、高等教育の役割は非常に重要であるという基本的認識が示されている。その上で、高等教育の発展と質の向上は、高等教育機関の社会に対する責任であり、そのためには、政府はもとより、社会や関係者の努力と国際的な協力と交流が世界の高等教育の進展にとって重要な役割を担うと述べている。内容的に重複が見られる箇所や冗長な条項は省略するが、各条項に示されている宣言の内容は以下のようになっている。

Ⅰ．高等教育の使命と機能（第1条、第2条）
第1条「教育、専門的訓練、研究を行う使命」
　(A) 高い水準の知識と技術を統合し、現在および将来の社会のニーズに合った内容の専門的訓練を含みながら、あらゆる分野における人間の活動に適切に対応できる質の高い卒業生と責任ある市民を教育によって育成する。
　(B) より高度な学習や生涯を通じて学ぶ機会を提供することで、自己の成

長を促し、市民としての権利と義務を自覚し、人権の尊重、民主主義、平和といった社会正義を遵守しながら、積極的に社会参加できる人材を育成する。

(C) 研究活動を通じて知識を高め、新たな知識や技術を創造し、これを普及することで、人文・社会科学や自然科学・技術の研究をさらに推進し、社会全体の文化的・社会的・経済的発展に寄与する。

(D) 文化的多様性の尊重という観点に立って、国や地域や世界の歴史と文化を理解し、その価値を正しく解釈し、それぞれの文化の維持・強化・推進・普及に努める。

(E) 民主的市民の基盤となる価値について若者を教育し、政策的な諸課題に対する批判的で公正な視座とヒューマニズムの強化という立場を堅持させることで、社会的価値の擁護と高揚を図る。

(F) 省略

第2条「倫理的役割、自律性、責任および期待される機能」

(A) あらゆる分野において、倫理的および科学的・学術的誠実さを背景にした実践を展開するという重要な任務を維持・発展させる。

(B) 人々に内省と理解に基づいた行動を促すために、社会が求める学術的権威を行使することで、倫理的・文化的および社会的な諸問題について、利害に惑わされない責任のある発言を行う。

(C) 省略

(D) ユネスコ憲章で謳われている平和・正義・自由・平等・連帯など普遍的に受け入れられている価値を擁護し、それを積極的に普及するために、高等教育機関のもつ知的資源や倫理的権威を最大限に行使する。

(E) 学問の自由と自律性を十分に享受し、社会に対して自らの活動についての説明責任を果たす。

(F) 省略

II. 高等教育の新たな展望の形成（第3条－第10条）

第3条「アクセスの公平性」

(A) 高等教育への入学者受け入れにあたっては、人種、性、言語、宗教、経済的・文化的・社会的差異、身体的障害など、いかなる差別も行ってはならない。

(B) 高等教育は、初等教育から始まり、一生を通じて継続する教育制度の一環であり、特に中等教育機関との連携は重要である。中等教育の修了者には等しく門戸を開かなければならない。また、高等教育機関は、地域社会との積極的な連携の中で機能しなければならない。

(C) 高等教育への需要が急速に高まるなかで、高等教育へのアクセスに関する政策においては、どうすれば個人個人のメリットに繋がるかという点を最優先に考えるべきである。

(D) 省略

第４条「女性の参加の拡大と役割の推進」

(A) 女性の高等教育へのアクセスの障害を克服することは、緊急に解決すべき重要な課題である。

(B) 高等教育においては、あらゆるジェンダーに関わる固定観念を排除し、とりわけ、意思決定における女性の積極的な参加を拡大する必要がある。

(C) 省略、(D) 省略

第５条「科学、芸術および人文学における研究を通じた知識の発展とその結果の普及」

(A) 研究を通じて知識の発展を目指すことは、高等教育の全てのシステムにおいて必須な機能である。とりわけ大学院においては、研究活動の充実が強く求められる。社会的・文化的な目的やニーズと合致した長期的なプログラムでは、革新的・学際的・超分野的な研究が重要となる。基礎研究と目標指向的研究は、いずれか極端に偏ることなく、適切なバランスで進められなければならない。

(B) 高等教育機関は、研究に従事するアカデミック・コミュニティの構成員が訓練や資源利用など適切な支援が受けられるように保証しなければなら

ない。また、研究成果の知的・文化的権利は、人類の利益のために行使されなければならず、それが悪用されないように保護しなければならない。

(C) 国家的・地域的・国際的な研究開発方針の枠組みの中で、社会科学・人文科学・教育（高等教育を含む）・工学・自然科学・数学・情報科学・芸術を含むあらゆる学術的分野において、研究活動を強化していかなければならない。

(省略)

第6条「適切性に基づく長期的な方向づけ」

(A) 高等教育の適切性は、社会が高等教育機関に期待することと実際に行っていることが一致しているかどうかという観点から評価しなければならない。そのためには、倫理的な基準の確立、政治的な中立性、批判的な能力の涵養が不可欠である。それと同時に、文化や環境の保全という観点に立って、社会や産業界が抱えている諸問題に対して、長期的な方向づけを可能にするものでなければならない。(省略)

(B) 高等教育は、貧困、不寛容、暴力、非識字、饑餓、環境汚染など社会的な諸問題に貢献できる機能を強めなければならない。そのためには、学際的あるいは超分野的なアプローチによる問題や課題の分析が必要である。

(C) 省略

(D) 高等教育は、高度な教育を享受することで可能となる教養と意欲と誠実さを身につけた人々によって、人類に対する愛と英知に導かれた暴力と搾取のない新しい世界を作り上げることを究極の目的にしなければならない。

第7条「産業界との協力強化と社会的ニーズの分析と予測」

(A) 知識とその応用のみならず、情報処理技術に基づく新しい生活様式の変化などにより特徴づけられる経済社会においては、高等教育と産業界や社会の他の分野との連携を図ることが強く求められている。

(B) 省略

(C) 高等教育機関が、専門的知識・技術の習得とその再活用を目指す生涯教育の場として機能するためには、産業界の動向を踏まえながら、科学・技

術・経済の各分野における流れを体系的に考慮することが重要である。そのために高等教育機関と産業界は、理論と実践を架橋する学習課程や評価、プログラムの開発や事前学習プログラムなどを共同で行う必要がある。そのことによって、新しい職業の創出の可能性が開けてくる。

(D) 既存の職業に就くだけではなく、新たな職業の創出者になることが期待される卒業生に対して、雇用機会の拡大と起業家としての技術や創造性を開発することに高等教育の関心を向けなければならない。(省略)

第8条「機会均等の拡大のための多様性」

(A) 高等教育機関は、生涯学習の機会提供と増大する国際的なニーズに対応するために、様々な教育手段と学生受け入れのための多様な基準や方法を考えなければならない。

(B) 高等教育の多様化したシステムとしては、公立・私立・非営利組織立といった各種の設立形態が考えられる。それに合わせて、従来の学位に加え、短期コース、定時制、フレックス型、単科コース、遠隔学習など、多様な教育と訓練の機会が提供されなければならない。

第9条「革新的な教育アプローチ―クリティカル・シンキング―」

(A) 急激に変化する世界においては、学生を中心に考える高等教育の新たな展望とパラダイムシフトが必要である。多くの国では既に実践されているように、地域社会や他の広範な社会分野との連携とパートナーシップに基づき、教育内容や教育方法の多様性を拡大するための徹底的な改革が求められる。

(B) 高等教育機関では、学生に批判的思考力(クリティカル・シンキング)を身につけさせ、社会の諸問題の分析と解決策を検索し、それを実践に移すことで、社会的責任感と広い見識を有した意欲のある市民となるよう教育すべきである。

(C) これらの目的を達成するためには、知識の習得や知的訓練を超えた新たな方法を活用したカリキュラムの開発が必要である。その際、多様な文化を越えたコミュニケーション能力や創造的で批判的な分析力、集団やチーム

で思考する訓練などが重要である。（省略）

(D) 新しい教育方法は、新しいタイプの教授・学習教材や、記憶力だけでなく、理解力・行動力・創造力の育成を推進できる新たな評価方法と組み合わせなければならない。

第10条「当事者としての教職員と学生」

(A) 教員の育成は重要な課題であり、高等教育機関は、そのことに関して明確な方針を持たなければならない。教員は学生に対して、知識を教授するだけではなく、どのように学び、どのように主体性を発揮するかを教えなければならない。（省略）

(B) 省略

(C) 国および高等教育機関は、学生と彼らのニーズを中心におき、学生を高等教育の改革におけるパートナーとして、また、責任ある当事者として見なさなければならない。

(D) 省略

III. 展望から行動へ（第11条−第17条）

第11条「質の評価」

(A) 高等教育の質は多元的であり、質の評価に当たっては、教育プログラムや学究的プログラム、研究活動や奨学金制度、教職員、学生、施設設備、地域へのサービスや教育研究環境など、高等教育機関が行っている全ての機能や活動を含めなければならない。

高等教育機関自らが行う自己評価に加え、可能ならば国際的な専門知識を有する独立した専門家による公的な審査をうけることが、質の向上には不可欠である。そのためにも、独立した国の機関を設置し、高等教育機関の活動が国際的レベルであると認められる比較可能な質に関する基準を定めることが必要である。重要なことは、多様性を尊重し、画一性を避けるために、機関や国や地域の事情に留意しなければならない。また、高等教育機関の評価においては、利害関係者の関与は不可欠であることを理解しておかなけれ

ばならない。

(B) 高等教育機関の質は、機関が属する国の文化や事情を加味しながらも、知識の交換や相互に共有可能なネットワーク、教員や学生の交流、国際的研究プロジェクトなど、国際的な次元から考えられなければならない。

(C) 国家的・地域的および国際的な質を達成し維持するためには、教職員の選考や継続的な能力開発が重要である。とりわけ、教授・学習の方法論の研修はもとより、国や機関を超えた流動化、さらには、高等教育機関と実業界との間の流動化を促進するなどの適切なプログラムを通じて、アカデミック・スタッフとしての資質の向上を図ることが求められる。(省略)

第12条「技術の可能性と挑戦」

(A) 新しい情報通信技術の発展によって、知識の開発・普及方法の変化や高等教育へのアクセスにも変化が生まれている。(中略) ネットワーク、技術移転、教材開発、教育・指導・研究における利用経験の拡大化と共有化を進める必要がある。

(B) 省略

(C) 教育目標を実現するための情報通信技術の利用、新しい情報通信技術へのアクセス、それに関連した諸資源の生産に関して、各国間における不平等を排除することに特別な配慮が必要である。

(D) 省略、(E) 省略、(F) 省略

(G) 高等教育機関は近代化推進の手段として情報通信技術を用いるのであり、決して、現実の機関を仮想機関に置き換えることではない。このことを十分わきまえた上で、新たな可能性を開く努力を行うべきである。

第13条「高等教育のマネジメントと財政の強化」

(A) 高等教育の運営と財政に関しては、高等教育機関と国や設置者との間での協定に基づき、適切で合理化された運営と資源の費用対効果の観点から適切な計画と方針を戦略的に定める必要がある。(中略) 運営や管理の有効性について、内部のあるいは外部の機関によって定期的に評価することができ

なければならない。

(B) 高等教育機関は、自身の問題を自らで管理する自治権を与えられなければならないが、その自治権には、政府、議会、学生および広範な社会の関係者に対する明確かつ透明な説明責任が伴うものでなければならない。

(C) 運営の目的は、質の高い教育、専門的訓練および研究、そして地域社会へのサービスを保証することによって、教育機関として使命を推進することである。この目的に実現のためには、世界的な諸問題の理解を含む社会的展望と有能な運営能力とを兼ね備えた高い管理能力が必要である。(省略)

(D) 省略

第14条「公的サービスとしての高等教育の財政措置」

(A) 高等教育への融資には、公的資金は勿論、民間からの財源が必要である。特に国からの財源措置は重要である。高等教育への公的融資は、高等教育に対する社会的支援であり、高等教育の発展を保証し、その効果を高め、質と適切性を維持するためにも強化しなければならない。(省略)

(B) 省略

第15条「国境および国を超えた知識やノウハウの共有」

(A) 高等教育機関の国際的連帯と真の協力によって、世界が抱える諸問題の理解が深まり、その解決に向けて努力する民主的な管理能力をもつ人材が育ち、様々な文化と価値とが共存できるようになる。教育はそのための重要な役割を果たすことになる。多言語使用の実践、教員や学生の交換プログラム、知的・科学的協力を推進するための組織連携などは、全ての高等教育システムにとって不可欠である。

(B) 省略

(C) 国内や国際間の流動性を高めるためには、学生が容易に履修コースの変更が可能となるよう卒業要件や資格や能力の認定を含む学修上の諸規程について、国際的な規範を文書化し、相互に批准しておくことが重要である。

第16条「頭脳流出から頭脳確保へ」

「頭脳の流出」は、開発途上国や移行過程にある国々にとって、社会的経済的進歩を可能にする高度な専門的な知識を奪うことと繋がりかねない。国際的な協力と交流は、長期的なパートナーシップに基づくものでなければならず、高度な訓練を受けた学者や研究者の出身国への永続的又は一時的な帰国を推進する国内的・国際的取り決めが必要である。(省略)

第17条「パートナーシップと連携」

高等教育の発展にとっては、政府や高等教育機関関係者はもとより、研究者、教員、学生、事務職員および技術職員、産業界、地域社会など、あらゆる層の関係者の共通の利益と相互の敬意と信頼に基づくパートナーシップと協力が大きな力となる。

通読して分かるように、この宣言は、開発途上国の現状を強く意識した内容が少なくなく、我が国の大学においては、既に解決済みの課題も含まれている。一方で、「知的基盤社会における国際的競争力の強化」を至上原理としているかのように見える我が国の大学教育に対して、「社会的価値の基盤となる高い倫理観とヒューマニズムの涵養」を謳っている点は、大学関係者として謙虚に耳を傾けなければならない。この宣言で示されている世界の大学が共通して目指すべき方向を知ることは、改めて自らの現況を見つめ直し、これからの大学を考える上で、きわめて大切なことである。

さらに、ユネスコはOECDとの共同宣言という形で「国境を越えて提供される高等教育の質保証に関するガイドライン」を示している。これは、大学の国際化にとって最も重要な課題は、各国の大学が授与する学位の質の保証であるという認識に立つもので、そのための具体的な方策や各国が取り組むべき事項を、教育の提供者である高等教育機関や評価者である評価機関など、各レベルでの課題をガイドラインとしてまとめている。

【参考文献】

UNESCO (1998) World Declaration on Higher Education for the Twenty-First Century : Vision and Action. 私訳「ユネスコ高等教育世界宣言 21世紀の高等教育 展望と行動」日本私立学校協会

UNESCO/OECD (2005) Guidlines on Quality Provision in Cross- Border Higher Education. 仮訳「国境を越えて提供される高等教育の質保証に関するガイドライン」文部科学省

第2章　大学改革の方向

第1節　審議会答申の概要
　　　　　　　　　　　　　　　　　生和　秀敏

第2節　大学の国際化対応
　　　　　　　　　　　　　　　　　大森不二雄

第3節　地域社会における大学の役割
　　　　　　　　　　　　　　　　　稲永　由紀

第4節　高等教育政策の動向と課題
　　　　　　　　　　　　　　　　　生和　秀敏

第2章 大学改革の方向

第1節 審議会答申の概要

生和　秀敏

　中央教育審議会(以下、中教審と略記)は、1952年、文部省設置法の改正により、「文部大臣の諮問に応じて、教育、学術又は文化に関する基本的な重要施策について調査審議し、及びこれらの事項に関して文部大臣に建議する」ことを目的に設置されたものである。以来、初等・中等・高等教育全般についての答申を行ってきた。特に昭和46年の答申「今後における学校教育の総合的な拡充のための基本的施策について」は、明治5年の学制発布により近代教育制度が発足した「第一の教育改革」、戦後の「第二の教育改革」に続く「第三の教育改革」を目指すものとして注目されている。とりわけ、高等教育の改革に関する答申内容は、大学改革の方向性を示すものとして重要な意味をもっている。

　臨時教育審議会(以下、臨教審と略記)は、1984年、教育改革が国政の重要課題の一つであるという認識から、中教審とは別に、内閣総理大臣直属の諮問機関として設置されたもので、教育の自由化を中心に議論が行われ、三次にわたる答申がなされた。高等教育に関しては、1986年の教育改革に関する第二次答申で取り上げられている。ここでは、大学の閉鎖性・硬直性が社会の要請に十分応えておらず、大衆化による大学の量的拡大が教育研究の内容や質に問題を生じさせているという認識から、大学の社会的責任と自主的努力による大学教育の活性化とその信頼を高めるための改革についての提案がなされている。

　大学審議会(以下、大学審と略記)は、文部大臣に対する勧告権を持つユニバーシティ・カウンシルの創設を臨教審が答申したのを受けて、1987年、

学校教育法の改正によって設置されたもので、「大学に関する基本事項」を審議する恒常的機関と位置づけられている。審議内容は臨教審によって示された大学に関係する基本事項を具体化に向けて審議したもので、平成3年の答申「大学教育の改善について」は、大学設置基準の大綱化による大学の自己裁量と自己責任を明確にしたもので、現在の高等教育政策の基本となっている。大学審は、2001年の省庁再編に伴い中教審の大学分科会に再編された。

　各審議会答申のうち、大学に特に大きな影響を及ぼしている答申とその内容を要約すると以下のようになっている。

1. 中教審答申「今後における学校教育の総合的な拡充のための基本的施策について」(1971年)

　一連の答申のもとになったのは、1971(昭和46)年に出された通称「46答申」と呼ばれているものである。1965年はじめの大学紛争を契機に、大学が抱えていた諸問題を抜本的に改めるための画期的な答申で、「46答申が現在の高等教育政策の基本的枠組みになっており、新たな答申は、この46答申の枠を超えていない」と言う識者もいる。骨子は5点にまとめられる。

　第1は、大学の種別化で、短期大学、大学、修士課程、博士課程などを5種類に区分し、それぞれに異なった機能を持たせようというものである。第2は、教育機能の重視で、学生の不満の原因であった教養部制度を見直し、一般教育と専門教育の形式的区分の撤廃を提言している点である。第3は、教育組織と研究組織の分離を述べている点である。大学の硬直性は学部という閉じた組織が強すぎることへの問題提起と考えられる。第4は、学長を中心とする管理運営体制の強化による自律的な組織形態への移行を求めたものである。これを受けて1974年に筑波大学が開学した。2004年から始まった国立大学の法人化も、この46答申と深い関係がある。第5は、公教育機関としての私立大学への公的助成である。1975年に私立学校振興助成法が制定され、公教育の補完機能と見なされていた私立大学が、名実ともに我が国の高等教育機関として公共的使命を担うことになった。

　このように見てくると、その後の大学審答申や中教審答申で示されてい

る内容は、46答申に源を発する一連の流れの中で理解することができる。

2．臨教審第二次答申（1986年）

　臨教審の第二次答申で示された主な提案内容は、およそ以下の4点に要約できる。第1は、大学教育の充実と個性化である。個々の大学が特色ある教育を実現できるよう大学設置基準の大綱化・簡素化を図るとともに、関係法令等の見直しを提言している。第2は、大学院の飛躍的充実と改革を求めている点である。社会の進展に伴う大学院への需要の増大に応えて、標準修業年限の短縮、社会人の受け入れ、独立研究科等の設置形態の多様化、大学院固有の教員組織、施設・設備の強化、学位制度の検討等を提言している。第3は、大学の評価と大学情報の公開についての提言である。大学は、自らの活動の自己点検・自己評価を行うとともに、活動状況を広く社会に対して公開することを求めている。第4は、ユニバーシティ・カウンシル（大学審議会）の創設である。高等教育の基本的なあり方や課題について審議を行い、文部大臣への勧告権を持つ恒常的機関の必要性を述べている。とりわけ緊急度の高い課題として、大学設置基準の改正、大学院の充実、ユニバーシティ・カウンシルの創設を強く提案している。

3．大学審答申「大学教育の改善について」（1991年）

　大学審は、1988年から2000年まで、20を越える答申を行っているが、その中で特にインパクトの大きいものは、1991年の「大学教育の改善について」という答申である。この答申の最大の特徴は、各大学が多様で特色あるカリキュラム設計が可能になるよう授業科目、卒業要件、教員組織等に関する大学設置基準の規定の弾力化を求めている点である。また、学士を学位として位置づけることとし、それに伴い、これまであった学士の種類を廃止し、学士名称は各大学の判断に委ねる提言がなされた。この答申にもとづいて、大学設置基準の大綱化・弾力化に向けた規程整備がされ、一般教育と専門教育の区分がなくなり、科目区分ごとの最低履修単位数の規定が廃止され、卒業に必要な総単位数のみが規定されることになった。それと同時に、大学の裁

量権の拡大に伴う自己責任が強く求められ、大学は自らの責任で自分たちの活動を的確に自己点検・評価し、その結果を社会に対して公表することが義務づけられることになった。これによって、大学は、自己裁量・自己責任という新たな行動原理に基づいて活動する時代に突入したのである。しかし、大学の現状を考えると、自己点検・評価だけでは、大学への社会的信頼は得られないという懸念から、信頼できる第三者機関による質保証、すなわち、アクレディテーションの必要性が指摘された。認証評価は、このアクレディテーションの提案を受けて制度化されたものである。

4．大学審答申「21世紀の大学像と今後の改革方策について―競争的環境の中で個性が輝く大学―」(1998年)

　この答申では、高等教育を取り巻く21世紀初頭の社会状況を、「高度化と複雑化が進み、知の再構築が求められる時代」と規定し、それに対応する多様な高等教育への需要が拡大すると展望している。そのような中で大学は、「課題探求能力」の育成を中心とした教育研究の質の向上を図るため、教養教育を重視する学部教育の再構築と、大学院の教育研究の高度化・多様化を課題としてあげている。「多様化」をキーワードとするこの答申では、高等教育機関の多様化、設置形態による大学の多様化、教育内容の多様化、学部教育と大学院の役割分化などに言及し、多様な学習需要に対応する教育システムの柔構造化とそれを可能にする大学の自律的な運営体制の確立が重要であると指摘している。その上で大学は、それぞれの教育研究についての理念・目標を明確にし、高等教育全体のシステムの中で、どのような独自の役割を果たすのかを学内外に明らかにする必要があると述べている。同時にこの答申では、自己点検・評価の充実に加え、透明性の高い第三者評価を導入し、その評価結果を基に、適切な公的資源の配分を行なうなど、各大学の個性を伸長し、さらに魅力あるものとなるような「多元的な評価システム」を速やかに確立することが不可欠であると述べている。さらに、教育方法の改善、責任ある授業運営、厳格な成績評価の導入、マルチメディアや情報通信技術を活用した授業方法の工夫など、教育活動の改善のための各種の方策を

提言しているのも本答申の特徴である。

5. 中教審答申「我が国の高等教育の将来像」(2005年)

　この答申では、21世紀を「知識基盤社会」と捉え、高等教育は個人の人格形成上も国家戦略上も極めて重要であると指摘している。さらに、国は将来にわたって高等教育に責任を持つべきであり、大学も自らの公共的役割と社会的責任を果たすべきであると強調されている。これからの大学は、巨大社会の一員として、独自的組織から社会的組織へ、閉じた大学から開かれた大学へ、大きな転換が必要だとされ、その結果、大学の使命として、これまでの教育と研究に加え、社会貢献が大学に求められるようになった。

　その上で、多様な高等教育への期待に応えるため、大学は自らの選択による機能別分化を進め、個性と特色を一層明確にすべきであるとし、7つの機能を例示し、あわせて大学間の連携の促進を謳っている。さらに、高等教育の量的需要は充足されつつあり、これからは高等教育の質の保証が重要課題となるという認識を示し、学習者の保護と国際的通用性の保持という観点から、これまでの部局といった組織中心から学位を与える教育課程中心へと、教育システムを転換することを提言している。さらに、質保証のための仕組みとして、自己点検・評価の充実と、事前評価である設置認可と事後評価である認証機関による第三者評価との適切な役割分担と協調の必要性を述べている。

6. 中教審答申「新時代への大学院教育」(平成17年)

　「国際的に魅力ある大学院教育の構築に向けて」という副題をつけている本答申は、国際競争が激化する今後の社会では、科学技術創造立国を目指す我が国においては、それに対応できる大学院の整備がとりわけ重要であり、科学技術や学術活動の基盤となる人材を大学院において養成することが必要不可欠であると指摘している。そのためには、大学院改革を推進するための社会的環境の醸成と、大学院を教育課程として展開することが重要であり、博士課程、修士課程、専門職学位課程それぞれの目的・役割を焦点化させ、

各大学院の人材養成目的の明確化と教育体制の整備を強く求めている。大学院にコースワークという概念が新たに示されたのは、研究成果を論文にまとめるリサーチワークの場と考えられていた大学院を、独自の教育課程として明確に位置づけ、それに相応しい教育内容を組織的に整備することの必要性を強調したもので、密室性の高かった大学院の抜本的な改善を求める提言と言える。また、円滑な博士の学位授与の促進、教員の教育・研究指導力の向上、産業界や地域社会などと連携した人材養成機能の強化、国際競争力のある卓越した教育研究拠点の形成支援などが本答申には盛り込まれている。

7．中教審答申「学士課程教育の構築に向けて」（2008年）

　この答申では、学士課程教育という概念の定着と、学士課程教育の目的は、学士レベルでの資質や能力を備えた人材養成であるという基本的認識が示され、学位授与方針（ディプロマ・ポリシー）、教育課程の編成・実施方針（カリキュラム・ポリシー）、入学者受け入れの方針（アドミッション・ポリシー）の3つの方針を明確にすることを強く求めている。学校教育法で規定されている抽象的な目標ではなく、各大学が育てようとする人材像を明確にし、その育成に繋がる教育目標を達成するためのカリキュラムを整備し、そのカリキュラムに相応しい学生を受け入れることが、責任ある大学として求められる要件であるという主張である。特に、学士課程の修了段階で期待される最低要件として「知識・理解」「汎用的技能」「態度・志向性」「総合的な学習経験と創造的思考力」の4領域からなる「学士力」を例示したのは、各大学が学位授与方針を具体的に定める際の参考指針として活用を期待したものである。それに加え、各分野ごとの学習目標を明確にするため、日本学術会議に検討を委ねる提案を行っている。また、順次性のある体系的な教育課程の編成、成績評価基準の策定、GPA等の客観的な評価基準の適用、入試方法の点検と見直し、初年次教育の充実や高大連携の推進など、現在の大学が抱える諸課題について、かなり踏み込んだ内容の提言が行われている。

8. 中教審答申「新たな未来を築くための大学教育の質的転換に向けて ―生涯学び続け、主体的に考える力を育成する大学へ―」(2012年)

　この答申は、これまでの理念や使命、制度や仕組みに関する答申とは異なり、大学教育の実質化を推進するための教育活動の質的転換を強く求める内容になっている。しかも、答申をまとめるに当たり、大学関係者へのヒアリングや客観的なデータを基に審議が行われた点が大きな特徴である。将来の予測が困難な時代にあっては、主体的に考える力の育成が何よりも重要であり、主体的な学修体験を重ねてこそ、それが可能になると述べ、批判的思考力を身につけさせる教育方法や教育内容に重点を置くことの必要性を強調している。特に、諸外国と較べて、桁外れに少ない学修時間を実質的に増加・確保することが急務であるとし、そのためには、受動的学修からアクティブ・ラーニングへの転換を強調し、予習と復習が単位の取得に不可欠な授業方法の改善とそれを可能にする教学マネジメントの重要性を述べている。さらに、シラバスを単なる講義カタログではなく、欧米並みに、予習が可能な真のシラバスに改めること、教員個人に委ねていた授業内容や方法を学士課程プログラムとして構造化し、各授業にコースナンバーを付与するなど国際的通用性を意識した教育活動を展開すること、ディスカッション中心の授業を可能にするための教育補助体制の整備などが盛り込まれている。

9. 中教審大学分科会審議まとめ 「大学のガバナンス改革の推進について」(2014年)

　中教審の答申ではないが、この大学分科会組織部会の審議まとめは、これまでの答申の流れとは異なり、大学改革を推進させるためのガバナンス改革を求める内容で、高等教育政策の新たな展開を求める、多分に政策的色合いが濃いものになっている。事実、この審議まとめを受けて、学校教育法および国立大学法人法の改正が行われている。

　この審議まとめは、大学改革の加速を妨げているのは、大学のガバナンスが十分機能していないことに起因するという認識に立ち、大学が戦略的目標に向かって改革を進めるためには、教職員の徹底した意識改革と学長のリー

ダーシップを確立するための諸条件を整備することが重要であると指摘している。総括副学長等の設置、事務職員の高度化による教職協働の実現、IRの充実など学長を支える補佐体制の強化や、人事・予算・組織編制に関する学長のリーダーシップの強化などが盛り込まれている。それと同時に、学長の選考・業績評価、学部長等の選考・業績評価、教授会の役割の明確化、経営組織等と教学組織との関係整理、監事の役割の強化など大学の管理運営体制の見直しが提案されている。

　この審議まとめは、国立大学法人化10年の節目に示されたもので、多分に国立大学を意識した内容になっているが、従来の中教審答申が文科大臣に提出されてきたものとは異なり、大学へのメッセージ、国へのメッセージ、社会へのメッセージが、審議まとめの最初に記載されているのが特徴である。

　大学へのメッセージでは、学長のリーダーシップのもとで大学自らガバナンス改革を推進するため、学部教授会の人事権を定めていた教育公務員特例法が適用されなくなったことなど、法令の正しい理解と教職員の意識改革を求め、これまでの内部規則を総点検し、最適なガバナンス体制で大学が運営されるよう不断の見直しを求めている。それに合わせ、国に対しては、法人化した国公立大学に適用される法体系が変わったことの衆知と、学長のリーダーシップの確立と教職員の意識改革のための効果的な制度改革とメリハリのある支援を求めている。また、社会に対しては、この10年間で大学改革が相当進展し、なお、変わろうとしていることへの理解を求めている。

　直近の「大学のガバナンス改革の推進について」を除くと、答申の内容が、制度や仕組みに関する答申から、教育システムについての答申を経て、教育内容や方法についての答申へと次第に変化してきていることが分かる。あり方についての議論から具体的で実現可能な内容へと斯界の関心が移ってきたことの表れであるとも言える。一方で、早急な実現が困難と思われるものは、机上プランの段階として受け止められ、お蔵入り状態になっているものも少なくはない。「46答申」で示された「高等教育の種別化」や「教育組織と研究組織の分離論」などがそれである。これに代わるものとして、1998年の大学

審答申「21世紀の大学像と今後の改革方策について」と2005年の中教審の「将来像答申」では、大学は個性と特色にあった機能的分化を進めるべきとの提案がなされている。また、学部の強い抵抗が予想される教育組織と研究組織の分離論に代わって、部局を単位とした組織中心の考え方から学位を与える教育課程中心へ、教育システムを転換することを提言している。このような内容のほうが大学にとっても受け入れやすく、現実的であるとの判断によるものであろう。

　各審議会答申が高等教育政策の決定に大きな影響を与えていることは事実であるが、答申に盛り込まれた内容がそのまま政策と繋がるわけではない。答申それ自体は、パブリックコメントは受けるとしても誰からも評価の対象にはならないが、高等教育政策は、予算編成等の段階で常に政策評価の対象となるからである。権限と責任が伴う高等教育政策の立案にあたっては、政策内容が確実に実行され、一定期間内に一定の成果が求められるため、実現可能性の高い内容が重点的にピックアップされるのは、むしろ当然のことである。しかし、大学関係者としては、法制化されるされないに拘わらず、各審議会答申を通じて流れている大学改革の基本的な方向性を読み取ることが重要である。

【参考文献】

大崎仁(1999)『大学改革1945-1999』有斐閣選書、有斐閣
黒羽亮一(2001)『戦後大学政策の展開』玉川大学出版部
大学基準協会年史編纂室編(2005)『大学基準協会五十五年史　通史編』大学基準協会
大学基準協会十年史編集委員会編(1957)『大学基準協会十年史』大学基準協会
大学審議会答申(1991)「大学教育の改善について」
大学審議会答申(1998)「21世紀の大学像と今後の改革方策について―競争的環境の中で個性輝く大学―」
中央教育審議会答申(1971)「今後における学校教育の総合的な拡充のための基本的施策について」
中央教育審議会答申(2005)「我が国の高等教育の将来像」
中央教育審議会答申(2005)「新時代の大学院教育」
中央教育審議会答申(2008)「学士課程教育の構築に向けて」
中央教育審議会答申(2012)「新たな未来を築くための大学教育の質的転換に向けて

―生涯学び続け、主体的に考える力を育成する大学へ―」
臨時教育審議会第二次答申 (1986)
中央教育審議会大学分科会 (2006)「大学のガバナンス改革の推進について (審議ま
　とめ)」

【補足】

本稿は、2014 年 9 月に執筆したものである。

第2章 大学改革の方向

第2節 大学の国際化対応

大森　不二雄

高等教育の「国際化」と「グローバル化」

　江渕(1993)によれば、大学の「国際化」は、日本では既に1970年代には学術的な論考及び政策的な言説におけるキーワードの一つとなっていたが、国際化に相当する英語"internationalization"が同様の意味で欧米等の大学関係者や高等教育研究者によって使用されるようになったのは1980年代後半以降のことであったという。国際的に通用しない日本の大学教育の欠陥を露呈する外国人留学生受入れ問題や研究交流を阻害する日本の大学教授市場の閉鎖性などに関する問題意識から、通用性・交流性・開放性という3つの国際化指標を提示した喜多村(1984)の研究は、日本において大学の国際化の概念を一般化する上で大きな役割を果たした。他方、海外においては、1987年に開始された欧州のエラスムス計画等を契機として、「国際化」(internationalization)が一般的な用語となったとされる(江渕1993)。以上のように、我が国において、「大学の国際化」は、「国際的に通用しない日本の大学」という問題意識に発し、諸外国に先行して論じられてきた、古くて新しいテーマなのである。

　1990年代以降は、国際化に加えて、「グローバル化」(globalization)という概念が頻繁に使われるようになっている。両概念の異同についても、欧米及び日本の研究者の間で様々に論じられてきた(黄2002)。ほぼ同じ意味で互換的に使用し得るという議論(江渕1997等)、国境を越える移動・流動であるグローバル化への対応が国際化であるとする見解(Knight 1999；喜多村1999等)、近代的な国民国家の枠組みを前提とする国際化とこれを変貌させるグローバル化

という葛藤する概念として捉える見方(Scott 1998 等)などである。

　高等教育の国際化については、従来から、留学生の受入等及びカリキュラムの国際化が主要なトピックであったが、グローバル化が謳われる近年では、海外分校等を通じて国境を越えて提供される高等教育すなわち「トランスナショナル教育」(transnational education)や、国際的な評価・質保証も注目されるようになった(黄 2006)。1990年代後半以降に本格化したトランスナショナル教育こそ、従来の「国際化」概念を超えた「グローバル化」を象徴する現象である。トランスナショナル教育は、国境を越える教育の質保証という新たな難題を提供国と受入国の双方に突き付けている。

　人、モノ、カネ、情報等の国際的流動化の増大によるグローバル化は、経済学をはじめ政治学や社会学など、幅広い学術分野からのアプローチの対象となっており、特に、グローバル化が国家主権を侵食し、国民国家の役割を弱体化させつつあるか否かについては、甲論乙駁の状況である(福田 2003；Hirst & Thompson 1996；渡辺・土山編 2001)。トランスナショナル教育について、その主力を占める英国・豪州の大学の海外進出の事例を分析対象とし、国民国家の枠組みによる教育システムがこれを統制し得なくなっているのか否か、これらの大学が国家主権の及ばない存在となりつつあるのかどうか、分析・考察した筆者の研究(大森 2005a)によれば、出自国や受入国は、国境を越えて教育を提供する大学というアクターの戦略的行動に直面し、新たなアクターに対応できる国家機能の整備として、新たな質保証システム等の構築を図っていることを示唆するとした。また、もう一つの研究(大森 2005b)は、国境を越える高等教育に関する提供国・受入国両方の立場からの豪州の質保証制度を分析した結果、国境を越える大学に関する国民国家の質保証政策が、グローバル化への適応戦略の一環として、国境を越える高等教育を自国の教育システムへ取り込むための統制手段となっていることを明らかにした。さらに、吉田(2006)も、これに近い問題意識から、国境を越えるeラーニングについて、ITとグローバル化の相互促進的な関係、世界的な知識基盤経済・知識社会の到来、高等教育の需給の国際的不均衡などを背景として、教育の世界にビジネスが参入するなど、市場原理で促進されているとし、グローバ

ル化するeラーニングに対する国家の対応としての質保証を教育の輸出入推進のための国家の戦略として捉えている。

高等教育の変容の文脈において「国際化」を捉える必要性

「グローバル化」は、市場化、標準化、知識社会化等と密接不可分の関係にあり、複雑かつ多面的な社会変動である。そもそも、グローバル化は、経済・政治・社会・文化各般にわたって論じられ、ボーダーレス化とも呼ばれるカネ・モノ・サービス・人・情報等の国境を越えた移動の増大にとどまらず、大競争時代とも呼ばれる世界規模の国際経済競争、民営化・規制緩和等の市場主義的な経済・社会政策の世界的流布、製品・サービスや専門職資格等に見られる国際的標準化の動き、世界の文化の画一化乃至アメリカ化への危惧等々、様々な現象やそれに対する意味付けがないまぜになって語られる極めて多義的な概念である。従来、高等教育の国際化・グローバル化に関する議論は、こうした視点が弱く、専ら国境を越える移動・流動性や国際性に着目する傾向が強い。市場化や知識社会の到来等の文脈において高等教育を考察した論者は数多いが、国際化はこれらと別個に論じられる傾向にある。

これまでにも、国際化を大学の中核的機能に関わるプロセスとして捉え、既存の教育研究活動との統合が図られるべきものとの認識が示されてはいる（太田 2011）。今や国際化は、周辺領域の課題や付加的取組ではなく、大学全体の中心的な課題として組織的・戦略的に取り組む対象となったという。しかし、そうした問題意識からの分析・考察であっても、実際の焦点は、国際化戦略や国際化の評価指標など、単一課題としての「国際化」に当てられる傾向にあり、システムレベルや機関レベルの文脈への照射は弱い。そうした国際化をめぐる状況は、高等教育システムの抱える課題の総体や各機関のミッションと切り離された形で、横並びで国際化が自己目的化される傾向にある政策や実践を映す鏡のようでもある。「東アジアの多くの国々では、…グローバルな知識社会のデマンドに応えられるような大学への変革を促す触媒の役割を国際化は担って来ている」（太田 2011: p.10）とすれば、大学の国際化は、グローバルな知識社会における高等教育の変容の文脈において論じる

必要がある。

　「グローバル化」及びその関連概念に象徴される社会変動は、高等教育の変容と同型的である。高等教育の世界的な変化の趨勢は、知識基盤社会の時代が到来する中で、各国において経済的競争力の強化における高等教育の役割が見直されるにつれて、大衆化・普遍化した高等教育における教授・学習の変容に対応した質保証（先行した産業界の品質保証と同型的な概念）と職業的レリバンスが求められるとともに、自然科学・生命科学を中心に学術研究が技術移転や知財戦略等に組み込まれる状況などを特徴とする。高等教育の国際化も、これらの総体的変化の趨勢と一体的に分析・考察すべきものである。

　また、こうした教育・研究の変化と同時進行する企業的な大学経営、これを可能にする新自由主義的又はニュー・パブリック・マネジメント（NPM）的な高等教育システム改革等を含む、機関・システム両レベルにおける大学ガバナンスの変容の文脈に位置付ける必要がある。日本の高等教育においても、国立大学の法人化、認証評価制度、株式会社立大学等、近年の地殻変動は、みなグローバル化の影響と言える。しかも、これらは、みな、日本国政府の政策的な意思決定の下に立案・実施されてきたことは周知の通りである。こうした日本の大学改革の展開も、グローバル化が国民国家を無力化しているとか、グローバル化、vs.国民国家といった二項対立図式的な議論の問題点を浮き彫りにする。

　従来、大学の「国際化」という閉じたイシューの内部で現状と課題を論じる傾向にあったが、今後は、高等教育の総体的な変化の趨勢の文脈において、システム・機関両レベルのミッション、教育・研究等の機能、マネジメントやガバナンスの構造等と関連付けながら、「国際化」について論じる必要がある。これは、広範かつ多義的な「グローバル化」概念によって表象される社会変動や高等教育の変容のコンテクストを重視することをも意味する。また、日本の高等教育の国際化について、諸外国との比較において、以上のような社会変動や高等教育の変容のコンテクストの総体の中で、システム・機関両レベルの現状と課題を分析・考察することも肝要である。

高等教育の国際化において存在感の薄い日本

グローバル化する高等教育の世界において、日本の存在感は希薄である。例えば、豪州政府の教育の国際化白書(Commonwealth of Australia 2003: p.12)は、アジアの「教育ハブ」について次のように述べる中で、日本には全く触れていない。

「競争は、豪州にとって最大の教育市場の中からも出現しつつある。特にシンガポール、そしてマレーシアやタイも、アジアの教育ハブとして発展しつつある。中国のように我々の大きな市場となっている国々の一部は、輸入代替と輸出能力を発展させ始めている。これらの諸国は、他の国々からのサービス提供を引き続き必要とする一方で、技術移転を最大限に活用しようとしている。インドネシア、タイ、ベトナム及び他の発展途上国においても、インターナショナル・スクールの成長が見られる。インドは、発展途上国への遠隔教育の大供給者である。」

今世紀、世界貿易機関(World Trade Organization: WTO)の枠組みの下、「サービス貿易に関する一般協定」(General Agreement on Trade of Services: GATS)の交渉(2001年11月にドーハで開催されたWTO閣僚会議で開始されたことからドーハ・ラウンドと呼ばれる)が行われ、その交渉対象に高等教育が含められたことを契機として、文部科学省は、調査研究協力者会議による報告書(国際的な大学の質保証に関する調査研究協力者会議 2004)に基づき、日本の大学の海外校を認めるとともに外国大学の日本校を公認する政策転換を行った。

米国との関係から日本にとって教育サービス貿易交渉の焦点になると考えられた外国大学日本校の取扱いについては、文部科学省令の改正等が2004年に行われ、文部科学大臣の指定を受けた外国大学日本校を母国の本校と同等とみなし、単位互換や大学院入学資格等が認められた(Ohmori 2004)。この制度により、外国の大学、大学院、又は短期大学の課程を有する教育施設として、2005年にテンプル大学ジャパン、レイクランド大学ジャパンキャンパス、カーネギーメロン大学日本校が文部科学大臣の指定を受けた。翌2006年には、コロンビア大学ティーチャーズカレッジ日本校のほか、専修学校ロシア極東大函館校及び中国の天津中医薬大学日本校も認定を受けてい

る。さらに、2014 年、アライアント国際大学・カリフォルニア臨床心理大学院日本校が指定されている。なお、カーネギーメロン大学日本校は、2010 年 3 月に終了し、同大学と兵庫県立大学大学院とのダブルディグリー・プログラムに引き継がれた。

　他方、日本の大学の海外校に関する規定（大学設置基準等の改正）は、2005 年 4 月に施行、2008 年には大学の海外校に関する告示が制定され、日本の大学が外国において教育活動を行う場合、設置基準等を満たせば学部・学科等の組織と位置付けることができることとされたが、未だに同規定を活用して海外校を設置した実例がない。国内と同様の設置基準等の要件が課され、大学にとってハードルが高いことも影響していると考えられる。

　以下に述べる通り、日本では想像もつかないトランスナショナル教育の大規模な展開は、躍動するアジアで取り残される日本と言っても過言ではない状況にある。

トランスナショナル教育の成長

　高等教育を WTO 貿易交渉の俎上に乗せた要因の一つは、トランスナショナル教育の増大である。WTO/GATS における高等教育の取扱いほど、高等教育のグローバル化を象徴するものはない。大学等の高等教育機関による国境を越える教育の提供が、経済的な視点からみれば多国籍企業の活動と等価であることを意味するからである。

　海外分校等における教育の提供であろうと、インターネットを介した e ラーニング等の遠隔教育であろうと、国境を越えるトランスナショナル教育は、受入（輸入）国と提供（輸出）国の双方に新たな課題を突き付ける。大学及びその出自国の立場から見ると、トランスナショナル教育、とりわけ海外に拠点（分校・提携機関等）を設けて教育を提供する海外プログラムの場合、自国に学生を迎え入れて教育プログラムを提供する留学の場合と異なり、受入国による質保証のための認可・アクレディテーション等を含む教育法制が、経済上の貿易障壁として意識されやすい。WTO での教育サービスをめぐる貿易交渉においては、教育法制を含む規制が交渉対象となっているのである。

以下に述べるトランスナショナル教育の実態が表すように、国際化と市場化が重なり合ったグローバル化の現実が先行し、貿易交渉を促したのである。

豪州の大学は、米国や英国の大学と並ぶグローバル・プレーヤーとみなされており、豪政府の統計 (Australian Government 2014) によると、2013 年時点で、豪州の地で学ぶ外国人留学生 218,286 人のほか、海外分校・現地提携校等を通じて海外に居ながらにして豪州の学位等を目指して学ぶ外国人学生が 84,785 人に上り、加えて、遠隔教育 (e ラーニングや通信教育等) によって海外で学ぶ外国人学生も 25,331 人いた。すなわち、豪州のトランスナショナル教育で学ぶ外国人学生数は、合計 110,116 人で、外国人留学生数と比べると 2 分の 1 を超える。また、英国の高等教育に関する公式統計 (HESA 2015) によると、2013/14 年度において、現地提携校・海外分校等を通じて海外で英国の高等教育機関の資格取得を目指して学ぶ外国人学生は 516,975 人と、英国内の外国人留学生数 435,495 人を凌駕し、このほか 119,700 人もの外国人学生が遠隔教育によって海外で学んでいたという。英国のトランスナショナル教育で学ぶ学生数は、合計 636,675 人に達する。米国については、残念ながら、対応するデータが存在しない。

トランスナショナル教育については、英国が米国を圧倒している可能性がある。また、豪州も、国全体の高等教育の規模にかんがみれば、トランスナショナル教育の占める比率は相当大きい。留学においては学習者が国境を越えるのに対し、トランスナショナル教育の場合は教育機関 (海外分校等) や教育サービス (遠隔教育) が国境を越える。英国や豪州の大学によるトランスナショナル教育が大規模な理由の一つとして、自らの学位授与権に基づき、国内外を問わず、他の教育機関との提携 (提携の相手となる機関は学位授与権を有しないものが多い) によって (ときには他機関の課程認定を行うなどして)、自大学の学位や修了証などの資格を授与する教育プログラムを提供する慣行が広く行われてきたことがある。その多くは現地の教育機関との提携によるものであり、大学自身が設置する自前の海外分校は比較的少数であるとされる。いずれの形態にせよ、大学の自律的な事業展開としてなされるこうした海外進出について、両国政府は許認可等の規制を行っていない (ただし、教育の質保

証の対象とはしている。)。

　OECD（2004: p.28）は、「政府の政策が国境を越える高等教育の成長のための制度的枠組みとインセンティブを設定するが、国境を越える教育の成長そのものは、主として教育機関と学生がますます高等教育の提供又は履修のために海外へ出かけるようになっているという事実による。」と分析している。英国や豪州の大学によるトランスナショナル教育を促進した要因としては、公的助成の抑制に起因する大学財政上の必要性というプッシュ要因、進出先のアジア諸国等における高等教育需要の拡大というプル要因等が挙げられる。両国の大学によるトランスナショナル教育は、教育言語が英語であること、先進国の大学としてのブランド・イメージ、学位授与機関並びに法人としての自律性が極めて大きいこと（進出先の法制や環境に柔軟に対応可能）等の利点を生かしながら、上述のプッシュ要因とプル要因に能動的に対応し、海外で新たなマーケットを開拓する戦略的行動と言えよう（大森 2005a）。ウルリッヒ・タイヒラーの言を借りれば、「高等教育機関又はその学部は、国際化に関し、近年、過去よりも力強い戦略的アクターとなることが期待され、しばしば実際にそうしたアクターとなった。」(Teichler 2004: p.20）。英・豪の大学は、そうした戦略的アクターの代表的事例と言える。

　アジアは、高等教育のグローバル市場の中心ともいえる位置を占めていて、米・英・豪などの輸出国がしのぎを削る最前線となっているだけでなく、一部のアジア諸国は自身が「教育ハブ」を目指し、国策として外国人学生の獲得や外国大学の誘致等を行っている。海外では、急速な経済成長とともに教育の需要と供給の増大も著しい新興大国の中国やインドが注目されるとともに、シンガポール、マレーシア、タイ等が教育ハブとして名乗りを挙げてきた。

　シンガポールは、2002年以来、「グローバル・スクールハウス」という教育ハブ戦略を（教育省ではなく）経済開発庁（EDB）が推進し、並はずれて気前の良い財政支援により、世界のトップクラスの研究大学を誘致してきている（Sidhu 2009）。誘致に応じて同国に分校等の拠点を設けた外国大学は、INSEAD（欧州経営大学院）、シカゴ大学ビジネススクール、ニューヨーク大学芸

術学部を含め、16機関に上る(Mok 2011: p.65)。しかし、これらの世界クラス大学の派手な誘致の陰で、シンガポールにおける外国大学の教育プログラムの量的主体は、同国の私立高校教育機関が自律的に(政府とは無関係に)外国大学と提携し提供するプログラムの自生的成長である。「2003年には、シンガポールの国立の大学及びポリテクニクは、それぞれ約4万人及び5万6千人の在学生を収容できただけであった一方、11万9千人の学生が約170の私立高等教育機関に在学し、そのうちの140機関は外国大学との提携プログラムを提供し、私学セクターの全学生数の75％がこれら提携プログラムに在籍していた」(Mok 2011: p.65)。同国の受入留学生数も増加の一途を辿り、2008年には約86,000人に達したという(寺倉 2009: p.62)。

マレーシアの場合、外国大学の分校は、教育省(2004年以降は高等教育省)の招待によってのみ設立可能であり、資本の過半をマレーシア人(法人を含む)が所有するマレーシア法上の会社として設立しなければならない。これまでに、英国のノッティンガム大学、豪州のモナシュ大学、カーティン大学及びスウィンバーン工科大学のマレーシア分校が、2009年時点で合計84の教育プログラムを提供している(Mok 2011: pp.69-70)。また、外国大学分校とは別に、マレーシアの私立高等教育機関が外国大学との提携により、外国大学の学位等資格が授与される教育プログラムを数多く提供している。マレーシアにおいてアクレディテーションを受けて登録された教育プログラムとして、2009年時点で、英国の19大学が110プログラム、豪州の18大学が71プログラムを提供するほか、ニュージーランド、米国、エジプト及びヨルダンの大学もプログラムを提供している(Mok 2011: p.70)。英語を教授言語とし、先進国の学位等も取得できる外国大学プログラムは、マレーシア人学生のみならず、海外からの留学生を惹き付けるようになった。その結果、1999年にはわずか3,500人だった同国の受入留学生数は、2002年に約29,000人、2008年には約69,000人(国立大学18,000人余＋私立高等教育機関50,000人余)へと急増し、かつての留学生派遣大国から留学生受入大国へと変貌した。近年では、中国人留学生が減少する一方で、インドネシア、南アジア、中東、アフリカからの留学生が増加している(杉村 2010)。

アジア諸国の中で高等教育のグローバル化に積極的に対応している国々は、先進国に支配される受け身の状態にとどまるのではなく、自ら国際的な高等教育市場に乗り出す戦略とダイナミズムを身に付けつつあると言えよう。

国際化する高等教育の質保証

　WTO/GATS に刺激されて、経済協力開発機構（OECD）と国際連合教育科学文化機関（ユネスコ）が、高等教育におけるグローバル化の問題を討議する場を提供してきた。とりわけ国境を越えた高等教育の質保証に焦点が当てられ、共同で策定された法的拘束力のない「国境を越えて提供される高等教育の質保証に関するガイドライン」（OECD 2005）は、2005 年 10 月にユネスコ総会で、2005 年 11 月には OECD 理事会でそれぞれ承認された。OECD とユネスコの用語法では、「国境を越えて提供される高等教育（cross-border higher education)」には、トランスナショナル教育のほか、留学も含まれる。また、国公立教育機関や非営利の私立教育機関だけでなく、営利目的の教育機関も含まれる。このガイドラインは、国境を越えた教育の提供を推進することと、学生その他の利害関係者を保護することの均衡に配慮している。提供国と受入国の両方の利害が OECD とユネスコにおける話し合いの過程に反映されたものと考えられる。

　このガイドラインを策定するプロジェクトに向けて、これら 2 つの国際機関を動かす上で主導的立場を取ってきた数か国の一つが日本である。このことは、ガイドライン（OECD 版）の「まえがき」において、プロジェクトの財源の一部が、豪州の教育科学訓練省、日本の文部科学省、ノルウェーの教育研究省によって提供されたと記されていることからも分かる。さらに、上述した協力者会議の提言を踏まえた日本の主導性に基づいて、ガイドラインを策定するプロジェクトの一部として、教育の質が認定された高等教育機関の国際的なデータベースと、それへの窓口となるウェブサイト（ポータル）の構築に関する提案が検討され、その成果としてそれらが試行的に行われた。こうした日本の主導性は、協力者会議（国際的な大学の質保証に関する調査研究協力者会議 2004）の検討に基づいた政府内における政策の見直しに伴うものであ

る（大森 2012: p.23）。

　このガイドラインの特色を以下に列挙する。
・（特に先進国から発展途上国への）国際協力の重要性を強調
・国家間の相互信頼及び相互尊重の原則に基づく
・国家の権限と高等教育制度の多様性の重要性という認識に基づく
・教育の質保証（適格認定を含む）と資格（学位等及び職業資格）の認証の両面をカバー
・政府、高等教育機関・提供者、学生団体、質保証・適格認定機関、学位・学修認証機関、職能団体の6者に対するガイドラインを示す

　特に重要なポイントは、このガイドラインは、超国家法規ではなく、国家等による適切な法規範等の設定と国家間の協力を奨励する指針であるという性格である。例えば、政府のためのガイドラインにおいて、「国内での活動を希望する、国境を越えて高等教育を提供する者に対して、包括的で公正な透明性の高い登録・認可制度を確立、又は確立を奨励すること。」としているのは、受入国の主権を尊重する趣旨である。また、「国境を越えて提供される高等教育の質保証・適格認定においては提供国と受入国の双方が関わっていることを前提として、国境を越えて提供される高等教育の信頼できる質保証・適格認定のための、包括的な制度を確立、又は確立を奨励すること。」との規定は、提供国・受入国間の協力を奨励するものである。さらに、質保証・適格認定機関のためのガイドラインにおいても、「教育の提供国と受入国における機関間の協力を強化し、質保証・適格認定制度の相違についての相互理解を増進すべく、関係を構築すること。これにより、受入国における質保証・適格認定制度を尊重しつつ、国境を越えて提供されるプログラムや国境を越えて教育を提供する機関の質保証を促進することができるだろう。」とし、受入国の質保証制度を尊重している。

　ユネスコ／OECD のガイドラインは、「国際化する高等教育」の質保証を目的とするものであると同時に、国際化する「高等教育の質保証」、すなわち、質保証自体の国際化を象徴するものでもある。質保証の国際化の例として、「高等教育質保証機関の国際的ネットワーク」（International Network for Quality Assurance Agencies in Higher Education: INQAAHE) は、「質保証機関の質保証」指針というべきもの (INQAAHE 2007) を示している。また、「欧州高等教育質保証協会」(European Association for Quality Assurance in Higher Education: ENQA) は、「欧州高等教育圏における質保証の基準とガイドライン」(ENQA 2009) に基づき、会員資格のある質保証機関に対するレビューを行い、ENQA による質保証付きの質保証機関を登録している。

一方、「国際化する高等教育」の質保証に関する主要な論点について、OECD の出版した書籍 (Santiago, Tremblay, Basri, & Arnal 2008) は、以下のように整理している。まず、国際化による質に対するプラスのインパクトとしては、学位の比較可能性、国際標準によるベンチマーキング、教育内容の充実、英語によるコースの増加、高等教育機関の威信を挙げている (pp.283-284)。次に、リスクとして挙げているのは、標準化・画一化・「マクドナルド化」、外国語 (主として英語) による科目・課程の質の問題、外国人留学生の偏在 (機関ごと、分野ごと)、外国人留学生のための入学基準の切り下げ、不十分な語学力、教員の負担増、外国生れの TA (語学力不十分) による学部生への影響である (pp.284-285)。そして、国際化に関する質保証の方策として、国際的活動の自己評価のガイドライン等、外国人留学生受入れに関する行動規範等、認可・認定等された課程等に関する情報提供、在留資格の条件としての質の最低基準等、自国の大学による海外でのトランスナショナル教育の監査等、外国の大学による自国内でのトランスナショナル教育の質保証、遠隔教育の質保証のガイドライン等を挙げている (pp.285-287)。

我が国の大学の国際化戦略

留学生交流を見ると、日本は 2013 年 5 月 1 日現在で 135,519 人の外国人留学生を受け入れるとともに、2011 年時点で 57,501 人の日本人学生が海外に留学しており (文部科学省 2014a)、交流規模の面で我が国の存在は小さくない (ただし、日本の高等教育機関学生数に占める比率は、国際化の進展した欧州・アジア諸国に比べると小さい。)。他方、日本の大学によるトランスナショナル教育、すなわち、海外分校・現地提携機関等の海外拠点を通じた教育提供及び e ラー

ニングなど遠隔教育については、文部科学省令の改正等によって制度的には可能になった (Ohmori 2004) ものの、今のところほとんど活用されておらず、米・英・豪はもとより、一部アジア諸国と比べても、出遅れは否めない。しかし、現在の我が国政府の主たる政策関心は、トランスナショナル教育とは別の所にあるように思われる。一つには、いわゆる「グローバル人材」の育成・確保という課題認識であり、他の一つは「世界レベルの大学」を目指す国際競争力強化である。

　グローバル人材については、2004 年には 82,945 人に上った日本人留学生数が減少したこと、とりわけ米国への留学の減少が著しい (1999 年の 46,872 人から 2011 年には 19,966 人にまで減少) ことが問題視されている。就職活動への影響、大学の支援体制、経済的負担など、海外留学に対する障害とともに、若い世代の「内向き志向」や日本人の英語力不足が課題としてクローズアップされている。政府は、2013 年 6 月 14 日の閣議決定「日本再興戦略―JAPAN is BACK―」(内閣 2013) において、(東京オリンピック・パラリンピック競技大会が開催される) 2020 年までに大学生の海外留学 12 万人、高校生の海外留学 6 万人への倍増を目指すとの目標を掲げ、2013 年 10 月より官民協働の留学促進キャンペーン「トビタテ！留学 JAPAN」を展開している。なかでも、2014 年に開始された官民協働海外留学支援制度「トビタテ！留学 JAPAN 日本代表プログラム」は、2020 年までの 7 年間で約 1 万人の高校生・大学生を海外へ送り出す計画である。現在の取組は、突如始まったものではなく、内閣のグローバル人材育成推進会議や文部科学省のグローバル人材育成推進事業等の近年の取組の延長線上にある。

　また、「大学のグローバル化の遅れは危機的状況にあります」(教育再生実行会議 2013: p.1) との現状認識に基づき、政府は、「人材・教育システムのグローバル化による世界トップレベル大学群の形成」(内閣 2013: p.36) を目標に掲げ、世界レベルの教育研究を行うトップ大学や国際化を牽引するグローバル大学に対し重点支援を行う「スーパーグローバル大学創成支援」を 2014 年度に文部科学省が開始し、37 大学を採択した。そのうち、13 大学は、「トップ型」と呼ばれるカテゴリーで、「世界大学ランキングトップ 100 を目指す力のあ

る大学を支援」するものであり、その他の24大学は、「グローバル化牽引型」と呼ばれ、「これまでの取組実績を基に更に先導的試行に挑戦し、我が国社会のグローバル化を牽引する大学を支援」するものであるとされる（文部科学省2014b）。この事業もまた、唐突に開始されたものではなく、近年の「グローバル30」（国際化拠点整備事業→大学の国際化のためのネットワーク形成推進事業）や大学の世界展開力強化事業等の流れを汲むものである。

大学の国際化とグローバル人材の育成に関する課題

　国内では少子高齢化が進み、国際社会や世界経済においては台頭する中国・インド等を横目に日本の相対的地位が低下してきた中、日本を覆う閉塞感を中長期的に克服するには、国際的に通用するグローバル人材の育成と活用が我が国にとって極めて重要な政策課題であることは間違いない（大森2010）。また、世界的な人材獲得競争やイノベーション競争の中、世界大学ランキングが（是非はともかく現実に）学生の留学先や研究者の移動先の選択等に影響力を持つ環境下で、世界トップレベルの大学の発展が我が国にとって重要課題であることに異論はない。

　問題は、その政策目標を達成する上で、政府主導のトップダウンによる重点投資が最良の政策手段であるかどうかである。海外に目を向けると、教育・研究や国際化等においてダイナミックな戦略的行動によって発展を遂げ、世界的に知られる大学は、財務・経営面のみならず教育制度面でも高度の自律性を享受し、かつ活用している事実を直視すべきである。大学の自律性を高め、戦略経営を可能にする方向での大学改革の一層の強化・実質化が肝要である。世界で躍動する人材を育てるには、大学自体も躍動する存在とならなければならない。本稿において、マネジメントやガバナンスの構造等と関連付けながら、国際化について論じる必要があると述べたのは、このことと関連する。スーパーグローバル大学創成支援が、国際化に加え、ガバナンス改革や教育改革を求めていることは、評価に値するが、OECDが日本の高等教育政策レビュー報告書（Newby *et al.* 2009）で提言したように、大学の裁量を一層拡大することにより、自律的な戦略経営を可能にする、高等教育シス

テム全体のガバナンス改革も必要である。

　また、英国の大学でトランスナショナル教育に積極的なのは、1992年以降に大学の地位を獲得したいわゆるニュー・ユニバーシティー（旧ポリテクニク）であること、シンガポールやマレーシアにおいてトランスナショナル教育を担っているのは、いわゆるエリート養成のトップレベルの大学ではなく、政府による誘致とは無関係に自律的に英・豪等の外国大学との提携による教育プログラムを開発し、自生的成長を遂げた私立高等教育機関であること、英国のニュー・ユニバーシティーにしろ、東南アジアの私立高等教育機関にしろ、主として非エリートの実学的な高等教育需要に応えてトランスナショナル教育を提供していること等にかんがみれば、「グローバル」と「世界トップレベル」を結び付け、グローバル大学とはランキング上位の研究大学、グローバル人材とはエリート、といったイメージでの受け止めが一般的と思われる我が国の政府及び大学関係者は、認識を改める必要があろう。さもなければ、大学の国際化及びグローバル人材の育成という重要課題が、ごく一部の大学や人々にのみ関係することとみなされ、我が国のグローバル化への不適応状態が継続しかねない。

　さらに、大学及び政府・関係機関において、仕事で使えるレベルの英語力を身に付けた人材が圧倒的に不足していることも、日本の高等教育の国際化にとって大きな障害となっている。大学については、英語による授業のみで卒業・修了できる学部・研究科は、増加してきてはいるものの、2012年度時点で、20大学の36学部、88大学の200研究科にとどまっている（文部科学省2014c）。留学生や外国人研究者に対する支援業務や教務等窓口業務に携わる職員についても、英語対応可能な人材が十分に揃っている大学は少ないと思われる。

　政府は、日本再興戦略で、「グローバル化等に対応する人材力の強化」を掲げ、海外留学、初等中等教育段階からの英語教育の強化等のほか、国家公務員試験や大学入試等へのTOEFL等国際的試験の活用などの施策を列挙している。国家公務員採用総合職試験については、2015年度に実施する試験から、TOEFL（iBT）、TOEIC、IELTS、英検を対象とし、これらの英語試験

のスコア等を有する受験者には、最終合格者決定の際に、スコア等に応じて、総得点に 15 点又は 25 点を加算することが決まっている（人事院 2013）。25 点は合否ライン付近の者にとって総得点の概ね 5% 程度になるという。これによって、総合職受験者のうちどれくらいの割合の者が英語学習と英語試験の受験へと向かうかの予測は容易でない。政府が決定できる公務員試験に限らず、大学の主体的判断に委ねられる大学入試等を含め、英語を加点要素として多少優遇するくらいでは現状はなかなか変わらず、むしろ一定水準の英語力を要件として課す等の大胆な方策を検討することが必要ではないかとも考えられる。

本稿は、大学の国際化について概説するに当たり、大学の二大ミッションである教育と研究のうち、教育に焦点を当ててきたが、筆を置く前に、研究面での国際化の必要性について簡単に触れておきたい。戸堂（2012: p.70）は、OECD のデータに基づき、各国間の共同研究による学術論文数で表される国際共同研究ネットワークの繋がりを分析し、1998 年と 2008 年の比較により、この 10 年間で、日本は米国や中国との研究面の繋がりを若干増やしたものの、欧州諸国との繋がりは希薄なままである一方、米国と欧州諸国は互いの結び付きを飛躍的に強め、おそらくそのためもあって自国の論文総数をも大幅に増加させていると論じ、「日本は欧米の知的ネットワークから外れて孤立し始めているようにさえ見える」と警鐘を鳴らしている。

おわりに

最後に、我が国の社会全体の国際化との関連において、大学の国際化についての問題意識を語り、本稿を閉じたい。

明治維新や戦後に次ぐ「第三の開国」の必要性や日本社会の「ガラパゴス化」が指摘されて久しい（末廣・園田 2012）。戸堂（2012）によると、我が国からの輸出、海外直接投資、我が国への直接投資の受入、いずれも対 GDP 比でみると主要先進国中最下位に近い水準にある一方、輸出や直接投資といった国際化と生産性の関係は、単なる相関関係ではなく、国際化すれば（イノベーションの促進等によって）生産性が上昇するという因果関係が実証されている

という。だとすれば、「日本には国際化して活力を取り戻す潜在力が十分にある」(戸堂 2012: p.70) ということになる。その趣旨は、「海外から技術を一方的に学べということではなく、国内だけで考えても出てくるアイデアには限度があり、海外の多様なアイデアも取り入れた方がよいということである。その過程で、逆に外国も日本から学ぶことが大いにあるだろう。…お互いにアイデアを学び合って win-win で成長していきましょうというわけだ。」(戸堂 2012: pp.68-69) とする。このように国際化による互恵関係が経済に当てはまるのに、大学の研究・教育に当てはまらない理由はないであろう。

　我が国社会が第三の開国を成し遂げ、ガラパゴス化から脱するには、グローバル化する知識社会における知の創造と継承・活用の拠点として、各界各層の指導的人材の養成機関として、大学が社会全体の国際化をリードしていく必要性は大きい。今日の日本が最も必要としている (不足している) 人材は、国際化に必要な人材、すなわち、英語力に加え、海外の多様な人々と競争・協働できる知性と行動力を備えた人材であり、これこそ大学の教育・研究を通じて養成すべきグローバル人材であろう。大学の国際化を大胆かつ迅速に進め、国際化がもたらす開放性・流動性・多様性により、イノベーションを促進する環境を醸成することは、我が国にとって急務の課題である。そして、高等教育の質保証や評価も、大学を委縮させるのではなく、ダイナミックな国際化の取組を促す方向で作用すべきであり、国際化の成果と課題について、高等教育システムや個々の大学のミッション、教育・研究その他の機能、マネジメントやガバナンスの構造等との関連において捉える必要がある。

【参考文献】

江渕一公, 1993,「大学の国際化に関する研究」広島大学大学教育研究センター『大学論集』第 22 集, 81-109 頁.

江渕一公, 1997,『大学国際化の研究』玉川大学出版部.

大森不二雄, 2005a,「国境を越える高等教育に見るグローバル化と国家―英国及び豪州の大学の海外進出の事例分析―」日本高等教育学会『高等教育研究』第 8 集, 157-181 頁.

大森不二雄, 2005b,「国境を越える大学の認可・評価に関する豪州の政策―国民教育システムへの取込みとしての質保証」日本教育社会学会『教育社会学研究』第76集, 225-244頁.
大森不二雄, 2008,「WTO貿易交渉と高等教育」塚原修一編『高等教育市場の国際化』玉川大学出版部, 69-94頁.
大森不二雄, 2010,「グローバル人材が躍動する社会を目指す教育・雇用改革～閉塞する日本に対する唯一の処方箋～」『大学マネジメント』Vol.6, No.8 (2010年11月号), 12-22頁.
大森不二雄, 2012,「貿易交渉と高等教育―グローバル化における政治経済の論理」国際教育学会『クオリティ・エデュケーション』第4巻, 11-43頁.
太田浩, 2011,「大学国際化の動向及び日本の現状と課題：東アジアとの比較から」『メディア教育研究』第8巻第1号, 1-12頁.
喜多村和之, 1984,『大学教育の国際化』玉川大学出版部.
喜多村和之, 1999,「『グローバリゼーション』と現代の高等教育」『IDE現代の高等教育』1999年7月号, 15-16頁.
教育再生実行会議, 2013,「これからの大学教育等の在り方について（第三次提言）」（平成25年5月28日）.
 http://www.kantei.go.jp/jp/singi/kyouikusaisei/pdf/dai3_1.pdf（アクセス日：2015.3.2）
黄福涛, 2002,「高等教育の国際化に関する研究の展開―比較的な視点―」広島大学大学教育研究センター『大学論集』第32集, 29-41頁.
黄福涛, 2006,「高等教育の国際化に関する研究の回顧と展望」広島大学大学教育研究センター『大学論集』第36集, 211-220頁.
国際的な大学の質保証に関する調査研究協力者会議, 2004,『国境を越えて教育を提供する大学の質保証について―大学の国際展開と学習機会の国際化を目指して―＜審議のまとめ＞』文部科学省.
人事院, 2013,「国家公務員採用総合職試験における英語試験の活用について」（平成25年12月27日報道資料）.
 http://www.jinji.go.jp/kisya/1312/sougoushoku-eigoshiken.pdf（アクセス日：2015.3.3）
末廣昭・園田茂人, 2012,「日本社会のガラパゴス化を考える」『学術の動向』17 (2), 60-65頁.
杉村美紀, 2010,「高等教育の国際化と留学生移動の変容―マレーシアにおける留学生移動のトランジット化―」『上智大学教育学論集』第44号, 37-50頁.
寺倉憲一, 2009,「留学生受入れの意義―諸外国の政策の動向と我が国への示唆―」国立国会図書館『レファレンス』平成21年3月号 (No.698), 51-72頁.
戸堂康之, 2012,「途上国化する日本を国際化が救う」『学術の動向』17 (2), 66-73頁.
内閣, 2013,「日本再興戦略―JAPAN is BACK―」（平成25年6月14日閣議決定）.
 http://www.kantei.go.jp/jp/singi/keizaisaisei/pdf/saikou_jpn.pdf（アクセス日：2015.3.2）
福田耕治, 2003,『国際行政学―国際公益と国際公共政策』有斐閣.
文部科学省, 2014a,「『日本人の海外留学者数』及び『外国人留学生在籍状況調査』について」. http://www.mext.go.jp/a_menu/koutou/ryugaku/1345878.htm（アクセス日：2015.3.2）
文部科学省, 2014b,「スーパーグローバル大学等事業」.
 http://www.mext.go.jp/a_menu/koutou/kaikaku/sekaitenkai/1319596.htm（アクセス日：

2015.3.2)

文部科学省 , 2014c,「大学における教育内容等の改革状況について（概要）」.
http://www.mext.go.jp/a_menu/koutou/daigaku/04052801/__icsFiles/afieldfile/2014/11/18/1353488_1.pdf（アクセス日：2015.3.3)

吉田文 , 2006,「グローバル化する e ラーニング―市場原理と国家の交錯―」『教育学研究』第 73 巻第 2 号 , 125-136 頁 .

渡辺昭夫・土山實男編 , 2001,『グローバル・ガヴァナンス－政府なき秩序の模索』東京大学出版会 .

Australian Government, 2014, 'Transnational education in the higher education sector' (Research Snapshot, October 2014), Department of Education.
https://internationaleducation.gov.au/research/Research-Snapshots/Documents/Transnational%20education_HE_2013.pdf (Accessed 1 March 2015)

Commonwealth of Australia, 2003, *Engaging the World through Education – Ministerial statement on the internationalisation of Australian education and training*, Department of Education, Science and Training.

European Association for Quality Assurance in Higher Education (ENQA), 2009, *Standards and Guidelines for Quality Assurance in the European Higher Education Area* (3rd edition).
http://www.enqa.eu/index.php/home/esg/ (Accessed 1 March 2015)

Green, Andy 1997, *Education, Globalization and the Nation State,* MacMillan Press.
(= 2000, 大田直子訳『教育・グローバリゼーション・国民国家』東京都立大学出版会 .)

Higher Education Statistics Agency (HESA), 2015, 'Free Online Statistics - Students & qualifiers'. https://www.hesa.ac.uk/stats (Accessed 1 March 2015)

Hirst, Paul & Thompson, Grahame, 1996, *Globalization in Question: The International Economy and the Possibilities of Governance,* Cambridge: Polity.

International Network for Quality Assurance Agencies in Higher Education (INQAAHE), 2007, 'Guidelines of Good Practice in Quality Assurance'.
http://www.inqaahe.org/main/professional-development/guidelines-of-good-practice-51 (Accessed 1 March 2015)

Knight, Jane, 1999, 'Internationalisation of Higher Education', Organisation for Economic Co-operation and Development (OECD) (ed.) , *Quality and Internationalisation in Higher Education,* Paris: OECD.

Meyer, John W., 2000, 清水睦美訳「グローバリゼーションとカリキュラム―教育社会学理論における問題―」『教育社会学研究』第 66 集 , 79-95 頁 .

Mok, Ka Ho, 2011, 'The quest for regional hub of education: growing heterarchies, organizational hybridization, and new governance in Singapore and Malaysia', *Journal of Education Policy,* Vol.26, No.1, pp.61-81.

Newby, Howard, Weko, Thomas, Breneman, David, Johanneson, Thomas and Maassen, Peter, 2009, *OECD Reviews of Tertiary Education: Japan,* Paris: OECD.
http://www.oecd.org/education/skills-beyond-school/42280329.pdf（Accessed 2 March 2015) (= 2009, 森利枝訳『日本の大学改革―OECD 高等教育政策レビュー：日本』明石書店 .)

Ohmori, Fujio, 2004, *Japan's Policy Changes to Recognise Transnational Higher Education: Adaptation of the national system to globalisation?*, Observatory Reports, Issue 24, London: The

Observatory on Borderless Higher Education.

Organisation for Economic Co-operation and Development (OECD), 2004, *Internationalisation and Trade in Higher Education – Opportunities and Challenges,* Paris: OECD.

Organisation for Economic Co-operation and Development (OECD), 2005, *Guidelines for Quality Provision in Cross-border Higher Education,* Paris: OECD. http://www.oecd.org/general/unescooecdguidelinesforqualityprovisionincross-borderhighereducation.htm (Accessed 1 March 2015) ＝文部科学省仮訳『国境を越えて提供される高等教育の質保証に関するガイドライン』文部科学省. http://www.mext.go.jp/a_menu/koutou/shitu/06032412/002.pdf (Accessed 1 March 2015)

Santiago, P., Tremblay, K., Basri, E. & Arnal, E., 2008, *Tertiary Education for the Knowledge Society – Volume 2: Special features: equity, innovation, labour market, internationalisation,* Paris: OECD.

Scott, Peter (ed.), 1998, *The Globalization of Higher Education,* Buckingham, UK: Open University Press.

Sidhu, Ravinder, 2009, 'The 'brand name' research university goes global', *Higher Education,* Vol.57, No.2, pp.125-140.

Teichler, Ulrich, 2004, 'The changing debate on internationalisation of higher education', *Higher Education,* Vol.48, pp.5-26.

第2章 大学改革の方向

第3節 地域社会における大学の役割

稲永　由紀

1．はじめに：回想から

　1990年代後半、大学院生だった私は「国立大学と地域社会研究会」という研究プロジェクトへ参画する機会を得た。これは、当時の国立学校財務センター研究部のプロジェクトとして、市川昭午先生と天野郁夫先生が中心になって進められたものであった。当時の高等教育研究において大学と地域との関係を取り扱うといえば、大抵、大学の地域配置政策の効果検証、つまり「大都市抑制」「地方分散」を基調とした政策誘導がどの程度功を奏したかを検証するものであった（稲永 2006）が、この研究会は少し違うところに焦点があたっていた。それが、大学と地域との交流である。

　1990年代後半といえば、我が国では、バブル経済が崩壊し、他方で18歳人口減少のあおりを受け、大学が生き残りをかけた大競争を繰り広げ始めたころである。国立大学の民営化が議論され（例えば朝日新聞1997）、国立大学は単に、「中央」のコピーを地方にも作り、「中央」での人材養成を地方でも展開して教育の機会均等を保障する、というだけではそのレゾンデートルを示せず、所在する地方地域との関係にそれを求めざるを得なくなってきた（天野1998）。

　この研究プロジェクトでは様々な成果が産み出されたが（国立学校財務センター 1999、同 2001ほか）、おそらく一番の発見は、大学と地域はまったく交流していないというのは誤解である、という事実であろう。現実は、8割以上の国立大学教員が、何らかの形で地域・社会と交流を持ち、そして地域資源を利用して自らの教育・研究を行っていたのであり（稲永・村澤・吉本 2001）、単にこうした現実が可視化されていなかっただけであった。

誤解が生じた理由は、おそらく大学が組織体として地域交流に取り組んでいなかったことにある。このプロジェクトでは、教員・有識者双方に対する調査とは別に、県内企業との共同研究など、地域との交流を示すインディケーターを集めていた。今でこそ当たり前のようにでてくるこうしたデータの蓄積すら、当時はほとんどの大学で存在しておらず、担当した研究メンバーが非常に苦労していたことを記憶している。データがないということは、当時の国立大学に、地域と大学との関係に関心がなかったことを意味する。

あれから20年近くの歳月が流れ、今では設置形態を問わず、地域との関係は各大学のイシューとなり、大学と地域との交流に組織的に取り組まない大学はほとんど見当たらないくらいになった。この急激な変わりようは、地域社会における大学の役割にどのような変化を与え、大学評価に対して何を含意しているのだろうか。本稿ではこの問いに対し、戦後の我が国における大学と地域社会との関係の変容を整理した上で、2000年代の欧州高等教育研究において論じられたステークホルダー論を援用しながら、接近を試みることにしたい。

II．戦後日本における大学と地域社会との関係の変容[1]

我が国においては、大学制度発足当初から大学の地域的配置が考慮された歴史があり、中には、九州帝国大学のように県間で熾烈な誘致運動を繰り広げたケースもある (折田 1997)。「おらがまちに大学がある」と表現される大学の象徴的機能や大学が立地することによる経済効果への期待は、昔も今も存在する。ところが現在では、それ以上の役割が期待されている。本節では、戦後の大学－地域関係の政策上の関心を押さえることで、地域社会における大学の役割の変化を読み解くことにしたい。

戦後我が国の大学－地域関係の政策上の関心は、大きく、戦後から1970年代まで、1980年代、1990年代、2000年代以降、の4期に整理できる。まず、戦後から1970年代までは、教育機会や人材養成の「大都市抑制」と「地方分散」

---

[1] 本節の記述のうち、1990年代までの動向詳細は、稲永・村澤・吉本 (2000) を参照のこと

への明確な期待にその関心があった。新制国立大学制度の設計ではいわゆる「一府県一大学の原則」と全国を9地区に分けた国立大学の整備が打ち出され、高等教育全体としては1959年のいわゆる「工場等制限法」など一連の法律によって、首都圏と近畿圏における高等教育機関設置が抑制された。この「工場等制限法」に加え、1970年代からは国土庁「全国総合開発計画」および文部省「高等教育計画」のもとで、1990年代まで一貫して、高等教育の地域配置は大都市抑制と地方分散が政策上の基調となった。この時期の機能的な関心は教育および人材養成の機会均等にあったが、今でこそ当たり前となった産学連携は、工学部などでおこなわれてはいたものの、天野(1998)によれば、表向きにはタブー視されていたという。その理由は、真理の追究を行う大学が営利の追求をしてよいのか、特に国公立大学において私企業への資源提供が望ましいかどうかが問われたことによる。

　1980年代に入ると、政策上の関心は、教育機会均等に加えて産学連携や生涯学習拡充へ焦点化される。産学連携については、「キャッチアップからフロントランナーへ」を合い言葉に、テクノポリス構想(1980年)や頭脳立地構想(1986年)に基づいた地域産学連携施策が出されているが、この時期の産学連携は、連携による地元地域での産業の活性化を目指すようなものではなく、先端的で高度な研究開発基盤整備として大学等研究機関へ支援するという性格の強いものであった(小林 1998b)。教育機能に関しては、生涯学習機会の提供という新しい機能が大学に期待されるようになり、社会人受入拡充や公開講座充実といった地域における生涯学習機会の拡充へと関心が広がっていく。

　1990年代に入ると、産学連携への期待が加速しつつも微妙に変化するとともに、あらゆる機能において地域連携が期待されはじめる。産学連携では、科学技術基本計画(1995年)や通商産業省「経済構造との変革と創造のための行動計画」(1996年)などを背景に、これまでの「産学協同型」産学連携から科学技術を政策目標と結びつける「技術移転型」産学連携へとその質が変化した(小林 1998a)。地域産業振興のための基盤整備として地元企業との産学連携が期待され、技術移転機関(TLO: Technology Licencing Office)が各地域に設立

をみたのはこの時期以降である。1970年代に支配的であった、産学連携をタブー視する見方は、一転して、大学のアカウンタビリティや国民全体への奉仕の観点から政策上積極的に位置づけられた。他方、大学の第3の機能として「社会サービス」が取り上げられるようになり、1998年の中教審答申では、地域社会や産業界との連携・交流の促進から管理運営における地域社会の参加まで、大学の持つあらゆる機能に地域との連携が求められるようになる。

　2000年代以降になると、今度は生涯学習機能への関心の質が変化するとともに、地域形成の中核としての役割が大学に本格的に期待されるようになる。生涯学習機能への期待は、専門職大学院制度発足（2001年）、履修証明制度発足（2007年）など、より職業に直結した形での機能強化へと変化した。更に中教審「将来像答申」（2005年）における大学の機能別分化への言及や、教育基本法改正（2006年）において大学の目的に研究成果（知見）の社会還元が加わったことによって、国公立だけでなく私立大学においても、大学が地域ステークホルダーを無視することはいっそう難しくなった。大学GP事業（2006-2011年）での地域連携を通した大学教育拡充に対する支援、社会人学び直しニーズへの支援（2007-2010年）、地域クラスター創成（2002年-）といった地域における産学連携推進など、各種政策による大学－地域連携への支援に加え、内閣官房都市再生本部による都市再生プロジェクト「大学と地域との連携協働による都市の再生の推進」（2005年）など、地域形成の中核としての大学への包括的な期待が政策に盛り込まれることとなった。大学関係ではすでに、2002年と2003年に地域貢献特別支援事業費として国立大学と所在地域との組織的な地域連携基盤整備に対する財政的支援がなされており、地域との組織的な連携を推進する組織（以下、地域連携推進組織）が広島大学（2001年）を皮切りに国立大学に相次いで設置され、この役割に特化した教職員が新たに雇用されるケースもあった。その後、2012年の文部科学省「大学改革実行プラン」において大学COC（Center of Community）機能強化が取り上げられ、翌年から、全学的に地域を志向した教育・研究・社会貢献を進める大学を最大5年間に渡って支援する「地（知）の拠点整備事業」が実施されていることは記憶に新しい。

III. 大学と地域社会の新しい関係：個人連携から組織的連携へ、個別機能連携から包括的連携へ

　このように、大学と地域との関係への政策的関心は、特に1980年代以降劇的な変化を遂げた。特に2000年代に入って加速した地域形成の中核としての大学への期待ともなれば、それまでの産学連携や生涯学習といった機能毎の連携強化とは異なり、大学全体の編成原理に地域との関係が埋め込まれるところまで要求されている。こうした政策的動向に追随する形で、地域社会における大学の役割は、単に象徴的機能を果たしていた頃とは一変し、地域の一員として地域イノベーションシステムや文化の中心を担う役割を求められるまでになった。

　市川 (2001) は、地域交流は①少数の教員や個人やグループ、あるいは学科などによる小規模な交流から、②双方に交流を任務とする部署が設置され、専門職員が配置され、交流が推進される段階を経て、③大学と地域社会の双方が全体として交流に取り組む段階へ至る、という交流3段階仮説を出している。個人連携から組織的な地域連携へ向かうための境界組織 (boundary organization) (Guston 2007) である地域連携推進組織は、今では設置形態を問わず多くの大学に設置されており、その意味で、全体としては第2段階にある。

　ただし、大学によってはすでに第3段階に相当するであろう取組をおこなうケースもある。典型的には、大学が地域社会の形成（まちづくり）に深く関与するケースで、学科単位はあるが、例えば高崎経済大学経済学部地域政策学科における地域まちづくりに対する取組は、その継続性を含めて好例である（大宮・増田編 2007）。また、秋田大学のように、県内の高等教育不在地域への高等教育の提供を目的に「分校」を設置するなど、地方国立大学の使命として積極的に地域形成に関与しようとするケースや、東北公益文科大学のように学問（「公益学」）の実験場として所在地域への組織的な関与を深めているケース（伊藤・小松編 2006 他）なども、地域との関係が大学のアイデンティティを形成する大きな要素となっている例である。更に、静岡産業大学のように地域課題から新しい学問領域や教育プログラムを創造するなど、大学運営のプラットホーム自体に地域連携が埋め込まれているケースもあり（大坪

2005)、こうしたケースは、市川 (2001) などが指摘した大学と地域との価値の相克[2]自体がもはや当てはまらない場合があることを示唆している。

IV. 地域社会というステークホルダー

こうした変化の背景には、全世界的に共通した2つの大きな文脈がある。ひとつは、地域イノベーションシステムにおいて、地域に関連する知的生産とグローバルな情報源への入り口として、また学習する地域 (learning region) 形成の中核としての役割が、大学に期待されるようになったことである (OECD/IMHE 1998)。もうひとつは、ステークホルダー社会、つまり大学の社会的責任論の文脈であり、これが大学評価の世界への含意としては重要だと思われる[3]。

ステークホルダーとは、端的には「会社の目的の達成によって影響する可能性がある、あるいは影響を受ける可能性がある、あらゆる集団や個人」(Freeman 1984, p.iv) を指す。この範囲を積極的に広く捉えようとする積極的社会的責任論を公的セクターの文脈に導入したとき、それは必然的に、公的セクターにおける政府の役割の変化を示すものになる。ニーブによれば、近年、政府や機関、公的セクター以外の外部の有力者が公的セクターに対して積極的に関与してくるようになった結果、公的セクターにおける政府の役割の優位性は相対的に低くなり、他の外部の有力者と同じ程度にまでなってきているという。これが、ステークホルダー社会と呼ばれるものであり、高等教育機関が主として公的セクターとして展開してきた欧州では、高等教育機関でも同じ現象が起きている、という (Neave 2002)。これまで高等教育の伝統的ステークホルダーは、学生と財源提供者としての政府であった。だが、高等教育政策あるいは個々の高等教育機関における政府の優位性も、外部ステークホルダーが高等教育機関の管理運営に積極的に関与するにつれて相対的に

---

[2] 市川 (2001) は、大学は「コスモポリタン」「文化目的」「専門志向」であるのに対し、地域は「ローカルズ」「実用目的」「課題志向」であるとして、大学と地域とはもともと相反する価値を持つものと捉える。こうした議論は産学連携論でもよく見られる (例えば Schuetze 2000)

[3] 詳細については稲永 (2011) を参照のこと。

低くなり、対等に近づく。その結果、高等教育のアカウンタビリティは政府にだけ果たしていればよいものではなく、公、つまり外部の様々なステークホルダーに対しても果たさなければならなくなる。前者を「垂直的アカウンタビリティ」、後者を「水平的アカウンタビリティ」と呼ぶとすれば (Jongbloed et al., 2006)、垂直的なアカウンタビリティだけではなく、水平的なアカウンタビリティを如何に果たすかが問われることになる。

　水平的なアカウンタビリティの対象となるコミュニティや個人、言い換えるとステークホルダー（特に外部）として想定されうるコミュニティや個人は、先に述べた定義に従って考えれば実に多様である。学生、ファカルティ（教授団）、職員、その他支援スタッフのような、機関内部にいるステークホルダーもいれば、卒業生、近隣住民、企業、自治体、政府といったコミュニティや個人は、機関外部にいるステークホルダーである。ただし、ステークホルダーは、実際には、「（想定される）利害関係者」という形で各機関に共通に存在するものではない。設置形態、歴史、建学の精神、保有資源、所在地域特性等々、個々の高等教育機関の多様な文脈や戦略によって、想定されるステークホルダーは異なる。また、ステークホルダーとして認識されたものであっても、顕著 (salient) なものからそうでないものまで、様々である (Mitchell, Agle and Wood 1997)。誰をステークホルダーとして認識するのかは機関の運営戦略そのものである。また少なくとも、こうした状況下での評価において、評価主体として適切な外部ステークホルダーが他機関に所属する大学人や政府だけでないことは、明らかである。

V．おわりに：新しい大学のありようと大学評価のありよう

　冒頭で触れた研究プロジェクトが終わろうとしていた頃、市川はその著書『未来形の大学』の中で「大学は死んだ」と表現し、特に地域社会との関係では、その強化は大学の融解を招くと論じた（市川 2001）。確かに、我が国の大学と地域社会の関係はこの半世紀の間に劇的に変化を遂げつつあり、それは大学そのもののありようにも大きなインパクトをもたらす可能性のあるものであった。だが、制度的にも現実としても、この変化が大学の融解である

かどうかは、よく分からない。少なくとも、地域社会との関係の中で新しい大学のありようが築かれつつある、とは言えるだろう。振り返って考えてみれば、大学は、「タウンとガウン」の関係として描かれたその起源（Rashdall 訳書 1966）から、常に、外部社会とりわけ地域社会との関係の中でその歴史が展開されてきた。長い大学の歴史の中では、外部社会との関係で大学のありようが変わっていくこと自体、自然なことであり、今の変化もその延長上にあるとみるほうが妥当かもしれない。

　政府をはじめとした様々な外部ステークホルダーが大学への関与を強めている時代でありながら、一方で、我が国の大学評価における外部ステークホルダーの影は薄い。もっとも、羽田（2009）が整理しているように、大学評価と一口に言っても、自己点検・評価、認証評価、実務業績評価、政策評価から、（統制機能を持つ点では）監事監査や会計監査にいたるまで、さまざまなものが含まれる。このうち、政策評価はまさに、政府というステークホルダーによる評価であり、資金配分と連動した形でさまざまに展開されている。だが、政府以外のさまざまな地域ステークホルダーが大学への関与を強めている今、認証評価や実務業績評価をあくまで大学人の自律的なピアレビューのみに依拠することが、果たして適切なのだろうか。

　とはいえ、大学評価に外部ステークホルダーを組み込むのは、そう単純なことではない。地域社会との連携が大学の活動に埋め込まれるほど、地域ステークホルダーは大学関係者と共に実際に活動を動かす評価客体にもなるため、地域ステークホルダーをあくまで外部評価にのみ関わらせるという単純な議論にはならない。地域ステークホルダー自身も一枚岩ではない。どの地域ステークホルダーに評価に関わってもらうかは、当該機関にとって重要なステークホルダーは誰かが明確でない限り決められないはずであり、そうでなければ、かえって大学運営に混乱を招きかねない。

　地域に開かれるということは、地域ステークホルダーとの対話のプラットホームが設けられるということである。地域社会との関係で大学のありようが変化しつつあるということは、大学人に閉じた「自律的な」大学評価スキームでは大学の活動をすべて適切に評価することが難しくなりつつあるこ

とを意味する。如何に大学評価スキームに外部ステークホルダーを適切に組み込むのか。制度的にも各機関においても、今、まさに問われている。

【参考文献】

朝日新聞 (1997)「特集　国立大学のビックバン」『論座』3 (4)、10-53 頁
天野郁夫 (1998)「大学と地域の新しい関係」国立学校財務センター『国立大学と地域交流 (国立学校財務センター研究報告 第2号)』1-13 頁
市川昭午 (2001)『未来形の大学』玉川大学出版部
伊藤眞知子・小松隆二 (編著) (2006)『大学地域論―大学まちづくりの理論と実践』論創社
稲永由紀 (2011)「短期大学と地域ステークホルダー」短期大学基準協会・調査研究委員会／短期大学コンソーシアム九州・研究センター (編)『短期大学のステークホルダーに関する調査研究報告書　－高校教員インタビュー報告書』、11-19 頁
稲永由紀 (2006)「大学と地域社会に関する研究動向と課題」広島大学高等教育研究開発センター『大学論集』第 36 集、297-313 頁
稲永由紀・村澤昌崇・吉本圭一 (2000)「地域的機能から見た国立大学と大学人」『高等教育研究』第 3 集、日本高等教育学会編、149-171 頁
大坪檀 (2005)『大学のマネジメント・その実践　－大学の再生戦略』学法文化センター
大宮登・増田正 (編著)、高崎経済大学附属地域政策研究センター (編集) (2007)『大学と連携した地域再生戦略』ぎょうせい
折田悦郎 (1997)「九州帝国大学の創設」博物館等建設推進九州会議 (編)『MUSEUM KYUSHU：文明のクロスロード』55 号、33-38 頁
小林信一 (1998a)「知的生産のシステムの変容とサイエンスポリシー」(財) 高等教育研究所『高等教育研究紀要』第 16 号、52-62 頁
小林信一 (1998b)「産学関係の新段階」(財) 高等教育研究所『高等教育研究紀要』第 16 号、107-118 頁
国立学校財務センター (1999)『大学＝地域交流の現状と課題　－国立大学教員調査の結果から (国立学校財務センター研究報告 第3号)』
国立学校財務センター (2001)『大学と地域社会の交流：その現状と課題　－7県有識者調査の結果から (国立学校財務センター研究報告 第5号)』
羽田貴史 (2009)「質保証に関する状況と課題」羽田貴史・米澤彰純・杉本和弘 (編)『高等教育質保証の国際比較』東信堂、3-29 頁
Freeman, R.E. (1984) *Strategic Management: A stakeholder approach.* Boston:Pitman.
Guston, D. H. (2007) *Between Politics and Science: Assuring the Integrity and Productivity of Reseach.* Cambridge University Press.
Jongbloed, B., Enders, J. and Salerno, C. (2007) 'Higher Education and its Communities: Interconnections and Interdependencies'. in European Science foundation, *Higher Education Looking Forward: Relation between Higher Education and Society,* Strasbourg : IREG, pp40-58.
Mitchell, R.K., Agle, B.R. and Wood, D.J. (1997) 'Toward a Theory of Stakeholder Identification and Salience: Defining the Principle of Who and What Really Counts'. *The Academy of*

Management Review, Vol. 22, No.4, pp.853-886.
Neave, G.（2002）'The Stakeholder Perspective Historically Explored'. in Enders, J. and Fulton, O.（eds.）, H*igher Education in a Globalising World: International Trends and Mutual Observation*, Dortrecht:Kluwer Academic Publishers, pp.17-37.
OECD/IMHE（1999）*The Response of Higher Education Institutions to Regional Needs.*
Rashdall, H.（1936）*The universities of Europe in the Middle Ages,* England:Oxford, Clarendon Press. 横尾壮英（訳）（1966）『大学の起源 －ヨーロッパ中世大学史（上）』東洋館出版社
Schuetze, H. G.（2000）'Industrial Innovation and the Creation and Dissemination of Knowledge: Implications for University-Industry Relationships.' in OECD, *Knowledge Management in the Learning Society,* pp.161-174.

【補遺】

本文中、Ⅱ．の末尾において触れた文部科学省「地（知）の拠点整備事業（COC）」は、本原稿脱稿後の 2015 年、政府の地方創生スキームに連動する形で「地（知）の拠点大学による地方創生推進事業（COC+）」として事業選定がおこなわれた。COC+ は、COC 選定大学を中心とした複数の地域高等教育機関が連携し、当該地方自治体等との連携の元に、卒業生の地元定着まで視野に含めた地方創生へのより直接的な関与を求める内容となっている。

第2章 大学改革の方向

第4節　高等教育政策の動向と課題

生和　秀敏

1. 大学改革実行プラン―社会の変革のエンジンとなる大学づくり―

　急激な少子高齢化の進行、地域コミュニティの衰退、グローバル化によるボーダレス化、新興国の台頭による競争激化などの社会の急激な変化や東日本大震災という国難に直面し、今、我が国は改めて、持続的に発展し活力ある社会を目指した変革を遂げなければならないというのが、政府・民間を問わず共通した認識である。「社会の変革のエンジン」という聞き慣れない言葉で表現されている大学改革実行プランは、我が国が直面している困難な諸課題に対して、大学が確かな未来を切り拓く原動力となる人材養成機関として、国民が期待を寄せるに足る役割を果たすことを目指して公にされたものである。基本的な大学改革の方向性としては、(1)大学教育の質的転換、(2)戦略的な機能強化、(3)システム・基盤整備の3つがあげられ、それぞれについて、5年を目途に実行に移す具体的な計画が述べられている。

1．大学教育の質的転換

　激動する時代に対処し、確かな未来を切り拓くためには、これまでの知識・技術を学ぶだけではなく、生涯学び続け、主体的に考え、行動できる人材が不可欠であるとして、意欲・能力・適性等の多面的・総合的な評価に基づく入試方法への転換、産業構造の変化や新たな学修ニーズに対応した社会人の学び直しの推進、主体的な学修を重視した教育方法・内容の授業展開などの必要性が強調されている。

　主体的な学びの確立のためには、学修時間の実質的な確保によって、答

えのない問題を発見し、最善解を導くために必要な専門的知識及び汎用的能力を鍛えることと、実習や体験活動などの教育によって知的な基礎に裏付けられた技術や技能を身につけることが重要であると指摘している。また、受動的学修から主体的・能動的学修へ大学教育の質的転換を図るためには、教員と学生とが意思疎通を図りつつ、学生が相互に刺激を与えながら知的に成長する課題解決型の授業形態の充実が必要であり、さらに、育成すべき能力や知識・技術・技能と個々の授業との関連性を明確にした教育課程の体系化、教員間の連携と協力による組織的な教育の実施、事前の準備や事後の学修展開が可能になるような授業計画が必要であると述べている。

大学入試の改革の方向としては、志願者の意欲・能力・適性等の多面的・総合的な評価に基づく入試への転換を強く求めている。具体的には、教科の知識を中心としたペーパーテスト偏重による一発試験的入試の改善、1点刻みではないレベル型の成績提供方式によるセンター試験の資格試験的活用の促進、思考力・判断力・知識の活用等など、クリティカル・シンキングを問う新たな共通テストの開発、大学グループ別の入学者共同選抜の導入、志願者と大学が相互理解を深めるため、時間を掛けた創意工夫のある入試の促進などが提案されている。

社会人の学び直しの推進では、産業界と大学が連携して、多忙な社会人に対する教育アクセスの確保や学位取得支援を拡大すること、産学協同によるイノベーション人材の育成に取り組むこと、特定分野のブラッシュアップや再雇用支援と繋がる成長分野のニーズに対応した専門性の高い短期プログラムを整備すること、地元自治体やNPOと連携して地域の課題解決に繋がる取り組むことなどが考えられている。

2．戦略的な機能強化

戦略的な大学の機能強化としては、グローバル化に対応した人材育成、地域再生の核となる大学づくり、世界的な研究成果とイノベーションの創出が可能な研究力強化が重要課題としてあげられている。

グローバル化に対応した人材育成では、国際化の飛躍的な推進を目指し

た拠点大学の形成や、入試・授業を通じた語学力向上の取り組み、海外留学・交流の拡大、教員のグローバル教育の強化、外国人教員の採用拡大などに加え、秋入学への対応など教育システムのグローバル化を促進するための施策が盛り込まれている。具体的目標として、20代前半までに同世代の10％が海外留学等を経験するという数値目標を掲げている。また、俯瞰力・独創力を備え、産学官にわたりグローバルに活躍するリーダーを養成するリーディング大学院構想を支援するとし、産学官が協力してプラットフォーム構想に取り組むことを社会運動として継続的に推進するとしている。

地域再生の核となる大学づくりでは、大学が組織として地域と連携することで、大学の様々な資源を有機的に結合させ、地域社会が抱える問題解決に向けた教育研究活動を活性化することは、これからの大学に求められていると述べている。具体的には、地域人材の育成とそれによる雇用機会の創出、地域活性化・地域支援の取り組みへの支援、産学連携・地場産業の振興に繋がる教育研究活動の強化などが考えられるとし、全国の各地域圏で大学が地域再生拠点（COC）として機能することを目指している。

大学の研究力強化の促進では、国際的に見て相対的に低下傾向にある研究力を向上させることを目指し、研究力の進展が期待できる大学に対しては、科研費の獲得状況、被引用度論文数、民間企業との共同研究実績等のエビデンスに基づき研究大学として特定し、研究力の一層の向上を支援するとし、力のある研究拠点への集中投資と多様な支援によって、世界で戦える研究大学群の増強を図るとしている。この点は学内的にも同様で、学長が全学的に課題解決を図るための権限と資源を有することが必要であると指摘している。

3．システム・基盤整備

大学改革を促すシステム・基盤整備としては、国立大学改革、大学情報の公開、評価制度の抜本改革、大学の質保証の徹底推進などがあげられている。

国立大学改革では、財源の殆どを公的資金に依存している国立大学の存在意義を国民に見える形で示すことを基本としている。第三期の中期目標の策定にあたっては、各大学ごとに改革プランの策定と、その実現に向けた改

革の工程を示すことを求めるとしている。最高水準の研究拠点形成、一法人複数大学制を導入した機能別・地域別の大学群形成に向けた連合連携の推進、大学の枠・学部の枠を超えた再編成、国公私立大学等の共同による教育研究組織の設置など、大胆な改革を戦略的・予算的に支援するため、「国立大学改革強化推進事業」を行うとしている。

　大学情報の公開では、データベースを用いた教育情報の活用や公表のための共通的な仕組みを構築するために、大学ポートレートの作成を急ぐとしている。この目的は、大学コミュニティによる情報の共有を進めるとともに、分かりやすい情報発信、信頼性のある情報提供によって、入学希望者や多くの関係者のニーズに対応した大学情報の公開の実をあげるためのものである。

　評価制度の抜本改革は、評価を通じて大学の質の保証・向上が可能となるよう、現在の認証評価制度に加え、大学の機能別分化に対応し、各大学の長所や特色を伸ばす多様な評価制度への転換を目指している。そのためには、機能別評価制度の導入、インプット中心からプロセス・アウトカムを重視した評価への転換、客観的評価指標の開発が必要であり、あわせて、大学ポートレートの活用等による評価の簡素化、認証評価と国立大学法人評価の一体的実施などによって、評価業務の効率化を図るとしている。

　大学の質保証の徹底推進では、大学入試センターと大学評価・学位授与機構を統合した大学の質保証のための独立行政法人を新たに設置し、学習到達度把握のためのテスト開発や学習行動把握のための全国調査、認証評価・学位授与などの業務を行い、大学の入り口から出口までの一貫した教育の質の保証を担う機能を強化すると述べている。

II．高等教育政策が抱える課題
1．規制緩和と自己裁量・自己責任

　設置基準が大綱化・弾力化されることによって、大学の自己裁量権は増大してきた。種々の規制があった反面、国によって保護されてきた感のある大学は、自己裁量・自己責任という新たな行動原理によって自らの将来を切り開かなければならなくなった。まだ戸惑いの域を出ないが、自主・自律を

標榜する大学は、これを契機に、自らを律する倫理規範を定め、全ての構成員がそれを誠実に履行することが期待されている。勿論、自主性・自律性を尊重するとしても、大学は公教育機関であり、市場原理のみにもとづいて活動するわけにはいかない。大学の活動の基盤には公共性あるいは公益性の視点が不可欠である。

　公共的使命という場合、以下の3つの側面があることを理解しておかなければならない。第一は目的概念としての公共的使命である。これは教育・研究を通じて我が国や人類社会の持続的発展に貢献するというもので、知識・技術・文化の創造拠点、未来社会の中核となる人材の育成拠点、国や地域の活性化に貢献する知の拠点として機能することが求められている。第二は様式概念としての公共的使命で、高等教育の平等な機会均等を実現するために、質的充実を伴ったユニバーサルアクセスの実現、均衡ある地域配置による教育機会の保証が求めれている。第三は関係概念としての公共的使命で、国が大学に負託している公教育に相応しい教育内容水準の保証、学位授与権の厳正な行使などが該当する。また、国公立大学にあっては、国や地方自治体の政策実現に関係した役割が求められている。

　国によって教育課程及び指導要領が定められている初等・中等教育機関とは異なり、大学における教育課程の編成権が大学自身にあることはいうまでもない。自主・自律は大学存立の基盤ではあるが、大学が公共的使命の実現に責任を負うためには、財政的支援を含め、政策誘導という形で国が間接的な関与を行うのは、国民の側から見れば当然のことであろう。

2．競争的環境による活性化推進

　競争的環境ということが盛んに言われ、競争的環境をつくることが活性化の推進になると考えられている。これは自由主義経済社会の基本的な考え方で、大学にこれを最初に当てはめたのが、元英国首相のサッチャーである。しかし、この主張の背景には、全ての大学に十分行き渡るだけの資金がなくなったという財政事情があることは紛れもない事実であり、日本の場合も事情は全く同じである。公的資金の重点配分を行うことで、大学の競争力を高

め、活性化を進めるというシナリオは、インセンティブによる動機づけ水準の向上を目指すという一般的な効果を狙ったというよりは、限られた資源の有効活用を意図したものであり、大学全体の活性化を推進できるかどうかは疑問である　公的資金の有効活用を狙った具体的政策として打ち出されたのが、国立大学の運営費交付金の配分方法の見直しと、「国際的教育研究拠点」（COE、グローバル COE など）の形成である。しかし、申請条件の多くが、博士課程が全ての分野で整備されている大学という前提があるため、結果として、旧帝系の国立大学と一部有力私学を優遇する施策になっていることは否めない。この施策についての政策評価結果が今だ公表されていない現段階では、これが日本の大学の活性化に繋がるのか、単に大学間格差を広げるだけの結果になるか、何とも判断ができない。大学の機能に応じた活性化を図るため COC など新たな拠点形成が計画されているが、新味を狙っただけの計画にならないよう、今後の政策動向に注目したい。

3．教育活動の実質化

　大学教育の質の転換が謳われながら、それを支援する具体的な政策がないことから、教育活動への助成として、特色 GP とか現代 GP などの、グッド・プラクティスを支援する施策が導入された。予算額は COE などと比べるとわずかだが、全ての大学に申請の機会が保証されているため、各大学の教育改善に向けた取り組みを加速させたことは事実である。しかし、教育改善が当該大学内に留まり、事業に新規性がない、他大学への普及性に乏しいなどの理由から、事業仕分けの結果、予算計上が見送られている。このような政策判断は、大学はもとより、高等教育の多様化と質の向上を目指してきた文科省にとっても直ちには納得しがたいことであろう。

　教育活動の実質化のためには、絶えず工夫や改善は必要であるが、着実に教育努力を重ねるという腰を据えた営みが最も重要である。新規性や他者に見える特色性を過度に意識することは、持続性と一貫性という教育にとって必要な側面を軽視することに繋がりかねない。また、大学の多様化・個性化が求められる時代にあって、他大学への普及性を政策判断の基準に置くこ

とは必ずしも適切であるとは思えない。設置形態・規模・歴史や伝統・実績や保有資源など大学によってかなり異なっている。ある大学群にとっては参考になる試みも、別の大学群にとっては当てはまりにくいものも少なくはない。評価の基準が定めにくい教育活動に競争原理を導入することの是非について、改めて考えてみる必要がある。

4．国際化・生涯学習化への積極的対応

中等教育の延長としての大学教育を考えるのではなくて、人間が一生を生きていく過程の中の1つのステップとして、大学をどのように活用するかを考える時代になっている。しかし、これからの大学像についての議論と合意が不十分なまま、留学生30万人計画とかキャリアパス教育などの社会的要請の強い課題が突出して叫ばれている印象がある。個々の施策は重要だが、国際化・生涯学習化をキーワードとして、我が国の大学を根本的に見直すことが何よりもまず求められている。

国際化という場合、国際的通用性が問題となる場合が多い。確かに自然科学や技術や医療分野においては、国境を越えて人類が共有すべき知的財産であり、これらの分野での教育研究活動は、国際的通用性が高ければ高いほど価値があると考えて差し支えはない。とりわけ、科学技術創造立国を目指す我が国において、これらの領域における大学教育の国際的通用性を高めることは、大学の普遍的価値を高めることとほぼ同義と考えられる。しかし、人文・社会科学や芸術などの分野においての国際化は、自然科学や技術分野ほど単純ではない。文化的多様性の尊重は必ずしも国際的通用性と直結していないからである。かつて国大協は「文化学術立国をめざして」という冊子を刊行したが、国際的通用性という言葉によってかき消された感がある。生涯学習化に至っては、関係者によって受け止め方が多様で、具体的内容についての共通理解にまでは至っていない。

5．大学の質保証のための仕組みの構築

大学の質保証が焦眉の課題であることは言うまでもないが、保証すべき

大学の質とは何かについて、関係者間の合意が十分得られているとは思えない。設置基準が遵守されているという段階から、教育研究に国際的通用性があるという段階まで、保証すべき質の内容についての考え方は多様である。そのような中で、大学改革実行プランの中で示されている「教学の質保証のトータルプラン」では、設置基準の明確化、設置審査の高度化、アフターケアー、認証評価の改善、さらには、大学の入り口から出口に至る一連の質保証システムをコントロールする独立行政法人の設置など、明らかに行政による指導監督を強める方向の提案がなされている。規制緩和路線を受けての大学設置基準の大綱化・弾力化や、自由競争による市場原理の導入によって大学の活性化を期待してきた従来の文教行政から見ると、かなり大きな転換である。

　そもそも、公共性・公益性を前提として営まれる公教育機関である大学に対して、自由競争と市場の原理に委ねるという経済原則を安易に適用することには問題がある。硬直した管理運営方法や改革・改善を厭う体質の抜本的な改革を求めてのことであったが、市場原理が公正かつ健全に機能するためには、それなりの条件とルールが必要である。大学においては、自らの活動についての徹底した情報公開による説明責任と、活動の内容が社会の信頼を受けるにたる水準にあることを自己証明できることが求められている。この点は、国民の健康の維持に直接影響を及ぼす医療活動と全く同様である。公教育機関における自由競争と市場原理は、この基本的要件が担保された上で、はじめて適用すべきである。

　しかし、トータルプランでは、自己点検・評価機能の充実による大学自身による質の保証という文言が消え、行政指導や監督権限の強化のみが謳われている印象を受ける。これでは、大学評価は大学監査であるという印象が益々強くなり、大学を不当に身構えさせ、大学の自主的・自律的な質保証への取り組みを阻害しかねない。認証評価の改善のためには、認証評価の基になる大学の自己点検・評価機能の充実が必須であり、自己点検・評価を自己改善へと繋げる試みを継続的に支援する機能を持つものでなければならない。認証評価結果を適否の判断に留めず、推奨すべき特色に対してはインセ

ンティブと繋げる政策を積極的に展開するなど、評価に付き纏う重苦しいイメージを払拭する努力が必要である。

6．加速する政策誘導

　国立大学法人化10年を機に、国立大学に対して期待という名の圧力が急速に高まっている。2016年度から始まる第三期中期目標期間では、「持続的な競争力を持ち、高い付加価値を生み出す国立大学へ」というキャッチ・コピーのもと、自主的・自律的な改善・発展を促す仕組みの構築を強く求めている。しかし、自主的・自律的とはいうものの、各大学に求めている機能強化の方向として、世界最高の教育研究の拠点、全国的な教育研究拠点、地域活性化の中核拠点の3つを例示し、各大学の強みや特色を最大限に生かした大学創生を求めている。既に、COC、研究大学強化推進事業、スーパーグローバル大学創成支援など、かなり大型の競争的資金を用意し、メリハリのある予算措置を行うという政策誘導を行っている。しかし、この高等教育政策は、国立大学に限ったものではない。(1)強み・特色の重点化、(2)グローバル化、(3)イノベーション創生、(4)人材養成機能の強化は、我が国の大学に共通して求めるものであり、社会の変化に対応できる教育研究組織づくり、国際水準の教育研究の展開、積極的な留学生支援、大学発ベンチャー支援、理工系人材の戦略的育成、人事・給与システムの弾力化、ガバナンス機能の強化などは、我が国の大学に共通して求められている政策的要請といえる。このような高等教育政策が国の基本的な戦略と無関係ではあり得ないことは、2014年6月の閣議決定された「日本再興戦略2014」の中で、「グローバル化に対応できる人材の強化」「科学技術イノベーションの推進」が盛り込まれていることから見ても明らかである。これを大学への期待と考えるか圧力と見るかは別として、これからの大学が社会の大きなうねりの中で自らの存在価値を改めて問われる時代になっていることは事実である。

【参考文献】

教育再生実行会議 (2013)「これからの大学教育の在り方について」第三次提言
国立大学協会 (1995)「文化学術立国をめざして―国立大学は訴える―」
蓮實重彦他編 (2003)『大学の倫理』東京大学出版会
文部科学省 (2012)「大学改革実行プラン―社会の変革のエンジンとなる大学づくり―」
日本経済再生本部 (2014)「『日本再興戦略』改訂 2014―未来への挑戦―」

【補遺】

本稿は、2014 年 9 月に執筆したものである。

第3章　大学評価の歴史的展開

第1節　アメリカのアクレディテーションの歴史
　　　　　　　　　　　　　　　　　　　　前田　早苗

第2節　イギリスの大学評価について
　　　―高等教育の一元化以降の教育評価の変遷―
　　　　　　　　　　　　　　　　　　　　工藤　潤

第3節　日本の大学評価の歴史
　　　　　　　　　　　　　　　　　　　　前田　早苗

第3章 大学評価の歴史的展開

第1節 アメリカのアクレディテーションの歴史

前田　早苗

はじめに

　アメリカにおける高等教育機関の質保証システムとして定着しているアクレディテーション[1]には、教育機関全体を評価の対象とする教育機関別アクレディテーションと教育プログラムを評価の対象とする専門分野別アクレディテーションがある。

　アメリカの高等教育の質保証の特色を2点あげるとすれば、第1に、質保証を担うアクレディテーション団体が政府とは関係の無い民間団体が実施しているところにある。そしてアクレディテーション団体は会員制をとっており、教育機関別アクレディテーションでは会員のステータスとアクレディテーションにおける認定が連動している。専門分野別アクレディテーションにおいても両者が連動している場合が多い。

　第2に、アクレディテーションの前提として、大学はアクレディテーション団体の要請するセルフスタディ（自己点検）を実施することである。大学評価の前提として自己評価を行うことは、現代の質保証では世界的に定着した重要なプロセスであり、特色とはいえないようにも見えるが、セルフスタディを開発したのはアメリカのアクレディテーション団体である。

---

[1] アクレディテーションは、もともとアメリカで固有に発展してきた質保証のためのプロセスである。政府とは関係のないボランタリーな団体が、自身の設定する基準に則して評価を行い、基準に適合した大学（または学位プログラム）のリストを公表するシステムをいう。近年、世界各国でアクレディテーションシステムが採用されているが、そこでは、最低基準をクリアすることと理解される場合もある。しかし、アメリカでは、基準において、自律的な改善・向上システムをもっていることを強く求めている。

アメリカのアクレディテーションには100年以上の歴史があると言われるのは、機関別アクレディテーションを実施している6つの地区基準協会[2]の設立が19世紀末に開始されたことを指している。しかし、表1のようにその成立は一様ではなく、アメリカへの入植、西部へと開拓が進められていった歴史に沿うように展開している。

興味深いことは、最初に設立されたニューイングランド地区基準協会が、

表1 地区基準協会の設立年およびアクレディテーション開始年

	設立年 ①	アクレディテーション開始年 ①	②
ニューイングランド地区基準協会 (New England Association of Schools and Colleges)	1885	1954	1952
中部諸州地区基準協会 (Middle States Association of Colleges and Schools)	1887	1921	1921
北中部地区基準協会 (North Central Association of Colleges and Schools)	1895	1910	1913 ＊
南部地区基準協会 (Southern Association of Colleges and Schools)	1895	1919	1920 ＊
北西部地区基準協会 (Northwest Association of Schools and Colleges)	1917	1921	1918
西部地区基準協会 (Western Association of Schools and Colleges)	1924	1949	1949

注：Harold Orlans : Private Accreditation and Public Eligibility, 1975（①） および Lloyd E. Blauch : Accreditation in Hogher Education, 1969（②）より作成。②のアクレディテーション開始年の＊印はアクレディテーションリスト公表年。
前田早苗『アメリカの大学基準成立史研究』東信堂 2003より

---

[2] 教育機関別アクレディテーションには、本節で取り上げる地区基準協会のほかに、全米を対象とするアクレディテーション団体（National Accrediting Organization）がある。後者には、特定の宗教立の大学だけを対象とする評価機関や、主に遠隔教育を提供する機関だけに対象を限るものなど設立母体、教育形態に特色をもつものが多い。

なお、「地区基準協会」については、英文名称をそのまま翻訳すれば、「○○地域学校カレッジ協会」や「○○地域カレッジ学校協会」となる。このことは、中等教育機関と高等教育機関の両者が一つの協会を形成していることを名前に表している点で重要であるが、現代では、中等教育機関のための委員会と高等教育機関のための委員会が別個に活動していること、アメリカにおいて、この6つの協会を regional accreditation agency としてアクレディテーションを実施する団体として呼んでいることから、ここでは大学基準協会が長年用いてきた「地区基準協会」を使用する。

約70年を経てアクレディテーションを開始したという事実である。なぜアクレディテーションを実施するまでにこれだけの時間がかかったのだろうか。

本稿では、第1に、ニューイングランド地区基準協会の成立からアクレディテーション実施にいたるプロセスを、「会員制」としての特色に焦点を当てること、第2に、設立こそ同協会より10年遅れたものの、最も早くアクレディテーションを実施した北中部地区基準協会がどのようにしてセルフスタディというプロセスを開発したのかを確認することを通して、アメリカのアクレディテーションの成立史とそこに見られる特徴について論じることとしたい。

1. ニューイングランド地区基準協会（NEASC）について

1. 協会設立の背景と特色

19世紀後半、ニューイングランド地方では、他の地域と同様、中等教育機関の中でもカレッジへの入学を目指す中等教育機関（この地方では、特にプレパラトリー・スクール）にとっては、いかにしてそれぞれのカレッジの入学要件に合わせた教育を行うのかということが問題となっていた。

マサチューセッツの中等教育機関の教員で構成される協会（Massachusetts Classical and High School Teachers' Association）の要望をもとに、カレッジの学長とプレパラトリー・スクールの校長たちが協力関係を築き、カレッジ入学に関わる問題について話し合うための新しい場として協会が設立された。これがアメリカの地区基準協会の原初の姿である。

中等教育関係者が中心となって協会を設立するという動きに対して、大学関係者がさほど積極的でなかったことは想像に難くない。実際、当時、合衆国でもっとも見識のある人物として名を馳せていたハーバード大学学長エリオット（Charles W Eliot）が、協会の重要性を十分に理解し、ニューイングランド地方にある大学の学長に協力を呼びかけたことで、中等教育機関の校長たちとほぼ同数の大学学長が参加して協会設立にこぎつけた。

このような経緯もあって、協会の役職者は会長をはじめとする理事の過半数が中等教育機関の代表者で構成されるという特質をもった団体が誕生した。

このことからうかがい知れるように、協会が中等教育機関と大学が同等

の立場で話し合う場であったこと、中等教育機関の側の教育改善に対する高い意識があったこと、そして大学関係者が中等教育機関関係者の問題意識に理解を示していたことなどが NEASC のその後の展開を左右する大きな特色であった。

2．会員制－個人会員と機関会員－

　アメリカの地区基準協会はすべて機関会員制（大学が1機関として会員となる制度）をとっており、会員になるにはアクレディテーション基準に適合する必要がある。会員になることが一定の質を有する大学の証であり、同時に、会員である限りには、その質を維持する責任を自ずと負う。また、会員が支出する会費とアクレディテーションの際の申請費用が、地区基準協会の運営費のすべてである。このようにアクレディテーションと会員制は切り離すことができない重要なシステムであり、会員というステータスがその質を証明するのみではなく、会員による自立的な運営が行われることを意味している。

　ところが、日本でアメリカのアクレディテーションのルーツとされている NEASC の場合、創設当初は個人会員制だった。その大きな要因としては、ニューイングランド地方では、カレッジ入学資格判定に関わる組織として、The Commission of New England College on Entrance Examination Board が機能していたことが挙げられる。後述の北中部地区基準協会とはこの点が決定的に異なる。そこで、NEASC は、高大接続に関わる教育のあり方に極めて理念的に取り組むことができた。ただし、個人会員の選出は、理事会がふさわしいと判断した候補者について総会で決するというものであり、当時の協会の会報等ではしばしば機関会員が存在しているかのような記述があるところから、個人会員といえども、高い見識を持った教育者であるとともに、教育機関の代表者としての性格を持っていたと考えられる。

　個人会員制で活動していた NEASC が機関会員制を導入するのは1928年からである。その背景には、個人会員の伸び悩み、会費収入の安定化、私立高校の多かった同地域での公立高校の増加などが挙げられる。

　しかし、機関会員制への移行は簡単なことではなかった。まず、基準の

設定である。カレッジについては協会の内にも外にも基準はなかった。基準を設定しても、その適用となるとこれまで個人会員としてメンバーだったカレッジからその会員としての資格をはく奪する可能性があったからだ。

協会は、基準設定から5年を経て機関会員制へと移行するが、すでに個人会員であった大学を再認定することはしなかった。1960年代まで個人会員も併存していた。また、カレッジ基準には会員の有効期限を設けず、機関会員となった大学のリストの公表も行っていない。この時点でもまだアクレディテーションとは異なる制度として会員制を運用していた。

3．アクレディテーション機関への移行

NEASC がアクレディテーション団体の性格を正式に持つようになるのは、外部からの圧力によるものだった。具体的には、1940年代初めのアメリカ教育協議会（American Council on Education ACE）が、政府の意を受けて行った要請で、復員軍人のための教育機関認定や軍隊での教育経験の単位としての認定を行うというものだった。

協会は、この要請を約10年にわたって拒み続けたが、アクレディテーションを実施しその教育機関のリストを公表しない限り、連邦政府がその行為に乗り出すとの通告を受けたこと、アクレディテーションによって連邦政府の奨学金支給対象となる大学を確定するという極めて現実的な理由があったことから、1952年、ついにアクレディテーション実施を総会で決定した。

強い自治意識からアクレディテーション団体となることを拒み続けた NEASC が、同じ自治意識から、連邦政府の手にゆだねるのではなく、NEASC 自身がアクレディテーション団体となる道を選択したといっても良いだろう。

Ⅱ．北中部地区基準協会（NCA）について

1．協会設立の背景

NCA は、現在では全米50州のうち19州を管轄する最大の地区基準協会であり、時間帯も3つにまたがっている。もちろん19州はすべてが当初か

ら管轄区域だったわけではなく、五大湖に近い 10 に満たない州の教育関係者によって協会が設立された。ちなみに、ニューイングランドの 6 州を合わせても、NCA のいずれかの州の 1 つ分の面積程度しかなく、6 州のまま現在に至っているのとでは、アクレディテーション活動範囲の広さと多様性という意味で大きく状況が異なっている。

協会設立について、ニューイングランド地方と比較して考察してみよう。

第 1 に、北中部地域では、教育機関が公立を中心に発展していったことがあげられる。高大接続については、私立であれば、カレッジへの入学要件がまちまちであることは仕方がないとしても、州の教育システムとして州立大学が発展してくると、各カレッジの入学要件に合わせるために中等学校の教育が詰め込みになることへの批判が高まっていた。

第 2 に、ニューイングランド地方にあったようなカレッジへの入学資格を判定する組織は、五大湖周辺の州には存在しなかったことがあげられる。

こうした状況のもと、NCA の設立メンバーであるミシガン大学が 1871 年に一種のアクレディテーションシステムを開始している。そのシステムとは、中等学校の校長が、カレッジで学ぶ準備ができているとして推薦した学生を入学させるというもので、その後、周辺の各州にも浸透し一定の改良がくわえられ、州または州立大学が、査察に基づいて中等学校を認定するというシステムが機能していた。こうした土台の上に北中部地区基準協会は成立をみることになった。

2．協会の設立

NCA の設立も中等教育機関の校長の熱意から始まったといってよい。当時のアメリカでは中等教育のカリキュラムのあり方が盛んに論じられており、NEASC をモデルにして新しい協会を創設し、独自に新しいカリキュラムを検討したいという願いがあった。すでにアクレディテーションシステムが機能している州立大学の関係者には反対意見もあったが、カレッジの関係者には、ニューイングランド地方に並ぶことを熱望していた者も少なからずいたこと、ニューイングランドの学校関係者からも協会創設に強力な支持を得て

いたことなどから、NAEASC より 10 年遅れの 1895 年に協会設立に至った。

NCA 創設に動いた関係者の思いは、NEASC と同様であったが、いくつかの点で異なる展開を見せた。

まず、活動の中心となる役員については、NEASC は中等教育機関の教員が中心となっていたが、NCA では役員構成こそ大学と中等教育機関がほぼ半数ずつではあるものの、会長が大学の学長であること、設立から運営にいたるプロセスで大学側の意向が強く入れられていること、定款に、高等教育と中等教育の代表権は、可能な限り同等とするとわざわざ明記されていることなど、高等教育機関の優位性が見られる。

会員制に関しては、NCA も発足当時から会員制をとったが、NEASC とは異なり、個人会員に加えて、機関会員制度も同時にスタートした。定款によれば、会員はカレッジも中等教育機関も個人も理事会推薦を経て協会の選挙により選出するとしており、実際にはカレッジについては上位校を、中等学校はカレッジへの進学のための準備を行っている学校のみを会員とするという暗黙の了解があった。

3．アクレディテーションの実施

当時の総会議事録によると、NCA においても NEASC 同様に、中等学校のカリキュラムのあり方を中心として、高大接続の問題が話し合われている。

しかし NCA と NEASC の置かれた地理的・歴史的背景もあって、NEASC には見られない課題が発足当初からあった。その課題がアクレディテーションへと導いたといってよい。

最も大きな課題は、機関会員をどのように定義するのかという点である。NCA は創設から 2〜3 年は順調に増加していた会員がその後減少に転じる。会員として参加することのメリットが問われていたからだと考えられる。また、州または州立大学ごとに中等学校に対して実施されていたアクレディテーションも、中等学校側からみれば、1 つだけ受ければ事足りるわけではなく、他の州からの査察も受け入れる必要があるなど、複数の認定が必要であり、負担が大きいことが問題になっていた。機関会員の意味と NCA の存

在意義、中等学校のアクレディテーションに関する負担といった課題の解決は、NCAによる中等学校のアクレディテーションへと収斂されていった。

1901年の総会で、中等学校のアクレディテーション実施が決定されると、大学関係者が中心となって、基準の設定、査察の実施方法、認定校リストのあり方等の具体的検討を行い、1905年から、中等学校のアクレディテーションが実施されることとなった。

一方、中等学校の校長から、中等学校のアクレディテーションの準備期間中に、早くも、カレッジもアクレディテーションの対象に含めるべきという提案がなされた。カレッジのアクレディテーションを実施すれば、「バチェラー」がどういう質の学位なのかということが明確になり、中等学校がカレッジを判断する基準になるという理由からだった。これに対し、大学関係者の反応は鈍かったものの、総会の決定を経て、1910年からカレッジのアクレディテーションも開始された。

中等学校もアクレディテーションを実施するなら、カレッジも同様に実施すべきとする意見は、カレッジと中等学校が会員である協会なら当然のようにも見えるが、中等学校には、認定が大学入学資格と直接関わるというメリットがあるが、カレッジには何のメリットもない。NCAの場合、管轄する州をどの範囲にするかという問題も抱えていること、19世紀中盤以降、高等教育にも多様な形態が出現し始めていたことなど、アクレディテーションの必要性が認識され始めていたのかも知れないが、外部からの圧力も要請もないのにも関わらず、自主的にカレッジのアクレディテーションを始めたということの意味はきわめて大きい。

4．セルフスタディ（自己点検）の誕生

カレッジのアクレディテーションを実施するための最初の基準は、1909年に設定された。基準は、標準的なカレッジの定義に多くのスペースが割かれているが、そのほかは教員の要件、卒業要件、施設など、10項目からなる比較的に簡素なものだった。

その後、1923年まで6回の改定が繰り返し行われ、アクレディテーショ

ン基準は、数量的な規定や解説的な文言が盛り込まれ、精緻化されていった。1923年の基準を見ると、例えば、教員については、「単一のカリキュラムで、学生数が200人以下のカレッジは、少なくとも8つの学科を開設していること。各学科には、少なくとも1名の教授ランクの教員を置き、この教員は、学科の教育に従事する専任者であること…」など必要専任教員数のほか、トレーニング、教育への従事時間などが規定されていたり、図書館について、「公式文書を除いて、教育内容に関連する蔵書を最低8000冊有していること、新刊本や最近の定期刊行物の購入のために毎年一定額の充当金を用意すること。充当金には登録学生1人当たり最低5ドル相当を充当することが望まれる」と細かく定められている。

1920年代は、NCAのアクレディテーションが定着し、基準が厳格化するとともに、連邦政府や、全米レベルの大学団体からも注目される時代になっていた。

この基準は、1930年代に見直しが行われるまで改定されることなく運用され、盤石なようにも見えたが、その一方で、1920年代初めには、アクレディテーション基準があまりに硬直化していて教育における改善を困難にしていること、多様な教育に対して順応性がないこと、大学の実験的な試みを妨げることなどの不満も高まっていた。さらに、世界恐慌に見舞われたアメリカの大学の大半が、寄附金に関するアクレディテーション基準を充たすことができないという事態も起こっていた。

こうした不満や現実的な状況から、基準の抜本的な改正が検討され、4年の歳月をかけて、新しい方針が模索された。この間に、10数校の大学をパイロット的に評価し、興味深い結果も得られた。それは、複数の評価者がそれぞれ多面的に評価を行い、ある程度異なる結果がでることの方が、大学を平面的ではなく生き生きと描き出しているというものだった。こうしたパイロット評価を経て「高等教育機関のアクレディテーションに関する方針声明」が採択された。

この方針声明は、それまでの基準からすれば、画期的なものだった。その特徴の第一は、「アクレディテーションプロセスにおいて、教育機関の一

般的な形式の範囲内であれば、会員である個々の教育機関の持っている魅力ある質はすべて保護」し、「いくつかの特色について優れていると認められる場合、ほかの点において欠点があっても、ある程度、優れている点が補うものとみなされる」としていることである。当然のことながら、数量的基準は一切盛り込まれていない。

　方針声明において、「教育機関の特色が、高等教育機関として公的に認定するにふさわしいものであることを示すこと」、「高等教育を目指す生徒が、彼らのニーズを満たす高等教育機関を選択するためのガイドとなること」、「学生の転学、大学間の学生活動の運営、大学の卒業生の就職、大学教員の選任などの教育機関相互の関係におけるガイドとして個々の機関のために資すること」、「教員の選任と生徒の教育機関の選択に関する中等学校に対する助言、その他あらゆる点について、中等学校と高等教育機関の協調を促進すること」、「アクレディテーションの実施により、北中部地区基準協会の管轄区域における高等教育の改善を刺激すること」としており、アクレディテーションの目的が教育機関の公的な認定のみならず、教育機関や学生や教員に対する助言的機能と教育改善の促進にあることが示されている。

　NCAのアクレディテーションが認定に加え、教育機関の改善の支援のためのシステムへと大きく舵を切る画期となった。

　これが、現代の自己点検・評価に基づくアクレディテーションの原点である。ただ、1934年から数年後の本格実施を予定していたものの、折しも第二次世界大戦により、その実施は戦後まで持ち越されたことも付言する。

おわりに

　駆け足で二つの基準協会の成立史を見てきたが、同じ地区基準協会といっても、地域の条件や設立の背景が大きく異なっている。それぞれの特徴点からアクレディテーション制度についてもう一度確認しておこう。

　まず、「会員制」の持つ意味である。現代においてアクレディテーションは、評価の最後に認定行為がある評価システムとして定着している。会員制をとっていることは必要条件ではない。

しかし、その成立史においては、教育機関を会員とすることがアクレディテーションには重要な要素であった。なぜなら、会員のための制度であり、会員が自主的に向上するための基準を自分たちで作ることに意義があったからである。評価する者（基準協会）と評価される者（教育機関）という単純な図式ではなかったこと、政府とは離れて自立したシステムだったことは、NEASC のみならず、NCA にも共通する点である。

次に、セルフスタディという特徴的なシステムの開発である。自己点検は、大学評価において、ほとんど世界共通に導入されているプロセスである。およそ大学という公的な機関であれば、自己点検、自己評価するのは当然であるというように、反省・検証という面を多分に含んで受け止められている。その自己点検のルーツは、数量的要素をふんだんに盛り込んだ詳細な評価基準を用いた評価の限界から生みだされたものだった。そこには、個々の教育機関の持つ魅力ある質を尊重することや、優れた特色を持っていることが欠点をも補うこと、様々な角度から多様な評価を行って大学の姿をより正確に描き出すことなど、それまでの評価では考えられない柔軟性をもつものだった。このことは、ともすると形骸的になりがちな現代の認証評価における自己点検・評価にその意義についての問い直しの契機を与えてくれるものだろう。

【参考文献】

前田早苗『アメリカの大学基準成立史研究－アクレディテーションの原点と展開－』東信堂、2003 年

Newman, Mark, *Agency of Change: One Hundred Years of the North Central Association of Colleges and Schools*, Thomas Jefferson University Press 1996.

第3章 大学評価の歴史的展開
第2節 イギリスの大学評価について
―高等教育の一元化以降の教育評価の変遷―

工藤　潤

はじめに

　イギリスでは、教育の質(Quality)と水準(Standards)の維持・向上の第一義的責任は個々の高等教育機関が担うべきものという考えが伝統的に定着している。こうした考えがイギリス高等教育界の根底に存在する一方で、1980年代以降、サッチャー政権による高等教育予算の大幅削減、財源の効率的運用、市場における競争原理の導入、高等教育の大衆化などの動きと連動して、外部機関による大学評価の問題がクローズアップされるようになった。

　大学の評価は、研究評価と教育評価に分類され、研究評価については、高等教育財政審議会(以下、HEFCという。)が実施[1]し、評価結果を資源配分と連動させている。また、教育評価については、それが義務化された1990年代前半当時、機関別監査(audit)を実施する高等教育質保証審議会(以下、HEQCという。)と、分野別評価を実施するHEFCの2つの評価機関により実施されていた。その後、イギリスの教育評価は試行錯誤を繰り返し、紆余曲折を辿っていくことになる。

　本稿では、主にサッチャー政権成立以降から現在の教育評価の原型を築いた2000年初頭までの約20年間にわたるイギリスの教育評価の歴史的変遷について概観し、その特質を論じることとする。

---

[1] イングランド高等教育財政審議会(HEFCE)、スコットランド高等教育財政審議会(SHEFC)、ウェールズ高等教育財政審議会(HEFCW)及び北アイルランド雇用学習省(DEL)において実施されている。

サッチャー政権の高等教育政策

　1979年に首相に就任したマーガレット・サッチャーは、その政治理念を自由経済主義の徹底とそのための強い国家を基本原理とする一方で、非効率性を徹底的に排除し、市場原理を前面に押し出していった。高等教育もその対象とされ、高等教育予算は大幅に削減されることとなった[2]。

　1988年には教育改革法（Education Reform Act 1988）が制定され、地方教育当局の管轄下に置かれていたポリテクニクやカレッジなどの高等教育機関については、地方教育当局から切り離しこれを法人化し、新設のポリテクニク・カレッジ財政委員会（Polytechnics and Colleges Funding Committee, PCFC）からの資金交付とした。また、大学に対しても、政府と大学の緩衝機関としての役割を果たしてきたUGCを廃止して、産業界からの多くの代表を構成メンバーとする新たな大学財政委員会（University Funding Committee, UFC）を教育科学省の下に創設した。

　この改革の主要な目的は、イギリス経済の発展と高等教育を効果的に関連付けるために、資源配分を通じて大学やポリテクニクなどの高等教育機関に対し影響力を行使することを制度的に可能とさせるためであった。

　この改革は、次の改革の序章でもあった。それは、1991年、高等教育白書『高等教育－新たな枠組－』並びにそれを受けて制定された継続教育・高等教育法により実行されていった。

高等教育の一元化政策—高等教育白書『高等教育－新たな枠組－』の公表—

　高等教育白書『高等教育－新たな枠組－』では、高等教育の大衆化の促進、それに伴う資源の効率的運用、二元化政策の終結等を指摘し、次の点を提言した。すなわち、①大学、ポリテクニク、高等教育カレッジに対する一元

---

[2] H.J.パーキン『イギリス高等教育と専門職社会』（有本章、安原義仁編訳）玉川大学出版部, 1998年4月, p.90
　1981年には、大学とポリテクニクに対しては、3年間で15％という予算削減が行われた。とりわけ、アストン、ブラッドフォード、ソルフォードといった工科大学などのいくつかの大学は、30％から40％に及ぶ予算削減が余儀なくされた。

的資源配分構造の確立、②教育と研究に対する公的資源配分のための、イングランド、スコットランド、ウェールズにおける HEFC の設置、③主要な高等教育機関に対する学位授与権の付与と、学位授与審議会(the Council for National Academic Awards, CNAA) の廃止、④ポリテクニクなどの主要な高等教育機関の大学への昇格とそのための基準の開発、⑤質を監査する機関による外部評価の実施、⑥各財政審議会による高等教育機関に対するアドバイスの提示、⑦質の評価の共通したアプローチのための各財政審議会間の協力体制の確立、である。

そして、この白書に基づき、1992年継続・高等教育法(Further and Higher Education Act 1992) が制定され、新たな資源配分機関 HEFC が設立されるとともに、ポリテクニクや主要なカレッジが学位授与権を持つ大学に昇格したことにより、大学の数は一挙に倍増し、高等教育の大衆化が着々と進んでいった。

1992年の教育評価の新たな枠組み

イギリスの教育評価の枠組み・構造が具体的に提案されたのは、高等教育白書『高等教育－新たな枠組み－』が最初であるといってよい。この白書では、高等教育の質の保証のあり方を5つの側面に区分した。すなわち、「質の管理(quality control)」、「質の監査(quality audit)」、「有効認定(validation)」、「基準認定(accreditation)」、「質の評価(quality assessment)」である。

「質の管理」は、教育の質の維持・向上を図るための、個々の大学内におけるメカニズム、「質の監査」は、個々の大学が質の管理を行う適切なメカニズムを十全に備えていることを保証するための外部からの監査、そして、「質の評価」は、大学教育の質についての外部からの検証と判断、とそれぞれ定義づけた。

特に、「質の監査」については、「質の管理」を前提に行われるものであるが、「教育機関内において質を管理するメカニズムが十分なものかどうかについて、外部機関から保証を求める声は高等教育界に共通のものとなっている」、「高等教育機関内部での質の管理が継続的に厳格に行われるものであることを証明するにあたり、自己規制(self-regulation)というものにどれだけ有

効性があるかについては、個々の高等教育機関が抱く自己利益を考慮すると、その疑問は解消されない」[3] とし、教育の質を維持・向上させる営みを当該高等教育機関にのみ任せておくことに疑問を呈した。すなわち、同白書は、教育の質の維持・向上は内部による評価と外部による評価をセットとして実施することで、はじめてその有効性が担保されるとの立場を示した。

また、同白書は、「質の監査」は、高等教育の質の維持・向上を保証するメカニズムに焦点が当てられるが、「質の評価」は、そうしたメカニズムを通じて、結果として表れた教育の質自体を評価対象とするもので、評価者による直接的観察 (direct observation) に基づいて評価されること、こうした「質の評価」の結果は、新たな HEFC の資源配分の額に一部反映させることが重要であることの指摘を行った。

「質の監査」については HEQC が、「質の評価」については、1992年の継続・高等教育法により創設された HEFC によって着手されることになり、また、同法において、HEFC を通じて配分される補助金の受給条件として、大学は自ら提供する教育の質について HEFC の評価を受けることが、明確に義務づけられることとなった。

こうしてイギリスにおける教育評価は、「質の監査」と「質の評価」の2つの概念のもとに出発することとなった。

HEQC と HEFC のそれぞれの評価

HEQC と HEFC の評価は、その手法において大学の自己評価報告書の分析と実地調査を取り入れている点で大きな差異はない。しかしながら、両機関の目的、評価の対象、評価の視点、評価結果の活用等において大きな差がみられた。以下、これらの事項について具体的にみていきたい。

---

[3] Higher Education —A New Framework—,Cm1541,HMSO,London,May 1991,p.26

	HEQC	HEFC
使命	イギリス高等教育機関の質の維持と改善に貢献すること、また、各高等教育機関が提供する学位やプログラムの質、さらに高等教育機関そのものの地位と質に対する公的信頼の促進に努め、もって学術水準の設定とその維持における自治権を確保すること。	国家的要請に考慮しつつ、財政に健全な範囲内で、質が高く費用効果の高い教育研究を促進すること。
目的	1. 教育の水準(standards)と質(quality)に対する、高等教育機関の責務の履行方法に関する定期的監査(audit)を実施し、高等教育機関の質を保証。 2. 優れた事例を普及させ、高等教育機関の質の向上を促進。 3. 高等教育の質の問題に対する国民全体の声の役目の履行。 4. 高等教育機関の学位授与権や大学名使用に対する教育科学大臣へのアドバイス。 5. 同様の責務を担う機関と連携した業務遂行。 6. 有効認定(validate)を実施しようとする機関の認証。 7. 高等教育機関の開示情報へのクレームの対処。	1. 個々の高等教育機関に対する教育・研究活動の質の評価、学生からの需要への効率的対応。 2. 高等教育へのアクセスとその機会の拡大、高等教育における多様性の奨励。 3. 個々の高等教育機関の強みの確立、地域的、国家的、国際的役割の拡大の奨励。 4. 個々の高等教育機関の運営能力の強化、など。
評価の対象	高等教育機関全体 ・高等教育機関内の質保証のための手続やメカニズム等の有効性を対象に実施。 ・個々のプログラム、授業科目、教育活動など、これらの状況は質保証メカニズムの検証の一環として調査されるものの、それ自体に直接焦点を当ててその妥当性、適切性を検証しない。	専門分野別 ・すべての課程別の教育プログラムを対象に、学問領域毎に実施。 ・教育プログラムの目的・目標の明確性、教育プログラムにおける学生の学習経験とその成果の明確性、当該高等教育機関の目的と教育プログラムの目的、目標の一貫性等、主として教育プログラムの目的・目標に則して評価される。
評価の視点	1. 質保証のためのシステムおよび手続 ○学生の学習の段階毎の教育水準はどのように定義づけられているか、学生の到達目標はどのように設定されているか。 ○質保証に係る方針は、使命、目的、目標とどのように関連付けられているか。 ○質保証のための手続は、全体として一貫性があるか、目的との適合性を有しているか、社会的責務を果たすものとなっているか、等。	A) カリキュラムの企画・内容・構成 学科の目的・目標、授業・学習のあり方に関する戦略性、教職員の現状などから見た ―カリキュラムの内容と構成(深さ、幅、一貫性、体系性)、学習形態について ―授業と学習に関する当初企図した成果について、等。

	HEQC	HEFC
評価の視点	2. 学習プログラムの企画、決定、検証 ○新しいプログラムの企画・開発とそのプログラムの構成要素の仕組みはどのようになっているか。 ○プログラムの新たな設定もしくは改定は、どのような手続で決定するか。 ○プログラムやその構成要素（授業科目、モジュール等）のモニタリングや検証は、どのような方法をとっているか、等。 3. 教育、学習及び学生の学習経験 ○教育の質と学生の学習の質は、どのように確認されているか。 ○学生の学習経験全体の質は、どのように確立されているか。 ○教育や、学生の学習成果に対するモニタリングや検証についてどのような方法をとっているか、等。 4. 学生の成績評価及び学位の分類 ○学生の評価を通じて、教育水準をどのように設定し維持しているか。 ○学位の分類の方法を含む学生に対する評価法は、確立され、学外試験委員、教員、学生に対し伝達されているか。 ○学外試験委員の選考、任命等は適切・妥当であるか。 ○学外試験委員報告書の受理手続や同報告書に対する回答方法は適切に行われているか、等。 5. 評価のフィードバックおよび質的向上のためのプロセス ○教育に対する学生からの評価結果をどのようにフィードバックし、これを評価しているか。 ○質保証のプロセスにおける学外からの意見や参加者をどの程度まで広げ、それをどのように取り込んでいるか。 ○質の改善を継続的に実施させていくためにとっている手段には、有効性があるか、等。	B) 授業、学習、成績評価 学科の目的・目標、カリキュラム、教員の能力開発法などから見た －授業、学習、成績評価の手法について －授業・学習活動プログラムの構造とその適用範囲について －知識力および理解力を涵養する機会の提供とその達成度について －その学科に求められる技能を涵養する機会の提供とその達成度について －自己学習能力を涵養する機会の提供とその達成度について、等。 C) 学生の学習の達成状況 学科の目的・目標、カリキュラム、就職や継続教育との関係などから見た －年次毎の学生の学習進捗状況について －授与される資格の適切性について、等。 D) 学生の学習支援・指導 学科の目的・目標、カリキュラム、学生の在籍状況などから見た －学生の学習支援・指導の大学全体としての戦略性について －チューター制、リメディアル教育のあり方について －厚生補導のあり方について、等。 E) 学習資源（図書館、IT関連機器等） 学科の目的・目標、カリキュラム、学生のクラス分け、学生のニーズなどから見た －図書館、施設・設備の活用状況について －IT関連機器の活用状況について －教職員の充実度について、等。 F) 質の保証と質の向上 学科の目的・目標、カリキュラム、学生の学習達成度、将来計画などから見た －HEQCの質の監査の際に提出された資料について －カリキュラム、科目の検証などの内部質保証メカニズムについて －授業、学習に関する能力開発法について、等。

	HEQC	HEFC
評価の視点	6. **教職員の任免、研修プログラム、昇格等** ○教職員の任命手続、研修方法等は適切に実施されているか。 ○教職員の評価は、どのように実施されているか。またそれは適切か。 ○教職員の昇格のための方針、手続、基準は適切か、等。 7. **教育プログラムと関連する広報用資料の内容** ○教育プログラムと関連する広報用資料の内容の正確性と適切性の検証に、どのような手段が用いられているか。 ○こうした広告用資料に対する学生などの評価結果をどのように収集し、それをどのように活用しているか、等。	
評価結果の活用	・高等教育機関の質保証・質向上システムの改善に活用。 ・評価結果を公表。	・教育評価は、上記6項目（A）～F））ごとの4段階評価と、総合判定により実施。 ・4段階評価の結果、6項目のうちすべての項目で「2」以上の評点がつけば合格となり、質が認定されたことを意味する (quality approved)。1項目でも最低点「1」の評点がついた場合は不合格となり、1年以内に実施される再評価で改善が確認されなかった場合は、国庫補助金の一部もしくは全部が削減。 ・評価結果を公表。

The Work of the HIGHER EDUCATION QUALITY COUNCIL, Higher Education Quality Council, 1995.5, *AUDIT METHOD AND PROCEDURES*, Higher Education Quality Council Quality Assurance Group, 1995.3, *A Guide to Funding Higher Education in England —How the HEFCE Allocates its Funds—*, Higher Education Funding Council for England, 1996-97, The Quality Assessment Method from April 1995, Higher Education Funding Council for England, December 1994 を基に作成。

1990年代前半の教育評価の特質

　イギリスでは 90 年代初頭から半ばまでの間、HEQC の「質の監査」と HEFCE の「質の評価」によって教育評価が展開されていった。評価結果公表までの評価プロセスにはそれぞれ共通点が見られたものの、上記比較表に示したようにいくつかの点で大きく異なっていた。すなわち、HEQC の監査は、評価の視点にみられるように主として大学内での質を向上させるメカニズムが有効に機能しているかどうかについて、いくつかの側面からチェックしていくことに重点が置かれていた。換言すれば、当該高等教育機関の質の維持・向上メカニズムを総合的に検証し、問題点がある場合それを指摘することにより自己改善を促すという教育の質の維持・向上に大学の主体性を発揮させることを前提とした評価手法を採用していることが HEQC の評価の特徴といえよう。

　一方、HEFC の評価は、学科が掲げる目的・目標の達成状況について、特に、「知識力および理解力を涵養する機会の提供とその達成度、学科に求められる技能を涵養する機会の提供とその達成度、自己学習能力を涵養する機会の提供とその達成度」等の視点から評価がなされていることからわかるように、学生の達成状況（アウトカム評価）に力点が置かれていた。また、この評価において、主要項目 6 項目のうち、どれか一つでも最低点の 1 の評点がついた場合は国庫補助金がカットされる等、資源配分と連動していることも HEFC の評価の特徴である[4]。

HEQC と HEFC の統合―質保証機構（QAA）の創設

　1992 年以降、各高等教育機関に対する教育評価は、HEQC と HEFC の 2 機関により展開されていった。しかしながら、両機関の活動に重複するところが多くあり、高等教育機関にとって両方の評価を受けることは、時間と労力を多大に費やされること、また、イングランド、ウェールズ、スコットラ

---

[4] 安原義仁「イギリスの大学評価―イングランド高等教育財政審議会（HEFCE）による教育評価の仕組み―」『高等教育研究紀要―高等教育ユニバーサル化の衝撃―』第 17 号, 財団法人高等教育研究所, 1999.3

ンドなどにおいて別々に実施されている教育評価を、統合的、全国的で効率的な評価システムの構築が必要であるとする要請が高まっていったことから、新たな評価機関の創設の協議が行われた[5]。そして、1997 年、HEQC とイングランドとウェールズの HEFC の教育評価部門 (Quality Assessment Division : QAD) が統合し、高等教育質保証機構 (Quality Assurance Agency , QAA) が設立された。

　QAA の理事会メンバーは当初 14 人で構成され、そこには高等教育機関の副学長委員会、HEFC、産業界などの代表が名を連ね、この他政府関係者、学生代表もオブザーバーとして参加した。オブザーバーではあるが学生代表に対しても理事会参加を認めていることなど、QAA の管理・運営において高等教育機関のステークホルダーを取り込んでいる点は注目される。

　また、QAA の財源は、各高等教育機関の寄附や資源配分機関からの契約費[6]などで、全収入の 6 割強が資源配分機関からの契約費、約 3 割が各高等教育機関からの寄附であった。

　QAA はその設立にあたり、「高等教育の質と学位や資格の水準が維持・向上されていることについて公的信頼を促進させること」を使命に掲げ、この使命を達成するため、①高等教育の質と水準の不断の向上に向けた支援、②学生や雇用者に対する高等教育の質と水準に関する情報提供、③高等教育機関との共同による資格の枠組み (Qualification Framework) の開発とその管理、④学位授与権や大学の名称使用に関するアドバイス、⑤学問領域別学位水準 (ベンチマーク・ステートメント) の開発、⑥高等教育質保証のための実施基準 (Code of practice) の開発と優れた事例の普及、⑦機関別および分野別の評価プログ

5　CVCP (Committee of Vice-Chancellors and Principals (大学副学長委員会))、HEQC、HEFC、SCOP (Standing Committee of Principals (学長常任協議会)) などの代表者で構成される高等教育の質保証のための共同立案グループ (Joint Planning Group for Quality Assurance in Higher Education,JPG) を設置して、そこで協議が行われた。CVCP は、2000 年に英国大学協会 (Universities UK,UUK) に改組された。
6　QAA の教育評価は、後述のように、HEQC の監査と HEFC の学問領域別の評価を引き継いだものとなっている。また、HEFC の学問領域別の評価結果が資源配分と連動していたため、QAA の学問領域別の評価は HEFC から委託された形となっている。
　ちなみに、2000-2001 年では、総収入 11,211,427 ポンドのうち、資源配分機関からの契約費が 7,117,684 ポンド、各高等教育機関からの寄附が 3,477,545 ポンドであった (Annual Report and financial summary 2000/2001,The Quality Assurance Agency for Higher Education,2002 より)。

ラムの実施、を具体的目標に掲げた。

　QAAの教育評価は、学問領域別評価 (subject review) と教育監査 (academic quality audit) の2つの評価プログラムで構成され、これは、HEFCとHEQCの評価手法をほぼ引き継いだものとなった。ただし、教育監査において、評価項目が精選化[7]され、詳細な自己評価報告書が求められるようになった。

新たな教育評価―機関監査 (institutional audit)―の導入

　QAAによる2種類の教育評価プログラムは、設立時から順次進められていった。しかしながら、こうした2種類の教育評価を受けるための準備にかなりの労力がともなうこと、特に、毎年いくつかの学科の申請を行うことになる学問領域別評価は負担が大きいわりには、得るものが少ないこと[8]などの批判が示された。そこで、QAAは新たな評価システムを検討し、その結果、2002年、新たな教育評価プログラム、機関監査 (institutional audit) を開発した。

　この機関監査は、これまでの学問領域別評価と教育監査の形式と内容は継続されるものの、それぞれにかかる評価のウエイトが大幅に変更されることとなった。つまり、これまでの教育監査を重視していく立場をとり、学問領域別評価については、高等教育機関内に構築される質保証システムの中に組み込み、高等教育機関自身の営みに位置付けることとされた。そして、機関監査の際、いくつかの分野をサンプル的に確認されるにとどめられた。

　この機関監査は、2003年から6年サイクルで実施された。中間の3年目にはQAAが当該高等教育機関を訪問し、前回の監査後の改善状況や次の監査までの実施される教育の質と水準の維持・向上に関し議論することとなった。

7　HEQC時代は、「質保証のためのシステムおよび手続」、「学習プログラムの企画、決定、検証」、「教育、学習及び学生の学習経験」、「学生の成績評価及び学位の分類」、「評価のフィードバックおよび質的向上のためのプロセス」、「教職員の任免、研修プログラム、昇格等」、「教育プログラムと関連する広報用資料の内容」の7項目について評価を行ったが、QAAの教育監査では、「高等教育機関の教育マネジメント戦略」、「教育プログラムと授与する学位の水準」、「学習施設・設備」、「学内外との連携」の4項目に重点を置いて評価が行われた。

8　キース・J・モーガン「英国の大学における質の評価」(近田政博訳)『名古屋高等教育研究』第3号, 2003年, p.121

以下に、この機関監査の概要について、QAAが公表した『機関監査ハンドブック』(Handbook for institutional audit : England) をもとに具体的にみていきたい。

機関監査プロセスの概要

機関監査にあたり、次の3点を検証した。
(A) QAAが策定した「高等教育質保証のための実施基準」(Code of Practice for the assurance of academic quality and standards in higher education) との関連で、高等教育機関内における質保証の構造やメカニズムの有効性。また、教育プログラムの質や学位の水準の評価方法や改善策の履行方法の有効性。
(B) 教育プログラムや学位の水準について公表している情報の正確性、完成度、信頼性。
(C) 教育プログラムレベルや機関レベルでの高等教育機関内における質保証プロセスの事例。

なお、上記の「高等教育質保証のための実施基準」、「高等教育の資格の枠組み」(the Framework for Higher Education Qualification)、「学問領域別学位水準」(Subject Benchmark Statements) の3文書は、イギリス高等教育システム全体の質と水準を表したものである。

まず、「高等教育質保証のための実施基準」は、「第1章　大学院研究プログラム」、「第2章　教育プログラムの共同提供」、「第3章　身体に障害をもった学生への対応」、「第4章　学外試験委員システム」、「第5章　教育に関わる問題への学生の意見の申し入れ」、「第6章　学生の評価」、「第7章　教育プログラムの評価」、「第8章　職業教育」、「第9章　プレイスメント学習」、「第10章　学生の募集と入学資格」の全10章で構成される。

この実施基準は、高等教育機関の運営のあらゆる局面を網羅したもので、各高等教育機関がこの実施基準を充たすことが期待された。

「高等教育の資格の枠組み」は、高等教育機関が学位などを授与する際の基準(当該学位を授与するに相応しい学習成果など)を示したものである。これはイングランド、ウェールズ、北アイルランドを対象にしたものと、スコットランドのものと2種類作成された。

「学問領域別学位水準」は、学問領域別に授与される学位の水準について一般的に期待される事項、卒業時の学力到達の水準などについて目安を示したものである。この水準は、47 領域にわたり、高等教育におけるほとんどすべての学問領域がカバーされた。

そして、上記の機関監査の際の観点である (A) ～ (C) の 3 点の検証にあたり、特に、①学内の質保証プログラムの実施およびその成果の状況、②「高等教育質保証のための実施基準」、「高等教育の資格の枠組み」、「学問領域別学位水準」などの学外参考資料の活用状況、③教育の質や学位の水準に関する公開情報の内容、④情報の学内の管理システム、⑤「学位プログラムの内容の特定」(programme specifications)[9] の開発、活用、公表、⑥期待される教育水準と学生の達成度、⑦学生の学習経験、⑧教員の採用基準、授業の有効性の評価法などを含む教員に対する質保証の状況、に焦点が当てられた。

機関監査の結果は、QAA によって監査結果報告書に記載された。その報告書には、教育プログラムの質と学位の水準について、ⅰ）現時点および将来にわたりそのマネジメントの健全性に信頼が置けるかどうか、ⅱ）高等教育機関側が提供しているその情報の正確性、誠実性、完成度、率直性に信頼が置けるかどうか、の判断が記述され、その信用度が高い順に、「Broad Confidence」、「Limited Confidence」、「No Confidence」の 3 段階で示された。「Limited Confidence」と評価された場合、改善報告書の提出が求められその検証が行われた。検証の結果、改善が見られないと判断された場合は、HEFC に報告されることとなった[10]。

---

9 QAA は、各高等教育機関において新たな学位プログラムを開発する際に、全国的かつ一般的観点からの活用が期待されるのが、「学問領域別学位水準の基準」(Subject Benchmark Statements) と位置づけており、したがって、この「学問領域別学位水準の基準」は、詳細なカリキュラムのあり方まで規定するものとなっていない。具体的カリキュラムの策定は、個々の高等教育機関にその責任があるとの立場から、QAA は、カリキュラムの策定のためのガイドライン (Guidelines for preparing programme specifications) を公表している。

10 Handbook for institutional audit : England, Quality Assurance Agency for Higher Education, 2002.

おわりに

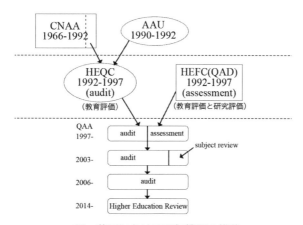

図　英国における評価機関の推移

　以上、サッチャー政権以降の高等教育政策、1990年代前半のHEQC及びHEFCの教育評価、QAAの初期の評価の内容等を概観してきた。QAAの評価手法は、種々の見直しが図られた結果、高等教育機関内の質保証のための手続やメカニズム等の有効性を検証することに重点を置くことになった。換言すれば、教育プログラムを評価する第一主体を第三者機関に置くのではなく高等教育機関に位置づけたこと、個々の授業科目や教育プログラムなどそれ自体に直接焦点を当ててその妥当性、適切性を検証するのではなく、質保証メカニズムの検証の一環でそれらを確認するとしたことである。この評価手法は、HEQCの流れをくむもので、イギリス高等教育が伝統的に持つ「高等教育の質と水準の維持・向上の第一の責任は個々の高等教育機関にある」とする原則を重視したものである。イギリスでは、ポリテクニク等の大学昇格の一元化政策など政府主導の大学改革が進められてきた中で、教育評価については、その最善なる手法を求めて試行錯誤が繰り返されてきたが、教育の質と水準を維持・向上させるという点で、大学にその主体性を求める考えが評価手法の中に脈々と生き続けてきたのである。

　大学評価は大学の自主性・自立性に根差すべきものであること。イギリスの教育評価の歴史をくぐることであらためて認識させられた点である。

第3章 大学評価の歴史的展開

第3節 日本の大学評価の歴史

前田　早苗

はじめに

日本では、大学の質保証制度として法律で義務づけられた認証評価が定着しているが、大学と大学団体による自立的な大学評価の営みは認証評価の導入以前から脈々と続けられてきた。本稿では、戦後まもなく発足した大学基準協会による大学評価について、その成立期および改革期に焦点をあて、当時、「自律的」な評価を協会がどのようにとらえていたのかを中心に論じる。さらに、大学基準協会よりは半世紀ほど時代は下るものの、日本で初めてプログラム評価を実施した日本技術者教育認定機構についてもその特徴的な評価活動を紹介する。

1. 大学基準協会による大学評価―適格判定から認証評価前まで―

大学基準協会は、新制大学発足以前の1947（昭和22）年に大学の自主的団体として設置され、その4年後の1951（昭和26）年には日本版アクレディテーションともいうべき第1回会員相互資格審査[1]を実施し、その後何度かの評価システム改革と制度の名称変更を経て、認証評価に至るまでの50年余りにわたって大学評価を実施してきた。注目すべきは、1951年という時期である。これは、アメリカの地区基準協会で最古のニューイングランド地区基準協会が、連邦政府の要請を受けて正式にアクレディテーションを開始した

---

[1] 大学基準協会は、Accreditationを、それのもつ機能から、「適格判定」と命名した。「会員相互資格審査」は、第1回にのみ使用され、翌年からは「適格判定審査」が名称として長く用いられた。また、評価が大学基準に即して行われることから、「大学基準適用判定」という呼称も使った。

年(1952年～1954年頃)より早いことである。アメリカが、本格的にアクレディテーションを質保証制度として位置づけた時期に日本では大学基準協会が自立的な大学評価を開始したということを指摘しておきたい。

1.「適格判定」の実施

アメリカの地区基準協会の機関別アクレディテーションをモデルに創設された大学基準協会は、その定款で「創立当初の会員は(中略)五ケ年以内に相互に基準を適用して再審査を行い基準に適合しないものは会員の資格を失うものとする」(大学基準協会定款第39条)と規定した。これからの大学は大学自らの手で自主的、自立的に水準の維持向上に努めるという目的のもとに、46の大学が発起校となって設立した協会であり、発起校は自動的に最初の会員となったが、その会員も基準適合を受けることが初めから予定されていた。1947年当時は、「大学基準」は大学設置のための基準として機能していたこと、文部省(当時)の存廃も明らかではなかったことから、協会関係者のアクレディテーションへの責任感と期待が大きかったことは想像に難くない。協会内に設置された会員資格審査委員会は、「適格判定」について、アメリカのアクレディテーション制度の検討を重ね、以下のような指導原理を立てた[2]。

1. 標準化であってはならない。
2. 目的又は使命に沿って判断される。
3. 「何をもっているか」より「何をしているか」で判定すべきである。
4. 個々の点ではなく全体として総合判定をすべきである。
5. よい大学であると判定するのは優れた教育者の仕事である。
6. よい大学とは成長しつつある大学である。

設立当初から適格判定が大学の「標準化」を目的とはしていないこと、大学の目的・使命に即して判定することを明確に打ち出している。さらには、いわゆるインプット評価ではなく、大学が現在行っている活動や将来の可能性などを重視していることなど、これから後、新制大学が長年にわたり設置

---

[2] 大学基準協会所蔵資料(第二回会員資格審査委員会議事録抄録)より。

認可行政によってコントロールを受けていくのとは大きく異なる考え方をはじめから取っていたことがよく分かる。協会は、パンフレット『適格判定について』(昭26.11.20)を刊行して大学関係者への普及にも努めた。

では、どのようにして適格判定を行ったのだろうか。大学基準協会は、1996(平成8)年に自己点検・評価を組み込んだ「大学評価」へと改革するまで、「調書(様式)」に基づいて提出される調書をもとに書面評価による適格判定を行っていた。その「調書(様式)」は第1回の会員資格審査から45年にわたり使われた。

「調書(様式)」の作成プロセスの詳細は協会に残されていないが、当時のアメリカの地区基準協会のアクレディテーションの方法が大いに参考とされたことは、協会が所蔵するアメリカの地区基準協会4団体の英文資料から明らかである。

完成した「調書(様式)」の全15項目(1.目的、使命、2.設置認可の際の履行条件及び其実施状況、3.管理及び運営組織、4.教員組織、5.教員俸給、6.研究活動、7.教員の任免(学部別)、8.学生定員及び各年度学生数、9.学部又は学科別(専攻別を含む)の教育課程及び其の履修方法、10.体育実施方法、11.一般教育、12.)のほとんどが上の英文資料のいずれかに掲載された項目である。ただ、「設置認可の際の履行条件及び実施状況」が設けられている点は、日本の設置認可制度を反映した固有の項目である。当時、その認可基準は大学基準協会の「大学基準」であり、「大学基準」は、旧制大学にとっては、これまで経験したことない一般教育の面で、新たに新制大学を目指す教育機関にとっては全般にわたって、要求する水準が非常に高いものだった。このため、条件付で設置認可される大学も多く、大学が協会の適格判定を受けるにあたり、新制大学として設置が認可された際に付された履行条件がどれだけ改善されているかを確認することは、大学基準協会の「適格判定」審査において重要な位置を占めていた。

2．適格判定の特徴

「調書(様式)」は、記述式で作成する項目が補足的な記述を求めるものも含めて、15項目中6項目あった。他の項目は、表形式で主に数値で記入するも

のがほとんどだった。しかしながら、大学の「目的・使命」を第一に求めている点は、「指導原理」を反映していることの証である。また、数量的データを求める項目が多いのは、新制大学としての条件整備が大学全体として急務であったことから当然ともいえるが、何よりも、モデルとなったアメリカのアクレディテーションもまだインプット評価が中心だったことを物語っている。

なお、その後、アメリカではほどなく自己点検を取り入れ、アクレディテーションは評価の内容について質的変化を遂げていくが、大学基準協会ではインプットを中心とした評価が長く続くことになる。戦後の高等教育の拡大期が続く日本では、大学としてのハード面や教員組織、学生定員の順守など、最低条件の整備に重点を置くという時代を経過することが必要だったといえよう。

こうして、大学基準に基づき、「調書（様式）」を用いて実施された日本版アクレディテーションは、アメリカのそれとは異なる特色を持っていた。

第1に、適格判定には有効期限がなく、一度正会員と認められれば、その地位は判定を受けなおすことなく継続されたことである。登録学部（後述）についても同様だった。このような制度を採った理由については資料が残されていないため、推論の域を出ないが、設立当時の協会は、大学自らが大学団体を構成して個別大学と大学全体の水準の向上を目指すために、同じ志を持つ大学会員の増加を最優先としていたと考えられる。

第2に、学部登録制を取っていたことである。学部登録制とは、適格判定を経て協会の正会員と認められるための条件が、全学的な事項の判定以外に、最低でも1つの学部が判定をうけて登録学部として認められなければならないという制度である。アメリカの機関別アクレディテーションは、学内の教育組織単位の評価は行っていない。日本がこのような独自の制度を編み出したのは、戦後の日本の大学の成立に大きく関係したと考えられる。特に国立大学は、同じ都道府県内の旧制の大学、高等学校、予科、専門学校、師範学校等を統合させる形で出発した。私立にも類似のケースがあった。同じ大学に設置された学部とはいえ、旧制下ですでに大学であった学部と、旧制高校や師範学校、予科といった学校から大学に昇格した学部は様々な点で異なっ

ていた。これらの学部をすべて包含して丸ごと大学として認定して正会員にするという設立趣旨に即した適格判定と、学部ごとに内容を精査して一定水準にあることを確認する適格判定を併用するという方法が日本の事情を反映して編み出された。事実、正会員となった国立大学の中には、旧制度下ですでに大学だった学部のみを登録した大学もあった。

　第3に、適格判定では大学院研究科および夜間学部は評価の対象としていなかったことである。これは第2の特徴から容易に導き出せることである。

　これらのことから、大学基準協会の適格判定は、一度会員になると、それ以降は、判定を受けなおす必要がないため、当初の評価が厳格であっても、その後の水準の維持向上は正会員大学の自主的努力に委ねられていたこと、しかしながら、学部に関しては、教育機関別評価でありながら、専門分野ごとに分科会を設置して評価にあたるという、アメリカにも例のない方法で質の担保が行われていたことなど、日本特有の制度として機能していたといえよう。

3．適格判定の簡素化と会員拡大

　1996（平成8）年に新たな評価制度として「大学評価」を開始するまで実施されてきた適格判定は、「調書（様式）」による評価方法を何度か改革している。そのうち主要な改定を2つ取り上げておこう。

　第1は、1960（昭和35）年の大学基準の改定によるものである。背景には、文部省による「大学設置基準」の制定という、大学基準協会にとって多大な影響をもたらす出来事がある。それまで大学の設置認可の基準としても機能していた「大学基準」は、向上基準としての性格を一層強くする。適格判定を申請する大学は大学設置審議会の審査に合格していることを前提に、設置審査との形式的な重複を避け、判定の目的に沿って重要な項目を限定的に維持するという方針のもとに「調書（様式）」の簡素化が図られた[3]。

---

[3]　なお、数年後には簡素化されたいくつかの項目が復活している。

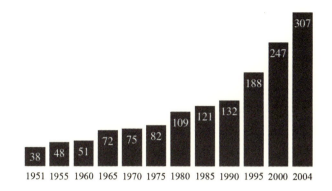

図1　正会員校の推移（1951-2004）

　第2は、1976（昭和51）年の「特別調書（様式）」による判定である。大学基準協会の正会員校の「適格判定」に合格した大学であるという地位を確固たるものにするには、「大学基準」に充分適合しているとみられる大学には積極的に正会員に加盟してもらうという理事会の判断による調書様式の簡略化である。

　図1にみるように、1960年と1976年の調書様式の改定は、確実に正会員校の増加につながっている。また、1976年以降は、正会員校の増加は年を追うごとに顕著になっていく。1990年代の増加には1991（平成3）年の設置基準の改正（いわゆる大綱化）による自己点検・評価の導入が大きく影響していることは間違いないだろう。

　しかし、この設置基準改正までの協会の活動を振り返ると、1976年の「調書（様式）」の簡素化は、協会が自己評価委員会を設置し、アメリカのアクレディテーションとその中心に位置づく自己点検（セルフスタディ）の研究を開始した時期と重なる。一見、財政基盤強化のための会員拡大策にも見える調書様式の簡素化は、大学設置基準大綱化以降の評価時代に突入する前段階において、協会の評価を一段向上させるための重要なステップだった。

　1980年代後半になると、より大学の実態を浮き上がらせるような方向での調書様式の改定が行われた。具体的には、数量的データを詳細化する一方で、記述式の回答を多く求めたことがあげられる。入学者選抜、管理・運営

組織、大学と短大との関係、一般教育等と専門教育の連絡調整などがそれである。さらに、判定対象事項等に関する改善・改革のための将来計画の有無、自己点検・評価の現状等に関して、形式を指定せず大学自身の判断によって記述することをも要請した。この頃は、学生受け入れの多様化、大学の国際化・情報化など、一律の数値による判定が難しくなった時期であり、協会が量的評価から質的評価への転換期を迎えていたことを示している。

4．本格的アクレディテーションの導入への模索

大学基準協会が新たな「大学評価」として本格的なアクレディテーションに乗り出したのは、1996年のことである。本格的なアクレディテーションとは、大学による自己点検・評価をもとに、当該大学への実地調査も行う評価のことで、評価には有効期限があり、協会設立からの正会員であっても、一定の期間ごとに評価を受けなおすという仕組みである。このような評価の大改革を目指した背景には、順調に拡大してきたかに見える大学も、その質の改善・向上を考えたとき、インプット評価では不十分で、もっと有効な評価システムを構築する必要があり、そのためにはアメリカのアクレディテーションが有効であると、大学や大学団体が考えたことにあった。私立大学、特に有力大学は、多額の公的資金が投入される国立大学と伍していくには、大学の質を高めるために相当の改善が必要であるという強い危機感を持っていた。日本私立大学連盟は、1997年に『私立大学の相互協力と自己点検―教育・研究の質的向上をめざして』を刊行したのも、その証左といえよう。1991年の大学設置基準の改正で、自己点検・評価が大学の努力義務と規定されたから、評価時代がはじまったというのは一面的な見方であって、大学側の内発的な質改善への問いがあったことも忘れてはならない。

このような気運の中で、大学基準協会は、委員会を設置して自己点検・評価の研究と普及を進めるとともに、アメリカの地区基準協会の資料翻訳を通じてアクレディテーションシステムの研究を行うなどの活動を展開した。

これらの活動が新たな大学評価として結実するまでに20年もの歳月を要したのは、協会内部でも、自分で自分を評価する「自己点検」とはどのよう

な行為で、その結果を協会が評価するとは、何を対象としてどのような評価を行うのか、それをいかにして改善につなげるのかということへの理解がいかに難しかったかを物語っている。大学の中には自己点検が大学の自治を侵害するとの意見を表明するケースもあったほどだ。

また、具体的な評価のあり方についても、学部登録制の存廃をめぐって、議論が戦わされた。登録学部制を存続させるべきという意見は、適格判定を実際に担当している委員から強く出された。同じ大学の学部であっても、その教育研究の水準に差があり、学部ごとにつぶさに評価することこそが大学の質の向上につながるという理由だった。これに対し、文部科学省の審議会委員に就任している協会の理事らは、日本の大学の全体的なレベル向上の視点からすれば、登録学部制を存続させると大学が評価に通りそうな学部のみを申請して、大学全体の自己点検・評価が進まない恐れがあること、自己点検・評価を通じた大学の自己改善力に期待すべきことから、大学全体の評価に切り替えるべきと主張した。

結局、長期的視点に立って、日本の大学に自己点検・評価による質の改善向上が定着することを期して、登録学部制を廃止することとなった。

5．大学評価の実施

アクレディテーションの研究と大学評価に関わる普及活動を経て1996年から実施された大学評価は、下記のようなシステムであった。

- 大学評価は、新たに正会員校になろうとする大学に対する「加盟判定審査」と、すでに会員になっている大学に対して実施される「相互評価」の2種類からなる。
- 従来の登録学部制を廃止し、大学全体を評価の対象とする。
- ただし、学部等の専門分野ごとの評価分科会を設置して、学部・大学院研究科ごとの評価を実施する。
- 正会員校は、10年周期で相互評価を受けるものとする。
- 大学評価を申請する大学は、あらかじめ協会の指定する点検・評価項目にしたがって、自己点検・評価を行い、その結果をまとめた点検・評価

報告書を協会に提出する。
・協会は、点検・評価報告書およびその他の資料を評価したうえで、実地視察を行い、大学基準に適合しているか否かの認定を行う。

こうしてアメリカのアクレディテーションと遜色の無いシステムを構築したのみならず、アメリカの機関別アクレディテーションにはない専門分野別の評価も組み込んだ評価として大学評価がスタートした。その結果、正会員の数は、認証評価が導入される前の段階で飛躍的に増加するところとなった。また、すでに正会員となっている大学を改めて評価する相互評価についても、認証評価開始までの8年間に133校が評価を受けた。このことは、充実した大学評価を受けることで、大学が自らの教育の改善・向上を目指したことがもっとも大きいと考えたいが、迫りくる第三者評価の法制化や、18歳人口が減少の一途をたどるなかでの社会からの大学の質に対する厳しい視線などの影響も少なからずあったといえよう。

6．大学評価の課題

認証評価導入までの大学評価を歴史的に概観したが、協会の大学評価の基本的な考え方は、1951年の最初の適格判定から一貫している。特に、「個々の点ではなく全体として綜合判定をすべきである」としていることや「よい大学とは成長しつつある大学である」といった方針は、少しの欠点があってもそれを補って余りある長所があれば、会員に迎え、会員としての責任において大学が継続的にその質の向上を図ることを意味している。会員相互で高め合うという会員制の自主的な団体ならではの特色といえる。しかし、協会が認証評価機関となったことで、協会の会員になる意思のない大学の評価も行うことを余儀なくされた。会員制と大学評価（認証評価）が連動しなくなったことで、会員制の意義が問われているといっても過言ではない。法定の評価を請け負うことになった協会がその枠組のなかで、どれだけ会員制の特色を活かした評価を行えるのか、そして大学にとってその評価を意義あるものとすることができるのか、模索が続けられている。

II. 日本技術者教育認定機構によるプログラム評価
1. 設立の経緯と組織の概要

日本技術者教育認定機構 (Japan Accreditation Board for Engineering Education、以下 JABEE と記す) は、日本で初めてプログラム評価を行う機関として設立された。設立の中心となったのは、日本工学教育協会および日本工学会である。日本工学会は、工学系の学会や協会の連合組織であることから、JABEE が技術者教育に関連する多くの学協会が主体的に関わるという特徴が設立当初から形作られた。

JABEE 設立の背景には 1995 (平成 7) 年の科学技術基本法の制定に始まる一連の動きがある。法律制定の翌年には同法に基づき科学技術基本計画が閣議決定された。APEC (アジア太平洋経済協力) がその首脳会議において、参加国間で「技術資格に関する相互承認に基づく有資格技術者の流動化」促進の検討を始めたのも同時期である。これを受けて、日本工学教育協会と日本工学会が共同し、大学と学協会だけでなく、当時の文部省、科学技術庁、通商産業省さらに経済団体連合などの代表が参加し、事務局を日本工学会が担当して「国際的に通用するエンジニア教育検討委員会」が発足した。同委員会の重要な検討課題が日本版 ABET [4] ともいうべき技術者認定制度をどう構築するかというものだった。委員会は、技術者教育認定制度案を策定し、工学系大学、学協会の検討を経て 1999 (平成 11) 年に、日本における技術者教育の認定を担う機関として JABEE を誕生させた。

JABEE の目的は、定款によると「学界と産業界との連携により、統一的基準に基づいて、大学等の高等教育機関が行う技術者を育成する専門教育プログラムの認定を行い、我が国の技術者教育の国際的な同等性を確保するとともに、我が国と海外の技術者教育の振興を図り、国際的に通用する技術者の育成を通じて社会と産業の発展に寄与する」ことにある。

JABEE が当初認定の対象としたのは、学士レベルの技術者教育であり、

---

[4] ABET (Accreditation Bureau for Engineering and Technology の略だが、現在は ABET が正式名称) は、アメリカの専門分野別アクレディテーション団体。7 つの技術系学会によって 1936 年に設立された。

技術者 (Engineer) とは、技術を業とするもののうち、知識 (工学) をその能力の中核におくものと定義している。その後、科学技術分野の高度化に伴い、修士レベル (アメリカでいう First Professional Degree) のプログラムの質保証が産業界から求められるようになったこと、修士課程の教育を強化したいという大学からの要望があったことなどから、2007 年から修士課程の認定を開始した。なお、認定は 5 年サイクルでの更新が必要である。

JABEE は、会員制 (正会員、賛助会員、準会員の三種) を取っており、正会員は技術者教育に関連する分野の学協会で、賛助会員は、同分野に関連する企業で構成されている。また、JABEE 認定コースを修了した個人を対象とした会費無料の準会員を設けている。2014 年 5 月現在、正会員は 69 団体、賛助会員は 27 団体である。

2001 年にまず試行評価が実施され、その後本格的な評価活動が行われた。2014 年 4 月現在、JABEE の認定を受けているのは、160 機関 382 プログラム (大学 109 機関 305 プログラム、高等専門学校 50 機関 76 プログラム、大学校 1 機関 1 プログラム) である[5]。

2．JABEE の特色

(1) 認定のメリット

JABEE は、認定のメリットとして、第 1 に認定を受けたこと自体がプログラムを運営する組織が組織体として責任を果たしていることの証明になること、第 2 に認定を通じて教育改善がなされることをあげている。こうしたメリットは、機関別評価を行う機関と共通している。加えて、JABEE を特徴づけているのは、第 3 のメリットとして挙げている JABEE 認定プログラムの国際的同等性の保証である。その実現のために、JABEE はワシントン協定[6]の加盟を 2005 年に果たしている。さらに、JABEE 認定プログラム (学部、

---

[5] 高等専門学校については、本科 4・5 年および専攻科 1・2 年のプログラムが対象である。

[6] ワシントン協定 (Washington Accord) とは、技術者教育の実質的同等性を相互承認するための国際協定のこと。技術者教育のプログラム認定を行う各加盟団体が、認定基準・審査方法等の同等性を相互に認め合うことで、他の加盟団体が認定した技術者教育プログラムの実質的同等性を認

修士)修了生は国家試験である技術士資格試験の第一次試験が免除されることを第4のメリットとしている。

(2) 認定基準

　先にも触れたように、JABEEは、技術者教育に関連する専門分野の学協会が正会員となり、主体的に運営に関わっている。主体的な関与を最もよく表しているのが、プログラム認定を行うための認定基準である。認定基準は、共通基準と個別基準で構成されている。共通基準は全てのプログラムが共通に遵守すべき基準で、基準1．学習・教育到達目標の設定と公開、基準2．教育手段、基準3．学習・教育到達目標の達成、基準4．教育改善の4項目で構成されている(2012年改正基準)。個別基準は、共通基準を適用する際に、認定の種別(エンジニアリング系学士課程、エンジニアリング系修士課程、情報専門系学士課程、建築系学士修士課程の4種)や分野(20分野)に応じて、必ず適用すべき事項や勘案すべき事項を定めたものである。この個別基準は、それぞれの分野の関連学会が中心となって設定している。

(3) 評価体制

　評価体制にもその成立過程と同様の特色がみられる。それはJABEEの認定プロセスでは他の評価機関に比して事務局の関与が少ないことである。個別プログラムの認定にはそのプログラムの専門分野に関係する学協会が評価員を選出するなどして、評価を主体的に進めているからである。評価者の研修に際しても、JABEEで主催する研修会への参加資格を得るための事前の講習会を各学協会が主催している。なお、評価チームには企業関係者が必ず参加する。

　大学への訪問評価や評価報告書の作成に事務局がほとんど関与せず、そ

めるという制度。さらには当該プログラムの修了者が、他国の認定機関が認定したプログラム修了者と同様に専門レベルで技術業を行うための教育要件を満たしていることを相互に認め合うことができる。1989年に発足。JABEEは2005年に加盟。(http://www.jabee.org/international_relations/washington_accord/ より (2014.12.28))

の多くを評価チームの責任において行う方法は、アメリカのアクレディテーション団体にみられる形態であり、評価者の力量が大きく問われるともいえる。評価機関の運営には多くの資源(人材、評価プログラム、施設、資金、)が必要であるが、JABEEは、学協会が自主的、実質的に関与して運営されている点が、JABEE評価全体の自律性をよく示している。

3．課題

　発足から15年余りが経過し、当初は認知度があまり高くなかったJABEEの認定制度もしっかり定着した。プログラム評価のモデルとしての信頼度も高い。また、国際的通用性を重視していることから、カリキュラムの適切性とその効果や学生の学習量(学習時間)などについて数年分の証拠資料を提示させるなど、厳格な評価を行っている。

　ただ、JABEEにとっての最大の課題は認定プログラム数が伸びていないことであるといってよいだろう。JABEEのホームページによれば、2008年度時点での新規認定プログラムが158教育機関409プログラムで対象となるプログラムの約3分の1に達しているとされているのに対し、前述の通り、2014年度には160機関382プログラムと、プログラム数ではむしろ減少している。その理由としては、認定プロセスが厳格である割に、認定プログラムの国際的同等性がメリットとしての効果を十分に発揮していないことが考えられる。また、東京大学のようないわゆるトップクラスの大学がプログラム認定の申請をしていないことも一因であろう。グローバル時代といわれる現代において、教育の国際的通用性は、JABEEに限らず求められるようになって来ている。しかし、JABEEが認定プログラム数を延ばせないという課題をどのようにとらえることができるだろうか。日本では大学や学部という組織単位での漠然とした評判の通用性が高く、大学が提供するプログラムの質への関心が低いことが大きな要因となっているのではないだろうか。

おわりに

　大学とそこで提供される教育の質の問題は、世界共通の課題となってい

る。大学にその質を明示せよという社会的要請は強くなる一方で、弱まることは当分ないだろう。

　本稿で取り上げた大学基準協会とJABEEは、政府の政策とは関係のない大学や大学団体によって自立的・自律的に立ち上げられた機関である。前者は、戦後まもなく、大学のあるべき姿を大学基準によって提示し、会員制度を維持し、大学基準に適合する大学を正会員とすることで、大学の質の維持と恒常を目指してきたこと、JABEEは、日本に初めてプログラム評価を導入することで、学部・学科という組織単位ではなく「プログラム」としての質に焦点をあてた評価を開始したことなど、大学の質の保証の基礎を築いてきた意義は大きい。

　大学基準協会は、2004（平成16）年に時代の要請を受けて法定の評価を行う認証評価機関となったことで、その地位は以前にも増して確固たるものとなったといえる。しかし、協会が実施する評価において、設立当初の「標準化であってはならない」、「個々の点ではなく全体として綜合判定をすべきである」、「よい大学とは成長しつつある大学である」といった精神を維持することの困難さを内包している。

　またJABEEは技術者教育の向上と認定プログラムの国際的通用性・同等性の保証を目的としており、世界の動向に対応しようとしているにもかかわらず、認定プログラムが拡大しないという日本的な課題を持っている。

　日本では、「評価文化」という用語がよく聞かれるようになってきたが、ヨーロッパでは「質の文化（Quality Culture）」が用いられる。両者には一見、それほど大きな違いがあるようには見えないが、そこには評価を組織との関係でどのように捉え、位置づけるのかについて、大きな相違があるといわなければならない。「質の文化」には、大学が、組織としての日常的な実践を改善に結びつけるために、大学や大学関係者によって構成される集団が共通の価値観を持とうという能動的な意味があるが、「評価文化」にはどうしても「評価される文化」という受け身の姿勢や評価自体が目的化される危うさが内在しており、評価が自己の問題として捉えられる自覚的な度合いが弱いように感じられる。現在、大学評価が大学による自律的な営みであるという考え方

とその評価活動とは、日本では真に定着していないと言っても過言ではない。

大学基準協会や JABEE の蓄積が現在の大学評価システムの確立に多大な貢献をしてきたことは間違いないが、その活動を「質の文化」の醸成に結びつけることに成功したとは言えない。それは、ひとり評価機関の責任に帰すべきものではないが、ヨーロッパで目指されている「質の文化」が大学の自律的な営みに立脚しているとすれば、それはどのように育まれてきたのか、アメリカのアクレディテーションを支えるボランタリズムはどのように定着しているのかなどの継続的な研究によって、「質の文化」の醸成に積極的な貢献をすることこそが求められる。

【参考文献・資料】

前田早苗「大学基準協会『適格判定用調書(様式)』の変遷にみる大学審査方式の推移」『季刊教育法』第 111 号 (1997.7) (73〜84 頁)
日本技術者教育認定機構 web ページ http://www.jabee.org/ (2015.1.25)
日本工学会 CPD 協議会 web ページ http://www.jfes.or.jp/_cpd/ (2015.1.25)

第4章　大学評価の制度化

第1節　大学設置基準の成立と大学設置認可制度
　　　　　　　　　　　　　　　　　　早田　幸政

第2節　認証評価制度の制度的特質
　　　　　　　　　　　　　　　　　　早田　幸政

第4章 大学評価の制度化

第1節 大学設置基準の成立と大学設置認可制度

早田　幸政

I．大学設置認可システムの概要と現行大学設置基準

1．大学設置認可システムと大学設置基準

　公立及び私立の大学・学部並びに大学院研究科等の設置認可は、学校教育法、私立学校法（私学を対象）等の定めに依拠し、文部科学大臣により行われる。文部科学大臣による認可に当っては、大学設置・学校法人審議会にこれを諮問し、その答申を得ることが必要である（公立大学（法人）の場合、さらに、設置の必要性等について自治体による調査を、当該自治体の財政力等について総務省による審査を、それぞれ経なければならない）。大学設置・学校法人審議会のうち、大学の教学事項の審査を掌るのが大学設置分科会である。

　一方、国立大学（法人）それ自体は法令に設置根拠をもつが、そこに置かれる学部または研究科の新増設等に当っては、教学事項について、大学設置分科会の審査を受けることが必要とされている。

　このように大学設置分科会は、国・公・私立大学の設置や新増設を行おうとするに際しこれら教学事項の審査を掌るが、その審査の準則となっているのが、大学設置基準である。大学設置基準は、学校教育法3条に根拠をもつ文部科学省令で、そこには「大学」としてまた学部・学科等として具備すべき「基本的要件」が定められている。

　ここで、現行大学設置基準の概要を瞥見しておく。

2．現行の大学設置基準

　現行大学設置基準は、全11章と附則で構成され、教育に関する事項を中

心に規定が置かれている。

　具体的には、大学・学部等の教育研究目的の明確化、教育研究上の基本組織、教員組織、教員資格、収容定員、教育課程の編成方針・編成方法、単位制度、授業方法、年間授業計画の明示、成績評価基準の明確化とその適切運用、FDの学内的組織化、履修科目の登録上限、卒業要件並びに校地、校舎等の施設及び設備等、事務組織といった事項について定めがなされている。加えて、専任教員数、校舎面積については、専門分野・収容定員数毎に、同設置基準「別表」で詳細な数値基準が示されている。

　ところで、大学設置基準の基本的性格に関し、同基準は、自らこれを大学設置のための「最低基準」として位置づけている（大学設置基準1条2項）。しかし、続いて、大学に対し、この最低基準の遵守と併せて「その水準の向上を図ることに努めなければならない」とも定めている（同3項）。

　このように、本来、大学設置の基本的要件であるはずの大学設置基準に、設置認可後の質の継続的な維持・向上のための規範的役割が措定されている所以を理解するためには、同基準の成立・展開の経緯に遡ってこれを紐解いていく必要がある。

II．大学設置基準の成立の経緯

　我が国戦後復興の大きな柱として位置づけられた大学制度改革は、CI&E（連合国最高司令官総司令部・民間情報教育局）の主導下で進められたが、そのための重要な指針になったのが、教育の民主化と機会均等を基本的な柱に据えた1946年3月の「第一次米国教育使節団報告書」であった。同報告書は、大学の設置認可と認可後の大学への監督の制度化の問題に関連して、大学設置認可等の実質的権限を「代表的教育者」からなる政府機関に委ねるとともに、認可後の教育研究水準の維持も大学関係者の「協会」に委ねるなど、大学の教育研究の質の判定とその維持・向上を継続実施するに当り、大学関係者を主体的に関与させる仕掛けの構築・運用を提言した。

　上記使節団報告書の公表から7か月後の1946年10月、「大学設立基準設定協議会」が文部省内に設けられ、そこで大学設立基準に関する協議が開始

された。また、CI&Eの指導・助言に基づき、同協議会を母体に「アクレディテーション・アソシエーション」を創設すべく、そのための検討も行われた。

そうしたプロセスを経た後の1947年5月、「第一回大学設立基準設定連合協議会」が開催され、のちの「大学基準」の原型である大学設立基準要項案が提議された。加えて、「基準適用」のための「アソシエーション」結成の提案もなされた。そして、同年7月には、「第二回大学設置基準設定連合協議会」が開催され、大学設置基準案の提案と審議が行われ、一部修正の上、「大学設置基準」として確定された。併せて、新たな「アソシエーション」の定款案も承認され、ここに「大学基準協会」の創立が宣言された。さらに同協会において、上記「大学設置基準」を「大学基準」として採用することも承認された。加えて、大学基準協会の創立を承認するに際し、同協会が、大学の設置認可の可否を審議する「大学設置委員会」(後の大学設置審議会、大学設置学校法人審議会大学設置分科会)の委員の推薦母体となることがすでに予定されていたこととの関係で、その重責を担うにふさわしい入会資格・入会手続を確立する必要性も強調された(『大学基準協会所蔵資料』に拠る)。

大学設置基準設定連合協議会によって「大学設置基準」として確定され、大学基準協会が自身の基準として採用した「大学基準」は、「趣旨」と「基準」の二部で構成され、「基準」はさらに、大学設置の目的・使命、学部、講座、教員の任免資格等、学生定員、学生の入学、授業科目と単位数、学士の種類、学士の取得要件、施設・設備など、大学教育の根幹とこれを支える人的・物的条件に関する諸規定からなっていた。

ところで、1947年7月決定の大学基準協会「大学基準」は、それが大学設置の基準であることとも相俟って、大学の「最低の基準」であることを明言していた。しかし、当時、「大学基準」は、最低基準であるとともに、「向上基準」としての性格も併有している、という考え方が大半であり、当初の大学基準は、双方の性格を併せもついわゆる「基準一本化論」に沿う方向で性格づけがなされていた。その主張の根拠は、大学の設置認可は、将来的に「大学基準」に合致する大学になる可能性を、その計画に基づき調査・判定する行為であり、アクレディテーションは、既存の大学が実際に「大学基準」に

適合しているかどうかを審査・判定する行為であるから、「大学らしい大学の基準は一つであって二つあるべきではない」、ということにあった。このように、原初の大学基準は、それが最低基準であることを明確化していたにもかかわらず、同基準の設定・運用に関わる大学関係者の一般的な共通認識として、それは、「最低基準」、「向上基準」という2面的性格を有するものとされていたのである。

III. 大学設置基準成立後の大学設置認可の体制整備と大学基準協会
1. 大学設置委員会の発足

1948年1月、大学設置委員会官制が公布され、ここに同委員会は正式な発足を見た。初代委員長には、大学基準協会会長であった和田小六が就任した。また同年2月、同委員会は、大学基準協会「大学基準」に、新たに採択した「大学基準運用要項」を加え、これを大学設置基準として採用することを決定した。

大学設置委員会の発足に先立ち、CI&Eは、同じく一足早く発足した大学基準協会に対し、1947年9月1日までに大学設置委員会の委員候補者を推薦するよう指示を行った。その指示を受け、文部省、CI&E、大学基準協会の3者間で協議がなされた後、文部省が大学基準協会宛に大学設置委員会の委員推薦方依頼を行い、それを受けて大学基準協会は同年11月18日付を以て、委員総数45名中、約半数の22名の委員候補者を正式推薦した。同協会は、委員推薦のガイドラインとして、同年8月に採択した「大学設置委員会協会側委員詮衡に関する申し合わせ事項」に拠って委員候補者の選考を行った。

以上のような経緯を経て、大学基準協会の「大学基準」を準則に据え、大学設置委員会が文部大臣の諮問に応じて大学設置認可の可否等を審議するとともに、同委員会の約半数の委員候補者を同じく大学基準協会が推薦するという我が国独自の大学設置認可システムが誕生した（大学設置認可を掌る審議会の委員の半数を推薦するという紳士協定は、その後も相当長期に亘って継続された。そして、後述の大学設置基準の省令化を目前に控えた時期、その省令化により従来の制度慣行そのものが否定されることを危惧した大学基準協会は、大学設置認可行政の

一端を担うという責任をこれまで以上に果たすべく、協会内部でこの問題について活発に議論を行い、委員候補者推薦に係る改善方策の探究に心血を注いだ。今日、大学の公的役割を社会全体が担っていくべきであるとの理由に基づき、従来のこうした制度に対し、審議会に多様な意見を広く反映させようとする視点から一定の見直しがなされたが、審議会委員等の推薦を通じて、大学基準協会が設置認可行政に一定の役割を果たすという体制そのものは、今なお引き継がれている)。

2. 発足直後の大学設置委員会、文部省と大学基準協会の関係に関わる問題

　大学設置認可制度の発足直後、大学基準協会は、同制度に能動的にコミットできる地位を得たが、それでもなお、同制度の運用過程で、大学基準協会と文部省、大学設置委員会の役割分担をめぐって、文部省と大学基準協会の間でいくつかの疑義や問題が顕在化した。ここでは、そのうちの2点について省察する。

　第一は、大学基準協会の「大学基準」と文部省や大学設置委員会の定立した基準の関係に関わる問題であった。この問題は、1948年11月、教員免許制度と密接に連動するという理由で文部省が立案した「大学に於ける教職課程の基準」、師範学校や外国語学校を新制大学に昇格させるための設置認可基準が早急に必要であるという理由で大学設置委員会が立案した「教員養成を主とする学芸大学基準」、「外国語大学基準」が、設置認可の基準は大学基準協会が作成し、大学設置委員会はこの基準に従い活動することを要請したCI&Eの意向に反するものである、と同協会・基準委員会が疑義を呈したことに端を発していた。この問題について、当時の和田会長は、大学設置認可に関わる基準作成の責任の全てを大学基準協会が負うものではなく、「大学基準の線」を逸脱しない限りにおいてこれら諸基準の定立を大学設置委員会が担うことも認められること、アクレディテーション基準の設定は、大学基準協会の専権事項であること、等の意見表明を行い事態の収拾が図られた(以上、『大学基準協会所蔵資料』に拠る)。こうした和田会長の公式見解は、その後、設置基準と「大学基準」との分化が加速し、1956年10月の大学設置基準の省令化によって、協会の「大学基準」が専ら「向上基準」として機能することを

余儀なくされた端緒の一つとして位置づけられるものであった。

　第二は、大学基準協会が、アクレディテーション（=「適格判定」）を始動させることができても、既設大学を対象にいわゆる「アフターケア」を行うことは制度上できないのではないかという問題であった。それは、大学基準協会が、民間の会員制組織である以上、非会員に対してはアフターケアの権限が及ばないことが予想されることに伴い必然的に生ずる問題でもあった。この問題の解決策として、CI&E のマグレールは、「大学設置審議会」（「大学設置委員会」は、1950年8月、「大学設置審議会」へと名称変更）が条件付きで認可した大学に対し、本来は大学基準協会の監督権が及ぶことが原則とされるべきであるものの、同協会の適格判定の受審の可能性を照会し、これを拒否した大学についてのみ大学設置審議会の監督に委ねてはどうか、とする折衷案を提示した（以上、『大学基準協会所蔵資料』による）。しかしながら、1951年秋から大学基準協会の「適格判定」が始動する一方で、文部省も、1955年4月、全大学を対象にこれを指導・助言するための視学委員制度を創設したことにより、マグレールの上記構想が具体化することはなかった。

IV．大学設置基準の省令化

　大学設置基準は、上記の如く、1956年10月、文部省の手で省令化され、大学設置審議会が大学の設置認可や改組再編の可否を、教学上の視点から審査し最終結論を導くための準則として位置づけられていった。この基準が、現在の大学設置基準に直接連なるもので、設置認可基準としての趣旨が明瞭となった。その一方で、従来の「大学基準」は、専ら、「適格判定」用の向上基準として位置づけられることとなったが、事実上は、大学基準協会への入会や学部登録をする際の審査基準として機能するにとどまるところとなった。

　大学設置基準の省令化の経緯について、黒羽亮一氏は、a) 大学基準が数値基準を示していなかったことから、1948年の大学設置委員会発足当初からすでに、基準が数値で具体的に示された審査内規が「大学基準」を補完する形で用いられており、省令化前年の1955年11月には、それが「大学設置審査内規」として大学設置審議会総会で決定を見ていること、b) 文部省は、

元来、大学基準は、大学基準協会へ入会するための会員資格判定基準であり、大学設置認可行政の根拠規定たり得ないとの立場をとっていたこと、c) こうした立場に沿う形で、省内に置かれた大学設置基準研究協議会が「大学設置基準要項」を答申するとともに、同答申と従来の扱いを基礎に、省令大学設置基準が制定されるところとなったこと、等の指摘を行った（黒羽亮一「日本の大学設置基準運用の経緯と課題」、飯島宗一・戸田修三・西原春夫『大学設置・評価の研究』43頁）。また併せ、当時の文部省において既設大学とりわけ国立大学を所掌していた大学学術局大学課（新設大学・学部の設置認可を所掌したのは、当時、同局庶務課であった）の課長補佐であった深田徹氏の「もっぱら既設大学整備の努力目標として大学設置基準が設けられた」との言葉を引用しこれを根拠に、主として国立大学を中心とする既設大学の水準維持のため、「大学設置審査内規」中の骨格を成す部分を省令化したのが、1956年10月の大学設置基準である、とする見解も提示されている（黒羽亮一「設置基準の省令化と高等教育行政」、天城勲・慶伊富長編著『大学設置基準の研究』pp.128-130）。

省令化された「大学設置基準」では、経済成長の途上にあった当時の産業界の要請にも配慮した措置が法定化され、教育課程中に基礎教育科目が新規導入されるなど概して専門教育重視の課程編成を可能ならしめるものとなった。さらに、基準省令化に伴い「講座」、「学科目」及び「課程」の区別が明確化されたが、その真の狙いは、1953年より実質的に始動した大学院制度の発展に向け、とりわけ地方国立大学の充実のための法的根拠を得ることにあったとも考えられている（上記黒羽論文、天城他『大学設置基準の研究』pp.126-128）。

これらに加え、この時期、それまで大学設置の準則としての位置づけを付与されていた大学基準協会「大学基準」に代替する形で、政府の手でその省令化が強行された背景を考えるに当り、一般に「逆コース」とも呼ばれる、東西冷戦構造の緊迫化に伴う戦後改革の成果に軌道修正を施し集権的な体制整備に向け一連の制度改正（自治体警察の再編、教育委員公選制の廃止、学校教科書の検定強化など）が図られた当時の政治動向、政策動向と無関係にこの問題を論じることはできないものと思われる。

なお、大学設置基準を含む学校設置基準が学校教育法3条に直接依拠し

た白紙委任的な省令であったことに関連して、公教育の在り方をどうするかが国民的課題であるとともに、そこには国の財政措置を伴う事項も含まれていることから、教育水準の向上への国民の意思が反映されるよう、省令ではなく、国会議決を経て施行される法律によってそれら事項を定めることが望ましい、とする有力な意見がこれまで教育法学者等から提起されてきた事実にも留意が必要である（例えば、有倉遼吉編『【基本法コンメンタール】新版教育法』114頁（金子照基執筆））。

大学設置基準は、その後、数次に亘って改正がなされた。近年の改正としては、とりわけ教育活動上の縛りを大幅緩和し自己点検・評価の制度化を指向した 1991 年 6 月改正、また上に見た大学設置基準を省令化に導く誘因ともなった講座・学科目制についての規定が削除されるとともに、2005 年 7 月の学校教育法改正に伴い教員の職制とその資格要件について大幅変更がもたらされた 2006 年 3 月改正が重要である。

V．大学設置基準の意義

戦後の大学設置認可行政は、CI&E の主導下の教育民主化に向けたうねりの中で、文部省の統制権限の大きな後退をもたらす一方で、大学連合体である大学基準協会の自主基準を大学設置基準に据え、大学関係者が相当程度の割合を占める審議会の影響下で遂行されていった。しかも、設置認可された大学の事後チェック体制も、文部省の監督に代わるものとして、大学基準協会の「大学基準」に沿って行うことまでも計画された。

当時の大学設置基準は、設置認可のための基本的要件を定めた基準であるとともに、認可後の教育研究の水準を判定するためのアクレディテーション基準としての性格を併有するものと理解されていた。こうした理解の背景には、当時の相当数の大学が、設置認可の審査に合格することに全力を傾注するものの、いったん認可されると、設置基準を下回るという状況にあったことが挙げられる。その意味において、「最低基準」であるはずの大学設置基準が、結果として、「最高基準」に変容してしまっていたとの指摘もなされてきた（喜多村和之「戦後の学制改革と設置認可行政」、天城他『大学設置基準の研

究』117頁)。そして、そうした状況が常態化していたことから、設置認可基準とアクレディテーション基準は同一のものであるとする意識が、大学関係者の間に比較的醸成され易かったものと思われる。しかしながら、法的根拠をもたない民間団体である大学基準協会が既設大学に対する事後監督権限を持ち得ないことや大学基準協会の会員資格が、個別大学の社会的評価を押し上げる力を発揮できなかったことなどから、アクレディテーションそのものが我が国大学界へ十分定着するには至らなかった。

　その一方で、上述のような高等教育政策上の目的や政治的、社会的な情勢を背景に、文部省による大学への統制権限は復活を果たし、1956年には大学設置基準の省令化を見た。この省令化により、最低基準としての設置基準、向上基準としての大学基準協会「大学基準」としての明確なすみわけがなされたと考えがちであるがしかしながら、決してそうではなく、「大学基準」がアクレディテーション基準として十分機能できなかったことと相俟って、大学設置基準は、法制度上も、様々な局面において、大学に対する事後監督のための準則としての役割を果たすようになった。既述した大学設置基準1条2項、同条3項の規定内容とこれら各条項の関係性は、そうした省令大学設置基準の性格を端的に示すものであった。

　現在、政府の進める大学質保証政策は、設置基準、設置認可、認証評価等の間の相互の連携を進め、「大学における質保証の徹底」を図る方向で推進されようとしている(例えば、2013年6月閣議決定の「第2期教育振興基本計画」など)。学校教育法に依拠し、全大学を対象に認証評価機関が定期的に行う認証評価という「事後チェック」システムの下、今なお大学設置基準は、大学設置認可基準としての地位にとどまらず、従来と異なる方式において、認証評価の中軸をなす規範としても重要な役割を果たし続けているのである。

【参考文献】

天城勲・慶伊富長編『大学設置基準の研究』(東京大学出版会、1977年2月)
有倉遼吉編『【基本法コンメンタール】新版教育法』(日本評論社、1977年9月)
飯島宗一・戸田修三・西原春夫『大学設置・評価の研究』(東信堂、1990年6月)
大学基準協会『大学評価マニュアル(1995年版)』(大学基準協会、1995年1月)
大学基準協会『大学基準協会十年史』(大学基準協会、1957年)
田中征男『<JUAA選書2> 戦後改革と大学基準協会の形成』(エイデル研究所、1995年12月)
早田幸政『大学評価システムと自己点検・評価―法制度的視点から―』(エイデル研究所、1997年4月)

(2013年9月11日稿)

【補遺】

　本稿は、上記「(2013年9月11日稿)」とあるように、原稿提出締切期日からそれほどの期間を経過しない時期に提出したものである。

　本稿に関係する大学設置基準改正に関しては、本稿脱稿以降、同基準改正を経て、「共同教育課程に関する特例」、「国際連携学科に関する特例」に関する規定が加えられたほか、職員研修の義務化を定めた法規定の追加も見た (ここに言う「職員」とは事務職員に限定されるものではなく、大学執行部のメンバーである学長などのほか、教員、技術職員をも含むものとされている)。

　但し、本稿提出以降になされたそれら法改正が、筆者に対して与えられたテーマの基本的趣旨に大きな影響をもたらすものではなかったことをここに付記しておきたい。

(2016年6月9日　早田幸政記)

第4章 大学評価の制度化

第2節　認証評価制度の制度的特質

早田　幸政

I．認証評価の概要

　「認証評価」とは、周知の如く、学校教育法に制度上の根拠をもつ公的な大学評価制度で、文部科学大臣が認証した「認証評価機関」による評価を、大学が定期的に受審し、その結果が文部科学大臣に報告されるとともに社会にも公表される仕組みのことを指す。認証評価は、認証評価機関が定立した認証評価基準の適用を通じて行われ、受審校による自己点検・評価を基礎に、認証評価機関が実施する訪問調査と評価結果の確定という工程を通して遂行される。どの認証評価機関の認証評価を受審するかの選択権は、受審者である大学が留保している。この認証評価は、大学全体を1つの組織体として包括評価する「大学機関別認証評価」(学校教育法109条2項)と各領域別の専門職大学院に特化して評価を行う「専門職大学院認証評価」(同条3項)の2種に制度上区分される。両者において、上記の如くその評価対象が異なるほか、評価の周期、評価基準に盛り込むべき事項、評価業務充実者の資格等の各々につき、別異の取り扱いがなされている。

　本節では、こうした制度上の構造をもつ認証評価について、同制度が導入された背景・経緯、認証評価基準の性格・位置づけなどの検討を通じ、同制度のもつ特質と今後の展開について省察を試みることとする。

II．認証評価制度の導入の背景と経緯

1．認証評価制度の導入の背景

　認証評価制度導入の背景については、通常、次の3つの観点から説明がな

される。その第一が、少子化に伴う大学全入時代を迎え、高等教育の質の確保とその保証を行う必要があること、第二が、公的な評価とその結果公表を通じ、大学のアカウンタビリティを履行することが社会的に求められていること、第三が、国境の壁を越えた高等教育サービスの展開に対応させ、国際的な質保証の受け皿となる仕組みを国内的に整備するという要請が強められたこと、である。しかし、これだけでは、認証評価制度の存在意義を明らかにすることができても、同制度導入の理由を十分説明するものとはなっていない。

認証評価制度が始動したのは、小泉政権下の2004年4月である。

同政権下では、規制改革路線が推進され、規制レベルの低減を眼目とする「規制緩和」にとどまらず、「競争と評価」、「選択と集中」、「官から民へ」といった政治スローガンに支えられた市場競争主義の具現化が指向されていた。国・公・私立という異なる設置形態の大学を対象に、市場競争原理を醸成させる評価システムを構築するに当り、国家・文教当局が直接介入するという手法をとらずに、非営利組織を軸とする「中間団体」に公的な大学評価の任を委ねようとした所以もこの点に求められる。また、大学教育が自由貿易の対象となる「サービス」分野に位置づけられ、大学教育サービスの提供が先進各国間の戦略的投資の目玉とされ、同サービスの流通がグローバルな規模で進展してきたことも、我が国大学教育を、消費者保護を前提とする市場競争主義に基礎づけられた評価を通じて選別させるシステム構築の誘因となったと言える。

ところで、認証評価導入の背景を考える上で看過できないのが、米国の「ソフトパワー論」の存在である。同論は、米国元国務次官補のジョセフ・ナイの提唱した国際関係理論である。そこでは、「ソフトパワー」とは、米国固有の規範や制度が、国際社会における規制や枠組み形成に影響を与え、他国において構想される規制・制度構築への指向や「選好」が米国のそれに同化されてしまうような強い影響力を指す、ものと理解されている。我が国社会・経済の活性化を図り公財政赤字の大幅縮減を政策の柱に据えていた当時の首相官邸の有力者で、同理論の強い影響下にあった竹中平蔵氏は、米国式の大

学評価システムを導入し、競争環境を制度的に形成することで、大学毎の特色ある専門性の向上に寄与できる旨を強く主張していた（竹中平蔵他編著『ポストIT革命「ソフトパワー」日本復権への道』pp.25-28）。

こうした背景の下で、米国のアクレディテーションに制度的に類似した大学評価制度が構築されることとなったが、周知の如く、会員制を軸とした民間団体が公的大学評価全般を担うという米国式の制度が十全に採用されるには至らなかった。その所以は、我が国における強固な国の統制下に置かれた国立大学制度の存在に加え、「評価」をツールとしたものであるとは言え、大学教育の質のコントロールを完全に民間に委ねることへの政府・文教当局の不信や警戒感が伏在していたことにあったものと思慮される。

2．認証評価制度の導入の経緯

ここで、大学教育のグローバル化の進展に伴う国際的な質保証の動向と認証評価制度の導入の経緯を、時系列的に簡単にまとめておくこととする。

海外大学の提供する教育の質保証の在り方に関する議論は、1985年、日米間の貿易摩擦解消策の一環として米国政府と自民党訪米団（団長：二階堂進）の間で、米国大学日本校の誘致で合意を見た時期に遡る。1990年には、米国大学海外分校が各国に設置されるという状況を踏まえ、米国地区基準協会＆高等教育アクレディテーション協議会（COPA）は、海外分校の質保証のガイドラインとして、「海外で展開する米国教育プログラムのグッド・プラクティス」を採択した。

1991年には、世界の大学質保証機関の緩やかな連合体として「高等教育質保証機関国際ネットワーク（INQAAHE）」が発足した。同年、我が国においても、大学設置基準の大綱化が図られ、各大学毎に多様なカリキュラム展開を可能にするための制度措置が講じられたほか、自己点検・評価の努力義務に係る法制化が初めて行われた。その法制化は、その前年に公にされた大学審議会「大学教育の改善について（答申）」の提言によるものであった。

上記のような米国等の先進各国が、大学教育を戦略的貿易投資の対象とする中、1995年、世界貿易機関（WTO）「サービス貿易に関する一般協定（GATS）」

が発効し、大学教育が自由貿易の対象となる「サービス」品目の中に位置づけられることとなった。このように大学教育のグローバル展開が現実のものとなる中、1999年、欧州では、教育担当大臣が「ボローニャ宣言」に署名し、欧州圏における大学教育の地域統合が目指され、その翌年には「欧州高等教育質保証協会（ENQA）」が設立されたほか、同様の動きはアジア・太平洋地域にも波及し、2001年には、INQAAHE総会決議に基づき、「アジア・太平洋高等教育質保証ネットワーク（APQN）」が設立された。APQNは、その設立直後から、活発な活動を展開し、ユネスコと連携して、同年、「ユネスコ&APQNツールキット：国境を越えた教育の質の規制」を採択した。

　この間の我が国の動向に目を転ずると、1999年に自己点検・評価の義務化、点検・評価結果の公表の義務化が法制度化されたほか、2001年、総合規制改革会議「規制改革の推進に関する第一次答申」が、大学の自由度を高め競争的環境を醸成する一環として、第三者による大学を対象とする「評価認証（アクレディテーション）」制度導入の提言を行った。こうした大学評価制度確立に向けた国内動向を受け、2002年、大学基準協会はINQAAHEと共同で、大学教育の国際的質保証に関する「東京宣言」を採択した。同宣言では、大学基準協会がINQAAHEの枠組みの中で、グローバルなレベルでの大学教育の質保証に貢献すること、我が国大学の国際的通用力を高めるため、同協会としても大学評価システムの高度な改革に取り組むこと、の2点が特に強調された（大学基準協会企画・編集『大学評価の国際化』p.140）。以上のような国内外の動きを踏まえ、同年、中央教育審議会「大学の質の保証に係る新たなシステムの構築について（答申）」において、「設置後も含めて官民のシステム全体で大学の質保証」を行っていく必要性についての言及がなされるとともに、国の認証を受けた評価機関がその役割を担う制度構築の提言がなされた。そして、2004年、同答申の趣旨を踏まえ、学校教育法に依拠した認証評価制度が始動した。

III. 認証評価基準の性格・位置づけ―「ソフトロー」との対比において―

　認証評価は、これまで見てきたように、大学の質保証に係る「事後チェッ

ク」システムで、米国のアクレディテーションを範としたものである。しかしながら、事後チェックの役割は、一定の要件を充たした自律度の高い認証評価機関という「中間団体」に委ねることを原則としつつも、国の統制下に置かれた独立行政法人である大学評価・学位授与機構も同列の認証評価機関として存在し、主に、国立大学を対象に認証評価活動を展開してきた。また、認証評価が国法に根拠をもつ国家的制度であることに伴い、自主基準であるはずの認証評価基準の認証評価プロセスへの適用を通じ、認証評価には大学教育等の改善の契機の付与という役割と同時に、大学による法令遵守の状況の確認、という準行政的役割まで実質的に担うこととなった。

　しかしながら、米国のアクレディテーションは、基本的には大学をメンバーとする自立的な会員制組織が運用し、会員大学の自己規制ルール（＝アクレディテーション基準）に依拠して、自らの組織・活動の質を自主管理することを内容とするものである。自己規制ルールを遵守できない会員大学は、同組織からの脱会を余儀なくされるという制裁を背景に、加盟各大学の質の維持・向上が指向されているのである。

　ところで一般に、同業者団体等による自主規制ルールのことを「ソフトロー」と呼ぶ（行政機関の行政指導や通知・通達と区別して、それを「民間ソフトロー」と呼ぶ論者もいる）。

　このソフトローには、傾向的に見て、おおよそ３つの特質が認められる。

　第１の特質は、あくまで同業者団体等による自主規制ルールであって、公権力の管理下には置かれていない、という点にある。第２の特質は、同業者団体等による自己規制ルールであることの帰結として、同業者保護とともに、消費者保護も目指している、という点にある。すなわち、こうした自己規制ルールは、消費者に対し、高品質の商品・役務を提供する者とそうでない者を識別させる情報を提示する役割を果たすので、消費者は高品質の商品・役務を提供するのがどの業者かを判別できるし、それによって高い品質の商品・役務を提供する加盟業者が消費者から支持されることで、加盟業者の利益も確保される、という仕掛けになっているのである。第３の特質は、自主規制ルールには、会員資格剥奪以外の制裁を伴わない、という点にある。

米国のアクレディテーション基準は、まさにこの「ソフトロー」の特質が妥当するが、我が国認証評価基準についてはどうであろうか。
　この点については、認証評価基準もソフトローの一翼をなしており、大学教育の質の維持・向上を図るための自己規制ルールであり、評価結果が社会に公にされることで、受益者の教育需要に適切に対応する役割も果たし得ているという肯定的評価ができなくもない。しかしながら、その一方で、認証評価自体の定期受審が、全大学に法的に義務づけられるとともに、評価結果の社会への公表も、認証評価機関に法的に義務づけられていること、認証評価基準の審査・確認の体制が政府・審議会によって運用されていること、などから、同基準が準法規的性格を併有していることも否めない。加えて、大学の設置認可とその活動を規律する文部科学省令「大学設置基準」(並びにその関係省令)の諸規定の遵守状況の確認が認証評価基準の大きな役割として課せられていることに鑑み、一般に存在する「ソフトロー」との間には、その性格において大きな乖離が認められる。

Ⅳ．認証評価及び同基準の意義──むすびにかえて──

　今日、大学教育で重要なのは、「何を教えるか」ではなく、学生が「何ができるようになるか」ということであるとされ、そうした学修目標の発現に向け教育的営為の効果的展開を促す意見が支配的である。そしてそうした観点から、大学教育の質保証を行うべきであるとされ、認証評価に対しても同様の要請がなされている。そこには、認証評価の基本的視点を、「インプット」から「アウトカム」へと転換すべきだとする意も含まれている。
　しかしながら、政府・文教当局は、2013年6月に閣議決定された「第二期教育振興基本計画」において、「設置基準、設置認可、認証評価等の相互の連携を進め大学質保証の徹底」を図る旨を宣明し、設置基準の遵守や設置審からの指摘事項の履行状況の確認が、認証評価の重要な役割であることを示唆した。また、「教育情報の公表の促進」の一環として構築・運用が間近となっている「大学ポートレート」の認証評価での活用可能性についても論議が進められてきた。公表が法的に義務づけられている大学情報の相当部分が、数

値データに裏付けられたインプット情報であることなどから、大学教育質保証に係る政策の方向性として、それがインプット評価の低減化の方向に傾いていないことは明らかである。

 インプット評価については、その功罪について議論の余地があるが、コンプライアンスの検証、定量評価手法の容易な活用とそれに伴う評価の「客観性」の確保、評価負担の軽減という点にその利点があると言われる。加えて、プロフェッショナルな評価者の活用を最小限に抑えることができること、換言すれば、少人数の評価の「素人」でもその評価をこなし得る点にも、そのメリットが見出されている。

 今日、認証評価に対し、学修成果の測定・評価の重要性が主張されていることとも相俟って、アウトカム評価を行うための質保証システムの再編・整備が求められている。その要請に適切に対応するに上で、重要なことは、「インプット評価→プロセス評価→アウトプット評価→アウトカム評価（さしあたり、ここにインパクト評価を含める）」といった評価セオリーを踏まえて質保証の営みを展開する必要がある。

 大学は、「公教育」を担う「公共財」に支えられた「公的組織体」である。大学のアカウンタビリティを十全に確保する上で、インプットとして位置づけられる投入資源や付与された諸種の条件・環境の適切性の検証並びにプロセスとしてのそれらの効果的な運用や費消の状況に対する評価による確認は不可欠である。そしてそうしたインプットとプロセスに係る評価を経ることによって、はじめてプロセスの帰着点としてのアウトプットの確認とその中身の評価が可能となる。さらに、インプット評価、プロセス評価の効果的実施を経ることによって、アウトプットとして産出されたもののうちの何が、当初目標に対応した成果であるかの識別が可能となり、ここで初めてアウトカム評価の段階に移行できるのである。アウトカムの測定・評価は、各大学が自律的に構築・運用すべき「内部質保証」の仕掛けに委ねられることになるが、そこで大学が行う直接的な測定・評価とこれに対する認証評価機関のメタ評価の有効性が十全に発揮されるためには、上に見た評価セオリーの各段階を着実にクリアしていくことが大切である。

ところで、認証評価の現状に対する有力な指摘として、「認証評価機関の一種の権力機構化」に対する危惧の念を示す意見が呈されている。その危惧の背景には、認証評価の法的義務づけに伴う、受審大学側の受動的な評価観の存在が指摘されている（天野郁夫『大学改革を問い直す』p.142）が、このことと併せ、インプットからアウトカムに至る評価セオリーの中で、インプット評価の重要部分が法令遵守の状況の査察にある、というように評価者、被評価者双方の間で受けとめられていることにもその原因があると思慮される。

　ともあれ、先述の「ソフトロー」と呼ばれる自主規制ルールの大きな目的は、同業者団体を構成する会員が提供する商品や役務等の適切性の判断が、国法による直接統制の下で恒常的に行われる、という状況の回避にある。大学が、認証評価に対し親和的に対応し、自己評価と第三者評価の組合せによって、大学の質保証とその向上に自律的に取り組んでいくためには、認証評価の仕組み自体、会員制を基礎とした自主基準によって、会員大学相互の評価を通して教育の維持・向上を図るという米国式アクレディテーション方式へと転換させることが必要不可欠なのかもしれない。

【参考文献】

天野郁夫『大学改革を問い直す』（慶應義塾大学出版会、2013年6月）
金子元久「大学教育の質的向上のメカニズム―『アウトカム志向』とその問題点―」『大学評価研究』第8号（大学基準協会、2009年7月）
財団法人大学基準協会企画・編集『大学評価の国際化』（エイデル研究所、2003年10月）
竹中平蔵・袖川芳之・フジタ未来経営研究所編著『【ポストIT革命】ソフトパワー日本復権への道』（実業之日本社、2001年7月）
藤田友敬編『ソフトローの基礎理論』（有斐閣、2008年11月）
早田幸政・船戸高樹編著『よくわかる大学の認証評価【大学機関別認証評価篇】』（エイデル研究所、2007年1月）
早田幸政「中教審答申の大学質保証システム構想と規制改革」『季刊教育法』第134号（エイデル研究所、2002年9月）

（2013（平成25）年8月29日稿）

【補遺】

本稿は、上記「(2013(平成25)年8月29日稿)」とあるように、原稿提出締切期日からそれほどの期間を経過しない時期に提出したものである。

爾後、本稿に直接関係する部分については、「教育情報の公表の促進」に係る高等教育政策の一環としてその構築が急がれた「大学ポートレート」がすでに稼働段階にあるし、認証評価の対象項目として、2016年3月のいわゆる「認証評価細目省令」の改正を経て「内部質保証」が重点評価項目に位置づけられるなど、大きな制度変更もなされた。

本稿提出以降、そうした重要な制度上の変更がもたらされたとは言え、筆者に対して与えられたテーマである「認証評価の制度的特質」に係る基本的趣旨は、制度変更後の認証評価の現状にも依然妥当するものと考える。

なお、本稿提出以降、制度変更後の認証評価の在り方をテーマとした筆者の論稿として、別途、「大学の質保証とは何か」(早田幸政編著『大学の質保証とは何か』(エイデル研究所、2015.5)所収)、「大学基準協会『内部質保証ハンドブック』を読み解くにあたり」(早田幸政・工藤潤編著『内部質保証システムと認証評価の新段階－大学基準協会『内部質保証ハンドブック』を読み解く』(エイデル研究所、2016.9)所収)、「認証評価の現状・課題と内部質保証」(『IDE』No.583、2016.8)所収)などがあるので、それらも併せ参照いただければ幸甚である。

(2016年6月8日　早田幸政記)

第5章　大学評価の国際的動向

第1節　国境を越えた高等教育質保証ネットワークの進展
― INQAAHE を中心に―
堀井　祐介

第2節　ヨーロッパにおける地域規模の動向
European Association for Quality Assurance in Higher Education (ENQA)
堀井　祐介

European Consortium for Accreditation (ECA)
堀井　祐介

European Quality Assurance Register for Higher Education (EQAR)
大佐古　紀雄

第3節　各国における大学評価の動向

ドイツ	木戸　裕
フランス	大場　淳
オランダ	大場　淳
北欧諸国	堀井　祐介
アメリカ合衆国	前田　早苗
ラテンアメリカ諸国	斉藤　泰雄
中国	黄　福涛
韓国	渡辺　達雄
オーストラリア	杉本　和弘

第4節　国際的共通性と地域的特異性
大場　淳

第5章 大学評価の国際的動向
第1節 国境を越えた高等教育質保証ネットワークの進展
―INQAAHE を中心に―

堀井　祐介

1．大学評価の国際的動向

　近年、世界的に高等教育質保証への関心が高まっている。これは、教育問題が初めて取り上げられ、教育に関する「ケルン憲章」が出された1999年のケルンサミット以降広まった「知識基盤社会」(knowledge-based society) という考えに基づき、世界各国が知の創造と伝承を担う高等教育機関の重要性を再認識し、教育改革に乗り出したことが大きな要因である。高等教育機関は、「知識基盤社会」における牽引役であるという考えの広がりとともに、そこで行われている諸活動に対する質保証の重要性も増してきており、世界的に質保証につながる大学評価活動が活発に展開されてきている。もちろん、大学は各国固有の教育制度に組み込まれており、各国または各地域における固有の大学評価制度が多種多様に存在する。しかし、社会のグローバル化の進展に伴い、高等教育質保証もグローバルな課題となり、以下に紹介する INQAAHE (International Network for Quality Assurance Agencies in Higher Education)[1] をはじめとする各国の大学評価機関間のネットワークが構築され、大学評価に関する情報交換、情報共有などの活動が進められている。

　また、地域毎に高等教育質保証のネットワークがいくつか存在する。欧州での欧州高等教育質保証協会 (European Association for Quality Assurance in Higher Education, ENQA)[2] および欧州高等教育質保証機関登録機構 (European Quality As-

---

[1] <http://www.inqaahe.org/index.php>
[2] <http://www.enqa.eu/>

surance Register for Higher Education, EQAR)[3]、欧州高等教育アクレディテーションコンソーシアム (European Consortium for Accreditation in Higher Education, ECA)[4]、米国における高等教育アクレディテーション協議会 (Council for Higher Education Accreditation, CHEA)[5]、アジアにおけるアジア・太平洋地域質保証ネットワーク (Asia-Pacific Quality Network, APQN)[6] などがある。

さらに、個別の教育プログラムを対象とした専門分野別質保証ネットワークとしては、技術者教育の実質的同等性を相互承認するための国際協定であるワシントン協定 (Washington Accord)[7] や、行政大学院・行政研究所に係る世界機構 (International Association of Schools and Institutes of Administration, IASIA)[8] などがある。また、ボローニャ・プロセスの流れを受けた TUNING プロジェクト[9] もある。この TUNING では 40 を超える専門分野において教育プログラムの仕組み、カリキュラムを確認し、学会等専門家の協力の下、参照基準として当該分野におけるコンピテンシーを策定している。これらとは別の流れとして経済協力開発機構 (OECD) が高等教育における学習成果の評価 (Assessment of Higher Education Learning Outcomes, AHELO)[10] の試行として専門分野別学習成果評価活動を進めており、今後、各国の高等教育質保証政策に何らかの影響を及ぼしてくるものと考えられる。

これら高等教育質保証ネットワーク構築を後押ししたものとして、欧州におけるボローニャ・プロセス[11]と米国におけるスペリングスレポート[12]があげられる。ボローニャ・プロセスとは、1999 年にイタリアのボローニャ大学に欧州の教育担当大臣が集まり、2010 年までに欧州高等教育圏 (European

---

[3] <http://www.eqar.eu/>
[4] <http://www.ecaconsortium.net/>
[5] <http://www.chea.org/>
[6] <http://www.apqn.org/>
[7] <http://www.ieagreements.com/Washington-Accord/>
[8] <http://www.iias-iisa.org/iasia/e/Pages/default.aspx> 2013 年 7 月時点
[9] <http://www.unideusto.org/tuningeu/home.html>
[10] <http://www.oecd.org/edu/skills-beyond-school/testingstudentanduniversityperformancegloballyoecdsahelo.htm>
[11] <http://www.ehea.info/>
[12] <http://www2.ed.gov/about/bdscomm/list/hiedfuture/reports/final-report.pdf>

Higher Education Area, EHEA) 構築を目指すために採択されたボローニャ宣言を具体的に進めていく取り組みのことを指す。現在では、第二段階として2020年までの計画が策定されている。ボローニャ・プロセスで目指しているものとしては、EHEAにおける互換性のある学位システム、単位互換制度、学生・教職員の移動促進などがあるが、大学教育の質保証に関する協力促進も大きな目標として掲げられている。この質保証に関する活動の成果の一つとして、『欧州高等教育の質保証の基準およびガイドライン』(Standards and Guidelines for Quality Assurance in the European Higher Education Area (ESG))[13] 策定がある。ESGでは、機関としての大学等の内部質保証、質保証機関による外部質保証、それら外部質保証機関に対するレビューシステムの基準と指針が示されており、このESGは欧州における大学評価活動において大いに参考にされているものである。スペリングスレポートとは、2006年に、当時連邦教育省長官マーガレット・スペリングス氏の諮問機関 (Commission on the Future of Higher Education) が作成した報告書であり、高等教育におけるインプットからアウトカムへの転換、透明性と説明責任 (TRANSPARENCY AND ACCOUNTABILITY) が強調されており、米国高等教育質保証活動に大きな影響を与えたものである。

ここまで述べた質保証活動のいくつかについてはこの後の節で説明されることとなっているので、本節ではINQAAHEを取り上げて、その概要、活動について簡単に紹介させていただく。

II. INQAAHE 概要

INQAAHEは1991年に8つの機関が参加し設立された。設立後20年以上経過した現在では、正会員・準会員合わせて約250以上になり、遠隔教育、職業教育を含め、ますます多種多様化、グローバル化していく高等教育界における質保証機関の連携を推進している。その活動は、規約 (constitution)[14] で規定されている。規約には、名称、非営利組織であること、活動目的、情報宣伝、財務、会員資格、運営組織、総会、理事会、役員等について全15章

---

13 <http://www.enqa.eu/index.php/home/esg/>2016年5月時点
14 <http://www.inqaahe.org/admin/files/assets/subsites/1/documenten/1306938289_constitution-2010.pdf>

48 項目が記されている。ここでは、目的、会員資格についての抜粋を紹介させていただく。

II. 目的

3. 本ネットワークの目的は：

 3.1 高等教育の質の評価、改善、維持について、現在および開発中の理論と実践に関する情報を作り、集め、広める。

 3.2 高等教育の質に関する分野についての研究を行ったり、研究を委託する。

 3.3 国際的な団体との交渉を通して、または、その他の方法により、高等教育の質に関する問題について会員の意見を集約し表明する。

 3.4 高等教育の質の改善に関する理論と実践を発展させる。

 3.5 現在ある、またはこれから設立される質保証機関を支援するため助言および専門知識を提供する。

 3.6 質保証機関と質保証機関を支援するネットワークとの間の結びつきを促進する。

 3.7 会員が、国境を越えて運営されている教育機関に対する基準を決定したり、より良い情報に基づく国際的な資格認定制度を構築することを支援する。

 3.8 （国内外における）学生の教育機関間での移動を拡大するために単位互換および単位蓄積の枠組みを開発し活用することを支援する。

 3.9 会員に対して、不適切な質保証活動実践や質保証組織について注意喚起する。

 3.10 求めに応じて、会員機関の運営に対する点検活動を行う。

V. 会員資格

8. 本ネットワークには二種類の会員資格がある。正会員と準会員である。

 8.1 正会員は、高等教育機関または教育プログラムの学術的質保証活動を担う組織である。例えば、アクレディテーション機関、評価機関および類似の機関、また、それらの機関の外部質保証を担う機関など。

8.2 準会員は、高等教育機関、そして／または、高等教育の評価、アクレディテーション、質保証に主たる関心を持つが、上記8.1で記されている機関または教育プログラムの質保証に対する責任は負わない組織である。

9. 高等教育の評価、アクレディテーション、質保証に主たる関心を持つ個人も本ネットワークに加盟することが出来る。

ちなみに日本では以下の4機関がINQAAHEの正会員となっている。

・（特定非営利活動法人）実務能力認定機構（Accreditation Council for Practical Abilities）
・（公益財団法人）大学基準協会（Japan University Accreditation Association）
・（独立行政法人）大学評価・学位授与機構（National Institution for Academic Degrees and University Evaluation）
・（公益財団法人）日本高等教育評価機構（Japan Institution for Higher Education Evaluation）

III. INQAAHEの近年の活動

INQAAHEは、隔年でフォーラムとカンファレンスを開催し、高等教育質保証の課題について調査研究報告、情報交換等を行っている。そこでのテーマとしては、「国境を越える教育の質保証：質の高い提供者から質の担保された教育内容へ、高等教育における外部質保証への革新的な提案：優れた取り組みに向けた複数の提案、質保証活動の衝撃（影響）と外部および内部質保証の効果：地域毎の活動情報の共有、国家資格枠組みとその質保証活動とのつながり（利害関係者の関与を含む）」（2013年カンファレンス）、「外部質保証方法論の開発、機関の多様性と質保証、内部質保証と機関における質文化の進化、外部質保証機関の独立性概念の変化」（2012年フォーラム）、「多様性、発展性、持続性に向けた効果的な質保証プロセス、高等教育におけるグローバル化圧力と国家・地域が目指すもの：現状の課題、質保証活動の職業化、異なる利害関係者に向かい合う質保証活動の独立性」（2011年カンファレンス）などとなっている[15]。INQAAHEはまた「質保証に関する優れた取り組みの指針

---

15 <http://www.inqaahe.org/main/events-and-proceedings>

（GUIDELINES OF GOOD PRACTICE IN QUALITY ASSURANCE）[16]」も公表している。

IV．まとめ

　これまで見てきたように、大学評価の国際的動向としては、INQAAHE を始めとする多くの国際機関が質の向上を目指して多種多様な活動を行っている。このことは、「知識基盤社会」において大学等高等教育機関の質の向上が非常に重要と考えられている結果であると言える。質向上につながる大学評価の大きな枠組みとしては、大学等の高等教育機関自身の行う内部質保証と外部評価機関の行う外部質保証に分けられる。この後の各節で取り上げる個別地域・機関の活動でも明らかになるが、内部質保証では、多様性の重視とともに、学生が身につけた能力（アウトカムズ）が重視され、外部質保証では、グローバル化と各国家の教育政策の関係、各種利害関係者に向けての情報提供、透明性確保が重要となってきている。

---

[16] <http://www.inqaahe.org/admin/files/assets/subsites/1/documenten/1231430767_inqaahe---guidelines-of-good-practice%5B1%5D.pdf>

第5章 大学評価の国際的動向
第2節 ヨーロッパにおける地域規模の動向
European Association for Quality Assurance in Higher Education (ENQA)

堀井　祐介

I．設立の経緯

　ENQA[1]は、欧州における高等教育質保証分野での連携を促進するためEuropean Network for Quality Assurance in Higher Education(欧州高等教育質保証ネットワーク)として2000年に設立された。その後、2004年の総会においてEuropean Association for Quality Assurance in Higher Education(欧州高等教育質保証協会)へと衣替えし、現在に至っている。ENQAの基本構想は、1994年～1995年にかけて実施された、質保証分野での協力体制の有効性を示した「高等教育分野における質評価パイロットプロジェクト」に遡る。このパイロットプロジェクトが欧州における高等教育質保証連携に関する欧州連合理事会(the Council of the European Union)勧告[2]、さらに1999年のボローニャ宣言へとつながっていく。

II．ENQA の使命

　ENQAの使命は、欧州における高等教育の質を高いレベルで維持・拡大すべてに貢献すること、および、全てのボローニャ宣言署名国の質保証向上の主たる駆動力として活動することである。この使命を実現するため、ENQAは、「特に、政治的な意思決定過程および利害関係機関との協力関係において、欧州および国際社会において、加盟機関を代表する」、「欧州高等

---

[1] <http://www.enqa.eu/>
[2] COUNCIL RECOMMENDATION of 24 September 1998 on European cooperation in quality assurance in higher education

教育圏におけるさらなる質保証過程およびシステムの発展に資するシンクタンクとして機能する」、「加盟機関間および利害関係機関向けに質保証に関する情報、専門知識を共有し広める情報伝達基盤として機能する」という3つの目標を定めている。ENQAはまた、多様性の尊重、高等教育質保証における高等教育機関、質保証機関、政府機関、それぞれの役割確認、目的適合性、高等教育機関の自律性、質保証機関の独立性重視といった原則に則り上記使命および目標実現に向けて活動している。

III. ENQAの組織

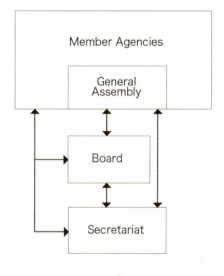

図1　ENQA[3] 組織図

　ENQAは、組織としては、総会(General Assembly)、理事会(Board)および事務局(Secretariat)からなる。総会は、年一回開催され、ENQAの主要意思決定機関で、会員機関代表者で構成され、大臣、利害関係者がオブザーバで出席する。理事会は、ENQAの執行機関であり、総会においてメンバーが選ばれ、

3　<http://www.enqa.eu/index.php/about-enqa/enqa-organisation/> 2016年5月時点

最低年4回開催され、当面の課題について議論する。理事会議長はENQA全体の会長でもある。理事会のもとに常設委員会として審査委員会 (Review Committee) が置かれ、会員機関の外部評価を扱っている。事務局は、ベルギーのブリュッセルにあり、ENQAの日常的な管理運営業務を行っている。また、これらとは別に不服申し立て委員会 (Appeals and Complaints Committee) があり、会員機関からの理事会決定への不服申し立てを取り扱っている。

IV. ENQA 会員資格

ボローニャ宣言署名国の質保証機関で、ENQAの加盟認定としての外部評価において『欧州高等教育の質保証の基準およびガイドライン』(Standards and Guidelines for Quality Assurance in the European Higher Education Area (ESG)) [4]「第三章外部質保証機関に対するピア・レビューシステム」およびその他の基準を満たした機関が、ENQAの正式会員となる。ENQA正式会員には、総会での投票権、ENQAのマークを使える権利があるほか、Webサイトまたは印刷物を通じて、高等教育評価の動向に関する情報提供、評価者研修ワークショップへの参加および助言支援、セミナーや特別プロジェクト等でのテーマ別活動への参加、欧州質保証専門家との交流、質保証活動に対する助言支援などのサービスが受けられる[5]。

V. 『欧州高等教育の質保証の基準およびガイドライン』について

『欧州高等教育の質保証の基準およびガイドライン』(Standards and Guidelines for Quality Assurance in the European Higher Education Area (ESG)) は、2005年にENQAによりまとめられた報告書で、その後、改訂を重ね、2009年の第3版が最新のものとなっている。ESGは、「背景、目標、理念」、「欧州基準と指針」、「外部質保証機関に対するピア・レビューシステム」、「将来への展望と課題」の4部で構成されている。一番中心となる「欧州基準と指針」は、さらに、高等教育機関内部質保証、高等教育における外部質保証、外部質保証

---

[4] <http://www.enqa.eu/wp-content/uploads/2015/09/ESG_3edition.pdf> 2016年5月時点

[5] <http://www.enqa.eu/index.php/enqa-agencies/enqa-membership-benefits-and-services/> 2016年5月時点

機関、それぞれについての欧州基準と指針の章に分けられている。

　高等教育機関内部質保証に関しては、質保証のための方針と手順、教育プログラムと学位授与の承認、監視、定期的レビュー、学生の成績評価、教員の質保証、学習資源と学生支援、情報システム、情報公開が、高等教育における外部質保証に関して、内部質保証手順の活用、外部質保証手続きの開発、決定基準、目的に適合した手続き、報告書作成、追跡（継続）調査（follow-up）手順、定期的レビュー、質保証制度全般に対する分析が、外部質保証機関に関しては、高等教育における外部質保証機関利用手順、公的地位、活動、資源、基本理念（使命宣言）、独立性、外部質保証機関が用いる外部質保証基準と手続き、説明責任手順が、それぞれ項目としてあげられており、これらの項目は、ENQA 会員資格審査判断基準として用いられているだけでなく、欧州における高等教育機関、外部質保証制度、外部質保証機関に対する文字通りの基準およびガイドラインとなっている。

VI. ENQA の活動（質保証機関の外部評価を中心に）

　ENQA の活動は、高等教育質保証関連のフォーラム、セミナー、ワークショップ開催[6]、高等教育質保証に関する研究プロジェクト[7]のほか、上で述べたように会員認定にあたり質保証機関の外部評価を行っている。外部評価基準は ESG を基本とするが、2011 年より外部評価の指針が強化されている。外部評価の進め方については、"Guidelines for external reviews of quality assurance agencies in the European Higher Education Area"[8]に詳細な説明がある。以下に ENQA による外部評価について簡単に述べる。

　ENQA による外部評価の原則は、以下の通りである。

---

[6] <http://www.enqa.eu/index.php/events-2/upcoming-events/> 2016 年 5 月時点
[7] <http://www.enqa.eu/index.php/projects/enqa_projects/> 2016 年 5 月時点
[8] <http://www.enqa.eu/files/Guidelines%20for%20external%20reviews%20of%20quality%20assurance%20agencies%20in%20the%20EHEA.pdf> 2013 年 7 月時点
revised Guidelines for ENQA Agency Reviews <http://www.enqa.eu/wp-content/uploads/2015/12/Guidelines-for-ENQA-Agency-Reviews.pdf> 2016 年 5 月時点

- 評価は独立した専門家による証拠に基づき進められる
- 評価対象機関が提供した情報は他の証拠により虚偽と示されない限り事実上正しいものと見なされる
- 評価は自己評価書、その他の文書において提示されている情報の検証およびその文書では省略されている事項の調査により明らかになった情報の検証により進められる
- ENQA会員資格基準(つまりESG)遵守として求められているのは、実質的な遵守であり、厳格な遵守ではない

 ENQAによる外部評価には、会員認定、つまりESG遵守を判断するタイプAとそれに加えて当該国の法令遵守なども含めて判断するタイプBの2種類ある。
 ENQAによる外部評価の特徴は以下の通りである。
- 外部評価作業進行管理は評価対象期間とは完全に独立している
- 外部評価作業進行管理は全ての面において透明性が確保されており、それによりENQA理事会による調査に対して簡単に公開できるものである
- 作成される報告書はENQA理事会に対して外部評価の信頼性を十分担保できるよう詳細なものである
- 報告書は、ENQA会員認定基準およびESG基準に適合していることが明確にわかるよう十分実証できる情報を提供している

具体的な外部評価活動は以下の流れで進められる。

	項目	内容
1	ENQA理事会への外部評価申請	当該機関がENQA事務局を通して、ENQA理事会へ外部評価を申請する。
2	自己評価書作成	自己評価書は、ESG各項目に言及することと合わせて以下の項目が含まれていることが望まれる。 ・当該国の高等教育システム概要、当該機関の歴史、一般論としての高等教育評価の仕組み ・SWOT分析 ・当該機関により実施されている外部評価活動の根拠資料

	項目	内容
2	自己評価書作成	・(一回目の外部評価または質保証システムが実質的に変更された場合) 当該機関が用いている評価手法の詳細、例えば、方法論の要素、外部専門家グループの役割の位置づけ、当該評価機関の手順と手続きを示した文書など ・(一回目の外部評価または質保証システムが実質的に変更された場合) 不服申し立てシステム ・(一回目の外部評価または質保証システムが実質的に変更された場合) 当該機関の内部質保証手順 ・当てはまるなら、当該機関の国際的展開状況(例えば、国際的プロジェクトへの関与、海外機関との関係、国際的外部評価など) ・当該機関の主たる利害関係者からの情報および意見
3	外部評価に関する詳細事項と手順の策定	・タイプAなのかタイプBなのか ・評価者の数、事務的取り決め、時期、言語など ・外部評価受審の背景情報
4	評価委員選定	・評価者選出 　＊ENQA会員機関から登録されている候補者から選出 ・評価者研修 ・評価委員会構成決定 　＊一人または二人の質保証の専門家(少なくとも一名は国外の専門家) 　＊高等教育機関から選出 　＊学生代表 　＊利害関係者 　通常5～6名で構成される 　ENQA理事会推薦が3名(評価委員会委員長、評価委員会事務局担当含む)、EUAまたはEURASHEから1名、ESUから1名 ・評価者確定 　研修を受けていること、一人は初めて評価者となるものであること、利害関係が無いこと、ジェンダーおよび地理的配慮があること、言語能力などが考慮される。
5	訪問調査	・訪問調査前 　＊自己評価書等の文書を調査 　＊評価委員会 ・訪問調査 　＊当該機関関係者、利害関係者との面談 　＊追加資料調査 　＊評価委員会 ・訪問調査後 　ENQA事務局が評価委員会、当該機関双方にアンケートを実施し、フィードバックにつなげる。

	項目	内容
6	最終報告書作成	・評価委員会事務局担当が委員長、他の委員会メンバーと相談の上、自己評価書、訪問調査結果等を踏まえて報告書草案作成 　　＊報告書構成 　　　ー概要 　　　ー用語 　　　ー導入部 　　　ー基準毎の認定 　　　ー完全に満たしている 　　　ー実質的に満たしている 　　　ー部分的に満たしている 　　　ー満たしていない 　　　ー補足 　　　ー結論と改善提案 　　　ー資料 ・ENQA 事務局が草案の事実確認を当該機関と行う。 ・ENQA 事務局が報告書を ENQA 理事会へ提出 ・外部評価終了後、最終報告書は ENQA および当該機関の Web サイトで公開される。
7	最終決定	最終報告書に基づき、ENQA 理事会が最終決定を行う

　外部機関との連携活動としては、ENQA は欧州大学協会 (European University Association (EUA))、欧州高等教育機関協会 (European Association of Institutions in Higher Education (EURASHE))、欧州学生団体連盟 (European Students' Union (ESU)) といわゆる E4 グループを構成しており、この E4 グループが中心となって、欧州高等教育質保証機関登録機構 (EQAR (European Quality Assurance Register for Higher Education)) が設立されている。ENQA はまた、欧州の経済団体連合である BUSINESSEUROPE や国際的な教育者団体である Education International とも提携関係にある。

　国際的な連携としては、ENQA は、中東欧質保証ネットワーク (Central and Eastern European QA Network)、欧州アクレディテーションコンソーシアム (European Consortium for Accreditation)、高等教育質保証機関の国際的ネットワーク (International Network for Quality Assurance Agencies in Higher Education (INQAA-HE))、北欧質保証ネットワーク (Nordic Quality Assurance Network in Higher Education (NOQA))、アラブ高等教育質保証ネットワーク (Arab Network for Quality Assurance in Higher Education（ANQAHE））、アジア太平洋質保証ネットワーク（Asia-Pacific Quality Network（APQN））などとも協力関係にある。

Ⅶ. ENQA の意義

　以上、見てきたように ENQA はその使命達成のため各種活動を行って来ているが、『欧州高等教育の質保証の基準およびガイドライン』(Standards and Guidelines for Quality Assurance in the European Higher Education Area（ESG））策定と欧州高等教育質保証機関登録機構（EQAR（European Quality Assurance Register for Higher Education）設立が大きな成果としてあげられる。この2つの成果は現在進められている欧州高等教育圏(European Higher Education Area, EHEA)創設に向けてのボローニャ・プロセスにも大きく貢献している。

第5章 大学評価の国際的動向
第2節 ヨーロッパにおける地球規模の動向
European Consortium for Accreditation (ECA)

堀井　祐介

I. European Consortium for Accreditation (ECA)概要[1]

ECA[2]は、2003年に設立された欧州のアクレディテーション機関によるコンソーシアムである。その主たる活動目的は、1.アクレディテーション結果の相互承認、2.アクレディテーション活動における優れた取り組みについて学び、普及させること、3.質に関して透明性のある情報提供および高等教育機関、学生の国際化支援、である。これらの目的を達成するため各加盟機関は4つ設置されているワーキンググループにおいて必要な活動を行うことに合意している。扱うテーマおよびそれに対応するワーキンググループについては、ECAの年間活動計画で定められている。これらECAの活動は、数年に一度改定され、加盟機関間で合意されるECA Agreement of Cooperationで規定されている。

II. ECAの組織[3]

ECAは、加盟機関(2013年7月時点で、12ヶ国から16機関が加盟している)、管理運営グループ(Management Group)、事務局、4つのワーキンググループ(WG)、プロジェクトグループ(PG)からなる組織である。加盟機関は年一回開催される総会に出席する。総会では、議長、副議長、コーディネーター、その他管理運営グループメンバー選出、年間活動計画および管理運営グルー

---

[1] ECA Agreement of Cooperation 2012-2015.pdf
[2] <http://www.ecaconsortium.net/>
[3] ibid.

プからの報告の承認、年会費承認、加盟申請承認等を行う。また総会とは別に、高等教育機関、学生、政府関係者、雇用者等の利害関係者が参加するセミナーなども開催している。

ECA には、
- ボローニャ宣言署名国に設置されている機関で、
- 法律により法人格を備えて設立された、もしくは、国または地域レベルでの法令や協定に基づき設立されており、
- 主たる業務としてアクレディテーションまたはアクレディテーションに類する実践を行っており、
- ECA の目的遂行に積極的に関与し、
- ECA が定めた適正実施基準 (Code of Good Practice) および／または『欧州高等教育の質保証の規準およびガイドライン』(Standards and Guidelines for Quality Assurance in the European Higher Education Area (ESG)) を満たしている、

機関が加盟することが出来る。管理運営グループが加盟審査委員会として加盟申請を検討し、ECA として加盟を決定する。

III. 各グループの活動

　管理運営グループは、議長、副議長、コーディネーターに加え、選出国が異なる最大 5 名のメンバーから構成される。管理運営グループの業務としては、年次総会およびその他 ECA の活動準備、ワーキンググループおよびその活動支援、年会費提案、財務諸表および年次総会での結論承認、新規加盟機関推薦などがある。議長および副議長は、管理運営グループおよび ECA 会合を主宰し統括する、対外的に ECA を代表する、ECA 目的遂行に積極的に関与する。コーディネーターは、ECA および管理運営グループ会合を準備し、招集し、ECA が作成する報告書、出版物を準備し、Web サイトを管理し、財務諸表を準備し、財務を管理し、年会費他 ECA 活動に関する資金を集め、管理運営グループを支援し、ワーキンググループの活動を促す。

　ワーキンググループ (WG) としては、現在、以下の 4 つが活動している。

- **WG1 相互承認とジョイントプログラム**
 アクレディテーション結果の相互承認および欧州高等教育圏におけるジョイントプログラム (JOQAR プロジェクト)
- **WG2 機関別アクレディテーションとオーディット**
 機関別アクレディテーションとオーディットに加えて、専門家およびスタッフ研修 (E-TRAIN プロジェクト)、質保証関連 (私立高等教育機関のアクレディテーションなど)、質保証の国際化
- **WG3 クロスロード (Qrossroads) と情報戦略**
 情報戦略として、アクレディテーション機関がどのように結果を伝えるのかを中心に扱う。従ってクロスロード (Qrossroads) の発展に責任を負う。また、欧州における専門家リスト作成、および専門知集積も行う。E-TRAIN プロジェクト、JOQAR プロジェクトにも関わる。
- **WG4 相互優れた取り組み**
 学習成果およびそれを質保証手続きに含めることに焦点を当てている。一般論および特別な文脈におけるアクレディテーション手続きにおける学習成果に関する優れた取り組みの一覧を作成している。

 プロジェクトグループ (PG) としては、
- **JOQAR プロジェクト (Joint programmes: Quality Assurance and Recognition of degrees awarded (JOQAR))**
 EU による留学奨励制度であるエラスムス・ムンドゥス (Erasmus Mundus) およびジョイントプログラム一般におけるアクレディテーションと学位・資格認証促進を目指す。質保証機関・アクレディテーション機関および学位・資格認証機関である ENIC-NARICs と連携して進められている。
- **European Training of QA Experts (E-TRAIN)**
 訓練され、知識、経験のある、国際的な質保証の専門家の情報を共有することを目指す。
- **Qrossroads**
 質保証機関およびアクレディテーション機関から提供された質保証およびアクレディテーション認定された教育プログラムや教育機関情報を提供する。

などがある[4]。

IV. 適正実施基準 (Code of Good Practice)[5] について

適正実施基準 (Code of Good Practice, CGP) は、ECA 加盟アクレディテーション機関の基準一覧および優れた取り組みをまとめたもの。また、CGP は ECA 加盟機関の内部質保証方針策定支援としても活用できるものである。アクレディテーション機関に関する項目が 11、アクレディテーション手続きに関する項目が 5、アクレディテーション基準に関するものが 1 の計 17 項目からなる。

アクレディテーション機関は、
① 使命を明確に定めている
② 法的権限を有する公的機関により国レベルのアクレディテーション機関と認定されている
③ 政府、産業界、専門職団体、高等教育機関から十分に独立していなければならない
④ 意思決定において厳格、公平、首尾一貫していなければならない
⑤ 人的、資金的に十分信頼できる資源を有している
⑥ 質改善に力点を置いた独自の内部質保証システムを有している
⑦ 定期的に外部評価を受けている
⑧ 公的説明責任を果たすことができ、公表され公的に活用できる方針、手続き、指針、基準を有している
⑨ アクレディテーション結果を適切な方法で公表する
⑩ 決定に対する異議申し立ての方法が用意されている
⑪ 他の国内外および/または専門的アクレディテーション機関と協力関係にある

アクレディテーション手続きは、
⑫ アクレディテーション手続きおよび手法はアクレディテーション機関自

---

4 <http://www.ecaconsortium.net/main/projects>
5 eca-code-of-good-practice-2004-rev2007.pdf

身が定めたものでなければならない
⑬ 機関レベルおよび／またはプログラムレベルで定期的に実施されていなければならない
⑭ 高等教育機関自身による自己評価書および（一般的に現地調査による）外部評価を含んでいなければならない
⑮ 外部評価委員会またはチームの独立性と能力を保証しなければならない
⑯ 質向上と結びついていなければならない
⑰ アクレディテーション基準は、

公表され、合意された一連の質保証基準の改善を考慮した欧州での実践に準拠したものでなければならない

V．ECA の成果

　これら ECA 活動の成果の一つが、2010 年に『ジョイントプログラムに係るアクレディテーション結果の相互承認に関する多国間協定』(Multilateral Agreement on the Mutual Recognition of Accreditation Results regarding Joint Programmes (MULTRA)) である。その目的は、多国間にまたがる教育プログラムであるジョイントプログラムに対するアクレディテーションの簡素化および相互承認促進である。MULTRA 参加には、決められた参加手続きに従って ECA 管理運営グループが手配した審査および審査報告書作成が行われ、既に MULTRA に署名している機関全てが認めた場合にのみ参加が許可される。

　参加手続きにおいて求められる要件は、以下の通りである：

(a) 当該機関が有効な2国間協定を結んでいなければならない。

または、

(b) 当該機関が最近（古くとも5年以内）ESG および ECA の適正実施基準 (Code of Good Practice) またはそれに準じる基準に従った外部評価を受けていなければならない。

　ECA 管理運営グループが提出された文書に基づき上記基準の遵守状況を確認する。もし、この要求が満たされていれば、管理運営グループは2名の審査員（MULTRA メンバー機関から選出）を任命し訪問調査を実施する。一名

は、当該機関が実施する教育プログラムアクレディテーションの実地調査に参加し、もう一名は、当該機関の代表者との議論を通してアクレディテーション実践の根拠を得る。審査員は審査報告書フォーマットを用い、最後の欄に参加推薦を記載する。管理運営グループは、正式に審査報告書を確認し、MULTRA メンバー機関に送る。これらの費用は審査対象となる当該機関が負担する。

　他にも、先にもプロジェクト関連で言及した Qrossroads や ENIC-NARICs との連携がある。Qrossroads は、質保証活動成果を透明性、信頼性を持たせて公表する活動であり、質保証機関およびアクレディテーション機関により質保証された、または、アクレディテーション認定された教育プログラムや教育機関情報を提供している。また、2005 年の ENIC-NARICs との共同宣言により、ENIC-NARICs と ECA 加盟アクレディテーション機関において、いわゆるリスボン認証条約 (Lisbon Recognition Convention) を踏まえた、国を超えて双方のアクレディテーション結果および資格の自動認証実現に向けての協力関係が確認されていることも成果の一つと言える。

第5章 大学評価の国際的動向
第2節　ヨーロッパにおける地球規模の動向
European Quality Assurance Register for Higher Education (EQAR)

大佐古　紀雄

1. 背景と経緯[1]

　本章の別の節で解説されているが、1999年の「ボローニャ宣言」を嚆矢とするボローニャ・プロセスの下で、「欧州高等教育圏」の形成が目指されてきた。当初から、質保証に関しても欧州の共通基盤をつくることが重要課題として模索されてきたなかで、まず欧州をカバーする質保証機関のネットワークとして ENQA (European Network for Quality Assurance in Higher Education：欧州高等教育質保証協会[2]) が設立された。ボローニャ・プロセスは、原則的に2年ごとに行われる各国の高等教育担当大臣会合において、進捗状況の確認とその後の方針の合意形成がはかられる。そして、2005年のベルゲン会合において、ESG（欧州高等教育の質保証の規準およびガイドライン："Standards and Guidelines for Quality Assurance in European Higher Education Area"）が策定された。ESG が定めているのは、内部質保証のあり方、外部質保証のあり方、そして質保証機関のあり方の3点である。そして、質保証機関については、機関間でのピア・レビューの導入をはかることが、検討課題として提起されていた。

　これが結実する形で、登録制度の導入が2007年のロンドン会合で合意され、2008年に EQAR (European Quality Assurance Register for Higher Education：欧州高

1　本稿は、科学研究費補助金基盤研究(C)「専門分野別教育プログラム認定・評価導入への実証的研究」（研究代表者：堀井祐介／課題番号 22530912）において研究分担者として行った EQAR に対する書面調査・Web 調査および訪問調査（2011年3月実施：面会者 Colin Tück 同機構事務局長）で得られた成果をもとに執筆した報告書を、大幅に加筆修正したものである。

2　2004年に現名称になったが、当初は Assiciation ではなく Network であった。ENQA の "N" は、その名残である。

等教育質保証機関登録機構）が発足した。

II．EQAR の概要と組織

　EQAR が果たすべき役割ないし目的は、「高等教育機関の信頼を高める基盤を構築することを通じて、学生のモビリティ（移動）を促進すること」「いわゆる"アクレディテーション・ミル"（信用に値しない「ねつ造アクレディテーション」）が信用を得られないようにすること」「国の規制と相容れる範囲で、政府が EQAR に登録された機関にお墨付きを与え、それらに質保証を依頼するように、高等教育機関に対して権威付けを行うこと」「国の規制と相容れる範囲において、高等教育機関が質保証を依頼する機関をみずから選ぶための材料になること」「質保証機関の質を向上し、総体的に信頼を高めるための道具となること」である（同機構ホームページより）。

　具体的には、登録を希望する機関・団体から申請を受けつけ審査に基づき適格と認められたものを登録・公表することを役割とする。2013 年 5 月現在 29 機関が登録されている。

　設立の中心となっているのは、いわゆる"E4 Group"と呼ばれる、EUA（欧州大学協会）、EURASHE（欧州高等教育機関協会）、ESU（欧州学生団体連盟）、ENQA である。そのほかに、社会的パートナー（Social Partner）として、国際的な教育者団体である EI（Education International）、欧州地域の経済団体連合である Business Europe の二者が、さらに政府メンバーとして、ボローニャ・プロセス参加諸国政府代表、欧州評議会、ユネスコ欧州高等教育センターの三者が参画している。総会は、これらのメンバーによって構成されている。

　登録委員会は、E4 Group から 2 名ずつの 8 名と社会的協力メンバーからの 2 名の計 10 名に、この 10 名によって推薦された議長を加えた 11 名、そして政府側代表が 5 名加わって構成される。審査結果に対し疑義がある際のための申立委員会は、3 名で構成される。

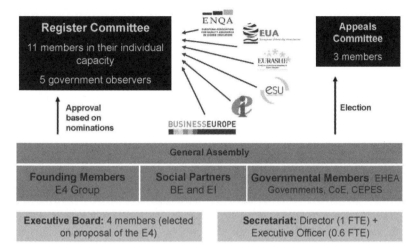

図1　EQAR 組織図（EQAR ホームページより）

III. 登録できる対象機関

　質保証を行っている機関であれば、それが機関対象であっても専門分野別プログラムに対象を特化したものであっても、登録申請が可能である。また、質保証「専門」機関である必要もない。ひとつ実例をあげると、ベルギーに拠点を置く VLUHR（フランドル地方大学ユニヴァーシティカレッジ審議会）は、この団体内部に質保証局（QAU：Quality Assurance Unit）を置いている。現在 EQAR には、団体ではなくこの団体内の部局が登録されている。さらにいうならば、EQAR は明らかに欧州をテリトリーとしているが、基盤を欧州に置いているかいないかも問われない。欧州の高等教育機関に質保証を提供する機関であれば、拠点が欧州外にあっても登録申請が可能である。つまり、例えば日本の質保証機関が欧州に進出し登録を受けることも、不可能ではないのである（なお、欧州外に拠点を置く機関の登録は、2013年5月現在ゼロである）。

IV. 登録申請から登録まで

　登録を希望する機関は、申請に先立って、セルフ・スタディに基づいた第三者による評価を受けることが必要になる。この評価を行う機関は国内外

を問わないが、EQAR の監督下にないことが条件となる。政府系評価機関でも差し支えなく、制度上義務づけられている第三者評価を受けた際の外部評価報告書を使用することも可能である。つまり、EQAR への登録のためだけに新たな評価を受ける必要は必ずしもない。このときの外部評価報告書が、登録審査の判定の最大の判断材料となる。

審査の際の判定の基準として、上述の ESG が使用される。ここで見落としてはならないのが、ESG の「遵守」に対する考え方である。「遵守」といっても、基準の文言通り形式的に遵守することではなく、ESG の背後にある意図やねらいに沿った対応がされているかどうかが問われる「本質的遵守」(substantial compliance) が求められる。先ほどの VLUHR-QAU を例に説明したい。VLUHR の前身となった団体のひとつである VLHORA(フランドル地方ユニヴァーシティカレッジ審議会)が、その当時質保証部局を内包した一団体として申請し審査を受けたのだが、審査の過程において、業界団体の内部に同業者の質保証を行う部局が置かれているのでは、本来保たれるべき独立性が損なわれるのではないかと懸念する意見があがった。これに対しては VLHORA に実情に関するしっかりした説明を求め、その内容を吟味して独立性を損ねないような配慮が十分為されていると判断されて、登録が認められるに至った[3]。

もうひとつ押さえておく必要があるのが、ESG は ENQA の加盟要件の重要な要素にもなっているものの、ENQA 正会員資格をもって自動的に EQAR への登録が認定されるものではないことである。EQAR は、申請機関に対してはあくまで平等に審査手続を適用する姿勢を堅持している。ただし、ENQA への加盟申請に際して行った第三者評価の報告書を利用することも可能であり、この場合 ENQA 正会員が EQAR への登録申請で却下される可能性はかなり低いことが考えられる。

なお、登録には有効期限がある。登録から「〇年」という「有効期間」的な考え方ではなく、審査の判定材料となった外部評価が行われた時期に応じて

---

[3] なお、このような考え方を理由に、本稿では ESG における "Standard" を、「基準」ではなく、「規準」と訳出している。この点は、大場淳氏(広島大学)から示唆をいただいたものである。

「有効期限」を設定するため、登録日から登録有効期限までの期間は一律ではなく、期間にすると2年程度の短いものから6〜7年に及ぶケースもある。

V. 欧州における登録制度のポイント

上述した内容から、最後に強調すべきポイントを3点あげて、本稿を締めたい。

第1に、EQAR自体は直接の外部評価を行うわけではなく、政府機関その他による第三者評価の結果を活用しながら、判定を行うことである。これによって、審査自体の省力化を図っている。また、EQARに権威が過度に集中することを巧みに防ぐことにもつながっていると考えられる。この点は、次に触れる点との関わりもあろう。

第2に、「独立性」を固く守っていることがあげられる。登録制度の導入のあり方が議論された際、ENQAが登録の役割をも果たしていくべきとの意見もみられたそうである。実際に、ENQA自身も正会員に対しては定期的な外部評価委員によるレビューを義務づけているので、さらに登録機構を置くことは屋上屋を重ねるとの考え方があったと推察される。しかし、これは見送られ、審査はENQAの会員・非会員にかかわらず、どの機関にも同じ手続きで行うこととなった。基本的には、先ほどのVLHORAの登録をめぐる議論と同質なのだが、ENQAという質保証の同業者団体が、仲間内の質を自ら評価し、会員を「優遇している」ように誤解されかねない余地を残しているようでは、十分な社会的信頼が得られないとの判断が働いたと推察される。もっとも、上述のENQAによる定期的レビューの評価結果報告書を、EQARへの登録に使用することも可能である。これにより、二度評価を行うといった無駄は回避されているといえる。

第3に、「本質的遵守」については、質保証や評価のあり方の根本にも関わる問題であり、重要視されなければならない。「文言さえ守っていればそれでよい」という法令遵守(コンプライアンス)の考え方が強い傾向にあると考えられる[4]日

---

4 この考え方は、郷原信郎『法令遵守が日本を滅ぼす』(新潮新書)の示唆を受けている。

本において、設定した「基準」や「ルール」を本質的なところで解釈して個々のケースを判断するというEQARの方針は、質保証や大学評価のあり方を硬直化させないためにも、よくよく検討されるべき考え方である。

　この登録制度のあり方が今後の日本にどのような影響を及ぼすものかはわからないが、現状の日本のあり方に対しても、上記のポイントは大きな意義を持つと、筆者は考える。

【補遺】

(1) 図Ⅰは、EQARの公式サイトにて提示されていたものであるが、2016年6月現在では以下の図に差しかえられている。(2016年6月17日EQAR公式サイト確認済)

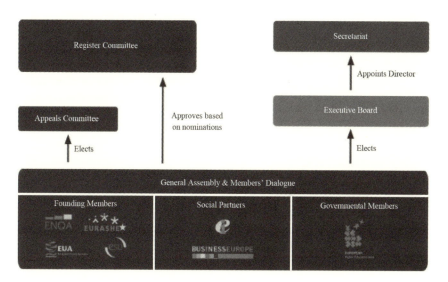

(2) 第Ⅱ項に記した登録委員会の構成について、2016年6月現在では、政府側代表者が入らなくなっている。また、申立委員会の員数は、6名となっている。(2016年6月17日EQAR公式サイト確認済)

第5章 大学評価の国際的動向
第3節　各国における大学評価の動向
ドイツ

木戸　裕

　ドイツの大学における質の保証は、「アクレディテーション」と「評価」によって行われている[1]。アクレディテーションは、当該高等教育機関の学修課程が一定の水準に達しているかどうか、その資格の適格性について行うものであり、評価は、アクレディテーションを受けた機関、課程に対し、一定の指標にもとづきその達成度を査定するものである。

　同時にヨーロッパでは、目下48か国が参加して「ボローニャ・プロセス」と呼ばれるヨーロッパレベルの高等教育改革が進行しており、高等教育機関における質の保証も、そのなかで仕組み作りが考えられている。

　本稿では、まずⅠでドイツにおけるアクレディテーションの制度について取り上げる。次に、Ⅱではドイツの大学評価について見ていく。最後にⅢとして、ボローニャ・プロセスで目指されている内容と、そこでのドイツの達成状況を紹介する。

Ⅰ．アクレディテーション機関

---

[1] 以下の記述にあたっては、ボローニャ・プロセス事務局に提出されたドイツのカントリーレポートである "BOLOGNA PROCESS National Report for Germany, 2007-2009" を参照した。
　<http://www.kmk.org/fileadmin/pdf/Wissenschaft/BE_081010_National_Report_Germany__2007_2009_engl__final.pdf>
　なお、以下の拙稿も参照。「ボローニャ・プロセスと高等教育の質保証－ドイツの大学をめぐる状況を中心に－」広島大学高等教育研究開発センター『大学教育質保証の国際比較』2011.4, pp.25-65.「ドイツにおける大学の質保証システムと学習成果アセスメント－「資格枠組み」を中心に－」深堀聰子編『アウトカムに基づく大学教育の質保証－チューニングとアセスメントにみる世界の動向』東信堂, 2015.6, pp.33-60.

アクレディテーションの目的としては、「質の保証」、「透明性の構築」、「多様性の提供」、「移動の促進」が挙げられている[2]。

ドイツの場合、州に対し、試験成績、修了資格の同等性と大学間の移動の可能性を保証する責務を課している[3]。こうした州の責任を果たすために、1998年12月に「学士課程および修士課程のアクレディテーション方式導入に関する協定」が州文部大臣会議で決議された[4]。その後「ドイツにおける学修課程のアクレディテーションを行う機関を設立する法律」[5]が制定され、2005年2月1日からアクレディテーション評議会（Akkreditierungsrat）が正式に発足する運びとなった[6]。同評議会は、新しい学位構造のためのアクレディテーションシステムの開発、比較可能な質のスタンダードの作成など、ドイツの大学全体にかかわるアクレディテーション業務に携わっている（図1を参照）。

アクレディテーション評議会では、大学の代表4名、州の代表4名、経営者、労働組合など職業実践界から5名（ただし、そのうちの1人は労働法等に通じた関係省庁の官吏が就いている）、学生の代表2名、国際的代表（外国の専門家）2名が、評議員を務めている（表1を参照）。これら評議員は、大学学長会議と文部大臣会議により任命される。

ドイツの場合、アクレディテーション評議会によりアクレディテーションを受けた各アクレディテーション機関が、個々の大学のアクレディテーションを行っている点に特色が見られる（図2を参照）。各アクレディテーション機関の名称は、次のとおりである。

---

[2] アクレディテーション評議会が作成した次の資料による。Franz Börsch, Akkreditierungsrat, The German System of Accreditation. 〈http://dlae.enpc.fr/contents/Berlin/Akkreditierungsrat.PDF〉

[3] 「大学大綱法」第9条第2項で「州は、対応する学修・試験成績及び修了資格相互の同等性並びに大学の転学可能性を保証するよう共同で配慮する」と規定されている。

[4] Einführung eines Akkreditierungsverfahrens für Bachelor-/Bakkalaureus- und Master-/Magisterstudiengänge - Beschluss der Kultusministerkonferenz vom 03.12.1998.

[5] Gesetz zur Errichtung einer Stiftung "Stiftung zur Akkreditierung von Studiengängen in Deutschland" vom 15. Februar 2005. 〈http://www.akkreditierungsrat.de/fileadmin/Seiteninhalte/Stiftung/recht.Grundlagen/ASG_Stiftungsgesetz.pdf〉

[6] Akkreditierungsrat のホームページを参照。〈http://www.akkreditierungsrat.de/〉

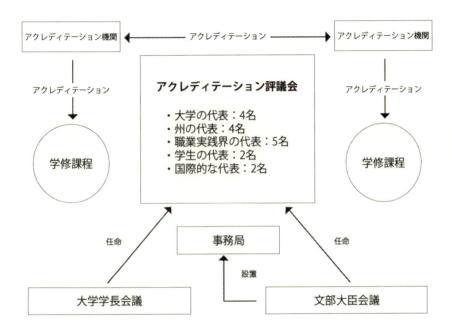

図1 アクレディテーション評議会の構成

【出所】Angelika Schade, Akkreditierungsrat, Akkreditierung von BA-/MA-Studiengängen und BA-/MA-Abschlüssen in der Weiterbildung – ein Strukturunterschied?
〈http://www.uni-muenster.de/imperia/md/content/agfortbildung/schade.ppt〉

表1　アクレディテーション評議会の構成員

1. 高等教育機関代表 (4名)
- Prof. Dr.-Ing. Stefan Bartels（前リューベック専門大学学長，電子工学・情報工学専攻，1959生）
- Prof. Dr. Holger Burckhart（ジーゲン大学学長，人間学・倫理学専攻，1956生）
- Prof. Dr. Reinhold Grimm（前イエーナ大学教授，ロマン主義文学専攻，1942生）（会長）
- Prof. Dr. Ute von Lojewski（ミュンスター専門大学学長，経営学専攻，1955生）

2. 州の代表 (4名)
- Rolf Fischer（シュレースヴィヒ・ホルシュタイン州社会・保健・学術・平等省次官，1954生）
- Dr. Peter Müller（バイエルン州教育・文化・学術・芸術省局長，1953生）
- Dr. Susanne Reichrath（ザールラント州大学・学術・技術省専門委員，1961生）
- Dr. Simone Schwanitz（バーデン・ヴュルテンベルク州学術・研究・芸術省局長，1968生）（会長代理）

3. 職業実践 (Berufspraxis) の代表 (5名)
- Dr. h.c. Josef Beutelmann（Barmenia保険会社CEO，1949生）
- Petra Gerstenkorn（サービス産業労働組合連合，1954生）
- Thomas Sattelberger（前ドイツテレコム社人事担当取締役，1949生）
- Dr. Hans Jürgen Urban（金属産業労働組合役員，1961生）
- Jörg Wollny（ブランデンブルク州内務省課長，1959生）

4. 学生の代表 (2名)
- Franziska Raudonat（カイザースラウテルン工科大学学生，経営経済学修士課程）
- Jan Bormann（カイザースラウテルン工科大学学生，情報学修士課程）

5. 国際的な代表 (2名)
- Dr. Sijbolt Noorda（前オランダ大学協会会長，1945生）
- Prof. Dr. Martine Rahier（スイス・ヌーシャテル大学学長，動物生態学・昆虫学専攻，1954生）

※このほかに審議権のみを有する（表決権をもたない）機関代表として次の者が入っている。
- Prof. Dr. Reinhard Zintl（前バンベルク大学教授，政治学専攻，1945生）

【出所】アクレディテーション評議会ホームページによる（2016年6月20日アクセス）。
〈http://www.akkreditierungsrat.de/index.php?id=akkreditierungsrat〉

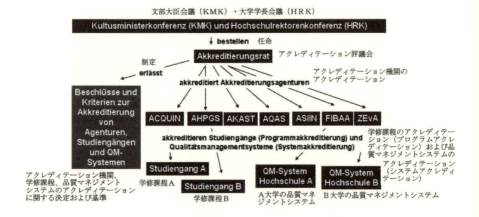

図2 ドイツのアクレディテーションシステム

【出所】Bieletzke, S., Beise, A. Ganzheitlichkeit von Campus-Management-Systemen als Akkreditierungsvorteil, Bielefeld/Bonn, Juli 2009.〈http://www.ecampus24.eu/〉

- アクレディテーション・証明および質保証協会（ACQUIN）（所在地：バイロイト）[7]
- 保健および社会福祉の領域の学修課程に関するアクレディテーション機関（AHPGS）（フライブルク）[8]
- 神学学修課程の質保証およびアクレディテーションに関する機関（AKAST）（アイヒシュテット）[9]
- 学修課程のアクレディテーションによる質の保証機関（AQAS）（ボン）[10]
- 技術、情報学、自然科学および数学の学修課程に関するアクレディテーション機関（ASIIN）（デュッセルドルフ）[11]

---

7 Akkreditierungs-, Certifizierungs- und Qualitäts- sicherungs-Institut（ACQUIN）
8 Akkreditierungsagentur für Studiengänge im Bereich Gesundheit und Soziales（AHPGS）
9 Agentur für Qualitätssicherung und Akkreditierung Kanonischer Studiengänge（AKAST）
10 Agentur für Qualitätssicherung durch Akkreditierung von Studiengängen（AQAS）
11 Akkreditierungsagentur für Studiengänge der Inge- nieurwissenschaften, der Informatik, der Naturwissenschaften und der Mathematik（ASIIN）

・国際ビジネス管理アクレディテーション基金(FIBAA)(ボン)[12]
・中央評価・アクレディテーション機関(ZEvA)(ハノーファー)[13]

　これらのアクレディテーション機関は、地域ごとの大学評価、つまり地域にある大学のすべての課程の評価を行っている機関と、特定の学修課程をアクレディテーションしている機関に区分される。例えばZEvAは、ニーダーザクセン州のハノーファーにある機関で、同州を中心とする地域の大学のすべての学修課程のアクレディテーションを行っている。一方ASIINは、技術、情報学、自然科学、数学といった学修課程に特定してアクレディテーションを行っている。

アクレディテーションは、具体的には次の4段階で行われる[14]。
・第1ステップ：プレゼンテーション
　申請ドキュメントの作成とアクレディテーション機関へのドキュメントの送付
・第2ステップ：実地訪問
　専門家グループによるヒアリング、インタビュー、議論などをとおしての裁定とこれらを反映した評価報告書の作成
・第3ステップ：アクレディテーション委員会の決定
　第2ステップで作成された報告書にもとづき、当該課程のアクレディテーションを「許可する」、「条件付きで許可する」、「許可しない」の決定
・第4ステップ：アクレディテーション評議会のウェブサイト等での最終結果の公表

II. 評価機関

　一方、評価機関について言えば、ドイツには、全国レベルで統一的にこれを実施している機関は、現在のところ存在しない。しかし、バーデン・ヴュルテンベルク州評価機関財団など、地域レベルの評価機関、評価ネットワークが設けられている。また1998年以来、大学学長会議(HRK)と連邦教育研

---

[12] Foundation for International Business Administration Accreditation (FIBAA)
[13] Zentrale Evaluations- und Akkreditierungsagentur Hannover (ZevA)
[14] Franz Börsch, op.cit.

究省(BMBF)の共同事業として「質改善プロジェクト」(Projekt Q)が実施されている。

　これらは、基本的に、まず各大学内で内部評価(interne Evaluation)が行われ、続いて外部専門家によるレヴュー(externe Peer-Review)が行われる。その過程で、必要に応じ国際的な参加者(外国の学者)が関与する。学生もその過程に参加する。最後に、以上の結果を適当な方法で公表する、という方式で行われている[15]。

　質の評価を行っている機関としては、以下のものがある(カッコ内は、所在地と設立年)。

- 大学教育に関する多分野横断センター (Interdisziplinäres Zentrum für Hochschuldidaktik) (ビーレフェルト、1992年)
- 大学情報システム (HIS-GmbH) (ハノーファー、1994年)
- 北ドイツ大学連盟 (Verbund Nordeutscher Universitäten) (ハンブルク、1994年)
- 中央評価・アクレディテーション機関 (ZEvA) (ハノーファー、1995年)
- ノルトライン・ヴェストファーレン州専門大学評価事務所 (Evaluationsbüro der Fachhochschulen Nordrhein-Westfalen) (ゲルゼンキルヒェン、1998年)
- ダルムシュタット、カイザースラウテルン、カールスルーエおよびチューリヒ連邦工科大学評価ネットワーク (Evaluationsnetzwerk) (1999年)
- ハレ、イェナ、ライプツィヒ大学間評価連盟 (1999年)
- ヘッセン、ザールラント、ラインラント・プファルツ、テューリンゲン学術評価ネットワーク (ENWISS-Evaluationsnetzwerk) (ダルムシュタット、2001年)
- バーデン・ヴュルテンベルク州評価機関 (EVALAG) (マンハイム、2001年)

III. ボローニャ・プロセスとドイツの大学の達成状況

　ボローニャ・プロセスでは、「ヨーロッパレベルでの高等教育の質保証の推進」が主要目標のひとつに掲げられており、ヨーロッパ高等教育質保証協会(European Association for Quality Assurance in Higher Education, ENQA)が開発し

---

[15] KMK und BMBF, Realisierung der Ziele des Bologna- Prozesses Nationaler Bericht 2004 für Deutschland, 2005, S.7.

た「ヨーロッパ高等教育圏における質保証のためのスタンダードおよびガイドライン（Standards and Guidelines for Quality Assurance in the European Higher Education Area, ESG）」にしたがい、各国は高等教育機関の質保証システムを構築している[16]。そのなかでとくに、(1)「ESG に対応した外部評価の実施」、(2)「評価への学生の参加」、(3)「外国人を加えた国際的な評価体制の導入」が課題とされている。

ドイツについて言えば、(1) では、ESG に対応した外部評価が行われており、「内部質保証マネジメントシステム」、「学生に対するサポートサービス」なども項目に含めた外部評価がおおむね実施されている。

(2) については、アクレディテーション評議会の一員に加わるなど、学生も国の質保証機関のガバナンスに関与している。また、外部レヴューチームへの参加、評価報告書作成にあたっての意思表明など、学生の参加体制がほぼ制度化されている。

(3) についても、ドイツの各質保証機関は ENQA のメンバーとなっており、評価手続きの過程においても外国の専門家が関与している。アクレディテーション評議会でも、外国人専門家がそのメンバーになっている。

全体として、ドイツについては、(1)、(2)、(3) のいずれも、5 段階評価の「4」（上から 2 番目）となっている（2012 年のデータ）。

現在ヨーロッパでは、EU により「欧州資格枠組み」(EQF) が策定され、それにもとづき各国では「国の資格枠組み」作りが進められている。ドイツでも「ドイツ資格枠組み」(DQR) がまとめられている[17]。こうした「資格枠組み」との関連のなかで、高等教育の質保証にどう取組んでいくかも、今後の大きな課題であろう。

16　以下の記述の詳細は、次のレポートを参照。Eurostat, Eurostudent and Eurydice, The European Higher Education Area in 2012: Bologna Process Implementation Report. 〈http://www.ehea.info/Uploads/(1)/Bologna%20Process%20Implementation%20Report.pdf〉
17　前掲拙稿「ドイツにおける大学の質保証システムと学習成果アセスメント」を参照。

第5章 大学評価の国際的動向
第3節 各国における大学評価の動向
フランス

大場 淳

I. 大学評価委員会 (CNE) の設置 (1984年)

　フランスにおいては、大学の入口におけるバカロレア試験、大学教育の事前統制である学位プログラムの適格認定 (accréditation)、教員評価を行う全国大学評議会 (Conseil national des Universités : CNU) など、高等教育の質を維持するための様々な制度が存在するが、大学評価に基づく質保証制度の始まりは1984年の高等教育法 (サバリ法) で設置された大学評価委員会 (Comité national d'évaluation des établissements publics à caractère scientifique, culturel et professionnel: CNE) に求められるであろう (服部, 2012)。CNE の設置は大学の自律性拡大に伴うものであり (Jolivet, 2004)、1970年代に欧州で始まった高等教育質保証のための最初の第三者評価機関であった (Pelleron, 2003)。大学が高等教育行政の所管省 (以下「高等教育省」) の強い統制下にあるのに対して (Laugénie, 2004)、CNE は同省には属さず、大統領直属の独立行政機関 (1989年以降) の地位を持つ自律性の高い評価機関として位置付けられた。Pelleron (2003) は、この事実を以って、高等教育質保証は教育問題を越えて国全体の関心事項であることを象徴すると評している。

　CNE の評価手法は、他国の同種の機関同様、自己評価書作成、第三者評価、報告書作成・公表である。この手順を経ることによって、大学が自ら教育研究・管理運営の改善に取り組むことが期待されていた。しかしながら、CNE は、既に存在していた教員評価 (CNU)、プログラム評価 (高等教育省) 等の各種評価制度の間隙を埋める形で設置されたことから評価対象は限定され (Laugénie, 2004)、また、高等教育省に報告書を送付するものの大統領直属であること

から同省の高等教育行政や予算配分に影響を与えることは皆無に近かったと言われる(Attali et al, 1998；CNE, 2003)。更に、人的資源に乏しく評価頻度が低かったことも課題であった[1]。これらの理由から、大学の教育研究・管理運営の改善への取組みに対してCNEが及ぼした影響は限定的であった(Musselin, 2001)。

このような状況を反映して、CNEは1999年に評価後の追跡調査の試行を始めて2004年から本格実施するとともに、高等教育省と大学間の機関契約におけるCNE勧告への取組み状況の分析も行うようになった(CNE, 2003)。その後、CNEはその評価活動を質保証の下に位置付けつつ、活動全体を質保証全般へと拡大してきた(Garcia, 2006)。CNEは、2002年の大統領宛活動報告書(CNE, 2003)で質保証の仕組みを各機関契約に盛り込むことを勧告するとともに、2003年に国民教育研究行政監査総局(Inspection générale de l'Administration de l'Éducation nationale et de la Recherche: IGAENR)と共同で内部質保証体制整備のための『規準書』(Livre des références : les références de l'assurance de la qualité dans les établissements d'enseignement supérieur)を策定し、教育・研究・管理運営について広範にわたって大学が自己の質保証制度を整備するために必要な事項を取りまとめた[2]。

II. 研究・高等教育評価機関(AERES)の設置

2006年の研究計画法に基づいて、CNEは2007年、研究評価委員会(Comité national d'évaluation de la recherche: CNER)及び科学技術教育調査室(Mission scientifique, technique et pédagogique: MSTP)と統合し、総合的評価機関である研究・高等教育評価機関(Agence d'évaluation de la recherche et de l'enseignement supérieur: AERES)が設置された。AERESの設置は、ボローニャ・プロセス(2005年ベルゲン会合)において質保証制度の一層の整備が求められたことに対応するものである(Troquet, 2007)。AERESの地位はCNEと同じ独立行政機関であるが、これまで一貫性なく行われていた大学評価を総合的に行うだけでなく、新たに

---

[1] 特に機関契約(日本の国立大学の中期計画に相当)の周期と一致していないことが課題とされた(CNE, 2005)。契約周期は4年であったが、現在は5年になっている。

[2] 規準書については大場編(2009)参照。全訳が収録されている。

各大学の教員評価制度の評価(メタ評価)も行うこととなった。また、従前のCNEの評価頻度が低く評価の効果が限定的であったのに対して、AERESでは機関契約の周期に合わせて評価を行うことが目指されるなど、全般的な評価体制整備が図られた(Chabbal et al, 2007)。

評価対象を拡大してきたAERESであるが、右派から左派への政権交代後の2013年に制定された高等教育・研究法(Loi relative à l'enseignement supérieur et à la recherche)でAERESの廃止が決められた。それに代わって、2014年、研究・高等教育評価高級審議会(Haut conseil de l'évaluation de la recherche et de l'enseignement supérieur: HCERES)が設置された。

III. 質保証にかかる課題と展望

質保証は、高等教育の市場化が進められ大学の自律性が拡大することに伴って、間接的な統制手法を主内容として整備が進められたものである。市場化の程度は国によって大きく異なり、フランスでは、今日に至るまで国による強い直接統制が残る中で、小刻みに質保証制度が整備されてきた。

同国の質保証に関する課題は数多い。詳述はできないが、外部質保証に関しては、第三者評価結果の資源配分との連動、第三者評価に関する学生参加、事前統制である学位授与権認証の取扱いなど様々である。資源配分との関連についてCNE-AERESは、一貫して資源配分への直接的関与を否定してきた(AERES, 2007)。しかしながら、第三者評価が同僚評価であった時代は過ぎ去って予算組織法(Loi organique relative aux lois de finances: LOLF)[3]制定に伴って機関契約が目標管理契約となった今日、CNE-AERESの役割は大きく変化し、その独立性—ENQA規準・指針書で質保証機関に求められた要件である—を維持しつつも、資源配分と無関係でいることはできなくなっている[4]。CNE-AERESは、資源配分決定は高等教育省の役割としつつも、第三者評価機関を超えて質保証機関としての役割を担うようになるに連れて、間

---

[3] 政府予算に関する原則を定めた法律。2001年に制定され、2006年から全面適用されている。
[4] 2007年9月5日、Bruno Curvale氏(AERES国際部長)への聴き取り調査。

接的ではあるものの事実上資源配分に関わらざるをえなくなった[5]。AERESがHCERESに置き換えられたことに見るように、フランスの質保証制度の整備は道半ばであるが、長く維持されてきた公役務としての高等教育 (service public de l'enseignement supérieur) の原則を少なくとも当面は維持しながらも次第に進められていくものと思われる。

【参考文献】

大場淳編『フランスの大学評価 (高等教育研究叢書104)』広島大学高等教育研究開発センター、2009年。

服部憲児『フランスCNEによる大学評価の研究』大阪大学出版会、2012年。

AERES = Agence d'évaluation de la recherche et de l'enseignement supérieur, *Évaluation des établissements, des unités de recherche et des formations de la vague C,* Paris: AERES, 2007.

Attali J. et al., *Pour un modèle européen d'enseignement supérieur,* Paris: MEN, 1998.

Chabbal R. et al., *L'enseignement supérieur en France - État des lieux et propositions.* Rapport établi sous la direction de François Goulard, Ministre délégué à l'Enseignement supérieur et à la Recherche, Paris: MEN, 2007.

CNE = Comité national d'évaluation, *Repères pour l'évaluation: Rapport au président de la République* 2002, Paris: La documentation française, 2003.

Garcia S., L'assurance qualité un outil de régulation du marché de la formation supérieure et de gestion des universités, *Cahiers de la recherche sur l'éducation et les savoirs,* 5, 2006, pp. 69-93.

Jolivet J.-L., Le Comité national d'évaluation a 20 ans. CNE (Éd.), *De Berlin à Bergen: nouveaux enjeux de l'évaluation - rapport du colloque, Dijon 10-11 juin 2004.* Paris: CNE, 2004, 12-16.

Laugénie C., L'évaluation institutionnelle en France. CNE (Éd.), *De Berlin à Bergen: nouveaux enjeux de l'évaluation - rapport du colloque, Dijon 10-11 juin 2004.* Paris: CNE, 2004, pp. 36-39.

Musselin C., *La longue marche des universités françaises,* Paris: PUF, 2001.

Pelleron J.-F., *La qualité dans l'enseignement supérieur,* Lausanne: Presses polytechniques et universitaires romandes, 2003.

Troquet M., *L'application du processus de Bologne en France Bilan et perspectives,* Lorient: Document présenté au 20e Colloque annuel Promosciences 19-20 mars, 2007.

---

5 例えば、AERESには旧MSTPが統合されたが、それによって資源配分を伴う学位授与権認証申請の評価をAERESは担うこととなった。

第5章 大学評価の国際的動向
第3節　各国における大学評価の動向
オランダ

大場　淳

　オランダはしばしば高等教育質保証のパイオニアと言われる。同国における今日の質保証は、資格枠組 (Qualifications framework) の設定とその運用や多方面に渡る評価等によって構成されている。本節は、同国の高等教育質保証の根幹とされるアクレディテーション制度、その中心的実施主体であるオランダ＝フランデレン・アクレディテーション機関 (NVAO) について概説する。

1. アクレディテーション制度の概要

　オランダの現在のアクレディテーションは、2002年に制度化されたものである。この制度の下で大学は、学士または修士学位を伴う教育プログラムについて、適格認定を受けなければならない。新たな教育プログラムの適格認定に係る手続は、初回アクレディテーション (initial accreditation) と呼ばれる。機関からのプログラム提案、外部審査を経て、適格認定の有無がオランダ＝フランデレン・アクレディテーション機関 (NVAO) において決定される。教育プログラムは、その後も定期的に評価を受けて適格認定を得なければならない。適格認定が得られない場合、国からの財政支援の受給資格が失われる。

　上記の適格認定はNVAOが一元的に行うが、そのための評価（「プログラム・アセスメント」と呼ばれる）は、初回アクレディテーションとそれ以後のアクレディテーションとで実施主体が異なる。前者はNVAOが行うが、後者はNVAOが認定する評価機関又は大学自身が選任する外部の有識者（但しその人選にはNVAOの事前承認が必要）によって行われる。NVAOは、この評価結果に基づいて適格認定するか否かを判定する。認定機関の一覧は以下の通

りである（大学評価・学位授与機構, 2011：36 頁）。
- QANU（オランダ大学質保証機構）
- Certified VBI bv（ロイド・レジスター・オランダ）
- EAPAA（欧州行政アクレディテーション協会）
- Hobéon（オランダ職業教育・専門職教育認証機構）
- NQA（オランダ質機構）
- ASIIN（工学・情報学・自然科学学位プログラムアクレディテーション機構）
- FIBAA（国際ビジネス管理アクレディテーション基金）

　全ての学位プログラムは NVAO の審査を受けることが原則であったが、2011 年から、機関質保証（instellingstoets kwaliteitszorg、英語では institutional audit）制度が設けられた。各高等教育機関の内部質保証制度を NVAO が審査し、合格した高等教育機関においてはプログラム審査を機関自身が主体的に行い、その後は限定的な審査で足りることとなった。現在はオランダの大半の大学が機関質保証に合格しており、各審査結果の有効期間は 6 年である。内部質保証システムが担保されていることによって、適格認定の有効期間を通して教育の質が保証されることが期待されている。

　オランダでは、1990 年代以降、学習成果に重点を置いた高等教育政策が取られていることを反映して、それに対応した大学評価が推進されてきている。アクレディテーションにおいては、プログラム毎に目標とされる学習成果を定義し、大学がそれを達成するだけの教育内容や施設・設備等を提供しているか、既存のプログラムの際には実際に学習成果が達成されているかが審査されている。学習成果については欧州高等教育アクレディテーション・コンソーシアムが開発した枠組み（ECA Profile）が用いられている。

　また近年は、機関やプログラムの特徴を進展させるための措置として、特徴的（質）事項（distinctive（quality）feature）の評価が行われている。特徴的（質）事項となり得る事項は限定されていないが、枠組みとして国際化、小規模・集中的教育、企業的精神が設定されている。

II. オランダ=フランデレン・アクレディテーション機関(NVAO)について

オランダ=フランデレン・アクレディテーション機関(Nederlands-Vlaamse Accreditatieorganisatie: NVAO)は、オランダとフランデレン[1]の両政府間の条約(協定)によって、両国(地域)内において高等教育質保証のための活動を行う政府機関として2003年に設立された。両国(地域)内におけるNVAOの活動には若干の相違はあるものの、基本的に同じである。オランダ国内では、NVAOの活動は高等教育研究法(Wet op het hoger onderwijs en wetenschappelijk onderzoek)で規定されている。政府はNVAOの諸活動(例えば、アクレディテーションの決定)には直接関与しないが、NVAOは政府による定期的な全般的評価を受けなければならない。

NVAOの活動は、新設の高等教育機関の認定(質的評価)、機関オーディット、プログラムの初回アクレディテーション、それ以後のアクレディテーション、プログラムの特徴的(質)事項(distinctive (quality) feature)の評価、評価結果の公開、質保証についての国際化の推進である。NVAOの評価結果は、大学の学位授与権に関わるのみならず、大学に対する公的資金措置、学生の奨学金に影響する。プログラムへの公的資金の交付決定においては、アクレディテーションの合否に加えて、同一地域(場合によっては国全体)における同種のプログラムの存在の有無、労働市場や専門職領域からの需要の有無が問われる。当該審査は、初回アクレディテーションに先立って高等教育評価委員会(Commissie Doelmatigheid Hoger Onderwijs: CDHO (http://cdho.nl/))によって行われる。

NVAOはボローニャ・プロセスに対応して設置された大学評価機関であって、改善のための措置は概ね同プロセスの動向(特に2005年の欧州高等教育圏における質保証のための規準及び指針(Standards and Guidelines for Quality Assurance in the European Higher Education Area: ESG)の策定)を反映している。ESGに対応して設定されたNVAOの内部質保証措置の概要は以下のようにまとめられている。

---

1 フランデレン(Vlaanderen)はベルギーの蘭語圏地域。英語ではフランダース、仏語ではフランドルと呼ばれる。ベルギーでは、高等教育政策が仏語圏と蘭語圏の地域で分かれて実施されている。

- 欧州質管理財団(EFQM)モデルに基づいた組織及び業務過程の統合的アプローチのNVAOに適合する形での採用
- 評価結果の頻繁な評価と向上のための構造的プラン(PDCAサイクルに基づく)
- 限定した手法の活用による、透明性が高く、簡潔で非官僚的な質保証
- 戦略的目標及び具体的な目的の設定
- 内部質保証システムの開発における国際的標準の採用による外部(国際)評価の基礎の提供
- 質保証活動への教職員の参加促進

III. 近年の動向と課題

　オランダ政府は、2011年、「多様性における質：高等教育、研究、科学の戦略新たな高等教育戦略計画」と題した新たな高等教育戦略を策定した(Ministerie van Onderwijs, Cultuur en Wetenschap, 2011)。当該戦略は、卓越(excellence)を強調しつつ、各(研究)大学が優れた特徴を発展させることを求めている。高等職業教育校(hoger beroepsonderwijs: HBO)については、学位の質が必ずしも担保されていないことを危惧しつつ、内部質保証システムの充実を求めている。

　また、同じ2011年、高等教育を含む教育活動全体の資格枠組み(Nederlands Kwalificatiekader: NLQF)が策定された。高等教育については、ボローニャ・プロセスを受けて、2009年に国内資格枠組み(NQF-HE)が設定されており、NVAOがその適用を監視する役割を担っている。

　オランダの大学は国立であるものの、規制緩和が進められており、他の大陸欧州諸国の大学と比べて自由で競争的環境の下で活動を進めている反面、様々な大学評価の取組に基づいてその質を担保が試みられている。また、NVAOの認定を受けてプログラムアセスメント等を行う機関は複数あり、その意味では評価機関も競争的環境に置かれている。大学評価は国際化が進展しており、オランダでは評価活動が蘭語ではなく、現地調査や審議等は英語で行われ、報告書も英語で作成されることが多い。評価者に外国人を加えることはボローニャ・プロセスの方針に沿ったものであるが、評価機関自体も外国から参入することは十分に考えられ、実際、NVAOの認定機関の一部は

外国に本部拠点を置くものである。

　オランダの大学評価制度は、アクレディテーションを実施する他の国から高い評価を受けており、NVAO等の評価機関もその点は自負している。しかしながら、高等教育機関側から見た場合、アクレディテーションは大きな負担を大学等に強いるもので、欧州大学協会（EUA）等の調査によって、オランダに限らず大学等からの評判が必ずしも芳しくないことが知られている。その他の課題としては、評価サイクルの見直し、大学と社会・政府間のバランスを保った評価の実施などが指摘されている。

【参考文献】

Inspectie van het Onderwijs "Hoger onderwijs", Den Haag, Ministerie van Onderwijs, Cutuur en Weetenschap, 2013.（オランダ教育・文化・科学省のサイトから、平成25年7月26日ダウンロード）

Jeliazkov, M., D. F. Westerheijden, "The Netherlands: A Leader in Quality Assurance Follows the Accreditation Trends," *Accreditation and Evaluation in the European Higher Education Area*, S. Schwarz, D. F. Westerheijden (eds.), Dortrecht, Springer, 2007.

Ministerie van Onderwijs, Cultuur en Wetenschap, *Kwaliteit in verscheidenheid: Strategische Agenda Hoger Onderwijs, Onderzoek en Wetenschap*, Den Haag, MOCW, 2011.

NVAO, *Assessment frameworks for the higher education accreditation system: institutional quality assurance assessment*, Den Haag, NVAO, 2011.

NVAO, *Assessment frameworks for the higher education accreditation: Programme assessment (limited/extensive)*, Den Haag, NVAO, 2011.

NVAO, *Monitoring quality: Annual Report 2011 Summary*, Den Haag, NVAO, 2012.

NVAO, *Self-evaluation report NVAO 2012*, Den Haag, NVAO, 2012.

NVAO, *Strategy NVAO 2012-2016*, Den Haag, NVAO, 2012.

Schwarz, S., D. F. Westerheijden, "Accreditation in the Framework of Evaluation Activities: A Comparative Study in the European Higher Education Area," *Accreditation and Evaluation in the European Higher Education Area*, S. Schwarz, D. F. Westerheijden (eds.), Dortrecht, Springer, 2007.

The Dutch Ministry of Education, Culture and Science, *Quality in diversity: Strategic Agenda for Higher Education, Research and Science*, Den Haag, the Dutch Ministry of Education, Culture and Science, 2011.（オランダ政府ウェブサイトから、平成24年12月29日ダウンロード）

The Panel for the 2012 review of NVAO, *Report of the external review of NVAO*, 2012.

大学評価・学位授与機構（2011）『諸外国の高等教育分野における質保証システムの概要：オランダ』NIAD-UE。

NVAOのウェブサイト（英語版）（http://nvao.com/）

第5章 大学評価の国際的動向
第3節　各国における大学評価の動向
北欧諸国

堀井　祐介

I．北欧の高等教育質保証の概要

いわゆる北欧と呼ばれるデンマーク、スウェーデン、ノルウェー、フィンランド、アイスランドは北欧質保証ネットワーク（Nordic Quality Assurance Network in Higher Education (NOQA)）[1]において協力して高等教育の質保証活動を行っている。NOQAは、情報共有、活動経験の交換、相互に関心のあるテーマについてのプロジェクト等を進めるネットワークである。高等教育に関する問題についてお互いに異なる北欧的視点についての合意を形成することをその主たる目的としている。NOQAは、北欧5ヶ国により作られており、以下にあげる高等教育の質保証活動を行っている機関・省が参加している。

- ACE Denmark（The Accreditation Council Denmark）[2]
- Danmarks Evalueringsinstitut（Danish Evaluation Institute, EVA）[3]
- Korkeakoulujen arviointineuvosto（Finnish Higher Education Evaluation Council, FINHEEC）[4]
- Menntamálaráðuneytið（Ministry of Education, Science and Culture, Iceland）[5]
- NOKUT - Nasjonalt organ for Kvalitet i utdanningen（Norwegian Agency for Quality Assurance in Education）[6]

1　<http://www.nokut.no/en/noqa/>
2　2013年7月、制度変更により、名称がDanmarks Akkrediteringsinstitutionへと変更。<http://akkr.dk/>
3　<http://www.eva.dk/>
4　<http://karvi.fi/en/> 2016年5月時点
5　<http://eng.menntamalaraduneyti.is/>
6　<http://www.nokut.no/no/>

・Universitetskanslersämbetet（Swedish Higher Education Authority）[7]

1992年から開催されていた政府機関による高等教育質保証関連の会合を発展させ、2003年にNOQAが作られた。NOQAは、加盟国機関によるプロジェクト実施、報告書刊行および年一回の総会により、高等教育質保証に関する情報交換、認識共有を進めている。

NOQAがこれまで検討し報告書としてまとめたテーマとしては、高等教育質保証、質保証期間の相互認証、『欧州高等教育の質保証の基準およびガイドライン』（Standards and Guidelines for Quality Assurance in the European Higher Education Area（ESG））関連、質保証活動への学生参画、学習成果、ジョイントプログラムなどとなっており、ENQA、EQARを中心とした欧州での質保証活動の流れに沿ったものとなっている[8]。

II. デンマーク[9]

デンマークは、ヨーロッパでも最も早く高等教育システムに対する外部評価を取り入れた国の一つであり、1992年にデンマーク高等教育質保証・評価センター（Evalueringscenteret）が設立されている。その業務は、全ての高等教育機関における教育プログラムの定期的、組織的評価であった。このデンマーク高等教育質保証・評価センターを拡大改組し、乳幼児ケアから、初等教育、中等教育、高等教育、成人教育までの教育評価を行う機関として1999年にEVA（Danmarks Evalueringsinstitut、デンマーク評価機構）が設立された。EVAは、第一段階（2000-2003年）において、デンマーク高等教育質保証・評価センターが実施した高等教育機関プログラム調査の事後サポート、テーマ別調査、国際比較調査、国際指標調査（ベンチマーキング）、オーディットなどを実施し、第二段階（2004-2006年）には、大学レベル機関のオーディット

---

[7] <http://www.uka.se/> 2016年5月時点
[8] <http://www.nokut.no/en/noqa/Reports/>
[9] デンマークのアクレディテーションシステムについては、2013年7月に制度改正が実施されている。改正後の動向については不明確な部分が多いため、本稿では改正以前の仕組みについて述べる。

(12機関)、大学プログラム調査に基づく選択的基準作成、高等教育機関のアクレディテーションとして、教育プログラムレベル(70機関の20プログラム)、機関レベル(18機関)などを行った。

2007年からデンマークにおける大学の質保証については、Akkrediteringsinstitutionen(アクレディテーション機構)が担当している。アクレディテーション機構は、Akkrediteringsrådet(アクレディテーション委員会)と実務担当の専門機関としてのACE Denmarkからなる組織である。ACE Denmarkは2007年秋に「高等教育アクレディテーション機関に関する法律」により設立されたアクレディテーション機関であり、専門性を持つ独立した組織である。その設立目的・使命は、デンマークの教育機関における高等教育の質と社会との関わりを保証し、(文書で)証明することである。アクレディテーション活動は、国内外の質保証システムを土台として行われる。独立性、透明性、専門性、開放性の4つがACE Denmarkの核となる考え方である。アクレディテーションは6年に一回の周期で実施され、どの教育プログラムが何年にアクレディテーションを受けるかの計画が立てられている。この計画に従い、同じ名称の教育プログラムは基本的に同じ年にアクレディテーションを受けることになっている。

具体的なアクレディテーションプロセスは、文書作成、審査・審議、決定・承認の3段階からなる。文書作成では、アクレディテーション対象となっている教育プログラムを提供している学科等がアクレディテーション審査用の文書を作成し大学の責任のもとACE Denmarkに提出する。審査・審議では、分科会が「基準1 労働市場における教育プログラムへの要求」、「基準2 研究を基盤とした教育プログラムであるかどうか」、「基準3 教育プログラムの学習成果に結びつく専門性と目的」、「基準4 教育プログラムの構成」、「基準5 教育プログラムに対する内部質保証制度が機能しているか」の5つのアクレディテーション基準に従い、提出された文書について審査および実地調査を行い、分科会としてのアクレディテーション報告書を作成し、アクレディテーション委員会へ提出する。分科会は当該教育プログラム関連分野の専門家1名、外部(卒業生・修了生の雇用可能性のある企業から)1名、学生1名

により構成されている。決定・承認では、分科会からの報告書に基づきアクレディテーション委員会が「適」、「条件付き適」、「否」の判定を下す。なお、このアクレディテーション委員会は、大学教職員、企業関係者、評価機関代表、その他省庁が任命したものに加えて、学生代表が委員となっている。アクレディテーション結果が「適」の場合は6年間補助金が支給される。「条件付き適」の場合、1から2年後の再評価（再訪問調査）で改善が認められれば補助金支給となる。再評価結果が出るまでの期間も補助金は出る。再評価で改善が認められなければ補助金は出ない。「否」となった場合は国からの補助金が停止されるため、大学は当該教育プログラムを閉鎖する。その場合、法律で担当大臣がその時在籍している学生のために別の学習場所、学習機会を探すことを義務づけられている。アクレディテーション機構（ACE Denmark 含む）、EVA ともに ENQA の正規メンバーであり、EQAR 登録機関である。なお、2011年頃よりアクレディテーションシステムの見直しが行われ、2013年5月に新しいアクレディテーション法が国会で承認され、2013年7月1日より ACE Denmark は Danmarks Akkrediteringsinstitution として大学を含めた全ての高等教育機関のアクレディテーションを担当することとなる。

III. スウェーデン

スウェーデンの高等教育質保証は2012年末までは、（スウェーデン高等教育庁（Högskoleverket）が担当していた。スウェーデン高等教育庁は、1995年に設立され、高等教育評価、オーディット、テーマ別評価などを行うとともに、スウェーデンにおける高等教育関連データを分析し高等教育改革へのアドバイスも行っていた。2007年からは機関に対するオーディットを高等教育における外部質保証の中心手段と位置づけていたが、2011年からは4年ごとに全ての教育プログラムを評価する形へと転換した。教育プログラム評価においては、学生の学習成果を重視している。

2013年からはスウェーデン高等教育局（Universitetskanslersämbetet, Swedish Higher Education Authority）が高等教育質保証を担当している。主たる活動は、高等教育の質保証、学位授与活動評価、高等教育の監督、有効性の監視などである。

スウェーデン高等教育局は政府機関であり、政府が定めた資格認定指標に基づき大学に学位授与権限を与えたり剥奪したりできる。スウェーデン高等教育局諮問委員会 (Insynsråd) は、大学関係者、企業関係者、外部有識者に加え、学生代表から構成されている。現在、スウェーデン高等教育局は、ENQA の正式メンバーとなる審査を受けているところである。

以下に、スウェーデン高等教育局が実施する教育プログラム評価における質保証の観点、評価プロセスを示す。

<u>学位授与権限と結びついた質保証の観点</u>[10]：

前提条件

・教員の教育能力
　　教育プログラム実施にふさわしい教員数、専門性を備え、能力開発の可能性がある

・教育実施環境
　　教育プログラムが研究・芸術能力開発可能な状況で提供される
　　批判的、創造的・内省的処理可能な状況を提供している

・基盤整備
　　学生は、教科書やその他学習資料、IT 資源、その他必要な設備を利用可能

教育プログラム提供組織

・方針を明記した文書
　　シラバスは意図した学習成果を含んでいる

・授業、教科書、試験
　　授業、教科書その他学習教材、試験は、研究・芸術能力開発および発展につながるようにデザインされている

学習成果

・定性的な目標の担保
　　例えば、成績評価基準のような形で要求目標が明確に文書で示されて

---

[10] <http://www.uka.se/qualityassurance/qualityaspectsandconditionsonwhichdegreeawardingpowersarebased.4.4149f55713bbd917563800010322.html> 2016 年 5 月時点

おり、それらは、口頭試験、学位プロジェクトやその他試験用の指示で明白となっている
・高等教育機関は、教育プログラムが学生が目標達成できるよう適正な状況を提供していることを示せる
・質保証
　　教育プログラムの将来の質を担保する質保証システムがある

　評価の時期としては、2011年から2013年の3年間を6つの時期に分け、教育プログラム毎にいつ評価を受けるかが決められている。

<u>標準的な評価プロセス[11]</u>：
① 学長（rektor）へ連絡。評価対象範囲の調査。
② 評価者募集。労働市場との相談。
③ 評価小委員会が、教育プログラム評価における目標を提案。目標は、3段階の基準の形式で具体的に表現されている。
④ 高等教育機関とのスタートアップ会合。スウェーデン高等教育局が目標と基準を定める。自己評価の開始。
⑤ 学生の個々の学習成果プロジェクト一覧作成および無作為抽出。個々のプロジェクトの精査と評価。
⑥ 自己評価の提出と評価。
⑦ 学生の体験－学生インタビュー実施。高等教育機関インタビュー実施。
⑧ 評価小委員会が報告書を作成し、総合的評価結果を提案。
⑨ スウェーデン高等教育局が最終的な評価結果を判断。「非常に高い質」、「高い質」、「質が不十分」。
⑩ 「非常に高い質」は政府に報告され、資源配分増。「質が不十分」の場合は、改善のための期間が設けられ、改善できない場合は、当該教育プログラムで学位を与える権利を大学から剥奪。

　評価小委員会は、当該分野の専門家、学生、労働市場代表の三種類の関係者から構成される。

11　<http://www.uka.se/qualityassurance/standardevaluationprocess.4.4149f55713bbd917563800010219.html>
　　2016年5月時点

Ⅳ．ノルウェー

　ノルウェーにおいて高等教育機関の評価を行っているのはNOKUT（Nasjonalt Organ for Kvalitet i Utdanninga、国立教育質保証機構）である。NOKUTは、2003年に設立された政府の専門組織である。NOKUTは、「大学法（大学及び高等教育機関に関する法律）[12]」に基づき、機関別オーディット、機関別アクレディテーション、教育プログラムアクレディテーションを行っている。NOKUTは海外で取得した資格・学位の承認も行っている。また、教育質保証につながるテーマについての研究も行っている。NOKUT理事会は、高等教育関係者、外部有識者に加えて学生代表から構成されている。NOKUTはENQAの正式メンバーである。

　ノルウェーでは、「大学法」対象の国立の高等教育機関に対しては、基本的に機関別アクレディテーション認定がなされていると見なされ、その上で3つのカテゴリー（大学、ユニバーシティカレッジ、専門大学）に分類されている[13]。「高等教育における質保証および質向上に関する法令[14]」および「高等教育質保証監督に関する法令[15]」にカテゴリー別のアクレディテーション認定要件が記されている。大学法対象外の高等教育機関はNOKUTにアクレディテーションを申請することができる。機関別アクレディテーションの要件としては、機関の目的、組織、施設・設備、当該分野におけるレベルの高い研究活動、教育・研究スタッフ、学生の受け入れ・進級・卒業状況、国内外での研究ネットワークなどがあげられている。

　高等教育機関は、この3つのカテゴリー毎に、提供する教育プログラムに対するNOKUTのアクレディテーションを受けるかどうかが異なる[16]。

・大学

　学士、修士、博士全ての課程において新規教育プログラムを設けるの

12　LOV 2005-04-01 nr 15: Lov om universiteter og høyskoler（universitets- og høyskoleloven）
13　ENQA Review of NOKUT selfevaluation Report_February 2013.pdf pp.16-19
14　FOR 2010-02-01 nr 96: Forskrift om kvalitetssikring og kvalitetsutvikling i høyere utdanning og fagskoleutdanning
15　FOR 2013-02-28 nr 237: Forskrift om tilsyn med utdanningskvaliteten i høyere utdanning（studietilsynsforskriften）
16　<http://www.nokut.no/no/Fakta/Det-norske-utdanningssystemet/Institusjonskategoriar/> 2016年5月時点

に制限なし。

・ユニバーシティカレッジ

　新規教育プログラムを設ける際、学士課程においてはアクレディテーションを受けなくていいが、修士、博士課程においてはアクレディテーションが必要。

・専門大学

　当該専門分野については学士、修士、博士全ての課程において新規教育プログラムを設けるのに制限なし。他の分野についてはユニバーシティカレッジと同じ。

　アクレディテーションとは別に、NOKUTは6年周期で大学の内部質保証システムのオーディットを実施している[17]。オーディットでは大学が自らの質保証システムを活用し体系的に質保証活動を行っているかを見る。専門家による小委員会において、実地調査、大学から報告書などに基づきオーディットが行われる。専門家小委員会は、改善が望まれる分野が記載されたオーディット報告書を作成する。この報告書に基づきNOKUTが最終的なオーディット結果を判断する。オーディットの基準は以下の通りである[18]。

オーディット基準：

(a) **質保証活動および質保証文化への動機付け**

　NOKUTは、質保証システムが、教職員、学生およびそれらの代表者による委員会が幅広く質保証活動に参加するよう促しているか、開放性、関与、改善する意思により特徴付けられる質保証活動に刺激を与えているか、情報とそれに対する評価が文書にまとめられ公開されているか、を評価する。

(b) **目的、計画と管理運営との関係**

　NOKUTは、質保証システムが、関連する目標、手順、関係者、領域を明確に定義する形で文書化されているか、様々なレベルでの管理運営、意思決定機関とつながりがあるか、業務と責任の配置が決められているか、質保証

17　<http://www.nokut.no/no/Laresteder/Evaluering-av-system-for-kvalitetssikring/> 2013年7月時点

18　FOR 2013-02-28 nr 237: Forskrift om tilsyn med utdanningskvaliteten i høyere utdanning (studietilsynsforskriften) 第6章

システム自体を定期的に評価し、機関自身の必要性を意識して改良されることが規定されているか、を評価する。

(c) 教育の質を裏付ける根拠資料

NOKUT は、実際に動いている全てのコースや教育プログラムの質保証が様々な資料から体系的に復元される情報に基づいているか、質保証システムが、新しい教育プログラムを作るプロセスを定義しているか、を評価する。

(d) 分析、評価、報告

NOKUT は、質保証システムが作り出す情報を分析、評価し、適切に、責任部署および関連する意思決定機関に提示されているか、を評価する。

(e) 収集した情報を質向上に役立てる

NOKUT は、質保証システムから生み出された情報を分析することにより、日常的に改善策が検討され実施されているか、を評価する。これは、アクレディテーション基準に合っていないことが明らかになったものの改善だけでなく、さらなる質向上を目指す方策の両方に当てはまる。

オーディットでは、質保証システムが全体として十分満足行くものであるかを評価する。専門家小委員会が十分でない場合は6ヶ月のフォローアップ期間が設けられる。「適」の評価を受けた場合、大学は大きな自律性を獲得する。大学の質保証システムが十分満足行くものと判断されている限り、大学は自らの判断で新しい教育プログラムを作る権利を有している。「否」の評価を受けた場合、新しい教育プログラムはアクレディテーションを受けなければならない。オーディットの手順としては、当該機関へのオーディット開始通知、専門家小委員会設置、当該機関による質保証関連文書作成、訪問調査、専門家小委員会による報告書作成、最終判断となっている[19]。専門家小委員会は、高等教育機関理事経験者、関連する国際機関、学生代表、教授から構成される。質保証システムに重大な欠陥が見つかった場合、当該機関は6ヶ月の猶予期間内に修正しなければならない。

---

[19] <http://www.nokut.no/no/Laresteder/Evaluering-av-system-for-kvalitetssikring/Prosedyre/> 2013年7月時点

V. フィンランド

フィンランドでは、初・中等教育機関(幼稚園、義務教育校、E 教育校、高等学校)の評価は、フィンランド教育評価機関(Finnish Education Evaluation Council)及びフィンランド教育委員会(Finnish National Board of Education)が、高等教育機関(大学及び高等職業教育機関)の評価のうち、研究評価はフィンランド・アカデミー (Academy of Finland)が、教育評価(機関別評価)はフィンランド高等教育評価機構(Finnish Higher Education Evaluation Council, 以下、FINHEEC)が行っている。FINHEEC は、ENQA の正規メンバーであり、EQAR 登録機関である。

高等教育機関の質保証システムは、教育文化省(Ministry of Education and Culture)による高等教育機関全般に関する運営及び政策決定のもと、各高等教育機関(大学及び高等職業教育機関；UAS–University of Applied Science, フィンランド語では ammattikorkeakoulu、通称 AMK)に、教育の質と向上に対する第一義的責任及び質保証システムの確立並びに外部評価やオーディットへの参加が求められている。FINHEEC は、高等教育機関の質保証システムのオーディット及びその他の評価を担っている。

なお、2014 年にフィンランド・アカデミーを除く全評価機関を統合した新たな評価機関を設立するため、法令改正を行ったところである。

FINHEEC による大学評価はオーディットと呼ばれ、2005 年から 6 年サイクルで実施されている。2012 年 3 月までに、フィンランドの全ての高等教育機関(大学及び高等職業教育機関、以下、大学と略す)が FINHEEC による監査を受け、第 1 期を終了し、第 2 期が始まったばかりである。

フィンランドのオーディットシステムは、高等教育機関の自律性の原則に沿って、高等教育機関自身が教育や運営の質に対して最終的な責任があることを前提とし、オーディットによって高等教育機関の発展を支援する情報をもたらすことを、その目的としているため、各高等教育機関は、それぞれに適した内部質保証システムを構築している。

各高等教育機関は、オーディットにより、①その教育・研究等の質を維持・発展させるための手続き及びプロセス、及び②高等教育の質保証が目的に沿って機能しているか否か−質保証システムが、大学運営の改善に向けた

有効かつ適切な情報を提示しているか、質保証システムが、効果的な改善措置をもたらしているかを評価している。なお、監査に適合した高等教育機関には6年間の認定が与えられる。

FINHEECによるオーディット（第2期）の目的は、①各大学の質保証システムが機能していることを保証すること、②大学の質向上に向けた開発努力を支援すること、③大学における諸活動の質の確保・改善を促進すること、④大学の内部質保証システムを評価すること、⑤大学自身が諸活動の質に責任を負うこと、の5つである。

また、第2サイクルにおけるオーディット項目は、以下の6つの事項からなり、それぞれの項目をシステムの開発状況に応じて4段階（①不足、②開発途上中、③開発済み、④有効）で評価している。

オーディット項目：
　① 各大学の質保証に関する方針
　② 戦略と管理運営
　③ 質保証システムの開発－第1期後の取り組み
　④ 大学としての基盤における質保証
　　・学士課程教育のあり方
　　・研究、開発及び技術革新活動並びに芸術活動
　　・地域貢献
　　・選択的監査
　⑤ 学士課程教育及び教育プログラム例
　⑥ 大学全体の質保証システム

オーディットは、オーディットチーム（教職員、学生、産業界関係者から構成）ごとに、書面及び実地調査をもとに、監査項目ごとに質保証システムの開発状況に応じて評価を行っている。その結果、各項目における質保証システムが「不足」状況ではなく（「開発途上中」以上の状況）、かつ大学全体としての質保証システムが「開発済み」の状況をもって「適合」と判断される。なお、適合しなかった場合は、再オーディットを受けることになり、再オーディットの際には、通常のオーディット項目に加えて再オーディットとなった事項を

含めて最終決定を下すことになる。

VI. アイスランド

アイスランドでは、大学は7つしかないため、独立した評価機関は存在しない。従来は、教育科学文化省が計画、監督する形で、評価委員会を組織し、アクレディテーションを行っていた。2010年に、新しい質保証システムとして、教育科学文化省は高等教育質保証委員会(Quality Board)を創設した。この委員会は、同じく教育科学文化省が設立した高等教育質保証協議会(Quality Council)と連携し、アイスランドの高等教育機関全体に関わる高等教育質向上枠組み(Quality Enhancement Framework（QEF）)推進に取り組んでいる[20]。現在は移行期にあたるため、QEF活動と従来のアクレディテーションが併存している[21]。

高等教育質保証委員会[22]は、2013年現在6名で構成され、全てアイスランド以外の国(スコットランド、米国、ノルウェー、フランス)から選出されている。同委員会の役割は以下の通りである。
- 高等教育質保証協議会の助言に従い担当大臣に提言を行うため、外部的に質および基準を保証し向上させる方法論の設計を行う。
- 外部的に質および基準を保証し向上させる方法論実践のためのハンドブックを発行する。合意された、外部的に質および基準を保証し向上させる計画の実行状況を監督する。
- 質保証プロセスの成果に関する報告書を発行する。
- 外部質保証方法論に関して高等教育質保証協議会と協議する。
- 高等教育質保証協議会と担当大臣に対して、質保証および質向上への内部的取り組みについての助言を行う。
- 外部的質点検の成果について、担当大臣および高等教育質保証協議会に

---

20 <http://rannis.is/qef/quality-enhancement-framework/> 2013年7月時点
21 <https://webgate.ec.europa.eu/fpfis/mwikis/eurydice/index.php/Iceland:Quality_Assurance_in_Higher_Education>
22 <http://rannis.is/qef/quality-board/> 2013年7月時点

対して報告する。高等教育質保証協議会の活動の重要性を増すために同協議会に対して助言を行う。

高等教育質保証協議会[23]は、2013年現在11名で構成されている。内訳は、アイスランドにある7つの大学の学長、教授2名(内1名は科学技術協議会からの選出)、学生代表2名(アイスランド大学学生会およびその他学生会からの選出)である。同委員会の役割は以下の通りである。

・外部質保証の方法論について高等教育質保証委員会に助言を行う。
・外部質保証システム稼働について高等教育質保証委員会に助言を行う。
・内部質保証機構の改良および向上担当部署の支援を行う。
・アイスランド高等教育において学生の諸活動の質向上担当部署を支援するためワークショップ、セミナー等幅広い分野の活動の後援を行う。
・とりわけ、学生が体験する内容の質向上に関して当該機関を支援するよう設計された高等教育質保証委員会報告書の作成など、幅広い出版物作成を行う。

アイスランドの質向上枠組みの主要な項目は以下の6つである。

(a) **高等教育機関主導による分野別点検評価**

5年に一度、全ての分野についてQEFで定められた基準を満たしているかの点検を行う。学生参加は義務。高等教育質保証委員会が国内外の外部専門家を点検評価委員会メンバーとして指名する。

(b) **高等教育質保証委員会主導による機関別点検評価**

5年に一度、学生の諸活動を保証し向上させる大学運営の有効性に焦点をあてたものでエビデンスベースで実施される。

(c) **高等教育質保証委員会年次総会**

大学関係者と委員会メンバーとの意見交換の場。

(d) **高等教育質保証協議会主導によるワークショップおよび研究会**

高等教育質保証に関していい取り組み(Good Practice)の紹介および報告書の作成。

---

[23] <http://rannis.is/qef/quality-council/> 2013年7月時点

(e) **高等教育質保証委員会主導による特別点検評価**

特別な事情がある場合、大学、教育科学文化省、高等教育質保証協議会からの提案で実施される。

(f) **継続的および追加的アクレディテーション**

従来のアクレディテーションプロセスとの整合性を取るもの。将来的にはQEFにより自己認証機関 (self-accrediting institutions) の仕組みを目指す。

VII. まとめ

北欧5ヶ国では、アイスランドを除いて、質保証機関はENQAメンバー (審査中を含む) であり、デンマーク、フィンランドの質保証機関はEQAR登録機関となっており、ESGを基本とする欧州全体における質保証システムに準拠した形で活動が進められている。なお、個別の国、機関毎の項目では記述しなかったが、デンマーク、スウェーデン、ノルウェーは言語が似ていることもあり、お互いの国の関係者を入れることで国際的質保証活動を実現している例も多く見られる。また、アクレディテーション、オーディット等の質保証活動および理事会等の質保証機関運営への学生参加も北欧高等教育質保証活動の特徴と言える。

第5章 大学評価の国際的動向
第3節　各国における大学評価の動向
アメリカ合衆国

前田　早苗

はじめに

　アメリカの高等教育の質保証は、アクレディテーションという民間団体が構築したシステムによって担われている。日本の認証評価とは異なり、アメリカのアクレディテーションには、奨学金の受給資格との連動という目に見えるメリットがある。そのメリットゆえにアクレディテーションは、高等教育法をはじめ複数の法規によって連邦政府から様々な規制を受けている。

　アメリカのアクレディテーションシステムについては、日本でもかなり広く知られているので、本稿では、このメリットをアクレディテーションと結びつける最大の根拠となっている高等教育法の改正に焦点をあて、大学団体によって自立的に発展したアクレディテーションが、近年、このメリットゆえに連邦政府からどのような影響を受けているのか、そして連邦政府は奨学金支給の根拠を何に求めようとしているのかを確認するとともに、高等教育法改正をめぐる動きが、日本にどのような示唆を与えてくれるのかについて考察する。なお、アクレディテーションシステムの概要については、注1を参照されたい[1]。

---

[1] アメリカでは、教育の管轄権は連邦政府ではなく州政府にあり、大学の設置認可は州によって行われる。ただし、州による設置認可の厳格さは一様ではないため、民間のアクレディテーションが大学やプログラムを認定するシステムが発展した。
　アクレディテーションとは、民間の大学団体が、独自に基準を設定し、その基準に適合した大学またはプログラムを認定し、その認定校または認定プログラムのリストを公表することで、認定された大学またはプログラムの質を保証するシステムである。
　アクレディテーションには、大学全体を対象とする教育機関別アクレディテーション（Insti-

1990年代以降の高等教育法改正

　1980年代からのアメリカ経済の不況は、アクレディテーションにも大きな影響を与えるようになってきた。特にアクレディテーションをめぐる議論が活発になるのは、高等教育法（1965年制定）の改正期である。この法律は、1980年以降、直近の改正前までは5年おきに改正されてきた。

　1992年の高等教育法の改正時には、奨学金の返済不履行の増加が連邦議会で大きく取り上げられた。奨学金を返済できないような学生を輩出した大学の質が問題視され、アクレディテーションと奨学金の受給資格を切り離すという案が初めて出された。結局、この時は、高等教育法の連邦奨学金条項の順守を大学に求めることと返済不履行に対する監視の任をアクレディテーション団体に負わせるということに落ち着き、アクレディテーションと連邦奨学金の関係は継続された。

　その6年後の1998年の同法の改正では、奨学金の返済不履行率が依然として高いままであったため、連邦政府、州政府、アクレディテーション団体が三重のチェックを行うことが改正法に盛り込まれた。しかし、州政府に新

---

tutional Accreditation）と学位プログラムや特定の専門分野を対象とする専門分野別アクレディテーション（Professional Accreditation または Programmatic Accreditation）がある。アクレディテーションを実施している団体は、機関別アクレディテーションが18団体（地区基準協会6、全国宗教関係認定機関4、全国職業関係認定機関8）、専門分野別アクレディテーションが70余りあり、専門分野別アクレディテーション団体は年々増加している。

　アクレディテーションを受けることは義務づけられているわけではないが、アクレディテーション団体から認定を得ていることが、様々な資格要件となっているため、認定を得ることは大学の死活問題ともなっている。とりわけ、連邦政府による機関別アクレディテーション団体の承認は、最大の連邦奨学金の受給資格と連動するため、これを規定している高等教育法の改正を通して連邦政府が高等教育の方向性を間接的にコントロールしているともいえる。このほかに、医師、法曹、教師など多くの専門職の免許・資格が州の許可事項であり、多くの州が、免許資格の付与要件として、申請者の修了したプログラムが連邦政府の承認を得た専門分野別アクレディテーション団体によって認定されていることを求めている。また、専門分野別アクレディテーション団体は、申請するプログラムに対して、そのプログラムを開設している大学が教育機関別アクレディテーション団体から認定を得ていることを要件にしているところがほとんどである。

　このほかに、大学を会員とする民間の高等教育アクレディテーション審議会（Council for Higher Education Accreditation CHEA）が、連邦政府とは別にアクレディテーション団体の承認活動を行い、アクレディテーション団体の承認活動を行っているのもアメリカの質保証システムの特徴である。

たにチェック機能を担わせるのは、州によって対応の状況に差があり、実効性が薄く、次の改正時には条文から消えた。

　直近の改正はその10年後の2008年と少し間が開く。この間、日本でもスペリングス・レポートとして話題になった"A Test of Leadership"が2006年9月に発表されるなど、アクレディテーションへの規制強化をめぐって激しい論争があった。当時の連邦教育長官だったマーガレット・スペリングス氏が設置した高等教育将来構想委員会の上記レポートは、「アクレディテーション団体は、大学をインプットによって評価するのではなく、学生の卒業率や学習成果などのアウトカムを中心にした評価を行わなければならない」、「各団体の適格認定基準は各大学がどのくらいの成果を上げているかを比較可能にするものでなければならない」などとして、成果を具体的な数値で示し、大学間でパフォーマンスの比較ができる評価を求めた。

　しかし、こうした要請には、大学関係者だけではなく連邦議会でも反対が強く、結局、2008年の高等教育法は、アクレディテーション機関が大学を評価する際に、「高等教育機関のミッションに照らして学生の学習到達度を評価する基準を持つこと、このミッションは、高等教育機関が設定するものであり、異なる高等教育機関または教育プログラムには、異なる基準がある。これらの基準には、必要に応じて、国レベルでの資格試験、修了率、就職率を考慮したものが含まれる」（Part H. sec 495 (a) (5)）ことに決着した。この改正により、アクレディテーション団体は、大学が学習成果を測定することをアクレディテーション基準に明記するとともにその評価を行うという義務が課された。ただし、測定指標は大学が自身のミッションに基づいて設定するものであり、アクレディテーション団体が一律の指標を持ってはならないことも明記された。さらに、2008年法は、「教育長官は、sec 495 (a) (5)に記述されたアクレディテーション団体の基準に関していかなる規則も公布しない」（同 sec 495 (o)）と釘をさしている。

　この決定を受けて、アクレディテーション団体は、会員大学に対して、数量基準が法律に盛り込まれなかったことを通知したり、評価方法に何の変更も加えることなくこれまで通りのプロセスで評価を行うことをウェブページ

で報告するなど、ほっと一息ついたという雰囲気があった。

2008年の高等教育法改正後の高等教育政策

このように、高等教育法が改正されるたびに、高等教育機関の質と連邦奨学金の適正な給付の関連付けをめぐって、連邦政府、議会、大学関係者の間でさまざまな議論が交わされ、高等教育法の上では規制強化と緩和が繰り返されてきた。しかし、2008年の改正法自体では学習成果評価への言及が穏やかなものに落ち着いたとはいえ、大局的に見れば高等教育の監視は継続的に強化されてきている。

2010年には、改正法を受けてプログラムの誠実性(Program Integrity)に関する連邦規則が制定された。同規則は、連邦奨学金への適格性の要件として、(1)単位時間(credit hour)の連邦政府による定義の採用、(2)(連邦奨学金プログラムに参加する)州による中等後教育機関の認可要件の明確化、(3)教育機関に関する情報の不実表示(misrepresentation)への厳格な対応などを規定した。

日本でも単位の実質化が問題になっているところだが、(1)の単位時間の定義については、2学期制または3学期制の場合では1学期を15週とし、授業内または教員による直接指導の1時間(50分)と最低2時間の教室外学習をもって1単位とし、4学期制では10～12週で同様に1単位とすること、これ以外の場合も同等の学習時間を確保することとしている。大学ごとの単位時間の定義がそれぞれの特色や方針に基づいてなされることは構わないとしつつ、連邦奨学金に参加するにはこの定義に従わなくてはならない。

(2)については、連邦奨学金プログラムに州として参加する場合、これまでは、州は大学に対して最低限の認可を行うことのみが規定されていた。連邦規則は、認可要件自体を規制するわけではないが、これがどのようなものであるかを明確化するとともに、認可した教育機関に苦情等の問題が起きた場合には、その調査を行って適切に対処するなど、認可した後のモニタリングを行うことを州に対して新たに義務づけている。(3)については、教育機関の情報に誤解を招くようなものがないように、不実記載の範囲を拡大するとともに、その定義を明確化しようというものである。

この規則における単位時間や州の認可の規制に対しては大学やアクレディテーション団体などの反対も強く、規則の廃止が連邦議会で審議されたこともあったが、結局現在も規則は生きており、アクレディテーション団体も単位時間のチェックに関して方針を策定して評価プロセスに組み込んでいる。

連邦奨学金と大学経費経済性（college affordability）

アクレディテーションに直接言及しているわけではないが、大学の経費の手ごろさ（affordability）をめぐって政府の新たな動きがある。

オバマ大統領は、再選を目指した2012年1月の一般教書演説で、国民の誰もが高等教育に手が届くよう大学のコストを抑えるための高等教育制度改革を実施する方針を打ち出した[2]。

2013年8月にバファロー大学で行った演説の中でも、授業料の金額、学生の抱えるローン、卒業率、卒業後の就職率などをもとに大学を評価する制度を2015年度までに開始し、2018年までに評価結果に基づいて政府の支援金を割り振るよう議会に要請し、評価の高い大学の学生への連邦奨学金の優遇や、良い結果を出せない教育機関への支援停止の考えを示した[3]。

この方針には大学関係者のみならず、議会からも賛否さまざまな意見が出されているものの、具体化が進んでいる。2014年12月に連邦教育省が公表したカレッジ・レーティングシステム[4]は、アクセス（ペル奨学金の受給率）、経済性（平均的な学費、奨学金、ローン負債額など）、アウトカム（卒業率・転学率、卒業生の収入、大学院学位の取得状況など）の3つの側面から評価するとしている。その骨格は、以下のようなものである。

・評価によって大学を、パフォーマンスの高さで3つのカテゴリーに分ける。

---

[2] "Obama Wants to Link Some Student Aid to Affordability" The Chronicle of Higher Education 2012.1.27.
[3] "FACT SHEET on the President's Plan to Make College More Affordable: A Better Bargain for the Middle Class" The Chronicle of Higher Education 2013.8.22. および 「オバマ大統領、大学改革提案―政府の学資援助は大学評価と連動」Wall Street Journal 日本版 2013.8.23
[4] "For Public Feedback: A College Ratings Framework" U.S. Department of Education <http://www.ed.gov/news/press-releases/public-feedback-college-ratings-framework>（2015.3.24閲覧）

- レーティングはいわゆるランキングではない。
- 評価の対象は、4年制と2年制の学位を授与する教育機関。それぞれを別のグループとして評価する。当初は大学院大学や学位を授与しない教育機関は対象としない。
- システム導入当初は、中等後教育統合データ・システム（IPEDS）、ナショナル学生ローン・データ・システム（NSLDS）や所得情報を含め、連邦政府の管理のデータ・システムとデータ・コレクションを主な評価データとする。
- 測定基準として、ペル奨学金の受給率、家族負担の期待額とのギャップ、世帯所得の五分位数、大学第一世代の割合、実際に支払った費用の平均、五分位数による費用、卒業率などを候補とする。

　カレッジ・レーティングシステムは、大学のパフォーマンスを、時間をかけて確認しようとするもので、継続的に分析することで、このシステムが大学改善を支援するものとなるとしている。しかし、教育の質を評価するための有効な指標として大学に測定が求められている学習成果については、重要だが一律に比較できるものではないとして当面は使用しない。もっぱら低所得者層がどれだけ高等教育を受け、首尾よく修了しているか、そして高収入の仕事に就いているかを数字でグループ分けしようというものである。大学は良い評価を得るためには必然的に教育コスト低減を迫られる。教育の質というより経済性重視といわざるを得ない。

高等教育法の改正への動き

　このように、奨学金の根拠として、大学を経費経済性から評価しようという動きが進む中、高等教育法の改正に向けた動きが2014年6月頃から議会で活発化している。

　下院では、同年6月に3つの法案が提出された。ひとつが高等教育の透明性強化を図る法案（Strengthening Transparency in Higher Education Act）で、学生とその親が進学先を決定するための情報を、連邦政府のウェブページの中に「カ

レッジダッシュボード」として開設することを求めている。そこにはペル奨学金の受給者を含むすべての学生の課程修了率、卒業率、学費及び学生の負債、ローン、返済不履行の統計でテータを掲載すべきとしている。こうして透明性を強化することで、学生が進学を希望する大学についてより正確な総経費をイメージできること、不必要な情報を取り除けること、正確な情報を得ることで、ベストな大学選択ができるとしている。

ほかの2つは、財政的なカウンセリングの強化による学生支援法（Empowering Students Through Enhanced Financial Counseling Act）－奨学金を借りている学生とその親に対して毎年カウンセリングを行い、確実に奨学金返済へと導こうというもの－と学生援助の申請簡素化法（Simplifying the Application for Student Aid Act）－奨学金手続の簡素化と早期からの申請準備を可能とするもの－である。

上院では6月に提出した法案と類似した高等教育経費経済性法案（Higher Education Affordability Act）を提出した。この法案は、アクレディテーションに直接的に言及している。すなわち、アクレディテーション団体に対して、大学の自己評価報告書、評価チームの訪問調査報告書、認定基準への適合に関するアクレディテーション団体の報告書、学生の学習到達度に関するパフォーマンス、認定大学（またはプログラム）に対する不利益な決定などを、市民が利用できるように公開することを求めている。これにともなって連邦教育省には、ウェブページでこれらのアクレディテーションに関わる文書にアクセスできるようにすることを要求している。

上院の高等教育経費経済性法案に対して、高等教育アクレディテーション審議会（Council for Higher Education Accreditation　CHEA）は、上院HELP委員会に書簡で以下のような意見を送っている[5]。

> アクレディテーション関係者は教育の質に関して、学習成果やその他の指標を用いたエビデンスなどによる適切な説明責任と透明性が必要であり、連邦資金の投入に当たり、アクレディテーション団体のゲートキー

---

[5]【CHEAのイートン会長から上院HELP委員会ハーキン委員長への書簡】(タイトル無し), http://www.chea.org/pdf/CHEA%20Letter%208%2027%2014.pdf（2015.3.30閲覧）

パーとしての役割は不可欠であることを認識している。しかし、その任務を果たすために重要なことは、ピアレビューであり、大学のミッションに焦点を当てることである。高等教育法の改正にあたり、大学を認定するためのアカデミックな視点と連邦政府の財政の視点は適切に分担されなければならない。アクレディテーションを規定する法規のいかなる変更も、アクレディテーションが質保証とは無関係な責任を引き受けるのではなく、アカデミックな質に集中することを強化するようデザインされるべきである。

おわりに

　高等教育法の改正がアクレディテーションにどのような責任を担わせるのかは現時点ではまだ不透明である。連邦政府、議会、アクレディテーション関係者の攻防が今後も続きそうである。しかし、本稿で紹介した法案から政府や議会の質保証に対する考え方を窺い知ることはできる。

　政府の提案するカレッジ・レーティングシステムは、高等教育のコストに着目している。確かに、経費負担が大きいことが誰もが高等教育を受ける権利を奪っており、経済性の点から奨学金の配分根拠を見出そうという考え方にも一理あるとはいえよう。しかし、それを大学全体のパフォーマンスとしてとらえてレーティングすることで、結果的に大学に財政的な負担を負わせるのは、教育の質を上げることに有効に機能するとは思えず、全くの効率性重視といわざるを得ない。今後導入される学習成果の測定基準が卒業率・転学率、上位学位取得率に終始するとすれば、これらを学習成果と称してよいのか疑問である。もちろんこうした数値に意味がないということではない。今、日本では３つのポリシーを掲げ、そのポリシーに即した教育を提供し、いかに学生に力をつけて送り出すかということに苦慮しているが、そうした努力はこの法案には反映されそうもない。アメリカでは盛んに学習成果測定への取組が行われているはずだが、数値で表すとこれだけ単純化されてしまうことは十分に心得ておかなければならない。

　また、連邦議会で提出されている複数の法案は、大学とアクレディテー

ションに関する徹底した情報の開示を迫っている。その理由の一つに、アメリカのアクレディテーションが評価の結果を認定の可否（何らかの条件が付く認定の場合はその条件も含む）以外に公表しないことが挙げられよう。情報の開示が限定的であることについて、以前、あるアクレディテーション団体の責任者に尋ねたことがあるが、公立大学の情報開示は問題ないが、私立大学の情報は一方的には公表できないためとのことだった。結果公表については、世界各国の質保証システムからすると、アメリカのそれは遅れている。しかしその一方で、認定された大学については、すでに多くの情報がCHEAのウェブページで公開されている。最終評価結果の全文や認定を受けるために大学が提出したセルフスタディー・レポートの公開は必要かもしれないが、訪問チームの報告書のようにアクレディテーション・プロセスの途中段階のものまで公開することが、学生や親にとって有効な情報提供になるかどうかは甚だ疑問である。また、公開する情報を増やすことは、自律性に立脚した会員相互のピアレビューによる質向上システムを信頼していないことの表れである。現実には公開情報の拡大が、改善すべき問題点を明らかにすることを躊躇させる可能性も含んでいることに留意しなければならない。

　いずれの法案も、連邦奨学金の支給根拠の正当性を重視するあまり、本来取り組むべき質の改善や質の保証を後回しにしている感が否めない。

　CHEAが上院に宛てた書簡での主張は、これまでアクレディテーション関係者が一貫して行ってきたものである。大学の質は結果であり結果は数値であるという風潮の中で、アクレディテーションはアカデミックな質を自律的に評価しているので、情報は開示しなくてもその結果を信頼せよ、という主張が理解を得るのはほとんど不可能に近いのではないだろうか。アクレディテーション関係者による、連邦政府や議会が提案する単純化されたシステムとは異なる意味でのアカデミックな質保証の可視化にどう取り組むのかが、アクレディテーションの存在意義を示すための鍵となるのではないだろうか。

【参考文献】

前田早苗「アメリカにおける基準認定をめぐる最近の動向」『季刊教育法』第95号、1997年

前田早苗「アメリカにおける基準認定の新展開」『季刊教育法』第104号、1999年

前田早苗「いまアクレディテーションに何が求められているのか」『季刊教育法』第129号、2001年

森　利枝「第5章 アメリカにおける学習成果重視政策議論のインパクト」『学習成果アセスメントのインパクトに関する総合的研究』国立教育政策研究所、2012年

野田文香「第2章 米国アクレディテーションにおけるメタ評価システム」林 隆之、野田文香、渋井 進『大学評価のメタ評価に関する調査研究報告書』大学評価・学位授与機構研究開発部、2012年

"A New System of College Ratings– Invitation to Comment" http://www2.ed.gov/documents/college-affordability/framework-invitation-comment.pdf（2015.3.24 閲覧）

CHEA Federal Update No.11 "U.S. Department of Education publishes proposed regulations addressing program integrity and student aid programs." Council for Higher Education Accreditation, 2010.6.28,
http://www.chea.org/Government/FedUpdate/CHEA_FU11.html（2015.3.24 閲覧）

CHEA Federal Update No.36 "Bill to reduce regulatory burden on higher education introduced in U.S. House of Representatives on July 11, 2013" Council for Higher Education Accreditation, 2013.11.13.
http://www.chea.org/Government/FedUpdate/CHEA_FU36.html（2015.3.30 閲覧）

CHEA Federal Update No.38 "Administration Begins Work To Develop College Rating System" http://www.chea.org/Government/FedUpdate/CHEA_FU38.html（2015.3.30 閲覧）

CHEA Federal Update No.46 "USDE releases framework for college ratings system and updates on other federal issues." Council for Higher Education Accreditation, 2015.1.16,
http://www.chea.org/Government/FedUpdate/CHEA_FU46.html（2015.3.30 閲覧）

【補遺】

　2016年5月末現在で、高等教育法は改正されていないが、2016年4月22日付で連邦教育省次官からアクレディテーション団体に対して「アクレディテーション団体による評価のプロセスの柔軟性および連邦政府によるアクレディテーション団体の有効性に関する評価の強化」と題する通知文書が送付された。（www2.ed.gov/admins/finaid/accred/04222016-application-flexibility.doc）

　この通知は、アクレディテーション団体は評価基準と評価プロセスにおいて個々の大学に合わせて柔軟に対応すること、学生の学習成果についての測定基準を設定すること、重大な問題を抱えている大学に対しては、その問題に評価の焦点を当てること、そしてアクレディテーション団体が効果的に

高等教育法や連邦規則を適用すること、評価結果の詳細な開示などを求めている。「柔軟性」というと聞こえはよいが、その背景には、アクレディテーション団体がその評価において、連邦政府の持っているデータ等により発見される問題を指摘していないことなどを問題視していることがあり、各大学の学習成果や問題を抱える大学などを社会に公表することを要請している。民間のアクレディテーションへの連邦政府の関与の拡大が見て取れる。

第5章 大学評価の国際的動向
第3節　各国における大学評価の動向
ラテンアメリカ諸国

斉藤　泰雄

　中南米地域において、高等教育における評価、認定、質保証というテーマが各国政府や高等教育関係者の間で議論され、関心を呼び起こすのは比較的最近の1990年代に入ってからのことである。こうした動きは、ラテンアメリカ大学の特有の伝統のゆえに、当初は大学関係者からの強い抵抗と激しい論争を生み出した。それにもかかわらず、その理念とシステムは、短期間のうちにラテンアメリカの高等教育界に受け入れられてきた。各国において、さまざまな形で取り組みがなされ、その組織化、制度化が進展しつつある。

１. 大学自治の伝統と量的拡張への対応

　ラテンアメリカにおける伝統的な高等教育の形態は、国立総合大学という型である。各国は、スペイン統治時代に設立された植民地大学を再編して、あるいは19世紀初頭の独立後創設した少数の国立大学を中心として高等教育を運営してきた。それらの大学は、国家の少数のエリート層を育成する権威と名声のある機関であり、国を代表する大学として、国家からさまざまな特権を与えられてきた。大学自治もそのひとつである。国立大学は、財政基盤を政府に全面的に依存しながら、その運営においては自治権を付与されてきた。メキシコ国立自治大学（UNAM）やホンジュラス国立自治大学（UNAH）のように、大学名に「自治」を冠している大学も少なくない。ラテンアメリカ大学の近代史は、自治権獲得闘争の歴史という側面があり、それだけに、ラテンアメリカ大学関係者には、大学自治への思い入れがひときわ強い。

　また、1960年代、70年代に高等教育の量的拡張への要求が高まると、ラ

テンアメリカでは独特の対応が見られた。多くのスペイン語圏諸国では、中核的国立大学が、その名声と規模において他の少数の高等教育機関を圧倒する形で存在していた。その典型的事例が、メキシコ国立自治大学とブエノスアイレス大学であった。地方公立大学、私立大学、単科高等教育機関など進学需要の新たな受け皿となりうる機関が未整備な状況において、急増する進学需要は、少数の大学に一極集中的に殺到した。大学は、内外からの圧力に抗しきれず門戸を開放していった。わずかの期間のうちに、大学は巨大化の道を突き進み、1970年代末までには、双方とも学生数が十数万人をこえる世界でも最大規模の大学へと変貌を遂げていた。こうした巨大国立大学の出現は、ボリビア、ウルグアイ、ベネズエラ、エクアドル、中米諸国においても見られた。巨大化にともなって、これらの大学でははじめて教育の質が問われることになった。

II. 経済危機と新自由主義の台頭

　1980年代には、この地域は深刻な経済危機にみまわれた。危機は、学生数の急増で膨張した大学財政を直撃し、教育研究条件の悪化をもたらした。政府や国際金融機関からは、自己資金調達の努力を行なうよう迫られた。大学内でも予算の配分をめぐって利害の対立が表面化する。国立大学の混乱、教育水準低下の風評の前に、一部エリート層子弟の国立大学離れの動きも顕在化する。カトリック系あるいは世俗系のエリート系私立大学が台頭することになる。また、経済危機の下でも進学需要は大きく後退することはなく、高等教育拡張への圧力は続いていた。政府は、これまで手をつけないできた高等教育の地方分散、コストの安い単科高等教育機関や短期高等教育機関の設置を進めてゆく。またそれまで抑制してきた大衆型の私立大学・高等教育機関の認可でも規制緩和に舵をきった。

　経済危機とそれに続く1990年代半ばまで、ラテンアメリカ各国では、いわゆる新自由主義的な高等教育政策、すなわち、高等教育機関の多様化、地方分散、公立機関での資金調達源の多元化（授業料導入、寄付受入れ、収益事業の推進）、私学設立促進、競争的資金配分、産業界との連携強化、欧州や米

国の大学への門戸開放などが同時並行的に進行していった。

III. 大学評価・認定への関心

　大学の評価と認定という考え方も、こうした一連の動きとともにラテンアメリカの大学界に登場してきた。経済危機後のグローバリゼーションへの本格的な参入により、「国際競争力」が時代のキーワードとなった。国際競争力を保持するためには、質の高い労働力の育成が不可欠であるという認識が高まる。知識基盤経済社会の到来により、科学・技術の研究開発がますます重要になるという議論も展開される。国家の開発過程における高等教育の戦略的重要性が強く認識されはじめた。一方では、多様化し複雑さを増した高等教育システムに対して、大学自治体制を含めて国家による従来の統制方式が機能しなくなっているという不安感が広がってきた。急増した脆弱な私立高等教育機関での教育の質への懸念も強まる。ここにはじめて、高等教育における質保証という課題が浮上するのである。

　「大学の自治」、「講座の自由」に長らくなじんできたラテンアメリカの大学では、評価であれ認定であれ、国家が直接的に、あるいは第三者機関を通じて大学の運営に介入することに対しては強い抵抗があった。たとえば、ラテンアメリカを代表する高等教育研究者であるチリのブルンネルは1990年当時の様子を次のように述べている。「これまで質と業績という言葉は、ラテンアメリカ大学界ではタブーと考えられてきた。学問的な質は測定不可能であり、業績の要求は、大学本来の自由かつ批判的な使命に反するものであるとされてきたからである」(Brunner, 1990, 174頁)。しかし、大学自治 vs. 大学評価という対立は、予想外に短期間で鎮静化し、90年代半ば以降、各国はそれぞれの状況と要求に応じて、大学評価あるいは認定の組織、双方の機能を兼ねたシステムの構築に着手することになる。

IV. ラテンアメリカ諸国における高等教育の質保証のための機関と機能

　236頁にある表は、現在まで確認されている各国での大学評価・認定に関わる組織の一覧である。

いくつかを紹介すると、アルゼンチンのCONEAUは「大学評価・認定国家委員会」、メキシコのCONAEVAは「高等教育の評価・認定国家委員会」、コスタリカのSINAESは「国家高等教育認定システム」、ブラジルのCONAESは「国家高等教育認定委員会」の略称。機関の法的地位は、国家機関の一部、国立だが自治的に運営される組織、民間団体、大学間連携組織など多様である。国内に複数の評価・認定組織が存在している国もある。

V．評価・認定機関の地域内連携組織の設立

ラテンアメリカ全域、さらには旧宗主国のスペインをも巻き込んで、この種の組織間での情報交換、連絡調整を目的とした地域内連携組織も組織されつつある。2003年5月にアルゼンチンのブエノスアイレスで正式に発足した「高等教育の質認定のためのイベロアメリカ・ネットワーク」RIACES (Red Iberoamericana para la Acreditación de la Calidad de la Educación Superior) である。会員資格は、a) イベロアメリカ各国の質評価と認定にかかわる組織であり、かつ、この分野において関係当局により公式に承認されたもの、b) 高等教育の質と認定に関連する高等教育政策の策定に関係する政府機関あるいは関係機関とされる。2012年現在、アルゼンチン、ボリビア、ブラジル、チリ、コロンビア、コスタリカ、キューバ、エクアドル、エルサルバドル、スペイン、メキシコ、ニカラグア、パナマ、パラグアイ、ペルー、ドミニカ共和国、ウルグアイ、ベネズエラの計18か国からの機関、さらに国際機関や大学間連携組織などから全28組織が加盟している。

現実には、ラテンアメリカにおける評価と認定の理念とシステムは、まだ試行錯誤の段階にあり、その将来像は予測しがたいところもある。しかし、この地域の大学においても「評価の文化」(culture of evaluation) が定着しつつあり、その組織化が進んでいることは明白な事実であり、高等教育の質保証システムの拡充と改善に期待を寄せる声は大きい。

国	創設年	組織名	機関評価	機関認定	学部課程認定	大学院課程認定
アルゼンチン	1995	CONEAU	○	○	○	○
ブラジル	1970	CAPES				○
	2004	SINAES/CONAES	○			
ボリビア	2004	CONAES	○	○	○	○
コロンビア	2003	CAN	○	○	○	
チリ	1990	CSE			○	
	1999	CNAP/CONAP			○	○
キューバ	-	JAN	○		○	○
エクアドル	2003	CONESUP		○	○	○
メキシコ	1989	CONAEVA			○	
	1991	CIIES	○		○	
	2000	COPAES			○	○
パラグアイ	2003	ANEAES		○	○	○
ペルー	1995	CONAFU				
ドミニカ共和国	2002	CONES y T		○		
ウルグアイ	1995	CCETP		○		
ベネズエラ	-	SEA	○	○	○	○
コスタリカ	1998	SINAES	○	○	○	○
エルサルバドル	-	CAC	○	○		
パナマ	2005	パナマ大学	○	○		
ニカラグア	2004	CNU	○	○		

Fernández Lamarra, 2006 p.40 から作成　○は実施する機能

【参考文献】

Brunner J.J. (1990), *Educación Superior en América Latina: Cambios y Desafíos* FCE Chile
Fernández Lamarra, N. (2006), "Evaluation and accreditation of quality: situation, tendencies and perspectives" in IESALC, Report on Higher Education in Latin America and the Caribbean 2000-2005　IESALC-UNESCO　pp.33-42
Sueli Pires and Lemaitre, M.J. (2008), "Higher Education Accreditation and Assessment Systems in Latin America and the Caribbean" in Gazzola A. L. & Didriksson A. (eds.) Trends in Higher Education in Latin America and the Caribbean　IESALC-UNESCO　pp.286-305
斉藤泰雄（2010）「ラテンアメリカの高等教育――その変貌と改革課題」広島大学高等教育開発研究センター『大学論集』第42集 177-193頁

第5章 大学評価の国際的動向
第3節　各国における大学評価の動向
中国

黄　福涛

はじめに

　本稿では、中国の大学評価の基本枠組みと特徴などについて検討することを目的としている。現在、中国における大学評価は、大雑把にいえば、政府による各機関に対する評価、バッファ機関による評価と各機関による自己評価という三つの種類がある。また、政府による評価は中央政府と地方政府という二つのレベルにおいて実施されている一方で、各機関における自己評価にもおよそ内部自己評価と外部専門家による評価という二つのタイプがある。以下、高等教育機関の学士課程教育活動（原語は本科教学活動）に対する評価を分析することを通じて、中国の大学評価の一側面を明らかにする。

　なお、中国の高等教育機関は、設置者別にみると、教育部や中央省庁が所管する国家レベルの大学、地方政府が設置・管理する地方公立大学、個人や企業、社会団体などが創立した民弁高等教育機関（日本の私立大学に相当）に分けられる。また、種類別にみると、普通高等教育機関、成人高等教育機関と民弁高等教育機関に大別できる。そのうち、普通高等教育機関として、主に大学、独立学院（標準修業年限は4年間）、高等職業技術学院（標準修業年限は3年間）、専科学校（修業年限は2〜3年であり、日本の短期大学にあたる）などの類型がある。本稿では、特に言及しない限り、普通高等教育機関における本科教育に対する評価について論じている。

大学評価制度の整理と変容

　中国の現代高等教育制度は、中華人民共和国成立直後の1952年に、旧ソ

ビエトモデルに基づいて、全国規模の「院系調整」(高等教育の制度と内部の教育組織の再編成)を通じて成立した。1980年代までは、中央政府と地方政府は、すべての高等教育機関に対して、法律や、行政法規と条例に従って、事前統制や認可を行っていた。1980年代初期からの高等教育管理体制の改革や、1992年以後の計画経済体制から市場経済体制への移行、1998年に始まった高等教育の量的拡大、そして近年の高等教育の国際化の急速な進展に伴って、中国の大学評価制度が次第に成立してきた。

1985年11月に、中央政府は『関与教育体制改革的決定』(『教育体制の改革に関する決定』)のなかで、初めて「高等学校弁学水平評估」(高等教育機関の運営レベルに対する評価)という概念を打ち出した。以来、中央政府と地方政府が次々と関連政策や規定を制定した。以下、中国の大学評価の歴史的変化を三つの段階に分けて考察する。

第一段階(1990〜2003年)では、1990年10月、元国家教育委員会は『普通高等学校教育評估暫行規定』(『普通高等教育機関における教育評価に関する暫定規定』)を公布した。この規定は中国の大学評価が正式に発足した象徴的な公文書である。これにより、元国家教育委員会は、専門家を組織し、重点的に大学の学士課程教育全体に対して以下のような三つの評価を行った。

① **合格評価**：この評価は基本的には「文化大革命」(1966年から1976年まで)後新たに設置された機関及び「文化大革命」後本科レベルに昇格した普通高等教育機関に対して、運営条件(いわゆる大学のハードウェア)と各専攻および教育活動の質に焦点をあてて行われる評価である。結果は合格、暫定合格(保留)と不可といった三つの段階で示される。

② **優秀校選定評価**：これは主に長年運営され、財政的、学術的な基盤が良く整っている機関における教学の質に対する評価である。省と国家という二つのレベルで行われており、評価の結果により、各大学のランキング、あるいは優秀校のリストが公開される。

③ **運営方式・レベルに対する評価**：この評価はすでに認定されており、合格した成人高等教育機関及び国公立以外のセクターに対する評価である。主に機関の全体に対する総合的評価と専攻設置、カリキュラム及びティー

チングに対する評価からなる。評価の結果は優秀、良、合格と不可といった四つの段階で示される。

2002年から2003年まで、教育部は以上の三種類の評価を一つの評価に統一し、『普通高等学校本科教学工作水平評估方案』(普通高等教育機関における教学レベルに対する評価方案)を作成した。2004年の時点では、この『方案』をもとに全国の116の普通高等教育機関に対して評価が実施された。

第二段階(2004〜2010年)では、2003年、教育部は『2003-2007年教育振興行動計画』を打ち出し、五年ごとにすべての普通高等教育機関に対して学士課程教学レベルに関する評価を行うという方針を決めた。その政策を具体化するため、2004年10月26日、教育部高等教育教学評估中心(教育部高等教育教学評価センター)が立ち上げられた。このセンターは教育部が直接に管理する、独立法人をもつ行政事業機関であり、特に普通高等教育機関における学士課程教育活動評価については、このセンターが責任をもって、専門家を組織し、外部評価を実施している。また、普通高等教育機関と異なっている高等職業教育機関に対する評価については、各省、自治区、直轄市教育庁(委員会)が管理し、実施する。

このセンターが開発した新しい評価には、以前の評価指標と比べて、一級指標が7個あるほか、各大学の特色ある運営に関する指標が強調されている。そのうち、特に11の重要指標が重視されている。こうした指標は、大学運営の指導思想、教員の数量と構成、教育の基本施設、教育経費、専門、カリキュラム、実践教育、質保証、基本理論と基本技能、卒業論文あるいは卒業設計、思想道徳教養である。

現在、このセンターの指導に基づく本科教学活動に対する評価は基本的には次のような三つのステップに分けられている。すなわち、機関による自己評価段階、専門家から各機関への実地視察段階と各機関による改善段階である。2008年度までは、このセンターによるすべての四年制大学に対する評価が実施された。

2011年から、中国の大学評価の展開が第三段階に入った。2011年に教育部は『国家中長期教育改革和発展規劃綱要』(国家中期・長期教育改革と発展企画

の綱要)を実施する一環として、新たな大学評価制度をスタートすることを決めた。その主な目的として、高等教育機関において共産党の教育方針を全面的に施行し、教学改革を推進し、人材育成の質を高め、学士課程教育による社会発展へのサービスおよび人間の全面的発展に必要となる能力の養成を強化するということが挙げられる。また、政府による高等教育機関へのマクロ的な管理及び特色がある大学の運営方式の形成、社会利益関係者からの高等教育機関における人材育成活動への参加と評価、そして高等教育機関における学士課程教育の質への監督を促進するということなども挙げられる。

ここで、特筆しておきたいのは、2011年以来形成された大学評価の制度化とその多様化という点についてである。つまり、各大学による自己評価をベースに、教育部高等教育教学評估中心による各大学への外部評価、専門職団体による専門分野別に実施される専門認証と評価(原語は専業認証)、国際的指標に基づいた国際評価、そして各大学における教学基本状態のデータへの観測を中心とする仕組みは、政府、各大学、専門職団体、そして社会による多元的評価と連携して、中国の特色がある高等教育システムに相応しい多元的大学教学評価制度を設立することが目指されている。

従来の大学評価の仕組みと比較すると、2012年の時点での中国の大学評価に関する主要な内容及び方式は以下のような特徴がみられる。

まず、新しい教学基本状態を示すデータへの観測システムが形成された。すなわち、各大学が情報技術を利用し、教学状態を反映する基本データを集めたうえで、学士課程教育に関する教学の基本状態のデータベースを作成し、社会が関心をもつコアのデータを公開することが求められている。また教育部も全国の高等教育機関における学士課程教育に関する教学の基本状態のデータベースを構築し、全国レベルにおける教学活動の質に関する状態や変化を監督し、社会からの関心を呼びかけることを進めている。

次に、大学の種別により、合格評価と審査(原語は「審核」で審査とチェックを意味する)評価が実施されるということである。前者は2000年以来評価を受けておらず、専科レベルから本科レベルに昇格した新しい大学や四年制の学院を対象に行われる評価である。後者は以前すでに教育部による評価を受

けて合格した本科レベルの大学が対象となっている。この二つの評価の相違点に関して、合格評価は特に大学の基本運営条件、教学管理と教学の質、大学が地方経済の発展に貢献する能力及び応用型人材を育成する能力、大学内部の教学改革と質保証の仕組みの構築と運営に注目する。評価の結果は「合格」、「保留」と「不合格」である。一方で、審査評価は重点的に各大学の人材養成の目標がどこまで達成されたのか？また各大学のミッションと人材養成の目標がどこまで国家と地域経済および社会発展に対応しているのか、そして各大学内部においてどういう質保証の仕組みをとっているのか？そういう運営状況がどうなっているのか、どういう本科教学改革の効果があったのかなどに対して実施されるものである。審査評価の結果は各大学に対するランキングをつけておらず、事実関係に基づいた報告書をまとめるのみで、五年ごとに行われている。

そのほか、エンジニアや医学などの領域では、専門職団体を中心に、国際的指標に基づいた認証や評価などの活動も積極的に展開されている。また、教育部は一部の大学が特定の分野に対して国際的に著名な専門家を招へいし、または国際的な評価機構と共同で評価活動に取り組んで、中国の大学評価活動の国際化も促進している。

おわりに

以上で紹介したように、過去20数年間にわたって中国の大学評価には様々な変化があるが、現在ほぼ制度化されてきたと思われる。近年では大学評価制度の多様化しつつある傾向があるが、国際的な比較の視点からみると、中国の大学評価制度の特徴としては、少なくとも二点が挙げられる。まず、中央政府による主導のもとで、基本的には公的セクターにおける学士課程教育に対する評価が行われてきたという点である。次に、こうした学士課程教育に関する人材育成の目標や成果などへの評価を中心に、大学における大学教員の量的と質的状況、大学の基本運営条件と教育・研究の環境、管理の仕組み、キャンパス文化、卒業生の質、大学と国家、地域経済および社会との関係などのざまざまな側面に対して総括的評価が行われてきたという点である。

今後、中国における高等教育の大衆化並びに多様化が進んでいくなかで、いかにして私立大学も含む多種多様な高等教育機関における複雑化しつつある教育・研究活動、管理運営の側面などに対して評価が進められていくのかは大きな課題となる。

【参考資料】

黄福涛（2007）「自己評価、視察、改善からなる3段階の『本科教学評估』」『教育資料』2月19号、No.971、24-25頁。

黄福涛（2009）「中国における高等教育の質的保証－本科教学評估を中心に－」、羽田貴史他編著『高等教育質保証の国際比較』、東信堂、41－49頁。

教育部（2011）『教育部弁公庁関於開展普通高等学校本科教学工作評估的通知』（『教育部弁公庁による普通高等教育機関における学士課程教育活動に対する評価に関する通知』）（中国語版）「教高庁」2号。

第5章 大学評価の国際的動向
第3節 各国における大学評価の動向
韓国

渡辺　達雄

　先進国の中でも有数の高等教育大国として知られる韓国が恒常的に抱える大学のソフト・ハード両面における質低下を防ぎ、維持向上に向けてある程度有効に保証システムとして機能してきたものの一つに、日本より先んじて開発・導入および改善が進められてきた大学評価制度がある。

I．自律的な大学評価から個性誘導型評価へ

　推進主体となったのは、1982年に設立された大学連合体としての大学教育協議会（以下、協議会）である。協議会の法定事業として評価事業が位置づけられ、連合体という機関の性格から、同僚による自律的評価といえる。
　1988年から1992年までは、評価の合理性を高めるため、評価項目の精選や評価手法の検討など試行的な時期（第1次・第2次）と位置づけられる。評価の種類として大きく、大学全体を一つの単位として総体的に評価する「機関評価」（学部・大学院段階）と、専門分野ごとの「学問領域別評価」（系列別・教育プログラム別・学科別）の2種類が施行された。専門委員会による長年のさまざまな試行と検討を踏まえた上で、そこでは一定のガイドラインに基づいて、大学自身が行う「自己評価」と専門家による書類審査・現地訪問調査が行われる「外部評価」から構成される評価手続きが、この時期に確立された。その後、1994年から2000年までの第3次第1周期においては、アメリカのアクレディテーション制度を深く参照した上で、評価結果にもとづき協議会内の大学評価認定委員会の決定により、評価を通過した大学として社会的認知を得られる韓国版アクレディテーションといえる「大学総合評価認定制」

(以下、評価認定制とする)が施行された[1]。評価内容は教育・研究・社会奉仕・教授・施設及び設備・財政及び経営の6領域100項目が設定され、定量評価・定性評価項目は(1996年以降いずれも)5段階適用で、総点の70％以上を認定基準点数としていた[2]。

この評価認定制に対しては、結果的にすべての大学が認定を受けたことから、評価基準そのものが甘いのではないか、という批判が一方であったものの、大学構成員にいわゆる評価文化と改革の意思を拡散させ、大学そのものに対する社会の信頼度が以前に比べ格段に増したという意味では、韓国高等教育全体にもたらした効果は大きかったと考えられる[3]。他方、政府の財政支援とリンクした様々な分野別評価との調整不足、専門的職業団体や学会による専門領域別評価と、学問領域別評価認定制の重複、そこからくる評価実務者の評価疲れといった課題も生じた[4]。

2001年から2005年までは、第2周期評価認定制として、第1周期評価認定制で認定を受けた大学と、1997年以後、大学設立準則主義により比較的緩い基準で設立された新設大学を区別する形で、評価が進められた。2つの間では、評価内容及び基準面で差異があり、1周期と比較したとき、大学の発展戦略に対する評価を追加し、例えば総合型・教育中心・研究中心など大学の「機能分化」「種別化」を強調するだけでなく、教育のプロセスとアウトカムズ(成果)といった領域の比重を高めた[5]。さらに、大学院教育の重要性と内容の充実を考慮して、評価領域及び項目を学部評価のそれと同等程度に拡大することで、大学院に対する評価を強化し、大学関係者の評価および質保証に対する認識の変化を導くことも意図していた。また、これまでの大学評

---

1 韓国大学教育協議会『韓国大学教育協議会の20年史』123-182頁、2005年。
2 リ・ヒョンジョン「韓国の高等教育の質管理と評価方向-第2周期大学評価を中心に」『大学教育』119号、106-115頁、2002年。
3 パク・ナンギ他『大学競争力強化のための大学評価制度総合改善方案研究』韓国教育人的資源部、2001年
4 チョン・ヨンドク他『グローバル時代教育の国際競争力強化のための大学評価体制改革方案研究』韓国行政学会、2004年
5 韓国大学教育協議会『2002年度大学総合評価認定制施行のための大学総合評価便覧』韓国大学教育協議会、2002年。

価と違い、「最優秀」「優秀」「認定」の3つで結果が公表された[6]。
　しかし90年代後半の需要者中心主義の政策転換により、大学設置認可の準則主義をはじめ大幅な規制緩和を行ったことと引き換えに、地方や弱小の私立大学を中心に直撃し始めているつけを取り戻すべく、質的水準を多様な形で維持・向上できるよう、評価認定制は改めて内容・ビジョンが問われることとなった[7]。
　2006年からの第3周期評価認定制実施において、評価内容の構成を6つあった評価領域から、共通分野・選択分野・特性化分野の3区分の分類を行った。共通分野は全ての大学に適用される評価項目で、大学として基本的に確保しなければならない要素で、選択分野は大学の性格により重視される部分が異なってくる領域で、大学類型により評価項目と加重値に調整が加えられる。特性化分野は、特定の大学が追求する特性化のための戦略とその実績を評価していくもので、同時に国際的な水準でもって行われる。
　並行して大学側の大学評価への不信感が示される形で大学評価の受審拒否も発生し、また政府から大学評価関連法案および評価専門機関設立案が提出され、大学評価制度自体は一時迷走し着地点が定まらなかった。

II. 新しい大学評価システムの開始

　評価システムの見直しを経て、2009年に自己評価制度と外部評価機関による評価がスタートすることになった。新制度では、個々の大学に戦略目標にもとづいた「自己点検・評価報告書」を2年に一度作成させ、かつ公表を義務付け、さらに政府が認定した第三者評価機関による評価を受けるかについては任意とした。これまでの全ての大学が画一的な基準にもとづきほぼすべて認定されるという方式そのものは役割を終えた。基本方針は国際通用性も念頭に、学生の学習成果達成をより重視し大学教育の比較可能性を高める

---

[6] カン・ビョンウン「大教協大学評価認定制の運営体制、手順、成果と発展方向」『大学教育』韓国大学教育協議会、2003年。

[7] シン・ジェチョル『第3周期大学総合評価認定制のパラダイム探索：目的と方向』(研究報告2004-2-214号) 韓国大学教育協議会、2004年。

こと、標準化でなく独自性を促進すること、継続的な質向上に向け自発的評価を支援することに置かれた。

　この制度の特徴はなんといっても、各大学が特性を活かす形で独自に評価事項・基準・方法を定めることができることにある。政府に認証評価機関と認証された協議会内設置の大学評価院は、準拠評価基準として54の基準（うち6つは必須充足基準であり、法令準拠を求められる）を設定している。受審大学が作成した自己評価報告書の提出を受けて各専門委員会が検証を行い、認否の判定をし結果が公表される。アクレディットの有効期間は5年で、決定の2年後に基準適合報告書の提出が求められている。一方、2領域以上の未充足がある場合は、アクレディットされない[8]。またこうした新しい大学評価システムと一体といえる大学情報公示制（2008年施行）により主要データと併せ自己評価結果も公開される。さらに認証評価結果は政府の財政支援等のさい材料として活用されることになっている[9]。

　大学総合評価認定制から、認証評価機関による（外部）大学評価制度と大学情報公示制の各制度が補完し合うことで、大学情報公示→自己評価→外部認証評価→評価結果にもとづく各種支援事業との連携という一連の流れにより、大学の特性に基づいた競争力の強化、大学（教育）の国際化が推進されることとなり、韓国における高等教育の質保証体制は、新たなステージに進んだ。

　もう一つ機関別認証評価とは別の重要な動向として、専門分野別の質保証があり、工学や医学などを端緒に各分野において自主的に、専門的職業団体・学会などによる独自の専門領域別評価制度が立ち上がって、政府による認定も受け、各分野の大学教育の水準維持・向上に向け、プログラム評価活動が進められている[10]。

　またグローバル人材育成の点からみても、産業界からの学生の仕上がり度、つまり学習アウトカムを強調されており、学習アウトカムの定式化の一つとして、大学評価院が2008年から進めている、産業界と社会への貢献を

8　大学教育協議会大学評価院 http://selfeval.kcue.or.kr/
9　大学情報公示ウェブサイト http://www.kcue.or.kr/index.htm
10　韓国工学教育認証院ウェブサイト http://www.abeek.or.kr/

考慮したパフォーマンス指標を通じた評価が、半導体・電子分野など複数分野で評価院・産業界・大学の連携で開発実践されており、今後の動きが注目されるところである[11]。

---

[11] 韓国大学教育協議会ウェブサイト http://www.kcue.or.kr/index.htm

第5章 大学評価の国際的動向
第3節　各国における大学評価の動向
オーストラリア

杉本　和弘

はじめに

　オーストラリアの高等教育は、過去四半世紀余りでその相貌を大きく変えた。1980年代後半の高等教育システム改革—大学と高等教育カレッジの二元制廃止と機関統合—を経て、1990年代以降は高等教育のマス化と市場化が急速に進行し、さらに国際的な高等教育市場が存在感を増すなか、オーストラリア高等教育はその質の維持と向上を常に自らの中心課題に位置づけてきた（杉本 2003, 2009a, 2009b, 2012）。

　本節では、この四半世紀におけるオーストラリア高等教育の変化を視野に入れつつ、特にここ数年で大きく転換が図られた質保証システムのありようを概観し、質をめぐって何が課題となっているのかを考察することとしたい。

1．高等教育拡大と質保証
1．高等教育の拡大

　オーストラリア高等教育は戦後右肩上がりに学生数を増加させ、2012年現在、高等教育セクターに在籍する学生数は約125万8千人である。ここ数年は豪ドル高の影響を受けて留学生数が減少する傾向があるものの、それでも全体の4分の1を留学生が占める。近年の学生数拡大を支えてきたのは留学生の増加である。

　こうした学生を収容するのはほとんど公立機関である。2014年現在、大学数は40を数えるが、そのうち37校が州立もしくは国立である。これはしかし、「大学」に限ったことであり、実は大学以外にも高等教育プログラム

を提供する機関が 130 ほど存在する。非大学高等教育機関は 2000 年代以降増加傾向にあり、2020 年までには高等教育在籍者の 20％が私立営利高等教育で学ぶようになるとの予測もなされている (Shah & Sid Nair, 2013)。

戦後オーストラリアでは高等教育人口の拡大が目指されてきたが、特に近年は労働党政権の下、社会経済的に恵まれない層への教育機会拡大が政策課題とされた[1]。2012 年には、高等教育機会のさらなる拡大と大卒者増を推進すべく、学生需要に基づく資源配分 (Demand-driven funding system) が導入されている。連邦政府はそれまで一定数の定員枠に限って財源配分を行ってきたが、各大学に社会のニーズに応じて最大限学生を受け入れられる裁量を与え、そこに財政支援を行う方針に転換したのである。こうした量的拡大政策は、従来に増して高等教育の質保証への関心を高める状況を作り出している。

2．質保証システムの展開

高等教育拡大を目指すオーストラリアにおいて、質保証の整備充実は特に 1990 年代以降、最重要の政策課題であり続けている。オーストラリア高等教育における質保証は複数のアクターが関与することで実現されてきた。

その中で、1990 年代以降の質保証システムの構築を促してきたのは連邦政府であり、その結果として、2000 年には連邦政府主導で豪州大学質保証機構 (AUQA) が設立された。AUQA は各大学内の自律的な質保証メカニズムの有効性を検証するオーディット方式の質保証システムを構築・運営し、2000 年代の高等教育質保証を牽引してきた。大学は基本的に、自らの提供する教育プログラムを認証できる自己認証権限 (self-accrediting authority) を有しているため、AUQA の質保証アプローチはそうした自己認証機関としての大学の特性を尊重したものであった (杉本 2009b)。

他方、自己認証権限をもたない非大学機関に対する質保証では各州政府が重要な役割を担った。各州機関が、諸要件をチェックして高等教育機関と

---

[1] 前労働党政権は、25-34 歳人口における学士号以上の学位保有者率を 2025 年までに 40％に上昇させること、また、低い社会経済階層や先住民出身の学生が学士課程在籍者全体に占める比率を 2020 年までに 20％まで増加させることを政策目標に掲げていた。

して機関登録を行い、また非大学機関が提供する高等教育コースに対してアクレディテーション（適格認定）を実施することで、高等教育の質を担保してきた（杉本 2010）。

こうした連邦と州との協働による質保証システムを支える基礎部分の構築も 1990 年代以降に進んだ。1995 年には、学校教育、職業教育、高等教育の 3 つのセクターで授与される資格・学位を網羅した豪州資格枠組（AQF）が確立された。さらに、2000 年には「高等教育の認可プロセスに関する全国規約」が策定（2007 年に改定）され、各州において実施される高等教育認可について全国統一性の向上が図られた。

また、世界的に学生の学習成果に基づく質保証が求められる中、学習成果を捕捉する取組みが整備されてきた。1972 年に開始された卒後進路調査（GDS）に加え、1993 年からはコース経験質問紙調査（CEQ）が開始され、コース修了者による学士課程教育のアウトカムに関する主観的評価が全国統一フォーマットで収集できる体制が導入された[2]。さらに、2007 年からは豪州教育研究所（ACER）によるオーストラレーシア学生関与調査（AUSSE）が始まり、学生による大学教育への主体的関与に関するデータが収集されている。

II．高等教育質保証の新動向

1．TEQSA 設立と質規制

こうして複数のアプローチで進んだ高等教育質保証のシステム整備は、ここ数年で新たな転換期を迎えている。その契機は、AUQA のオーディット方式による質保証のあり方について問題提起したブラッドリー・レビュー（Review of Australian Higher Education）（2008 年 12 月）であった[3]。同レビューは、海外大学を含め、オーストラリア高等教育への参入が拡大するなかで新たに全

---

[2] GDS や CEQ で得られたデータは、2006 年から 3 か年に亘って大学教育の質向上に対する競争的資金配分（教育学習業績基金：LTPF）に用いられた。

[3] 元南オーストラリア大学長の Denise Bradley が長を務めたことから、一般に Bradley Review と呼ばれる。同レビューで、オーストラリア高等教育システム全体の改革を目的にまとめられた 46 項目の提言を受け、連邦政府は翌年、TEQSA 設立を含む高等教育システム改革案（Transforming Australia's Higher Education System）を提示した。

国統一の厳格な質保証体制の確立を求めた。

　これを受けて連邦政府が新たな規制機関 (regulator) を設置する準備を進めた。こうして、2011年7月には TEQSA 法が成立し、AUQA が廃止され、新たに高等教育質・基準機構 (Tertiary Education Quality and Standards Agency: TEQSA) が設立されるに至った[4]。

　TEQSA の目的は、オーストラリア高等教育において新たな「規制」を確立し、それによって高等教育の質を保証し国際競争力を維持することにある。そのための質保証アプローチは後述するように、明確な「基準」と「リスク」の枠組に基づいており、質の高い機関のみが高等教育システムに参入する体制の確立を目指すものである (TEQSA 2013: 28)。この点からも、AUQA から TEQSA への移行は、高等教育の質に対するアプローチが高等教育機関の自律性を強く意識した「質保証」から、外形的な枠組みに基づく「質規制」へと変化したことを意味するものだったと言うことができる。

　それゆえ、TEQSA は官僚的な大規模規制機関 (mega regulator) としてのイメージが強い。実際、2012年1月に TEQSA が実際に活動を開始すると、高等教育セクター関係者からはその規制アプローチが各機関に求める作業負担増が指摘され、規制軽減が課題として浮上することとなった。2013年5月、前メルボルン大学長の Kwong Lee Dow らによって TEQSA 規制枠組に関する委託調査が開始され、同年8月には報告書が提出されている。報告書では、TEQSA が高等教育の質と透明性の向上に寄与している反面、大学に対する規制と官僚主義的事務作業 (red tape) の軽減を図る必要性が指摘された。こうした動きは9月の政権交代後も継承され、10月にはパイン連邦教育相 (C. Pyne) が TEQSA の規制緩和を求める大臣命令を出し、今後 TEQSA 機構長から規制緩和の取組みについて報告がなされることになっている。

---

[4] 同じく2011年7月には、職業教育訓練セクターの全国規制機関として豪州技能質保証機構（ASQA）が設立されており、職業教育の質保証に関しても連邦政府主導による全国統一化が進んでいる。

2. TEQSA の質保証アプローチ—「基準」と「リスク」の重視
(1) 基準重視

TEQSA の質保証の特徴は、第一に、明確に高等教育基準が設定され、それらによる規制が行われる点にある。AUQA のオーディットでは、外的基準を画一的に適用するのではなく、枠組やガイドラインが外部参照点 (external reference points) として位置づけられていたのとはアプローチが明確に異なっている (杉本 2009b)。

高等教育基準枠組 (Higher Education Standards Framework)[5] は表1の通りである。7つの基準群で構成され、このうち①〜④は最低基準 (Threshold Standards) として規定されている。これら最低基準は、前出の「全国規約」や「豪州資格枠組」を踏まえて策定されており、すべての高等教育機関が満たさなければならない基準として位置づけられている。他方、非最低基準である⑤〜⑦の策定については今後の課題である。

表1　高等教育基準枠組

① 機関登録基準 (Provider Registration Standards)
② 機関類型基準 (Provider Category Standards)
③ 機関コース適格認定基準 (Provider Course Accreditation Standards)
④ 資格基準 (Qualification Standards)
⑤ 教育・学習基準 (Teaching and Learning Standards)
⑥ 情報基準 (Information Standards)
⑦ 研究基準 (Research Standards)

TEQSA は、上記の基準に基づいて、新規に高等教育システムに参入する機関の登録 (registration) や再登録を行う機能を有している。ガバナンス、財務、学術上の質、施設等の点について審査し、高等教育機関としての適格性

---

[5] この基準策定は、2011年 TEQSA 法によって設置された独立機関である高等教育基準委員会 (Higher Education Standards Panel: HESP) が、TEQSA の規制業務とは別に作業を行っている。2014年現在の委員構成は、Richard James 教授、Joanne Wright 教授、Alan Robson 名誉教授、David Siddle 名誉教授、Adrienne Nieuwenhuis 氏である。

が認められれば、最大7年間、高等教育機関として登録される。また、「大学」として登録される場合、表1の②に規定された5つの機関類型(大学、ユニバーシティ・カレッジ、専門大学、海外大学、海外専門大学)に基づくものとなる。

(2) リスク評価

TEQSAによる質保証のもう一つの特徴は、リスクに焦点化した評価を行う点にある。2012年2月にリスク規制枠組(Regulatory Risk Framework)が設定され、さらに2014年3月には高等教育セクターとの議論を踏まえて、リスク評価枠組(Risk Assessment Framework)へと改定されている(TEQSA 2014)。

TEQSAはこの枠組を用いて、各機関による質の高い高等教育の提供に支障がきたす危険性がないかを既存データによって毎年確認し、具体的には、学生に対するリスクや財政的実行可能性や持続性に関するリスクが生じていないかといった点に焦点化してリスク評価を行うことになる。TEQSAの規制に係る原則がrisk、proportionality、necessityで整理されているように、そのリスク評価は、規制に伴う作業負担の軽減を踏まえ、潜在的なリスクのあるところに必要な対応をとることを目指すものとなっている。

3. アウトカム指標の策定と活用

TEQSAを中心とする質保証体制の整備と並行して、ここ数年、高等教育のパフォーマンス測定とその結果に基づく財源配分の導入可能性も議論されている。そこでは、学生経験に関する「大学経験調査(University Experience Survey: UES)」、学習成果測定に関する豪州版CLA[6]の確立、豪州卒業時調査(AGS)の見直しが課題とされた[7]。大学入学時と最終学年の学生を対象に行うUESが2012年に実施されており、今後の継続的なデータ収集とそれによる実際

---

[6] CLAとはCollegiate Learning Assessmentの略で、分野横断的な汎用的能力の修得状況を測定するテストとして米国で開発された。OECDが進める高等教育における学習成果調査事業(AHELO)でも用いられている。

[7] 連邦政府(前労働党政権)が2011-12年度予算で提示した「高等教育の質向上施策(Advancing Quality in Higher Education)」の中心的課題は、高等教育機関のパフォーマンス評価とそれに基づく財源配分であり、その手段がUESや豪州版CLAであった。

の教育改善への活用が期待されている。

　関連して、2012年4月には、約2年の準備期間をかけて整備されたMyUniversityサイトが開設された[8]。高等教育進学を考える生徒やその父兄等に必要な情報を提供することが目的であり、コースや機関の検索によってコース間、機関間でデータの比較が可能なつくりになっている。連邦政府が2003年高等教育支援法に基づいて各機関から収集するデータが使われ、学生数、授業料、各コースの満足度や雇用状況といった各種情報が提供されている。

おわりに

　本節で見てきたように、オーストラリア高等教育の質保証はTEQSAの始動によって新たな段階に入ったと言える。焦点は、高等教育質保証のプロセスに「基準(standards)」が明確に組み入れられたことにある。本稿で確認したように、TEQSAはオーストラリア高等教育としての最低基準の運用を始めており、そこにはすでに高等教育機関が有すべき学術基準(academic standards)がある程度包含されている。それに加えて、今後教育・学習基準や研究基準といった新たな基準が整備されれば、オーストラリア高等教育が担保すべき学術基準が外形的に明確になってくる可能性がある。

　そうなると当然、基準整備が進む外部環境の中で、高等教育機関が自律的に自らの学術基準をいかに維持し、さらに向上させられるのかということがこれまで以上に明示的に問われることになると予想される。今後、研究と教育の有機的連携、厳格な成績評価、学生調査等によるデータの収集・提示といった取組みを通して、高等教育機関としての学術基準、とりわけ卓越性(excellence)を社会に示していく努力がますます求められてくるにちがいない。

---

[8] http://myuniversity.gov.au/ (2013年8月15日アクセス確認)

【主要参考文献】

Coates, H. Defining and monitoring academic standards in Australian higher education, *Higher Education Management and Policy* 22 (1), pp.1-17, 2010.

Shah, M. and Sid Nair, C. Private for-profit higher education in Australia: widening access, participation and opportunities for public-private collaboration, *Higher Education Research & Development,* 32 (5), pp.820-832, 2013.

杉本和弘『戦後オーストラリアの高等教育改革研究』東信堂、2003 年。

杉本和弘「オーストラリアにおける質保証システムの構築と展開」、『高等教育質保証の国際比較』東信堂、265-292 頁、2009 年 a。

杉本和弘「オーストラリア大学質保証機構によるオーディット型評価―その原理・方法と新たな展開―」、『大学評価・学位研究』第 9 号、1-18 頁、2009 年 b。

杉本和弘「オーストラリア高等教育のガバナンスと質保証―州政府の位置と機能―」、『大学論集』第 41 集、251-279 頁、2010 年。

杉本和弘「オーストラリア―アジア太平洋地域を舞台にした国際教育の展開と質保証―」、北村友人・杉村美紀共編『激動するアジアの高等教育改革―』上智大学出版、227-242 頁、2012 年。

TEQSA, *TEQSA Annual Report 2012-13*, 2013.

TEQSA, *TEQSA's Risk Assessment Framework,* Version2.0, 2014.

第5章 大学評価の国際的動向

第4節　国際的共通性と地域的特異性

大場　淳

はじめに

　大学評価は、1980年代以降、先進国を中心に世界各国で共通した課題として認識されるようになったものである（喜多村, 1993）。質保証が各国の高等教育制度にそれぞれ固有の形で組み込まれ（例えば、入試制度や教員資格制度）、多様な制度が採用されていること（羽田・米澤・杉本編, 2009）と対応して、その一環である大学評価[1]についても、基準適合性を判断する適格認定（アクレディテーション）や手順の適切性に焦点を当てたオーディットなど、様々な手法が採用されている。また、同じ名称の手法であっても、評価主体や対象あるいは機能・目的が異なる場合も珍しくはない。本節は、世界の地域の多様な取組を概観し、国際的共通性を確認した上で、それぞれの特徴を整理し地域的特性について検討する。その上で、日本の大学評価に与える示唆について考えてみることとしたい。

1．大学評価の世界的傾向

　大学にとって評価は最近に始まったものではなく、常にその重要な構成要素であった。大学評価の起源は、中世大学以来のチャータリング（設置認可）とも言われる（有本, 2004）。しかし、1970年代以前は個人を超えて大学評価が恒常的に実施されることは殆どなく、高等教育政策において評価が前面に

1　質保証には多様な定義があるが、高等教育においては一般に、その質を保証するための手段として評価を質保証は内包すると解されている（Frazer, 1992）。例えば欧州のESG（2005年、後述）は、質保証は評価（evaluation）を含むと明記している。

現れるのは1980年代以降のことである(有本, 2004；タイヒラー, 2006；Premfors, 1998)。1980年代は世界各国で新たな評価制度が整備され、専門の大学評価機関が新設された。また日本では、臨時教育審議会で大学評価が盛んに議論された。そうした変化の理由として Premfors (1998) は、一方では、権限委譲、業績評価、評価指標、目標管理といった行政手法の改革の影響が高等教育行政に及んだこと、他方で、高等教育規模の拡大に伴って予算が増大し、同時に国家の経済・技術発展に高等教育が戦略的重要性を有すると見做されたことから、その地位に見合う情報が求められるようになったことを挙げる。そのような変化を Neave (1988) は「評価国家 (evaluative state)」の抬頭と表現し、変化の程度は国によって異なるものの、日常的な評価が戦略的な評価と結び付き、その重点は事前評価から事後評価へ移行することとなった。

　近年では、高等教育の国際交流の進展や国境を越えた高等教育提供の拡大等を反映して、国家を超えて高等教育の質が重視されるようになった。大学評価機関の主たる関心は1990年代後半までは、専らそれぞれの国家内部での説明責任と質の改善であったが、それ以降はより国際的な文脈での活動が重要になってきた (Wende & Westerheijden, 2001)。国際化する高等教育における質の問題は世界的なフォーラムでも盛んに議論され、2005年にはユネスコと OECD によって国境を越えて提供される高等教育の質に関する指針 (UNESCO & OECD, 2005) が採択された。このように国家の枠を超えて意思決定がなされるようになることは「脱国家化 (Westerheijden, 2007)」あるいは「脱政府化 (de-governmentalisation)」(Teichler, 2004) とも呼ばれ、それは各国の大学評価にも大きな影響を与えている。例えば、国際的に認知された評価機関による適格認定が求められたり、あるいは評価機関の国際性(審査に外国人を入れるなど)が問われたりするようになった。また他方において、国家に依存せず全面的に市場に依存した評価—民間の世界大学ランキングに典型的に現れている—が発達し、大学の行動のみならず、政府の政策にも大きな影響を与えるようになった (Hazelkorn, 2007)。

II．検討の枠組み

　大学評価の適用範囲や手法は多様であり、また、どの手法が最適であるかについての合意はない (タイヒラー, 2006；Damme, 2002)。その理由としてタイヒラー (2006) は、高等教育においてその過程と研究成果を測定することは非常に困難な作業であり、その基準は能率・有効性・パフォーマンス・質等の言葉で表現されるように多種にのぼり、簡単には意見の一致をみられない事柄であることを挙げる。こうした困難性があるものの、これまで多くの研究者が大学評価の分類を試みてきた。理念的な分類として例えばKogan (1989) は、評価法の分類の基準として、形成的 (formative) 又は総括的 (summative)、手続 (process) 重視又は成果 (product) 重視といった例を挙げる[2]。金子(1991) は、主体 (自己又は他者)、目的 (育成又は判別[3])、基準 (内在的又は外在的) に着目し、各項目の前者が強い「自主性」原理と後者が強い「統制」原理に区分する枠組を提示している。実際の大学評価制度は、いずれも理念形の各要素を組み合わせたものになること (金子, 1991) から必ずしも整理は容易ではない。

　実際の評価手法からの分類として米澤編 (2000) は、大学評価の在り方は適格認定制度を主体とした米国型と公的な中央機関を持つ欧州型に大きく分かれると言う。舘 (2005) は、評価活動を実施主体、機能、対象範囲で分類した上で、比較的詳細にそれぞれの内容を示している (**表1**)。

　大学評価の分類に際しては、評価活動の呼称に多様な解釈が存在することが分類を複雑にしていることに留意しなければならない。例えば欧州では、ボローニャ・プロセスにおける質保証制度整備に際して、関連用語の整理が試みられた[4]。その一環が2006年6月に英国ウォーリック大学で開催された「欧州質保証の言語」と題されたセミナーであるが、その報告書 (Crozier et al., 2006) は、質保証制度は異なる文化・言語体系の下で実践され、英語表現に

---

[2] これ以外にKogan (1989) は、科学実験的 (scientific experimental) 又は質的・非統制型 (qualitative or non-controlled)、道具的 (instrumental) 又は相互作用的 (interactive) 又は個人主義的 (individualistic) を例示している。

[3] 金子 (1991) はKogan (1989) に言及しつつ、高等教育では「形成的・総括的」よりも「育成・判別」が適当と述べる。

[4] 欧州における適格認定については、羽田 (2005) 及び米澤 (2009) を参照されたい。

表1　大学評価の分類

主体	機能	対象
機関（大学、短大）	改善	教育
認可者（設置者）	アカウンタビリティ（説明責任）	研究
財政当局	資金配分	社会活動
財政当局	質の保証	管理運営
資金提供組織	・認可	財務
第三者組織	機関認可	
・公的な組織	職業資格（プログラム）認可	入学者の状況
アクレディテーション団体	・アクレディテーション（適格認定）	在学者の状況
機関連合	機関	卒業者の状況
評価機構	職業プログラム	
・私的組織	評判	イメージ
受験産業	・ランキング	
ジャーナリズム	・格付け	
評価会社	・データ提供	

【出典】舘（2005）を基に作成。

おいてすら母国者間でも用語の共通理解が担保されていないと述べている[5]。日本では、羽田（2005；2006）が質保証・評価の概念を巡って混乱があるとし、特に日本語の「評価」という用語が、多様な活動や異なった概念を一括して使われていると指摘する。そして、個々の制度を支える文化的基盤や方法的差異が明らかにされないまま、評価主体や評価方法等を分類的に論じる傾向に危惧の念を呈した。

以下では、大学評価のうち、大きな変化が生じた1980年代以降の「新しい評価（new evaluation）」（Premfors, 1998）を主な対象とする。先行研究における前述の分類を参考にしつつ、また、評価関連用語の多義性に配慮しながら、それぞれの地域的特異性について検討することとしたい。

III. 大学評価の国際的共通性と地域特性

前述のように大学評価には1980年度以降大きな変化が生じているが、各

---

[5] Crozier et al.（2006）はウォーリック大学でのセミナー報告に加えて、「質収斂調査（Quality Convergence Study）II」の報告も含んでいる。関連する価値観の共有が質保証における相互理解に不可欠であるとする同報告は、多文化理解促進の観点から英語に加えて仏語でも取りまとめられ、正式に承認されている。

国の評価制度に関する動きが極めて不安定で一貫していないことから (米澤, 2005)、その全般的傾向の詳細を捉えて国際的共通性・地域特性を同定することは困難である。本節では、各地域の大学評価制度の発展を踏まえつつ、それぞれの特性を検討することとしたい。但し、全世界を網羅することは困難であるので、米国、欧州、東アジアを検討対象として取り上げる。

1．米国

米国においては、中央政府が高等教育に関する権限を持たず、適格認定が質保証の中核を担っている (福留, 2009；Eaton, 2014)。適格認定は100年以上の長きにわたって実施されているが (Eaton, 2014)、同国の風土と伝統に基づいて発展してきた独特の制度・慣行である。それは、本質的に非政府的な行為であり、大学が集団的・個別的自治及び自己規制を通じて、質的水準の向上を進めようとするところに特徴があると言われてきた (喜多村, 1993)。その実践は世界の多くの国で参照され、例えば日本の自己点検・評価の導入検討に際して、大学審議会が明示的にそれに言及している[6]。

このように世界に類例を見ない制度 (喜多村, 1993) を持つ米国とは言え、1980年代以降の大学評価に変化をもたらした世界的傾向から免れた訳ではない。変化は1980年代の州政府の高等教育政策に現れ始め、州立大学の学生の学力の成績評価等に従って予算を傾斜配分する方式を採用する州が出始めた (喜多村, 1993)。こうした予算配分方式はパフォーマンス・ファンディング (業績主義予算配分) と呼ばれ、最初にテネシー州で始まった。州政府財政の悪化、卒業生の就職難、投資に見合う成果の証拠の要請等と言われ (山崎, 2000)、他の先進諸国同様、大学に説明責任が求められたことが背景にある。必ずしも業績に基づいて配分される予算の割合は多くないものの、大学に対して大きな影響を有する (吉田, 2015)。しかしながら、パフォーマンス・ファンディングからは州政府の期待するような業績改善が得られてはおらず (吉田・柳浦, 2010；Shin, 2010)[7]、その課題として、大学内での政策への理解が乏し

---

[6] 1991 (平成3) 年大学審議会答申『大学教育の改善について』。
[7] 吉田・柳浦 (2010：334) は、「2004年に関係者に行った調査においても, パフォーマンス・ファンディ

いこと、教育改善よりも点数・金額上昇に傾注しがちなこと等が指摘されている (吉田・柳浦, 2010)。パフォーマンス・ファンディングを採用する州は増えているものの (吉田, 2015)、その適切な実施に向けて改善の余地が少なくないようである。

他方、適格認定についても、1990年代以降大きな変化が認められる。連邦政府にとって適格認定は、適格認定団体の認定を通じて、高等教育機関への財政支援の受給資格を間接的に認定するための手段であるが、従前その基準は必要な諸要件を大綱的に定めたものでしかなかった (日永, 2001)。しかし、パフォーマンス・ファンディングが求められたことと同様の理由から現行制度への批判が強まり、1992年の高等教育教育修正法を経て、高等教育機関・プログラムの質の維持・向上等を目指した認定基準の改正が図られるなどして、連邦政府の関与の度合いが高まることとなった (羽田, 2005；日永, 2001；Eaton, 2014)。従前大綱的に規定されていた基準は詳細なものとなり、また、適格認定機関の日常業務から日程の決定に至るまでを審査対象とする規範的なものとなった (Eaton, 2014)。適格認定は主としてプロセスに焦点を当てた評価であったが、成果も対象となっている (羽田, 2005；福留, 2009)。

Eaton (2014) は、適格認定の近年の傾向として、①説明責任の要求、②政府の影響の拡大、③高等教育の実用性の重視、④技術革新あるいは「破裂性技術 (disruptive technologies)」の影響、⑤国際的質保証の重要性拡大、⑥適格認定の中心的価値への疑念を挙げる。長い伝統を持ち、米国独自の制度と言われた適格認定制度であるが、その最近の傾向は大学評価の世界的傾向とほぼ軌を一にしている。グローバル化は米国化とも言われるが、その影響は米国自身も免れていないことが見て取れよう。

2．欧州

欧州の大学評価制度は、米澤 (2000) が公的な中央機関を持つモデルを欧

ングは大学のアカウンタビリティ促進に大きな効果をもたらしているが、大学の教育現場の状況や学生の学習成果の向上には小さな効果しか発揮していないとする回答が多く寄せられている」と伝えている。

州型と呼ぶように、一般に政府が大きな役割を持つ制度である。大学評価機関の設置はフランスの大学評価委員会 (Comité national d'évaluation des établissements publics à caractère scientifique, culturel et professionnel: CNE) に始まり (Campbell & Rozsnyai, 2002)、他国にも広がった。必ずしも CNE と同類の機関ばかりではないが、欧州高等教育質保証登録機構 (European Quality Assurance Register for Higher Education: EQAR) に登録された機関数は 2016 年現在で 43 に登っている。

しかし当然の事ながら、政府が果たす役割は国によって異なっており、高等教育への政府統制が強い国がある一方で、他方で質の保証を市場に大幅に委ねている国が存在する。Neave (2004) は、欧州各国の大学評価制度は個々の国で始められたとしつつ、先駆者であるフランス、英国、オランダが他の国に多大な影響を与えたと言う。Neave (2004) は、上記3国にスウェーデンを加えた4国が、非常に異なった基礎—技術的かつ文化的・社会的・政治的価値において—に立って、異なった評価の在り方を示していると述べる。評価制度整備の在り方から見た場合、大きく分けて、フランスとスウェーデンは政治主導型 (political) であり、それに属するのは他にベルギーやスペインである。英国とオランダは米国に範をとり、供給側の経済理論を適用した経済主導型 (economic) の制度を採用した。経済主導の程度は英国において特に顕著であり、その在り方は英国では「自由主義」、オランダでは「新自由主義」と呼ばれた。

経済主導型の国々において政府の役割は原則として否定的に受け止められ、政府は柔軟性に欠け、過度な統制を実施しているものとされた。そして、社会の調整者の役割は政府ではなく市場が果たすべきものとされ、政府の主たる役割は消費者としての個人が自由に消費対象を選択し得るようにすることであった。他方前者においても改革の動きはあったものの、政府が主たる調整者であることには変わりはなく、民主的な参加、権限移譲の観点から制度変更が図られたに過ぎなかった。

このような違いが国家間で見られた欧州であるが、近年の大学評価の在り方は、欧州高等教育制度の収斂を図るボローニャ・プロセスにおける質保証の議論に大きな影響を受けている (Stensaker, 2014)。質保証はボローニャ・

プロセスにおける最重要構成要素の一つとされ、その収斂の必要性が強く認識されていた(Damme, 2004)。その在り方は、欧州高等教育質保証ネットワーク(European Network for Quality Assurance in Higher Education: ENQA)を中心として 2005 年に取りまとめられた欧州高等教育圏における質保証のための規準及び指針(Standards and Guidelines for Quality Assurance in the European Higher Education Area: ESG)に最も典型的に示されている。ESG は 2015 年に改定されているが、内部質保証、外部質保証、外部質保証機関にかかる規準・指針で構成されている点については変わらない [8]。また、質保証機関は法令に基づいて設置され、政府当局から正式に認証されなければならないとされており(規準 3.2)、政府の責任が大きい欧州質保証の性格が色濃く反映されている。ESG は、次の 4 点を原則としている。

・高等教育機関がその活動の質及びその保証について第一義的な責任を有する。
・質保証は、高等教育制度、機関、プログラム、学生の多様性に対応する。
・質保証は、質文化の発展を支える。
・質保証は、学生、他の利害関係者、社会の必要性及び期待を考慮する。

欧州では、一時期適格認定を中心とした外部評価に重点が置かれた時期があった(羽田, 2005；米澤, 2000)。多様な手法の中で適格認定が欧州で主要な評価手法であることは変わりがないものの(Stensaker, 2014)、適格認定の煩雑さや規範的性格への大学からの批判は数多い。内部質保証を重視するオーディットにはこのような批判はないものの、手順や手法に偏る傾向があることから、両者を混合したような手法を採用する国が増えてきている(Lewis, 2007；Reichert & Tauch, 2005)。ESG が第一義的責任を機関に与えていることに見るように、内部質保証に重点を起きつつ、政府の責任の下で—市場への依存の度合いは国によって異なるが—多様な評価制度が整備されていると考えられる。適格認定制度についても、オランダやドイツの例(本書の各国の記述参照)に見るように内部質保証を前提とした機関認定制度の導入が図られて

---

[8] 2005 年版制定後に EQAR が設置されたことから、2015 年版には質保証機関の同僚評価に関する記述が無い。

いる。また、評価制度の中に学生を中心とする利害関係者の参加を求めていることも欧州の特徴の一つとして挙げられよう。欧州は各国の多様性を重視しており、そのことは、単純で一面的な指標に基いている国際ランキングを批判しつつ、欧州委員会の支援によって多面的な大学ランキングであるU-Multirank が開発されたことにも現れている (Westerheijden, 2014)。

3．アジア

アジアは非常に多様な地域であって、全体として論じるのは極めて困難である。そのため本節では、馬越 (1999) を参照しつつ、検討の主たる対象を東アジア[9]に限定し、その特徴である制度の後発性、公立セクター(国公立大学)と私立セクターの並立、政策における公立セクターの重視、規模における私立セクターの優位性を踏まえて検討する。他のアジア諸国については、傍論で取り上げるに止める。

アジアの大学は、例外なく自国外に起源を有している (Altbach, 2004)。すなわち、各国の高等教育制度は他国の制度を参照しつつ整備されたのであり、それは大学評価についても例外ではない。中国及び韓国では、米国の適格認定制度を範として評価制度が整備された (米澤, 2000)。またフィリピンでは、米国の植民地時代から、大学の設置に関する制度整備に合わせて適格認定制度が導入されている (馬越, 1999)。英国領であった香港では、旧宗主国の制度が色濃く反映された評価制度が設けられた (Mok, 2000)。他方同じ英領であったマレーシアは、適格認定制度導入にあたってアングロ＝サクソン諸国の制度を調査し、オーストラリア及びニュージーランドの制度に影響を受けた制度を採用した (杉本, 2002)。

日本においても、戦後、米国の適格認定制度を模して大学基準協会が設置され、加盟機関による相互評価が実施されてきた。しかしながら、その後文部省(当時)が大学設置基準を設けて設置認可を始めたことから、最近に至るまで大学基準協会の活動が発展を見ることはなかった (天野, 2004)。1990

---

[9] 中国及び東南アジア (アセアン諸国) 以東の地域を想定している。

年代の自己点検・評価の制度化を経て、日本の大学評価制度は東アジアの中でも特異な自主性原理の強い評価システムを選択してきたと言われる（米澤, 2000）。

　大学評価における独自の発達を見た日本であったが、新自由主義的な行政改革が進められる中で評価制度が2000年代以降大きく変わっていく（村澤, 2012）。1998（平成10）年の大学審議会答申『21世紀の大学像と今後の改革方策について：競争的環境の中で個性が輝く大学』において事後的な第三者評価の実施が求められたことを受けて国立の大学評価機関（大学評価・学位授与機構）が整備された。そして、2004（平成16）年に認証評価制度及び国立大学法人（評価）制度が発足したことにより、自主性を重視してきた日本の大学評価の状況は一変した。米澤（2000）は、日本の高等教育制度が、大きな私立セクターを抱えていること、公立セクターにおいても国立大学間・公立大学間の多様性が著しいこと、厳格な設置基準が存在すること（しかも予算配分と連動していない）といった特性を有することが、中央集権的で外部評価重視型の評価を困難としてきたと言う。しかし、設置基準の大綱化・準則化、国公立大学の法人化、国公私立を通じた競争的資金の増大等によって、日本独自の評価の在り方を支えてきた諸条件が失われてきたのであろう。かくして、日本の大学評価も欧米制度の影響を強く受けるようになったのである（米澤, 2005）。

　東アジアでは、大学の多様性を反映して、多元的な評価制度が整備されている。日本の認証評価制度において複数の認証評価機関があるのはその一例である。中国では、設置基準の達成を見る合格認定評価（鑑定）、教育活動に関する評価、優秀校選定のための評価等、多元的な評価制度が整備されている（大塚, 2004）。大学評価のための中央機関を持つ欧州型においてもある程度の評価の多元性は認められるが、こうした性格はアジアにおいて顕著であると思われる。

　東アジアに限らず広くアジアの高等教育においては、大学評価に限らず、恒常的に欧米で実践された多様なモデルが参照・導入されている。そこにはガーシェンクロン（A. Gerschenkron）の言う後発性利益があると考えられ、また、一般にアジアでは中央政府の権限が強いこと（国際協力総合研修所調査研究グ

ループ,2007)と相俟って、政府主導で大学評価についての様々な試みが行われてきていると見ることができよう。例えば中国では一連の制度整備が政府主導で行われ(田中・朴・叶・清水,2012)、また韓国では、盧武鉉政権(2003年-2008年)の前後から当時の大学評価制度への批判が高まり、政府主導の大学評価制度の整備が図られた(石川,2012)。

東アジアの大学評価に関する政策が成功しているかどうかを知るには詳細な調査検討する必要があろう。日本に関して言えば、小泉内閣以降政府主導の上位下達型の行政が顕著となり(内山,2010)、認証評価制度の導入を始めとして大学評価にかかる様々な政策が実施されてきた。現在の評価制度は詳細に渡っており、国立大学法人評価をとれば運営全般を対象とし、世界で類例を見ないものとなっている(大﨑,2009)[10]。

IV. まとめ

以上、大学評価の世界の動向及び先行研究における分析の枠組みを踏まえて、大学評価の国際的共通性と地域特性について、米国、欧州、東アジアを取り上げて検討した。それによれば、それぞれの地域特性は以下のようにまとめられる。

米国では、大学の自主性を前提とした適格認定制度を中核とする制度が整備されてきたが、1980年代以降に州政府によってパフォーマンス・ファンディングが導入され、また、1992年高等教育修正法の制定以降適格認定団体への連邦政府の関与の度合いが高まっている。すなわち、説明責任が大学及び大学間団体に求められるようになっている。しかし、パフォーマンス・ファンディングは一部の州立大学に限定され、その効果は未知数である。また、連邦政府の関与は間接的なものに止まり、その役割は他の地域と比べると限定的なものでしかない。説明責任の要求はあるものの、大学の自主性は多分に維持されており、他方において大学の評価(「評判」と言ったほうが適当かもしれない)は市場に大きく依存している。

---

10 大﨑(2009:7)は、「大学運営全般にわたる目標管理の手段としての評価というようなことを、しかも大学の自己目標について政府機関が行っている国は、世界中を見ても日本しかない」と言う。

欧州では、中央政府の関与の下で設置された中央機関を持つ「欧州型」が支配的である。国によって差はあるものの、政府の役割は米国と比べれば大きい。ボローニャ・プロセスでの質保証枠組み整備を反映して各国制度の収斂が見られるが、基本的には多様性を尊重する大学評価制度である。適格認定が主流であるが、その煩雑さや規範性への大学からの批判は多く、オーディットが拡大している。他方、制度設計や評価活動への学生参加が原則とされるなど、当事者の関与が保障されている。

　アジアは高等教育においては後発地域であり、評価制度整備においては例外なく欧米の制度が参照された。但し、導入直後は別にしても、その在り方は単なる模倣ではなく、後発性の利益を活かしながら、様々な先進的な試みが実施されている。一般に中央政府の権限は欧州以上に強く、時にはその主導によって大学の意向に沿わない形での大学評価の実践も認められる。また、巨大な私立セクターを抱え、公立セクターの内部においても多様性が強いことを反映して、多元的な大学評価制度が整備されている。

　最後に日本の大学評価制度への示唆であるが、大学の自主性を重視してきた従前の評価制度は、認証評価及び国立大学法人評価の導入とともに大きく変わることとなった。他国の制度との間でその詳細の比較を行うことは本節の目的とするところではないが、政府主導によって評価制度が整備される一方で、欧米と比べて大学関係者の関与が薄いことが危惧される。多様な価値を内包する大学に関して、国の政策が直接に高等教育の質的向上・多様化を促進する機能には限界があること（金子, 1991）に鑑みれば、当事者である大学関係者の参加が重要になっているのではないだろうか。また、いわゆる評価疲れを反映して認証評価制度の改善が検討されているが、評価制度の簡素化へ向けた見直しは不可欠であろう。

【参考文献】

天野郁夫『大学改革：秩序の崩壊と再編』東京大学出版会、2004年。
有本章「大学評価の理論と方法」山野井敦徳・清水一彦編『大学評価の展開』東信堂、2004年、5-26頁。
石川裕之「韓国における高等教育の質保証システムと学習成果アセスメントのインパクト」深堀聰子編『学習成果アセスメントのインパクトに関する総合的研究（研究成果報告書）』国立教育政策研究所、2012年、131-156頁。
内山融「日本政治のアクターと政策決定パターン」『季刊政策・経営研究』通巻第15号、2010年、1-18頁。
馬越徹「アジアの経験：高等教育拡大と私学セクター」『高等教育研究』第2集、1999年、105-121頁。
大崎仁「国立大学法人制度の再検証」『IDE・現代の高等教育』No. 511、2009年、4-9頁。
大塚豊「中国：大衆化の実現と知の拠点形成」馬越徹編『アジア・オセアニアの高等教育』玉川大学出版部、2004年、13-33頁。
金子元久「高等教育の構造変化と大学評価」『大学論集』第20集、1991年、99-120頁。
喜多村和之『新版大学評価とはなにか：自己点検・評価と基準認定』東信堂、1993年。
国際協力総合研修所調査研究グループ『開発課題に対する効果的アプローチ：地方行政』国際協力機構(JICA)、2007年。
杉本均「マレーシアの大学教育と大学評価の動向」『大学評価研究』第2号、2002年、43-51頁。
タイヒラー、ウルリッヒ【馬越徹・吉川裕美子訳】『ヨーロッパの高等教育改革』玉川大学出版部、2006年。
舘昭「国際的通用力を持つ大学評価システムの構築：「認証評価」制度の意義と課題」『大学評価・学位研究』第3号、2005年、3-19頁。
田中光晴・朴賢淑・叶林・清水禎文「高等教育における流動性と質保証」『東北大学大学院教育学研究科研究年報』61(1)、2012年、229-249頁。
羽田貴史「高等教育の質保証の構造と課題：質保証の諸概念とアクレディテーション」広島大学高等教育研究開発センター編『高等教育の質的保証に関する国際比較研究(COE研究シリーズ16)』広島大学高等教育研究開発センター、2005年、1-13頁。
羽田貴史「大学評価、神話と現実」『大学評価研究』第5号、2006年、6-13頁。
羽田貴史・米澤彰純・杉本和弘編『高等教育質保証の国際比較』東信堂、2009年。
日永龍彦「アメリカ合衆国連邦政府とアクレディテーション団体との関係に関する考察：1992年高等教育修正法の影響を中心に」『大学評価研究』第1号、2001年、43-51頁。
福留東土「米国におけるアクレディテーションのアウトカム評価」羽田貴史・米澤彰純・杉本和弘編『高等教育質保証の国際比較』東信堂、2009年、219-264頁。
村澤昌崇「高等教育における評価の動向・課題：芸術系分野への示唆」『音楽教育実践ジャーナル』Vol.10(1)、2012年、67-77頁。
山崎博敏「アメリカの州立大学におけるパフォーマンス・ファンディング」米澤彰純編『大学評価の動向と課題(高等教育研究叢書62)』広島大学高等教育研究開発センター、2000年、12-28頁。
吉田香奈「アメリカ諸州における公立大学のパフォーマンス・ファンディングの動

向」広島大学高等教育研究開発センター編『大学の機能分化の現状と課題（戦略的研究研究プロジェクトシリーズⅨ）』広島大学高等教育研究開発センター、2015年、133-150頁。

吉田香奈・柳浦猛「米国テネシー州における高等教育財政とパフォーマンス・ファンディング」『大学論集』第41集、2010年、323-341頁。

米澤彰純「大学「評価」をめぐる日本の文脈」秦由美子編『新時代を切り拓く大学評価―日本とイギリス―』東信堂、2005年、105-126頁。

米澤彰純「ヨーロッパにおける高等教育の質保証：「アクレディテーション」をめぐる議論の揺らぎを中心に」羽田貴史・米澤彰純・杉本和弘編『高等教育質保証の国際比較』東信堂、2009年、139-153頁。

米澤彰純編『大学評価の動向と課題（高等教育研究叢書62）』広島大学高等教育研究開発センター、2000年。

Altbach, P. G. (2004). The Past and Future of Asian Universities. In P. G. Altbach & T. Uma-Koshi (Eds.), *Asian Universities: Historical Perspectives and Contemporary Challenges* (pp. 13-32). Baltimore: John Hopkins University Press.

Campbell C. & Rozsnyai C., *Quality Assurance and the Development of Course Programmes,* Bucharest: UNESCO-CEPES, 2002.

Crozier F. et al., *Terminology of quality assurance : towards shared European values?,* Helsinki: ENQA, 2006.

Damme D. v., Quality Assurance in an International Environment: National and International Interests and Tensions, International Quality Review: Values, Opportunities, and Issues (CHEA Occasional Paper, June 2002) 2002, pp. 3-16.

Damme D. v., Standards and Indicators in Institutional and Programme Accreditation in Higher Education: A Conceptual Framework and a Proposal. In Vlasceanu L. & Barrows LC. (Eds.), *Indicators for Institutional and Programme Accreditation in Higher/Tertiary Education.* UNESCO/CEPES, 2004, pp. 127-159.

Eaton J. S., Recent Trends in US Accreditation. In Rosa M. J. & Amaral A. (Eds.), *Quality Assurance in Higher Education: Contemporary Debates. Basingstoke*: Palgrave Macmillan, 2014, pp. 149-159.

Frazer M., Quality Assurance in Higher Education. In Craft A. (Ed.), *Quality Assurance in Higher Education: Proceedings of an International Conference Hong Kong,* 1991. London: Falmer Press, 1992, pp. 9-25.

Hazelkorn E., The Impact of League Table and Ranking Systems on Higher Education Decision Making, *Higher Education Management and Policy* 19, 2007, pp. 87-110.

Kogan M., The Evaluation of Higher Education: An Introductory Note. In Kogan M. (Ed.), *Evaluating Higher Education.* London: Jessica Kingsley Publishers, 1989, pp. 11-25.

Lewis R., The Nature and Development of Quality Assurance in Higher Education: what is changing and what remains the same, *RIHE Reviews in Higher Education* 93, 2007, pp. 21-36.

Mok K. H., Impact of Globalization: A Study of Quality Assurance Systems of Higher Education in Hong Kong and Singapore, *Comparative Education Review* 44, 2000, pp. 148-174.

Neave G., On the Cultivation of Quality, Efficiency and Enterprise: an overview of recent trends in higher education in Western Europe, 1986-1988, *European Journal of Education* 23, 1988, pp. 7-23.

Neave G., The Temple and its Guardians: An Excursion into the Rhetoric of Evaluating High-

er Education, *The Journal of Finance and Management in Colleges and Universities* 1, 2004, pp. 212-227.
Premfors R., Policy Analysis in Higher Education. In Husen T., Postlethwalte T. N., Clark B. R. & Neave G. (Eds.), *Education: The Complete Encyclopedia*. Oxford: Pergamon, 1998, CD-ROM.
Reichert S. & Tauch C., *Trends IV: European Universities Implementing Bologna*, Brussels: EUA, 2005.
Shin J. C., Impacts of performance-based accountability on institutional performance in the U.S, *Higher Education* 60, 2010, pp. 47-68.
Stensaker B., European Trends in Quality Assurance: New Agendas beyond the Search for Convergence?. In Rosa MJ. & Amaral A. (Eds.), *Quality Assurance in Higher Education: Contemporary Debates*. Basingstoke: Palgrave Macmillan, 2014, pp. 135-143.
Teichler U., The changing debate on internationalisation of higher education, *Higher Education* 48, 2004, pp. 5-26.
UNESCO & OECD, *Guidelines for Quality Provision in Cross-border Higher Education*, Paris: OECD Publishing, 2005.
Wende M. v. & Westerheijden D. F., International Aspects of Quality Assurance with a Special Focus on European Higher Education, *Quality in Higher Education* 7, 2001, pp. 233-245.
Westerheijden D. F., States and Europe and Quality of Higher Education. In Westerheijden DF., Stensaker B. & Rosa M. J. (Eds.), *Quality Assurance in Higher Education: Trends in Regulation, Translation and Transformation*. Dordrecht: Springer, 2007, pp. 73-95.
Westerheijden D. F., Transparency about Multidimensional Activities and Performance: What Can U-Map and U-Multirank Contribute?. In Rosa M. J. & Amaral A. (Eds.), Quality Assurance in Higher Education: Contemporary Debates. Basingstoke: Palgrave Macmillan, 2014, pp. 53-65.

第2部
大学評価の体系化に向けて

第1章　大学評価論の理解
第2章　大学評価の展開

第1章　大学評価論の理解

第1節　大学評価論の枠組み
　　　　　　　　　　　　　　　　　　生和　秀敏

第2節　大学評価論の諸相
　　　　　　　　　　　　　　　　　　生和　秀敏

第3節　大学評価のPDCAモデル
　　　　　　　　　　　　　　　　　　生和　秀敏

第1章 大学評価論の理解

第1節 大学評価論の枠組み

生和　秀敏

　大学評価論とは、「何のために」「誰が」「何を」「どのような方法で」評価するのかを系統的に論じ、その「意義」を明らかに示すことである。表1は、各論点ごとに、それに対応すると思われる主な内容を一覧表として示したものである。このうち、特に重要と思われる論点について若干の説明を加えておく。

表1　大学評価論の論点と内容

目的	質保証	説明責任	教育改善
主体	大学	評価機関	学協会
対象	機関別	専門分野別	機能別
内容	システム	プロセス	アウトカム
方法	基準適合	目標達成	投資効果
基準	絶対基準	相対基準	内的基準
意義	自律性	公共性	国際性
背景	大衆化	大綱化	新公共政策
枠組	教育評価	政策評価	市場評価
地域	欧米	アジア	日本

1．評価の目的

　大学評価の目的には、(1)大学の自律性の確立を求め、大学の活性化を促し、教育研究水準の向上を図るためと、(2)大学の社会的責任を明らかにし、大学が国民や社会の期待に応えていることを説明するためという二つの側面が

ある。前者は「対学内的な目的」であり、評価によって大学の活性化を推進することが目的であり、後者は「対社会的な目的」であり、公教育機関としての「説明責任」を果たすことが評価の目的とされている。このことは、大学が、自主・自律を基軸として活動を展開する「独自的存在」であると同時に、社会全体に大きな影響を及ぼす「社会的存在」であることと深い関連がある。

　近年、知識基盤社会への対応として「大学の質の向上」が重要課題とされ、国際的競争社会の激化と相俟って、大学に対する注目度が高まり、学位の質の保証の手段としての大学評価の役割が強調されるようになった。自己点検・評価や認証評価が制度化される契機となった臨教審答申では、「大学は今や大きな社会的存在であり、社会の公共的投資に支えられている組織体であるから、大学はその社会的使命や責任を自覚し、大学の根本理念に照らして、絶えず自己の教育・研究・社会的寄与について検討し、評価を明らかにするとともに、教育研究の状況についての情報を広く国の内外に公表することを要請する」として、大学の社会的責任の自覚と大学情報の公開を求めている。

　新制大学の発足とほぼ同時期に国公私立大学の連合体として設立された大学基準協会は、大学の自治を尊重しつつ、大学の水準の維持・向上のための「大学基準」を参加大学の総意として定め、これを「アカデミック・スタンダード」として相互に尊重することで、「大学コミュニティ全体の発展」に寄与することを目指し、相互評価という仕組みを構築した。ピア・レビューの原則に立って行われる相互評価は、「独自的存在」である大学が、同じ大学人の忌憚のない意見を参考にしながら、自らの意思によって「社会的存在」に止揚しようとする自主的な努力の支援を目指すものであり、大学評価の目的の原型と考えてよい。

II．評価の主体

　評価とは「されるもの」であるという認識は、評価は客観的になされるべきものであり、そのためには、直接的な利害関係者ではない「中立的な第三者」によって公正に行われることが望ましいという考え方に基づくものである。確かに、評価それ自体を目的とする場合、この考え方は妥当であり、評

価結果の信頼性と妥当性は高いと考えられている。しかし、評価自体が目的となるケースは稀であり、評価は何かの手段として活用されるケースが殆どである。

　入学試験における学力評価や学期末の成績評価は、基本的に大学の責任で行われており、センター試験や外部試験を採用することはあっても、最終的な評価まで第三者に委ねることは却って無責任で不適切である。その理由は、第三者には、評価結果を教育活動等の改善に繋げる直接的な権限や責任はなく、評価結果を生かすことが可能な「当事者能力」が認められるのは、大学以外にはあり得ないからである。その意味で評価は、当事者能力を有するものが、自らの責任において「行うもの」であるという認識が重要である。

　勿論、大学評価を「行うもの」と考えるためには、評価者に一定の要件が備わっていなければならない。恣意的・主観的な判断を評価に反映させないこと、客観的な根拠をもとに評価を行うこと、評価基準・評価方法・評価手続きを予め定めておくこと、学内に中立的な視点から評価が行えるシステムを整備しておくこと、評価結果を公表すること、評価結果を改革・改善に繋げる体制を整えておくことなどは、大学が評価を行うに当たり、当事者として必ず守らなければならない要件である。何よりも重要なことは、「誠実性」をもって評価に当たることが強く求められるという点である。この点が保証されてこそ、大学が評価者として自らを評価できる基本的な資格と能力を有していると見なすことができる。

　しかし、大学の「公共的性格」を考えるとき、大学評価の主体は大学自身であるべきだと単純に言い切るには問題が残る。残念ながら、大学に対する社会の信頼度はそれほど高いものではない。大学評価に対する社会・国民の理解と関係者の合意形成を促すためには、自己評価と信頼できる第三者機関による外部評価とを合わせて行うことが、現状では最も適切であると考えられる。

III. 評価の対象・内容

　機関別評価が中心であった大学評価に、新たに専門分野別評価を導入し

ようとする動きがある。機関別評価とは、大学全体を組織体として評価するものであり、大学が高等教育機関として適切に機能しているかどうかを評価の対象とする、いわば「システム評価」と考えてよい。これに対して専門分野別評価とは、各専門分野での教育研究活動についての評価で、教育研究活動の基本単位である学部・学科や研究科・専攻などが評価の対象となる「プログラム評価」である。しかし、両者は密接に関連しており、各部局の教育研究活動を支えているのは大学全体のシステムであり、各部局の活動内容を考慮しないで大学全体を評価することは難しい。

　機関別評価が「システム評価」であるとしても、「教育システム」の評価なのか、財務状況や管理運営をも含めた「マネジメント・システム」の評価なのか、その線引きは必ずしも明確ではない。また、国立・公立大学を対象に導入された法人評価を契機に、投入された資源に見合う成果が上がっているかどうかを問う「政策評価」の視点が導入され、全ての大学は「経営体としての法人評価」と「高等教育機関としての大学評価」との間の輻輳した関係を整理し、大学評価の対象とすべき内容について新たな合意形成が必要となってきている。この点は専門分野別評価でも同様で、「教育プロセスの評価」から「教育成果の評価」を重視する方向へ関係者の関心は移行しつつある。

　このように大学評価の対象と内容は様々で、その全てに対応する評価と

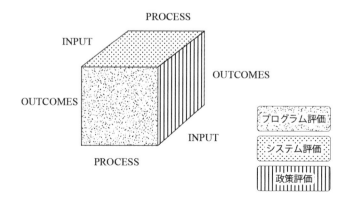

図1　大学評価の三次元

なると膨大な資料の準備が必要で、評価を受ける側も評価を行う側も相当なエネルギーを費やすことになる。効率的で質の高い評価を行うためには、評価目的によって評価対象を限定したり、評価対象によって評価主体を変えたり、重層化した評価内容を整理するなど、評価の焦点化と簡素化に向けた工夫が必要である。**図1**は、大学評価の対象を「インプット」「プロセス」「アウトカム」の三次元で表示し、各次元の組み合わせによって、プログラム評価、システム評価、政策評価それぞれの観点の違いを示したものである。

Ⅳ. 評価の方法

　大学評価における評価方法は、他大学との相対的な比較を行う「相対評価」ではなく、大学として遵守すべき事柄や到達すべき目標を「基準」として定め、その基準ごとに「評価項目」を設定し、各項目についての遵守状況や目標の達成度を評価する「絶対評価」で行われるのが一般的である。この評価方法が成り立つためには、定めた「基準」が明確で誰にでも理解できること、大学を評価するのに相応しい妥当な内容であること、基準に準拠した具体的な「行動目標」の設定が可能であること、目標の達成度や進捗状況が容易に評価可能であること、などが重要な点である。そのためには、「到達目標」である「基準」の下に設定される「評価項目」は、単に基準の下位カテゴリーという位置づけに留まらず、具体的な活動のゴールとなる「行動目標」であることが望ましい。

　達成度を評価する場合、設定された行動目標と現況との「差異分析」が基本となるが、差異の程度を規定しているものは、達成に向けた努力の多寡もさることながら、行動目標そのものの設定の仕方にも大きく依存している。行動目標が実現可能であるかどうかは、大学の意気込みだけではなく、大学が保有している諸資源や準備状況など、各大学が置かれている個別の事情を勘案しなければならない。場合によっては、行動目標の設定の妥当性それ自体も評価の対象とする必要がある。

　評価に際して留意すべきことは、評価の手掛かりとなる「評価指標」を予め決めておくことである。大学評価の場合、「定量的指標」より「定性的指標」

の割合が大きいが、定量化されない指標は評価の対象になり得ないと考えるのは適切ではない。「定性的指標」についても、尺度構成法などを適宜活用することによって一定の評価値が得られるような工夫を行うことが必要である。また、「評価過程と評価結果の客観性」を保つために、独立した複数の目で評価するという原則を守ることが必須である。「評価結果の信頼性は評価者の信頼性に帰属する」とまで言われるように、各評価者の力量は評価の信頼性を確保する上で極めて重要である。

V．評価の意義

　大学評価は、大学における活動の一環として位置づけるべきであり、大学および構成員は、評価主体が誰であれ、その評価情報を真摯に受け止め、以後の活動の展開に積極的に活用することが求められる。行動論的にいえば、評価は、不都合な活動を抑制し、望ましい活動を促進させる「強化子」[1]としての機能を持っていなければならない。評価が強化機能を持っているからこそ、大学の持続的で確実な発展が期待できるといえる。そのためにも、大学評価は、問題点や改善事項の指摘に終始するのではなく、各大学の特色や長所の伸長に繋がる活動を動機づけるものである必要がある。また、評価結果の公表は、単に社会に対する説明責任を果たすだけではなく、大学に対する正当な関心を拡げ、社会的な支援の輪を拡げる役割を担っている。

　大学評価の基本は「自己評価」（法令では、自己点検・評価）であり、的確な「自己評価」なくしては、認証評価も法人評価も成り立たない。「自己評価」は、大学が自らの現況を冷静に見つめ直すことによって、改善すべき点や伸長すべき点を明らかにし、自らが進むべき道を見いだし、新たな発展の可能性を探究する「自律的な営み」である。この「自己評価」の能力を高めることが、自主・自律を標榜する大学にとって重要な課題であり、大学が自律的組織で

---

[1] 強化子とは、行動理論の用語で、行動を制御する機能を持つ刺激（情報）のことで、これが与えられることで、事前の行動が強められたり弱められたりする刺激のことを指している。もし、評価によって長所が伸長され、問題点が解消される活動が促されるとすれば、評価には大学の活動に対する強化機能があると考えられる。

あることの証である。認証評価が制度化されて以来、評価機関による「第三者評価」が大学評価の中心であるかのように見られているが、大学評価の基本は「自己評価」であり、「第三者評価」は、自己評価の結果を第三者の目で「再評価」するのが使命である。それと同時に、「自己評価の妥当性の検証」を通じて、大学の「自己評価能力」の向上を支援する機能と役割を担っていることを忘れてはならない。

「ピア・レビュー」による評価を「第三者評価」とは言えないという声も聞くが、研究者以外に研究成果を的確に評価できないのと同様、大学関係者以外に大学を的確に評価することは難しい。情実が介入しない公正な評価が保証されることが絶対の条件であるが、ピア・レビューに依らないで第三者評価を行うことは、事実上困難であり非現実的である。ピア・レビューの意義は、評価を受ける大学のみならず、評価者側にとっても有用性は高い。他大学の評価に参加することは、大学のあり方を真剣に考える機会を得ることになり、改めて自らの大学を新たな目で見つめる契機となる。そのことが結果として、大学コミュニティ全体の質の向上に寄与するものと期待される。

VI. 評価の有用性

現在行われている大学評価は、大学や社会全体にとって、どれほどの有用性をもっているのであろうか。評価関係者は改めてこの問題に向き合わなければならない。評価情報の活用の仕方は様々で、大学にとっては自己変革の手段であり、受験生や高校関係者にとっては進路選択の手段である。また、企業にとっては有効な投資先の選定や有能な人材獲得の手段であり、国にとっては我が国の学位水準の保証のための手段である。しかし、現在の評価情報は、各ステークホルダーのニーズに十分応えているとはいえず、評価の有用性は必ずしも高いとはいえない。

一方で、各種の大学ランキング[2]、特にタイムズやニューズウィーク、朝日

---

2 ランキングは、一元的な序列を示すものや多元的な指標によるものまで多様であり、評価項目が公にされているものもあれば、評価指標が不明確なものもあり、信頼性・妥当性には相当のばらつきがある。その中で上海交通大学が毎年発表している「世界大学学術ランキング」は、評価

新聞などマスメディアが行っている大学ランキングは、大学についての市場評価に大きな役割を担っている。このようなランキング情報に較べると、評価機関が実施している評価の社会的インパクトの弱さは否定できない。また、歴史と実績のある伝統校に対するイメージは、新たな評価情報が付け加わったからといって、容易に変わるものではない。

このような状況の中で、評価が社会的有用性をもつためには、検討すべきいくつかのポイントがある。第一は、誰にでも分かる評価情報を提供することである。分厚い評価報告書を公表しても、大学関係者ですら読むのに相当のエネルギーが必要である。第二は、各ステークホルダーのニーズに対応した評価情報を提供することである。大学関係者による大学に対する評価情報は、部外者にとって、さして興味と関心を引き起こすものではない。第三は、評価機関でしか提供できない質の高い評価情報を提供することである

評価機関が有している情報は、ランキングのための情報と較べると、質量ともに遙かに優れているが、この特長を十分に生かし切れていない。評価の有効性を高めるためには、評価機関は、評価機関であるだけではなく、信頼性の高い大学情報の提供機関でもあることを認識する必要がある。

【参考文献】

川口昭彦(大学評価・学位授与機構)編(2009)『大学評価文化の定着　大学が知の創造・継承の基地となるために』大学評価・学位授与機構大学評価シリーズ、ぎょうせい
喜多村和之(1993)『新版　大学評価とは何か　自己点検・評価と基準認定』東信堂
生和秀敏(2010)「認証評価の新展開」『大学評価研究』第9巻、9-16頁
生和秀敏(2013)「大学評価をピア・レビューで行うことの意義」『じゅあ』No.50、6頁、大学基準協会
大学基準協会(2000)「大学評価の新たな地平を切り拓く(提言)」
大学基準協会(2009)「内部質保証システムの構築―国内外大学の内部質保証システムの実態調査―」平成20年度文部科学省大学評価研究委託事業報告書
大学基準協会(2011)「これからの大学教育の質保証のあり方　大学と評価機関の役

指標(受賞卒業生数、受賞スタッフ数、被引用研究者数、ネイチャー及びサイエンス誌論文数、論文引用数、上記指標の総合スコアーを常勤教員数で割った値)が明確で、研究水準のランキングとしてよく用いられている。

割」3 認証評価機関・日本学術会議共催シンポジウム報告書
大学基準協会 (2012)「『大学評価 (認証評価) の有効性に関する調査』報告書」
大学基準協会 (2013)「自己点検・評価報告書」
大学評価・学位授与機構編著 (2007)『大学評価文化の展開　高等教育の評価と質保証』大学評価・学位授与機構大学評価シリーズ、ぎょうせい

第1章 大学評価論の理解

第2節 大学評価論の諸相

生和　秀敏

　大学評価を論じるに当たっては、それを支えるいくつかの観点を念頭におかなければならない。第一は、教育評価の枠組みで捉える「教育論としての大学評価」であり、第二は、高等教育政策の一環として考える「政策論としての大学評価」である。そして、第三は、評価論の基礎をなす査定の性格を持つ「測定論としての大学評価」であり、第四は、好ましい行動変容を支援する「行動論としての大学評価」である。

1. 教育論としての大学評価

　大学評価は、何よりもまず教育活動の円滑な展開を可能にする手段として活用することが期待される。具体的には、学生の実態を個人レベル・集団レベルで把握するための手段として、また、教育プログラムや教員の教育・指導方法、教育環境・教育条件などの適切性・有効性を判断するための手段として、さらには、教育活動の成果を的確に把握し、それを教育の改善・改革に繋げるための手段として活用することで、学生の全人的な成長を支援する「教育活動の一環」として位置づけられる。

　教育評価では、評価の目的によって診断的評価・形成的評価・総括的評価に区分されることが多い。これを大学評価に当てはめると、診断的評価は学生の基礎学力や学習意欲など大学教育を受けるためのレディネスについての評価であり、形成的評価とは教授・学習過程の進捗状況に対応した教育効果の継時的な評価である。総括的評価とは、最終的な教育成果を評価するためのもので、卒業・修了時における学生の学修成果を主な指標とした教育活

動の有効性についての評価と考えることができる。

　評価基準として教育場面で用いられているのは、目標準拠基準による絶対評価と集団基準による相対評価、それに内的基準に基づく個人内評価の3つがあげられる。絶対評価は、教育目標の実現度や学習を通じた学生の成長の程度を知る上で有効である。相対評価は、より広い視野から教育の成果と判断するための手掛かりを提供できる点に特徴があり、絶対評価を客観的な立場から補完する機能を持っている。個人内評価は、学生の個性や特長などを見いだすための評価として活用可能である。大学評価としては、教授・学習過程の円滑な機能化を支える教育プログラムの編成方針、教育組織や教育環境の整備状況など、教育システムの評価も教育評価としては重要な評価事項である。

II．政策論としての大学評価

　大学における教育研究の質の向上は、個性が輝く高等教育の振興という政策目標を実現するための施策目標であり、大学が我が国の公教育を担う高等教育機関である限り、大学評価は、この施策目標の達成度を測る政策評価としての側面がある。この評価では、大学の活動全般についての説明責任を果たすため、国民が大学に期待する教育成果を中心とした実績評価と必要性・効率性・有効性といった視点からの事業評価が含まれており、「高等教育政策の一環」として位置づけられる。

　政策評価は、PDCAサイクルの枠組みの中で、掲げた目標や立案された計画が適切に実施されているかどうかを評価し、その評価結果を改善・改革に繋げるマネジメント評価と同義である。大学評価においても、「文部科学省政策評価基本計画」に準拠したマネジメント評価の手法を導入し、目標・計画の妥当性を評価し、投入された資源が効率的・効果的に活用され、期待する成果が得られたかどうかを評価することが求められている。また、公共性の観点から、大学に対して教育に関する諸権限を負託している国民全体に評価結果を公表する義務と責任がある。

　国立大学及び公立大学に対する法人評価は、まさに政策評価そのもので

あり、評価の対象となる事項は、(1) 教育研究の質の向上に関する事項、(2) 業務運営の改善及び効率化に関する事項、(3) 財務内容の改善に関する事項、(4) 教育研究や組織運営についての自己点検・評価と情報提供に関する事項、(5) その他業務運営に関する重要事項となっている。各大学はこの事項について中期目標・中期計画を定め、その達成状況の評価を受けることになっており、事業期間内における事業評価の色彩が濃い。

III．測定論としての大学評価

　教育活動の適切性・有効性などを判断するための情報を得る手段として、現状の把握、教育活動による変化や成果などを、客観的な指標や方法で明らかにすることが大学評価に期待されている。この場合の評価は、価値判断を伴う評価というよりは、客観的な指標に基づく「査定（アセスメント）」と考えたほうがよい。この評価で重視される点は、測定方法や測定結果の信頼性・妥当性であり、誰もが理解できる定量的な表現が可能となるような測定方法の開発が求められている。

　測定とは、様々な事象を客観的に数値化して捉えることを総称した概念であるが、CGS単位で表現可能な物理的現象とは異なり、人間の行動や活動を測定するためには、対象となる事象を数値化するための合理的な工夫が必要である。そのためには、対象となる事象を可能な限り測定可能な指標に置き換え、それに何らかの数値を割り当てるための尺度を構成することが重要となる。しかし、対象となる事象を誰もが納得できる指標に置き換えること容易ではなく、指標が見いだせたとしても、それがすべて定量的な測定が可能であるとは限らない。そのため、定量化が可能な指標のみを用いて評価を行う傾向があるが、間隔尺度に代表される通常の定量化以外にも数値化は可能である。

　大学評価の場合、意味のあるゼロ点が存在する比例尺度は考えにくいが、「あてはまる・あてはまらない」を区別するための名義尺度、順番のみを付与する順序尺度などは、定性的といわれている事象に対しても一定の数値を与えることは可能である。適切な尺度構成の工夫もされないまま、主観的・

概括的な評価が行われたり、逆に、定量的表現がされているものについては、その指標の概念的妥当性を吟味しないまま、安易に受け入れる傾向は慎まなければならない。

IV. 行動論としての大学評価

目標達成に向けた行動を活性化するためには、達成可能な具体的な到達目標を明確にすることに加え、目標の誘因価を高めることと、行動の進捗状況についての適切なフィードバックが必要である。とりわけ、行動を継続させる動機づけ水準を維持するためには、行動結果の評価とそれに基づく新たな操作という「循環的ループ」が内包されていなければならない。評価は、行動の継続にとって不可欠な検証とフィードバックの機能を担うものであり、検証の結果が新たな操作を引き起こす行動制御のプロセスを駆動させるものでなければならない。

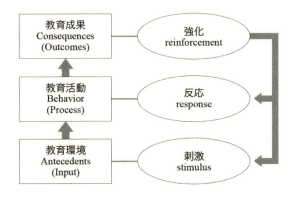

図1　評価の行動論的枠組み

図1は、インプットに相当する教育環境、プロセスに相当する教育活動、アウトカムに相当する教育成果を、刺激・反応・強化という行動論的枠組みに対比させて示したものである。教育成果は、教育環境と教育活動の結果として位置づけられると同時に、好ましい成果を生み出した教育環境や教育活動を選択的に強化するという機能をもっていなければならない。インプット・

プロセス・アウトカムの評価は、それぞれが独立して論じられることが多いが、相互に関係づけられてこそ大学評価としての意味をもっていると考えるべきである。

行動論的視点とは、何が行動を動機づけるのか、なぜそのような行動が発現するのかを実証的・因果論的な視点に立って理解することである。これを大学評価に当てはめると、現況を目標の達成度という「目的・手段の連鎖」として捉えるだけではなく、評価結果に影響を及ぼしていると考えられる要因構造を明らかにし、「原因・結果の連鎖」で現況を捉え直す評価ということになる。何が教育成果を規定しているのかが分からなければ、改革・改善に繋がる活動を具体的に動機づけることは困難である。

改革・改善に繋がるフィードバック機能をもつ評価とは、(1) 教育目標の達成度を測定する、(2) 大学における教育活動の有効性[1]を判断する、(3) 教育成果と繋がる可能性の高い教育活動や環境条件を推定する、(4) 適切な教育活動を強化したり、必要な環境の整備を行う、という4つの機能を内包した評価でなければならない。

そのためには、教育成果を基準変数とし、それに寄与すると思われる諸活動や諸条件を説明変数とした重回帰分析や要因相互の因果的関連を推定するパス解析など、これまでとは異なる工夫を加えた評価情報の提供が求められる。どのような活動や条件が成果と繋がるかについては、教育活動に携わるものにとっては、既に「暗黙知」として存在しているかもしれない。しかし、それを実証的な手法を通じて「形式知」として共有できなければ、大学全体としての改革・改善には繋がりにくい。

V. 新たな観点の導入

上記の4つに加え、これからの大学評価論を考える上で無視できないのは、

---

[1] 大学における教育活動の有効性としたのは、入学前までに身につけた知識・技術・学習態度などを統制せず、大学卒業時の学習成果を全て大学教育の成果と考える傾向が一部にあるからである。初期値の違いを無視した議論は、剰余変数を統制しないで実験をしているようなものである。それは、リレー競技の成績を全てアンカーの責任とするのと同じで、およそ合理的とは言えない。

高等教育を取り巻く市場の動きと、これとは対極にあるアカデミズムを基盤とした自主性・自律性の価値を、どのように評価に生かすかという問題である。

　大学の存続が、ステークホルダーの意向や高等教育に対する市場の動向に左右されている現実を考えると、社会一般の大学評価に対する関心の多くは、大学の市場価値に収斂しているように思える。新たな大学や学部の新設に当たっても、それが社会のニーズに対応していることが許認可の大きな判断材料になっており、大学評価においても、何らかの形で「大学の市場価値についての評価」が求められている。大学の市場価値を判断する指標として考えられているものは、実社会における就業力と直結したものであることが多く、就職率や資格取得率などの外形指標をもとに判断されることが多い。しかし、就業力そのものを形成している中身については、時代と共に変化してきている。高度な専門的な知識や技術を求める時代があれば、幅広い教養ある人材を重視する時代もある。外国語の運用能力や情報処理技術を求める時代もあれば、学士力や社会人基礎力などの汎用性の高い能力を求める時代もある。

　一方で、大学の存在価値は、市場の動向に左右されない学術的な自律性を堅持する点にあると考える大学関係者も少なくはない。大学が普遍的な価値を求める場である限り、大学の評価は、教育評価のみならず、学術的成果とそれを可能にする研究活動の自由が保証されているかどうかで判断する必要がある。学術的成果についての評価は、既に各種の学術団体によって行われており、研究内容の独自性、研究方法の合理性と妥当性、研究成果の学術的貢献度などの判断基準で評価する仕組みは、科学研究費補助金の審査基準などに見られるように、既に構築され定着してきている。そのような中で評価機関が行うべき評価は、研究活動の自由が制度的・資源的に保証され、それらの諸条件を適切に運用する自律的なシステムが大学の中に構築されているかどうかを評価することであろう。アカデミック・フリーダムを支える「オートノミーの評価」は、評価機関が行うべき大学評価の重要な側面といえる。

　近年、教学マネジメントにおけるガバナンス分析が注目されているが、**図2**に示されているガバナンス分析の4つの次元は、そのまま大学評価の基本的

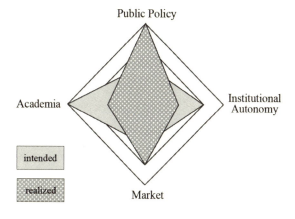

図2　ガバナンス分析

視点として考えることが可能である。菱形で示されている4つの視点とは、①公共政策と合致しているか、②市場の動向を考慮しているか、③組織の自主性・自律性が確保されているか、④教育研究の活性化に寄与しているか、という次元の異なった視点である。いずれの視点も今後の大学マネジメントにとっては欠かせないものであり、この点に意を払った大学評価システムの構築が求められる。

【参考文献】

芦澤成光、日高定昭編著(2007)『現代経営管理論の基礎』学文社
池田央(1992)『心理測定法』放送大学教育振興会
鹿毛雅治編(2006)『教育心理学』朝倉書店
梶田叡一(2010)『教育評価』第2版補訂2版　有斐閣双書、有斐閣
佐々木正伸編(1982)『現代基礎心理学(5)学習』東京大学出版会
関正夫(1989)「教育評価の原理と方法に関する一考察」『大学論集』、第13集、1-31頁、広島大学大学教育研究センター（現広島大学高等教育研究開発センター）
総務省行政評価局(2008)『政策評価」Q & A』
Dressel, P.L (1976) *Handbook of Academic Evaluation,* Jossey-Bass Publishers.
ハリー・P・ハトリー著、上野宏・上野真城子訳(2004)『政策評価入門　結果重視の業績測定』東洋経済新報社
A. バンデューラ著／原野広太郎・福島修美訳(1980)『人間行動の形成と自己制御』4版、金子書房

文部科学省（2013）「文部科学省政策評価基本計画（平成 25 － 29 年度）」
L・ロバート・リン・池田央・柳井晴夫他著（1992）『教育測定学（上下巻）』学習評価研究所

【補遺】

本稿は 2013 年 10 月に執筆したものである。なお、図 2 は、OECD 教育研究革新センター（CERI）センター長（当時）D．ファン・ダンメが、高等教育質保証学会第 1 回大会（2011 年 10 月 27 日）における基調講演で用いた図を参考に、筆者が作成した。

第1章 大学評価論の理解

第3節 大学評価の PDCA モデル

生和　秀敏

　改善・改革に繋がる内部質保証システムとは、目標設定と計画(P)、計画に従った活動の実践(D)、活動について点検・評価(C)、評価結果に基づく改善・改革(A)といった一連の流れが円滑に機能するための組織内部の力動的体制のことである。しかし、目標管理や品質管理といった経営学の視点から導入された PDCA サイクル論を、そのまま教育活動の展開に転用することには若干問題がある。同じ人間の活動を対象としている以上、本質的な違いがあるとは思えないが、経営論と教育論との間には、力点の置き方に微妙な相違点がある。

I．経営論と教育論の相違点の理解

　第1の違いは、目的の違いである。経営の目的は、経営体としての組織の発展であり、教育の目的は、学習者である学生の成長である。勿論、組織の発展のためには、構成員個人個人の組織人としての自覚が不可欠であるし、学生の成長のためには、それを支援する高等教育機関の組織としての重要性は言うまでもない。しかし、それらは、あくまでも最終目的ではなく、最終目的を実現させるための手段であり、むしろ中間目的として位置づけるべきである。

　第2の違いは、目標や計画のもつ厳格性の違いである。経営においては、目標や計画は、経営活動を円滑に行うためには必須事項であり、これが曖昧であったり、恣意的な変更が繰り返されるようなことがあれば、組織全体が混乱することに繋がる。一方、教育においては、明確すぎる目標や計画は、

教員の自由裁量の余地を制約し、自由で柔軟で創意工夫によって展開される筈の教育活動の硬直化に繋がりやすい。特に、研究活動に裏打ちされた大学教育においては、予め定められた教育目標や計画から逸脱することは日常的で、直近の情報や研究成果を授業に反映させるほうが学生の興味や関心を引き起こしやすい場合が多い。

　第3の違いは、評価方法の違いである。経営論では、投入資源に対する成果を評価指標とする政策評価が中心であるのに対して、教育論では、教育成果のみならず、それと繋がる教育活動をも評価対象とする教育評価が中心となっている。教育の質保証の観点から、教育評価においてもアウトカム評価論が盛んであるが、教育評価の中心はプロセス評価であり、アウトカムは教育プロセスや学習プロセス全体の適切さを確認する手段として位置づけるのが一般的な考え方である。

　第4の違いは、評価指標の違いである。経営論では、生産性とか利潤といった比較的測定が可能な指標が評価の手がかりとなるのに較べ、教育論では、評価の対象とすべき領域が広く、普遍的で妥当性のある評価指標を決めることは容易ではない。ブルームは、教育目標として「認知的目標」「情緒的目標」および「運動技能的目標」の3領域を挙げ、近年、提案された学士力でも、「知識・理解」「汎用的技能」「態度・志向性」「総合的な学習経験と創造的思考力」の4領域が内包されている。当然、多岐に亘る評価指標の構築が求められることになる。

　このような違いがあることを理解した上で、PDCAサイクル論を教育の質保証論に繋げるためには、経営論と教育論の橋渡しをする共通した視点の導入が必要である。

II. PDCAサイクルの行動論的理解

　PDCAサイクルが目標管理や品質管理を進める手法として注目された点は、重要な管理上のポイントを4つの段階に整理し、しかも、AをPに繋げることで継続的なスパイラルアップを可能にする考え方が、効果的な経営管理論として極めて有用性が高いからである。大学教育の目的が、「学問の継承・

発展」という側面から、「時代や社会が求める人材養成」という側面が強くなるにつれ、教育成果による質保証という考え方が、教育活動に導入されてきたのは、むしろ当然の成り行きである。

　しかし、教育活動の展開においては、標準化・システム化できない部分が多く、計画に基づいて粛々と業務遂行を行う管理業務とは同一視できない面が少なくない。教育目標や計画の立て方、効果的な実践の方法、成果の評価方法、改善や改革の方向性のいずれをとっても、関係者間の合意形成は容易ではなく、トップダウンによる意思決定だけでは、教育活動や学習活動が円滑に行われる保証はない。教育活動にPDCAサイクルを適用するに当たっては、PDCAサイクルを経営と教育のいずれにも通じる「行動論的視点」から見直してみる必要がある。

　行動論的視点とは、組織や個人を問わず、「何が行動を動機づけるのか」「なぜそのような行動が発現したり、変容したりするのか」「好ましい行動を促進させ、好ましくない行動を抑制する方法は何か」といった問題を、実証的な方法と因果論的な視座に立って理解することである。教育活動において特に重要視されている「行動の動機づけ」という観点から、PDCAの各段階を教育活動の展開という側面から再整理してみよう。

1．目標・計画の設定（P）—具体的な教育目標の設定—

　行動への動機づけを高める二大要因は、「明確な目標を設定すること」と「行動の結果に対して適切なフィードバックを与えること」であると行動論では考えられている。教育目標は、目指すべき方向を具体的に指し示すことであり、「行動の最終結果」として位置づけられるため、行為者自身が十分理解できる明確性と具体性がなければならない。そのためには、目標の実現に向けたマイルストーンを下位目標として設定したり、教育目標を学生の学習目標に置き換えたりする工夫が必要となる。行為者が教育目標を現実的な課題として実感できることが動機づけを高める上で重要なポイントである。

　マラソンランナーにとっての目標は、42.195キロ先のゴールテープであり、それがあるからこそ、あの長い距離を走破することができる。いくら頑張れ

頑張れと応援されても、ゴールがなければ、走り続けることは容易なことではない。『マラソンの青春』という本を書いた君原健二氏は、苦しくなって途中で走るのを止めようと思ったとき、「せめて、あの橋までは走ろう」「あの建物まで走ったら止めよう」と目に見える目標を自分で定めて、それを当面の目標にしながら走り続けてきたと述懐している。

目標の実現には、実現するための手順や方法などを明確に決めることが必要不可欠である。ある中学校の教師からこんな話しを聴いたことがある。「頑張るというだけの子供は、まず伸びませんね。どこをどのようにするか、何をやったらいいか、それが分からないと、頑張ろうにも頑張れないものです」。目標の実現可能性は、目標の明確化もさることながら、方法や手順を明確化したアクション・プランの有無に掛かっているといえる。つまり、目標と計画は、常にセットとして考えることが目標の達成のためには必要だということであろう。この点は、大学としての戦略目標の設定が求められる機関レベルでも、教育研究の単位組織である部局レベルでも、教員や学生といった個人レベルでも同様である。

大学執行部の重要な業務と見なされている戦略目標の決定は、理念、使命・目的、歴史・伝統、実績、現有資源、大学を取り巻く教育環境などを総合的に勘案して行われている。しかし、これが大学全体の戦略目標として機能するためには、部局や個人がそれを理解し、共有し、自分自身の問題として内在化させ、独自の目標と計画を立てることができなければ、所詮は絵に描いた餅に等しい。目標や計画は立案すれば良いというものではなく、行動の最終結果として構成員に理解されていることが重要である。

2．実行の段階(D) ―自発的な活動とフィードバック―

教育目標が定まったとしても、それを実現する方法は何も一つに決まっているわけではない。頂上を目指す点では同じであっても、いろいろなルートがある山登りと同じである。直登ルートは短いが急峻である、緩やかな道は上るのにかなりの時間が掛かる。学生の実態や諸条件を勘案しながら、実行可能な道筋と方法を考えるべきであろう。しかし、いかなる実行方法を採

用するとしても、忘れてはならないことは、実行過程における「フィードバックの重要性」である。目標に向けてどこまで到達できたかを示す「何合目」という標識は、途中経過を知る目安となるとともに、登り続ける気力を奮い立たせる上で大切な指標である。

　フィードバックとは、工学における制御理論の基本概念で、出力情報を何らかの方法で入力側に戻すことを指し、これが円滑に機能することでシステム全体が安定化する。教育活動でいうフィードバックとは、実行によって何が変わったかを行為者が的確に知ることであり、「KR (Knowledge of results)」とほぼ同義である。学習過程で考えると、学習を行わせるとき、学習者の反応に対して正誤や適否など何らかの結果情報を与えることである。学習者は、この結果情報を手掛かりとして、学習が適切な方向に進んでいるかどうかを確認し、必要に応じて修正を行うことで、円滑な学習を行うことができる。

　効果的なフィードバックは、学習制御に有効な情報を提供するだけではない。正のフィードバックを受けることは、学習活動が適切に行われている証しとして、学習者の有能感を増幅し、課題に取り組む意欲を高める強化機能があると考えられる。また、フィードバックがあることは、活動に対する手応えがあるということであり、活動そのものの意味と価値を高める効果も忘れてはならない。何のフィードバックも受けない活動を続けることができないのは、「そんな活動は意味がないんだ」ということを、意図するしないに拘わらず、学習者に伝えているからである。

　実行段階で重要なもうひとつの点は、可能な限り行為者の自発性を尊重することである。決められた手順と方法で実行を行えば、最も効率的に目標に到達できるかもしれないが、あくまでもモデルルートとして示すほうが望ましい。失敗があってこそ成功の重みが実感されるのであって、失敗のない方法を淡々と実行させればよいというわけではない。試行錯誤を繰り返しながら最適な解に辿り着く過程こそ学習過程であり、その道筋を学習者に体験させることが確かな学習成果に繋がると考えられる。実行段階では、様々な反応系列の中から何が適切であるかをフィードバックによって実感させることが重要である。自発的な活動を尊重し、その中から最も適切な実行方法と

手順をフィードバックによって学ばせることが、実行段階では特に留意すべき点である。

3．点検・評価の段階(C) ―目標適合活動の強化―

　教育場面における点検・評価の目的は、教育目標の実現に向けた教育活動や学習活動を強化し、教育の質の改善と向上を目指すためのものであり、一般には教育評価と呼ばれている。教育評価は、「教育目標がどの程度達成されたかを知るために、教員や教育関係者が、教育環境条件、教育課程、指導方法、教育成果などについて、調査し報告する活動」と定義されている。学習者にテストなどを実施して、その成績結果を知らせることが教育評価と理解されやすいが、それは教育評価の一側面に過ぎない。教育評価は、教育活動を改善するために、教育活動全般に対して実施する評価過程と考えられている。

　大学評価でいわれている点検・評価と称される過程は、点検と評価という性質のやや異なる二つの段階を内包した過程であり、的確な点検・評価を行うためには、両者のもつ意味の違いを理解しておく必要がある。

　「点検の段階」は、事実の確認を行う段階で、活動の実態を客観的に把握することが重要である。点検の対象となる事象や活動についての客観的な資料やデータを収集・分析して、教育活動の現況を正確に把握する過程である。しかし、事象や活動の全てが客観化できるわけではなく、まして、定量的に示せるものは比較的限られている。そのため、活動を具体的・操作的に定義したり、客観化・定量化のための様々な工夫が必要となってくる。例えば、「真面目に頑張っている」ことの評価指標として、「授業の欠席が少ない」「学習時間が長い」「図書の借り出し冊数が多い」「よく質問にやってくる」など客観化が可能な指標を組み合わせたり、評定尺度法を用いて、定性的な現象を定量化する試みなどが行われている。

　「評価の段階」は、確認した事実を教育目標と照らし合わせて評価し、展開されている活動や環境整備の実態が、教育目標の実現に向けて寄与しているかどうかを判断する過程である。ここでは判断の基準が重要であり、主観

的・恣意的な評価は慎まなければならない。そのためには、予め評価基準や判断基準を定めておくことが重要である。明確な期待値を基準とする「絶対評価」や、母集団の平均を基準とする「相対評価」、活動前の事前評価を基準とした伸び率を目安とする「個人内評価」がよく知られている。教育目標の達成度を評価する場合には、期待される達成の程度が、予め教育目標や学習目標として関係者に明確に示されていなければならない。

　客観的な事実確認を行う点検活動と違って、価値判断が伴う評価活動では、評価者によって、また、立場の違いによって、評価の結果に違いが生じる可能性が高い。そのため、複数のものが評価を行ったり、立場の異なる学生評価や外部評価を取り入れたり、第三者評価を申請したりすることで、評価の妥当性を高める努力が必要になってくる。

4．調整・改善の段階(A) ―環境調整と改善目標の設定―

　点検・評価の結果、問題が見つかると、「教員の意識改革が必要である」とか、「教員の教育力の向上が課題である」といったように、解決策の多くを教員の努力に帰属させる傾向がある。あるいは、「学生の学習意欲の低さが問題である」といった学習者である学生の資質に原因を求めようとする風潮もみられる。勿論、その重要性は否定できないし、とりわけ個々の授業や教育指導の展開における教員の役割は非常に大きい。教員の資質と教育力こそが教育の成果を決める最大の要因だという主張には、それなりの説得力がある。しかし、大学における教育活動の成否を、直ちに教員や学生個人に起因させて考えるのは、組織的な問題の解決に繋がりにくい。仮にそうだとしても、なぜ教員の教育力や学生の学習力が十分でないのかを、因果論的に問題視しなければ、高等教育機関として責任ある対応策を講じることは困難である。教育力に問題のある教員を採用したのも、学習意欲の乏しい学生を入学させたのも、もとはといえば大学の責任である。

　教育プログラムの改編やFD活動の推進は、現在行われている組織的対応の一つと考えられるが、「どこをどのように変えるのか」「なぜ変えるのか」「その結果として、どのような変化が期待できるのか」といった見通しを持って

行わなければならない。「変えればよい、実施すればよい」といった類のものではない。点検・評価が改善改革に繋がりにくい理由の一つは、従来の点検・評価結果からは、改善の具体的方法や手段を見いだすことが難しい点があげられる。点検・評価が目的化され、教育改善の方策を探す手段であるという視点が欠落しているからである。教育目標の実現に向けた教育成果が上がったか否かのみを問題とするのではなく、「なぜ成果が上がったのか」「どのような環境条件の整備や教育活動の展開が効果を生み出したのか」といった情報が、点検・評価結果から読み取れなければならない。

さらに問題なのは、新たな資源の投入や制度改革・組織改革といったコストの掛かる改善策を敬遠する雰囲気が大学にあるという点である。コストを掛ければ必ず良い成果が保証できるわけではないが、コストやリスクを恐れると、思い切った改善・改革に踏み切ることが難しい。意識改革という具体性を伴わない発言が、あたかも問題解決の切り札であるかのように言われている背景には、適切な解決策が見当たらないことに加え、「何をやっても大きな変化はない」「あえてコストを掛けるほどのこともない」という覚めた気持ちがあることも否定できない。意識改革が必要ならば、それを推進する具体的な手だてを考えなければ、何もしないことと大きな違いはない。

III. PDCA サイクルのスパイラル・アップ

PDCA の各段階における留意点を示したが、PDCA サイクルが大学教育の質の向上に資するためには、単純な循環論ではなく、サイクルが回る度に、スパイラル・アップされることが望ましい。そのためには、「点検・評価結果を改善・改革に繋げるプロセス (CHECK to ACTION)」と「改善・改革された結果を次の目標・計画の設定に反映させるプロセス (ACTION to PLAN)」が重要な役割を担うことになる。

1. CHECK to ACTION—活動の効果推定を点検・評価に組み込む—

点検・評価は、それ自体が目的ではなく、改善・改革のための手段であり、点検・評価結果を改善・改革に繋げなければならない。しかし、現在の認証

評価は、教育環境の整備状況や活動の実態が、大学として的確であるかどうか否かといった「現況評価」であり、改善・改革の方法を探る内容にはなっていない。大学が掲げる目標の達成度を評価基準として重要視はしているものの、達成度についての「現況評価」であることには変わりはない。

　大学基準協会は、「評価結果をどのように生かすかは、あくまで各大学の判断と責任である」という立場をとってきた。各大学の自主性・自律性を尊重する基準協会としては、この基本的な態度は些かも変更する必要はない。しかし、各大学が、認証評価の評価基準および評価項目をそのまま自己点検・評価項目としている限り、自己点検・評価によって得た情報も、「現況評価」の域を出ていない場合が殆どである。

　点検・評価結果を改善・改革に繋げるためには、「現況評価」の中に「効果推定」を組み入れることが重要である。例えば、目標の達成度が必ずしも十分でないとすれば、「何が原因だと考えるか」「どのような活動が達成度を高めるためには効果があると思うか」など、達成度を規定していると考えられる活動の効果を推定させるやり方である。主な活動を選択肢として用意し、成果に寄与すると考えられる程度を評定させるという方法もあれば、自由記述を求める方法でもよい。

　大切なことは、「現況を規定しているものが何か」ということを評価結果から得られる工夫を行うことである。日常の自己点検・評価活動の中に「効果推定」の考え方を積極的に導入することを奨めたい。

2．ACTION to PLAN—実現の可能性を支える内部質保証システム—

　改善・改革の方向や対処すべき課題が分かったとしても、直ちに改善や調整が図れるものばかりとは限らない。また、それら全てを次回の目標・計画に組み込むことは、必ずしも現実的ではない。目標に掲げる以上は、一定の期間内に目標の達成が可能であることが重要であり、その見通しがなければ構成員の目標に向けた活動を動機づけることはできない。そのためには、浮かび上がった改善・改革の課題を「実現可能性」という観点で精査し、優先順位を決めることが必要である。

精査に当たっては、「行いたいこと」「できること」「すべきこと」を仕分けして整理することが必要である。その上で「すべきこと」を最優先事項として、資源の投入計画や学内規定等の整備など、目標の実現を可能にする諸条件を予め整えておくことが肝要である。ここで問題となるのは、年度が変わったり、学長などの執行部の交代が起きると、新たな目標や計画が打ち出される可能性があるという点である。しかも、新たな目標や計画が、必ずしも、点検・評価結果をもとにした一連の流れの延長線上のあるとは限らず、前年度の点検・評価結果が「お蔵入り」する事態も稀なことではない。

目標や計画が十分な根拠もなしに変更されるようであれば、点検・評価結果が改善・改革に繋げる道筋を示したとしても、それが実際に採用されるかどうかは保証の限りではない。このような組織としての継続性・一貫性の欠如が、大学においてPDCAサイクルを回す上で大きな障害となっていることは事実である。執行部が代わり、年度が替わっても、PDCAサイクルを安定して機能させることのできる「内部質保証システム」を構築しておかなければ、大学の社会的信頼は保てないし、改善・改革に向けた構成員の意欲を維持することも困難である。目標の実現可能性は、執行部の熱意や意気込みもさることながら、点検・評価結果をもとに政策立案を行うという基本的な姿勢が大学全体に貫かれ、その仕組みとしての「内部質保証システム」が構築され、機能していることが何よりも重要である。

表1　PDCAの各ステップ

目標	条件	計画	活動	結果	成果	効果	改善
達成すべき目標	達成に必要な条件	行動計画の策定	目標指向行動	行動の結果生じた変化	成果の評価	条件や活動の有効性	改善点の整理と調整
具体的な目標の設定	システム整備や資源の確保	方法・手順・投入資源	活動の内容・方法	客観的なデータで確認	目標と結果の照合	有効な条件や活動の推定	実現性のある改善案の策定

表1は、以上の点を踏まえ、改めてPDCAの各ステップにおける課題を略記したものである。

IV. PDCAモデルを大学評価に適用する際の留意点

① 目標・計画の明確化は、あくまでも活動の動機づけを高めるためのものである。一旦決めたことは途中で変更してはならないなどといった硬直した考えは、かえって活動の動機づけレベルを低下させる場合が多い。関係者間の相互理解が得られるならば、必要な変更を行うことは、むしろ当然である。

② 目標・計画に則った実行に際しては、行為者の自主性・主体性を最大限尊重することが重要である。教育活動には決まった手順や方法があるわけではなく、杓子定規な教育指導に多くを期待するのは問題である。創意工夫は裁量権が認められる中で生まれるものである。

③ 点検・評価は、教育改善の方途を探る手段である。評価結果から改善に繋がる情報が得られるものでなければならない。教育成果の評価は、それが「どのような活動による成果なのか」まで踏み込まなければ、改善に繋がる情報は得られない。教育成果は、教育改善のための「有効な強化子」として活用すべきである。

④ 改善・改革は、個人レベルで行えるものもあれば、組織的な対応が必要なものもある。授業場面での学生からのフィードバックを絶えず受けている個々の教員レベルでは、適宜必要な改善が行われている場合が多い。問題は、フィードバックを受けることの少ない部局や機関レベルでの対応の遅れである。点検・評価を「組織的なKR」として活用することが重要である。

⑤ PDCAモデルは、合目的行動を円滑に行うための重要なポイントが押さえられており、教育場面でも適用可能なモデルであることは事実である。しかし、大学教育においては、ゴール・フリーあるいはターゲット・フリーな活動の活性化も求められている。そのことを踏まえた上で、柔軟な適用が求められる。

【参考文献】

上淵寿編著(2012)『キーワード・動機づけ心理学』金子書房
梶田叡一(2010)『教育評価』第2版補訂2版　有斐閣双書、有斐閣
君原健二(1984)『マラソンの青春』筑摩書房
国立大学協会調査研究部(2007)『国立大学法人計画・評価ハンドブック』国立大学協会
佐藤方哉(1976)『行動理論への招待』大修館書店
大学基準協会(2011)「新たな大学評価の理念　内部質保証システムを如何に評価するか」新大学評価システム・シンポジウム報告書
大学基準協会(2012)「アウトカム・アセスメントの構築に向けて―内部質保証システム確立の道筋―」大学評価シンポジウム報告書
大学基準協会(2009)「新大学評価システムガイドブック」
大学評価学会シリーズ大学評価を考える第4巻編集委員会(2011)『PDCAサイクル―3つの誤読』晃洋書房
P.F.ドラッカー著／上田惇生編訳(2001)『マネジメント　基本と原則』ダイヤモンド社
中島義明他編(1999)『心理学辞典』有斐閣
D.Bindra & J.Stewart (Eds.) (1966) *Motivation Penguin Modern Psychology Penguin Books*
B.S.ブルーム著／渋谷健一他編訳(1974)『学習評価ハンドブック』第一法規
ゲイリ・レイサム著／金井嘉宏監訳(2009)『ワーク・モティベーション』NTT出版
G.S.レイノルズ著／浅野俊夫訳(1975)『オペラント心理学入門―行動分析への道―』サイエンスライブラリー心理学6、サイエンス社

第2章　大学評価の展開

第1節　プロセス・アウトカム重視の評価
　　　　　　　　　　　　　　　　杉谷　祐美子

第2節　大学の個性的発展を促す評価
　　　　　　　　　　　　　　　　生和　秀敏

第3節　ステークホルダーに対応した評価
　　　―多様な大学への期待、市場価値のある評価情報―
　　　　　　　　　　　　　　　　堀井　祐介

第4節　評価方法の改善
　　　　　　　　　　　　　　　　和賀　崇

第5節　教育プログラムの評価
　　　　　　　　　　　　　　　　生和　秀敏

第6節　内部質保証システムを支える IR 機能
　　　　　　　　　　　　　　　　鳥居　朋子

第2章 大学評価の展開

第1節 プロセス・アウトカム重視の評価

杉谷　祐美子

はじめに

　1991年の大学設置基準の大綱化を契機として、以来、およそ四半世紀にわたり、我が国の大学教育は改革を求められ続けてきた。その力点は、各大学のカリキュラム改革といった組織レベルの課題から、個々の授業において用いられる教授法の改善や個別学生の学修状況の評価にまで踏み込む、よりミクロで実践的な課題にシフトしてきたといえる。

　本稿では、学生の学修の過程や成果が評価の対象として重視されるようになった経緯を確認し、教育評価研究の観点から、近年注目される代表的な評価方法について研究動向を概観したうえで課題を整理する。

1. 求められる大学における学修成果[1]

　我が国の大学は、従来、「入るのは難しく、出るのは易しい」といわれ、とかく大学の教育力の不足とともに、学生が勉強していないと評されてきた。これには、企業が大学教育に対して期待をせず、入学者選抜によって識別される潜在的能力の高さに信頼をおいてきたという事情も関係している。

　1997年の大学審議会答申「高等教育の一層の改善について」では成績評価の厳格化を、2005年の中央教育審議会答申「我が国の高等教育の将来像」では出口管理の強化を提言している。このように政策レベルでは、まずは大学

---

[1] 文部科学省では、当初「学習成果」の語を用いていたが、後に「学修成果」と改めている。本稿では、修得するという意味合いを強調するためにも、固有の名称が付してあるものを除き、一貫して「学修成果」の語を用いることとする。

や教員による評価の厳格化、質の管理が要請されてきた。しかし、今日議論されている「学修成果 (learning outcomes)」はさらに一歩進んで、評価や管理の直接の対象となる知識、技能、態度といった具体的な内実とその水準を問うている。すなわち、学生が実際に「知り、理解し、行い、実演できる」内容を、とりわけ対社会との関係において明確にし、測定することが求められている。学生の学修成果は各教員がそれぞれの授業科目において把握・評価していればよいだけではなく、学生が大学において学修した後に具体的に「何ができるようになるか」が外部にも公表され、大学教育の透明性を高め、さらには社会からも認められることが期待されているのである。それゆえ、学修成果は一定の期間内で達成可能で、その到達度を測定できることが必要とされる (中央教育審議会, 2008)。

　学修成果が重視されるようになった背景には、次の三つの流れがある。

　第一に、国際的な動向として、先進諸国では国際競争力を高めるために高等教育における人材養成を重視する政策を展開してきた。21世紀は知識基盤社会とされ、多様化・複雑化する社会の諸課題に向けて、知識・技能を運用することにより社会に活用できる汎用的な能力や、主体的に学び続けられる基礎的な能力を身につけることが期待されている。また、高等教育がグローバル化する中、知識・能力の証明である学位の質について、国際的通用性や同等性が求められている。

　第二に、第一とも関連するが、とりわけ産業界から大学教育に対する要請が強まってきた。これは我が国も決して例外ではない。2006年に経済産業省が提起した12の能力要素からなる「社会人基礎力」や厚生労働省の「若年者就職基礎能力」などは、産業界の能力要請を反映したものである。高等教育のユニバーサル化、さらには大学全入時代を迎え、大学の入学者選抜に機能不全が生じる中で、職業人、さらにいえば一市民としての基礎能力の育成を大学教育に求めざるをえない状況になっているのである。

　第三に、こうした社会の動向とはまた別個に、米国では学士課程教育におけるパラダイム転換が起きてきた。「教えるから学ぶへ (from teaching to learning)」で知られる、バーとタグ (Barr, R.B. & Tagg, J.) の教授パラダイムから学習

パラダイムへのシフト論は名高いが、その思想の片鱗はすでに80年代の米国の国立教育研究所の報告書や、さらには60年代末のチッカリング（Chickering, A.W.）にも遡ることができるという（溝上, 2014）。教員が「何を教えるか」よりも、学生が学習を生み出し、学習の質の向上を図ることを通して、学生が「何ができるようになるか」を重視する機運が、徐々に高等教育において高まってきたのである。

こうして、2008年の中央教育審議会答申「学士課程教育の構築に向けて」では、大学において学生が修得すべき学修成果を重視する観点から、学位授与の方針や教育研究上の目的を明確化するよう求めている。そして、学士課程共通の学修成果に関する参考指針として、「知識・理解」「汎用的技能」「態度・志向性」「統合的な学習経験と創造的思考力」の四つからなる「学士力」を示した。また、2012年の中央教育審議会答申「新たな未来を築くための大学教育の質的転換に向けて〜生涯学び続け、主体的に考える力を育成する大学へ〜」では、「学生の学修成果の評価（アセスメント）について、その目的、達成すべき質的水準及び具体的実施方法などについて定めた学内の方針」であるアセスメント・ポリシーに基づき評価を行い、その際用いた具体的な測定手法を明確にすることを求めている。このように、学修成果とは、目標として設定される学修成果から結果として達成される学修成果までをも含み、その範囲と水準が明らかにされる必要がある。

II．教育評価に関する基本的概念
1．「アセスメント」とは

さまざまなアセスメントの方法を理解する前に、教育評価の基本的概念を踏まえておく必要がある。まず、「学生の学修成果の評価」を意味する「アセスメント」という語の意味を確認しておきたい。

そもそも、第二次世界大戦後に我が国で「教育評価」と翻訳されるようになった語は、「エバリュエーション（evaluation）」である。その後、現代の英米の教育評価研究において、さらには我が国の政策文書にまで、「アセスメント（assessment）」という語が登場するようになった。「アセスメント」は高等教

育段階でこそ、「学修成果の評価」と説明されたりするが、「エバリュエーション」と同様、「教育評価」の原語ともされている。これら二つの用語については、下記のような四つの解釈がある（田中, 2008）。

　第一に、両者の意味を区別せず、ほとんど同意語として用いている場合がある。

　第二に、両者の機能を区別する場合である。「アセスメント」は、多角的な観点から、多様な評価方法を用いて評価資料を収集することである。これに対して、「エバリュエーション」は、前者によって得られた資料から、その教育実践の目標に照らして達成度を価値判断することであり、さらにそれに基づき改善の方策を打ち出すことを含んでいる。

　第三に、両者を区別することに変わりはないが、特に「アセスメント」という語に、「エバリュエーション」の本来の意味を込めるとともに、新しい教育評価研究の流れを汲んで用いる場合がある。そこには、教育活動の反省や改善のために評価方法を用いるという本来の発想と、後述する「真正の評価」や学習者も評価に参加するという新しい評価の流れが反映されている。

　第四に、両者を教育評価の対象によって区別する場合があり、主にイギリスでみられる用い方である。「アセスメント」は学習者の達成度を評価することであり、「エバリュエーション」は教育プログラムの内容を価値判断することを意味する。

　こうしてみると、日本の高等教育で用いられている「アセスメント」は厳密に「エバリュエーション」とは区別されていないものの、第四の意味で登場し、それに付随して第二の意味も込められていると考えられる。さらに、我が国でもアセスメントの方法の開発が進むにつれ、第三のような新しい教育評価の意味合いも付加されるようになってきたといってよいだろう。

2．評価の機能とタイミング

　先にも述べられていたように、教育評価の原義においては教育活動の反省や改善を目的としていることがうかがえる。そう考えれば、評価という営みは必ずしも教育活動が一通り終了してから行うばかりとは限らない。その

機能に応じて、タイミングも異なるのである。それらは、下記の三つに類別される（田中編, 2010）。

　第一に、「診断的評価（diagnostic evaluation）」が挙げられる。これは教育活動を始める前に行う評価である。入学当初、学年当初、学期当初、授業開始時等に、学習の前提となる学力や生活経験等について、学習者の状態を把握するために行う。大学でいえば、プレイスメントテストや新入生を対象にした学生調査等が相当する。診断的評価を実施することによって、学力や履修状況に応じてクラスやグループの編成を行ったり、授業計画の修正・改善を行ったりすることができる。

　第二に、「形成的評価（formative evaluation）」が挙げられる。これは授業の過程や学期・学年の途中で実施される評価である。授業計画ないし教育活動計画のねらい通りに展開されているかを確認するものであって、結果によっては計画の修正や補習などを行うことが必要となる。授業において形成的評価を行う場合には、重要な事項や基本的な事柄について評価を行い、成績評価には反映させず、なおかつ学習者の参考となるようにフィードバックすることが望ましいとされる。

　第三に、「総括的評価（summative evaluation）」が挙げられる。通常行われる評価であり、学年末や学期末など、授業終了時に、教員においては教育実践の反省を、学習者においては学習目標の到達度の確認をするために実施される。総括的評価は成績評価の対象となり、基礎的な力だけでなく応用力や総合力などの発展的な力も評価することを期待されている。

　このように、それぞれの機能を理解したうえで評価のタイミングを選択すべきである。学修成果の評価についても、総括的評価によるだけでなく、目標設定した学修成果との乖離を確認するための診断的評価や、目標値にどれほど近づいたかを明らかにするための形成的評価を併用することで教育活動の見直しに役立てることができ、ひいては総括的評価の結果にもそれが反映されるといえよう。

3．評価方法の原理

最後に、評価方法を構築する際に必要な原理(田中, 2008；田中編, 2010)についても示しておく。これはいわば、評価方法を点検・評価する観点として利用できるものである。

第一は、「妥当性(validity)」である。これは評価対象をどの程度よく測れているかを問う観点である。現在の解釈では、主に「構成妥当性(construct validity)」を指している。現象の背後にある技能や属性を意味する構成概念が、評価しようとしている概念をどの程度適切に測れているかを意味する。例えば、レポートを書くことを評価するならば、問題の設定、論理構成、根拠の妥当性、結論の明確さ、文章表現等、複数の構成概念を評価することになるが、これらが妥当であるかということである。いいかえれば、これらを評価することで当初意図していたレポートを書く力を本当に評価していることになるのかということである。こうした妥当性をさらに発展させた「カリキュラム適合性(curriculum fidelity)」も提唱されている(ギップス, 2001)。近年の研究では、評価方法によって評価できる学力が異なることが明らかにされてきた。「カリキュラム適合性」は、採用されている評価方法がカリキュラムの領域やレベルと整合性があり、カリキュラム全体をカバーし、目標とする学力をすべて適切に評価しているかをみる観点である。

第二は、「信頼性(reliability)」である。これは評価対象をどの程度安定的に一貫して測れているのかを問う観点である。具体的には、評価方法の信頼性と採点の一貫性がある。前者には、同一集団に対して、同一の評価(再テスト法)や難易度等が同等の評価(並立テスト法)を2回実施して相関を求める方法等がある。後者には、異なる評価者の間で(評価者間信頼性)、または同一の評価者が複数回評価する中で(評価者内信頼性)、同じ採点になるかをみる方法等がある。さらにこの信頼性を発展させた概念として、「比較可能性(comparability)」が提案されている。これは「評価の統一性」とも訳されており(ギップス, 2001)、評価者間で評価基準に関する共通理解を深め、同じ採点ルールに従うなどして、評価の一貫性が確保されているかを検討する観点である。

第三は、「公正性(equity)」である。これは評価が公正なものであるかを問う観点である。具体的には、社会集団間の「平等性」、評価の実施が及ぼす

影響を見る「結果的妥当性」(評価のために試験対策の指導が助長されるといった意図せざる結果を招いていないかなど)、評価の実施条件や事前指導・準備等の「条件の明瞭さ」、評価基準の「公表と承認の原則」が挙げられる。

　第四は、「実行可能性 (feasibility)」である。これは一定の条件下で、予定している評価を実際に完了することができるかを問う観点である。いいかえれば、評価方法を実施するために必要な基盤条件が整っているかを検討することである。この条件には、問題作成や採点の時間、労力、費用、評価者の熟練度、人的組織等が含まれる。

　これら四つの観点はいずれも重要であるが、これらすべてを同時に満たすことは容易ではない。特に、最も基本的な原理として長らく議論されてきた「妥当性」と「信頼性」を十分に両立することは難しい。最近の評価研究では、ある程度の信頼性を確保できないと妥当性も得られないということで、信頼性は妥当性の必要条件とされている (西岡・石井・田中編, 2015)。しかし、この二つはともすると片方を重視すれば片方が軽視されがちとなる。例えば、多肢選択法などを用いる客観テストは信頼性が高いものの、評価したい学力をすべて適切に評価できているかという妥当性の点では疑問視される場合がある。また、「妥当性」「信頼性」「公正性」を可能なかぎり考慮した精緻な評価方法を開発できたとしても、果たしてそれを実行するのに実際にどれほどの時間と労力を費やすことになるのか、「実行可能性」の点が懸念されるところとなろう。

III. アセスメントの方法

　それでは、大学の学修成果を評価するために用いられる具体的なアセスメントの方法にはどのようなものがあるだろうか。アセスメントの方法を分類する観点はいくつかあるが、なかでも山田 (2013a) は多くの観点とともに、アセスメントの方法を網羅している (**図1**)。

　これは「アセスメントの対象」(知識 (認知) 面か、態度・技能面か)、「指標の特質」(学修成果が直接的か、間接的か)、「評価の主体 (アクター)」(評価を行うのが教員か、学生か、職員か、それ以外か)、「データ収集の方法」(データが学内に

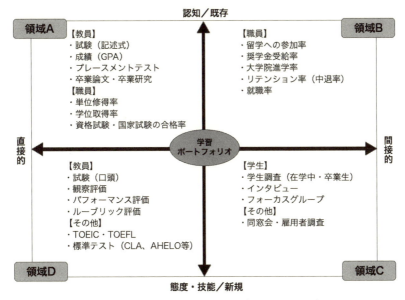

図1 アセスメントツールの類型 (山田, 2013a)

蓄積されている既存のものか、アセスメントツールを開発・実施し新規に入手するか) の四つの切り口から分類したものである。山田 (2013a) によれば、各領域の利点と欠点は以下のように説明されている。

領域Aは、「直接、学生の認知的側面を捉える指標」であり、試験、成績、単位など大学教育の中核となる最も一般的な領域である。これらは評価基準が明確で標準性・公平性が担保されている反面、学習者の理解の深さや思考力、表現力などの多面的な側面を捉えることは難しいとされる。

領域Bは、「既存データから間接的に認知的側面を捉える指標」であり、留学、奨学金、進路など、主に教学支援関係の職員が関与する領域である。学内で自動的に蓄積されているデータで、収集コストがかからず客観性も担保されているという利点がある。しかし、単体の項目だけで改善方法を考えるのは難しく、他の指標との関連性を検討することが必要とされる。

領域Cは、「新規データから間接的に態度・技能的側面を捉える指標」であり、学生調査など、学生自身の学修状況や学修成果に対する認識を把握す

る領域である。学修実態を多面的に把握し、多様な角度から比較、実証的検討が可能で、しかも低コストで実施することができる。ただし、量的調査は実施が容易な反面、表面的な把握にとどまり、質的調査は深く掘り下げられる反面、コストが高く客観性に欠けるという問題もある。

　領域Dは、「直接、学生の態度・技能的側面を捉える指標」であり、態度・技能を客観テストによって量的に捉えようとするものから、学生のパフォーマンスを質的に捉えようとするものまで含む領域である。これらは通常のテストでは捉えることが難しい側面を、ある程度客観的・多面的に測定することが可能といわれるが、利用コストが高く、項目内容の妥当性や評価者による主観性が問題になっている。

　なお、4領域全体に関わるツールとして、学習ポートフォリオ (learning portfolio) が挙がっている。ポートフォリオとは、本来、紙挟みや書類かばんを意味する。そこから転じて、学習者の成長や学修成果のエビデンスを、目的、目標、基準などに照らして、系統的・継続的に収集したもので、紙媒体の形式もあれば、電子媒体 (eポートフォリオ) の形式もある (藤本, 2013)。したがって、図1のように、学習ポートフォリオには全領域から必要なツールを取り入れることができる。学習ポートフォリオは、学修成果の全体像を把握でき、教育・学習環境の改善、学生自身の学修の振り返り、外部評価への対応などに活用できる包括的なアセスメントツールとして期待が高い (山田, 2013a)。しかし、成功事例が不足しており、学生に対する動機づけの難しさや利用法の説明不足、教員の理解不足、評価方法の不明確さなど、運用面で課題は少なくない (藤本, 2013)。

　Ⅰ. で述べたように、従来大学教育の中心であった認知面に加えて、態度・技能面の育成・評価が求められるようになってきたことを背景に、新たなアセスメントツールの開発が要請されている。いってみれば、領域Aを補完するために領域Dのツール開発とデータ収集が、領域Bを補完するために領域Cのツール開発とデータ収集が近年の高等教育研究における課題になっているのである。とはいえ、図1は新規にツールを開発してデータを入手する必要性だけでなく、大学に蓄積されている既存のデータを有効活用できる

こととも同時に示している。また、直接的な学修成果のみならず、間接的な学修成果も重要な指標として取り上げられている点にも注目したい。さらには、評価の主体（アクター）も決して教員だけにとどまらないということも理解できる。できれば、すべての領域にわたってアセスメントツールを利用することが望ましいだろう。前述の四つの評価の原理に照らし合わせ、それぞれの領域の利点と欠点を理解し、適切なツールを選択することが重要である。

IV. 新たなアセスメントツールの開発

それでは、先の領域C、領域Dから、特に近年日本において注目されているアセスメントツールの研究動向を紹介したい。領域Cからは、大規模継続型学生調査を、領域Dからは、AHELOを例に標準テストと、また新しい教育評価として登場してきたパフォーマンス評価を取り上げる。

1. 大規模継続型学生調査

学生を対象として学修状況や生活実態を尋ねる質問紙調査は、これまでにも国内の各大学で単発的に行われてきた。そうした従来型の学生調査と異なり、これは大学を越えて大規模に実施されるとともに、継続的に行われる点に特徴がある。中央教育審議会(2012)では、「学修行動調査」と呼ばれ、「学生の行動や満足度に関するアンケートを基本とした調査。複数大学の学生を対象に共通の質問項目で調査を実施することにより、学部間・大学間の状況比較や、学年進行に伴う変化の把握、学内の他のデータ（成績等）と組み合わせて各種の分析に役立てるために開発されたものである。」と説明されている。

米国ではすでに1960年代より、こうした学生調査が開発されてきた。代表的なものとして、カリフォルニア大学ロサンゼルス校(University of California, Los Angeles: UCLA)の高等教育研究所(Higher Education Research Institute: HERI)が"Cooperative Institutional Research Program (CIRP)"として行っている"CIRP Freshman Survey (TFS)"や"College Senior Survey (CSS)"、インディアナ大学教育学部(Indiana University School of Education)の中等後教育センター（Center for Post-Secondary Education）が行っている"National Survey of Student Engagement

(NSSE)"などがある。とりわけ、CIRP は、カレッジインパクトモデルの代表的な論者であるアスティン (Astin, A.W.) によって 1966 年に開発された。彼はクー（Kuh, G.D.）、チッカリング (Chickering, A.W.) などの著名な高等教育研究者とともに、1998 年より NSSE の開発にも関わっている。これらは行動、経験、技能、態度、満足度、価値観など、学生の認知面と同時に情緒面を重視した調査であり、多くの大学・学生が参加している。CIRP はこれまでに約 1900 の機関、1500 万人以上の学生のデータを (HERI, 2015)、NSSE は 1574 の機関、約 450 万人の学生のデータを収集している (NSSE, 2015)。

　CIRP の調査は、アスティンが理論化した I-E-O モデルに依拠して開発された。このモデルは、大学の効果に注目するカレッジインパクトモデルの原点ともいうべきものである。今日では変数間の具体的な関連性の裏付けに不備があるなどの批判も受けているものの、大学の効果への視座を提示した点で評価は高い (山田編著, 2009)。I-E-O モデルとは、I (Input) ＝既得情報、E (Environment) ＝環境、O (Outcome/Output) ＝成果の 3 つから成り立つ。I とは学生個々の資質や入学前の背景を指し、高校時代の成績、家庭背景、学位取得への熱意、学修行動、経験などを変数とする。これを新入生用の TFS によって測定する。E は正課教育・正課外活動のなかで経験することであり、教員や学生との交流、専門分野、教育課程、教員の質、学生生活などを変数とする。O は知識、学習技能、思考力などの認知面の学修成果と、態度、価値観、自己概念、満足度などの情緒面の学修成果、さらに成績、学位取得、キャリアなどを変数とする。E と O は、上級生用の CSS や 1 年次終了段階に行う YFCY (Your First College Year) によって測定する。このモデルの特徴は、単純な E と O の関係だけでなく、I のデータも入手することで、学生の資質や背景が直接 O に影響を及ぼす場合と、学生個々の差はありつつも E を経て O につながるという場合の二通りを示した点にある。また、アスティンは研究の蓄積から、学生の学修や発達は学生自身の関与の量と質に比例するとともに、教育実践や教員の関与などによって学生の関与を促し、成果へ導くことができると、学生の関与 (involvement) 理論を提唱した。

　もちろん、ここでいう学生の成果はあくまでも学生の自己認識によるも

のであり、その意味ではこうした学生調査は間接評価として位置づけられる。しかし、自己認識を通してとはいえ、成果に至る学修過程（プロセス）を把握し、教育環境の影響などを分析するには間接評価も有効である。近年の米国の研究では、直接評価と間接評価の結果について、相関の有無や強弱に諸説みられるものの（松下, 2014a)、直接評価と間接評価を組み合わせることによって、学生の成長についてより精緻な結果を得られるものと期待されている（山田, 2012)。

　我が国でも、この CIRP を参考に、HERI の許諾を得て翻訳し、日本版の学生調査を開発するプロジェクトが進行している（山田編著, 2009)。「日本版大学生調査研究プログラム (Japanese Cooperative Institutional Research Program: JCIRP)」は、研究代表者の山田を中心に、2004 年度より採択された科学研究費補助金研究プロジェクトにおいて、日本の実態を反映して改良を重ね、約 10 年にわたり続いてきた。日本における学生調査による大学のアウトカム・アセスメントの実現と、日米韓を中心としたアウトカム・アセスメントの国際比較を目的に、3 種類の調査票が開発されている。その実績については、主に上級生を対象にした「大学生調査 (JCSS)」は、2005 年から 5 回実施し、のべ 142 大学、累計約 28,000 人の参加、2008 年に開発した「新入生調査 (JFS)」は 4 回の実施で 334 大学、約 54,000 人の参加、また、一般財団法人短期大学基準協会と協力して開発した「短大生調査 (JJCSS)」は 2008 年から 6 回実施し、162 短期大学、約 44,000 人の参加を得ている（ジェイ・サープ, 2015)。

　これらの調査は CIRP と同様、情緒的・認知的側面を重視し、調査項目が豊富で汎用性が高い。長期にわたり継続的に実施し、複数の機関が参加することによって、自大学の経年的な変化の分析、学生個人の追跡調査、全国の参加大学と自大学の比較が可能な設計となっている。他大学と比較することによる自学の大学や学生の特徴（強みや課題等）の把握、また学籍番号を記入することで、学生個人の状況の把握を行い、各大学が大学教育改革、入学志願のマーケティング、認証評価への対応、ベンチマークとして活用することを推奨している。多くの大学が参加し、サンプルの精度が高ければ、全国大学との比較もより有効なものとなろう。

なお、上記のプロジェクトはこれまでの研究成果の蓄積を踏まえ、「全国大学共通型」学生調査プロジェクト（Joint Student Achievement Assessing Project：JSAAP）として、2015 年より本格的に事業化に乗り出した。日本の大学の文脈に合わせて調査項目を改訂し、集計結果を WEB 閲覧可能なデータベースシステムでグラフ化して、項目別に簡易レポートとして出力できるなど、フィードバック機能を充実させている（杉谷, 2015b）。また、2012 年に設立された大学 IR コンソーシアムでは、JCIRP を参考に開発した調査票を用いて、会員校全体との比較や設置形態あるいは大学規模で類型化した大学群との比較を行っており、一定の条件を満たせば個別大学との相互比較が可能とされている（大学 IR コンソーシアム, 2016）。現在では、同類型の大学群や学部群との比較はできても、データの公表や承諾との関係で、優良な成果を示す大学との比較など、本格的なベンチマーキングを実施するにはまだ課題があるが、今後、大規模継続型学生調査の文化が日本でも広く定着することによって徐々に大学間比較が円滑に進むことを期待したい。

2．標準テスト

一般に、学修成果を評価するといったとき、評価方法として想起されるのはテストであろう。大学の成績評価の対象としても、テストは大きな比重を占めている。ただし、分野によっても異なるが、こうしたテストの大半は、個々の教員が各授業での学修成果を評価するために独自に作成したものである。日本の大学では、国家試験や資格試験、一部の民間の試験を除いて、高校以下の学力テストに相当するような、授業や機関を超えて大学の学修成果を測定するテストは発達途上にある。

中央教育審議会（2012）では、この種のテストを「アセスメント・テスト（学修到達度調査）」と呼び、「学修成果の測定・把握の手段の一つ。ペーパーテスト等により学生の知識・能力等を測定する方法の総称で、標準化テストとも呼ばれる。」と説明している。これは前掲の図 1 でいえば、領域 D に含まれる。米国では、批判的思考力や分析的推論力等を評価する、教育支援協議会（Council for Aid to Education：CAE）の "The Collegiate Learning Assessment（CLA）"

をはじめ、アセスメント・テストの開発が進んでおり、学生個々人の能力測定というよりは、下級学年と上級学年の学生間の点数の推移から教育効果を評価する目的で利用されている。

こうしたアセスメント・テストが発達途上にある日本に大きなインパクトを与えたのが、「大学版 PISA」ともいわれる、経済協力開発機構(OECD)の「高等教育における学修成果の評価(Assessment of Higher Education Learning Outcomes：AHELO)」である。これは政府や高等教育機関、質保証機関が高等教育の多様な質を評価できるよう、学修成果の評価方法の改善を目的に、2006 年 6 月、OECD 非公式教育大臣会合で提案された。その後、国際的アセスメント・テストの本格実施の可能性を検証する試行調査＝AHELO フィージビリティ・スタディ(AHELO-FS)を行うことになり、2008 年 1 月、東京で開かれた OECD 非公式教育大臣会合において、日本も FS への参加意志を表明した。

AHELO-FS の概要は次の通りである(深堀, 2014a・2014b；岸本, 2014a・2014b；OECD, 2014)。

FS は、第一に、各国の多様性と特殊性を踏まえつつ、学修成果を適切に測定するテストを開発することができるか、第二に、大学と学生の理解と協力を得て、一定の回答率を確保し、適切に実施できるかを研究課題とした。テストは一般的技能(Generic Skills)と分野別技能(Discipline-Specific Skills)について開発され、後者は工学と経済学の分野を対象にした。計 17 か国が FS に参加し、日本は中央教育審議会大学分科会に設置された「OECD 高等教育における学習成果の評価に関するワーキンググループ」において工学分野への参加を決め、2008 年 12 月、第 1 回 AHELO 専門家会合で参加を承認された。

FS は 2009 年から 2012 年にかけて実施され、二段階で計画された。第一段階は、テストの開発とその妥当性の検証である。大学卒業直前の学生を対象として、各分野のテスト問題、また背景情報に関する調査票を開発し、各国任意の 10 大学から任意の学生 100 名程度がこれに解答して、テストの妥当性に関するアンケートやディスカッションに参加するという計画である。第二段階は、修正されたテストや調査票によって大規模な実査を行い、それらの妥当性と信頼性、また実質的な実施可能性を検証するものである。各

国任意の 10 大学から無作為抽出した学生 1000 名程度にテスト、調査を行い、大学への機関調査、教員調査も計画された。

　テスト・調査票の開発、実施、検証は、豪州教育研究所 (Australian Council for Educational Research: ACER) を代表とする AHELO コンソーシアムが受託した。このコンソーシアムでは、「一般的技能」を前述の CLA を実施している米国の CAE が、「経済学」分野を米国の教育テストサービス (Educational Testing Service: ETS) が担当し、「工学」分野は、ACER、日本の国立教育政策研究所、イタリアのフィレンツェ大学 (UF) が分担した。国立教育政策研究所は文部科学省の委託を受けた国内拠点 (ナショナル・センター) として、テスト問題等の翻訳、調査の実施を担当した。また、東京工業大学は文部科学省の先導的大学改革推進委託事業を受け、工学分野の FS の望ましいあり方、日本が FS に参加する際の留意点、今後の大学の教育改善に活かす方法等について調査研究を行った。

　FS は、工学分野では次のように進められた。まず、測定しようとする学修成果について、工学専門家の間で合意形成を行った。専門分野において学生に身につけさせようとする能力を社会にもわかりやすい形で説明するチューニングという手法を用いて、「Tuning-AHELO 工学分野における期待される学習成果の概念枠組」を策定した。これは工学教育プログラムの適格性を承認するワシントン協定と欧州圏内の工学教育プログラムの適格認定を行う制度 EUR-ACE の基準から、共通性を抽出して定義した 5 つの能力クラスターである。

　次に、テストを行う土木工学の分野について、この概念枠組に基づき評価のための能力枠組が構想された。これは「工学基礎・専門」と工学分野における「一般的技能」が土台となり、「工学分析」「工学デザイン」「工学の実践」から構成される「工学プロセス」がより高次の能力として位置づけられている。

　この評価のための能力枠組に沿って、「工学基礎・専門」は知識・技能を測定する多肢選択式問題で、「一般的技能」と「工学プロセス」は考え方を測定する記述式問題でテスト問題が開発された。前者については、国立教育政策研究所が日本の土木学会認定土木技術者資格試験と日本技術士会の技術士

第一次試験の問題の提供を受け、後者については、ACER が作成し、それぞれ各国の工学専門家から成る委員会で精査された。

　テストの実施は、概ね前述の二段階の計画通りに進められた。大学や学生によって、適宜組み合わせの異なる問題が出題された。

　いずれの問題についても、採点ルーブリックが開発され、評価は念入りに行われたとのことである。ルーブリックについては後述するが、学修評価の基準となるものであり、この採点ルーブリックにおいては測定しようとする能力、難易度、解答の観点と水準、配点が示されている。記述式問題の採点ルーブリックの修正、採点者のトレーニングは特に重点的に行われた。小規模な実査で収集した学生の答案に基づき、ルーブリックの観点の追加、観点や水準の明確化、点数配分などの修正を行った。さらに、採点者の間で測定しようとする能力の共通理解を深め、共通の観点から同等の水準で採点するために、共通の採点結果が得られるまで協議を重ね、不一致の理由の検討や観点と水準の確認を行った。第二段階の大規模実査の採点前には、各国の採点リーダーを集め、のべ4日間の国際的な採点トレーニングを行い、第二段階では、日本は 12 名の工学専門家がのべ3日間にわたる採点トレーニングと採点を行った。こうした各国の採点トレーニングや採点については共通した手順で進められるように、AHELO コンソーシアムがオンライン・プログラムを開発した。

　FS の調査結果は、OECD より3巻の報告書にまとめられ、2013 年3月の国際会議において報告された。その成果は、各国が合意した能力枠組に基づいて国際通用性のあるテストを開発し、妥当性と信頼性を検証することが可能であり、大学と大学生の協力を得てテストを実施することも可能であると確認された点にある(国立教育政策研究所, 2015)。こうした評価からすれば、FS の所期の研究課題は達成されたといってよい。また、教育調査や高等教育研究の専門家による技術諮問グループ (Technical Advisory Group: TAG) は、一部の地域では難しい面もみられたが、翻訳、実施、採点、分析、報告等の一連の作業は概ね適切に処理されたと評している。とりわけ、綿密な連絡調整や研修体制によって大規模な調査の運営に成功し、大量かつ複雑なデータ分

析は適切かつ巧みに行われ、テスト問題や調査票は妥当性・信頼性・効率性の点できわめて質が高く、特筆に値するという (OECD, 2014；深堀, 2014a)。さらに、工学分野の問題作成・実施・採点に関わった立場からは、工学分野の学修成果に関する国際的な共通認識が醸成されていることを確認でき、日本の工学教育の国際的通用性を検討するための資料や教育改善に資する情報などを得られて意義深かったということである (岸本, 2014a・2014b)。

ただし、その一方で、課題も少なくないことが明らかになった。TAG は様々な提言を行っているが、なかでも FS のあまりうまくいかなかった点として、深刻な資金不足のためにきわめて短期間で行われたこと、記述式問題が工学と経済学では難しく、一般的技能は過度にアメリカ的であったこと、最終報告書の報告が非常に複雑でわかりにくかったことなどを挙げている。そして、さらなる教訓として、調査の設計や結果の分析にステークホルダーが参加し、そのニーズを反映させるべきであると述べ、必要な資金と時間が得られないのならば、この種の調査は実施されるべきではないことを強調している。また、テスト問題・調査票に関しては、一般的技能を独立した分野として設けるか、専門分野のなかに含みこむかという論点と、妥当性は高まるが信頼性は低下する記述式問題を含めるかどうかという論点を挙げている (OECD, 2014)。この後者の点について、岸本 (2014a・2014b) も、記述式問題は問題の趣旨を明確にするほど、解答が限定され思考を方向づけてしまい、また、採点基準の統一を図るほど、正解の幅が狭まってしまうと、本質的な難しさを指摘している。その他、国によって関与の姿勢に差があることや、OECD、各国、実施機関などの多様な利害が絡み、データの秘匿性が自由な議論を妨げることになったことなども問題とされている (金子, 2014)。

なお、今後本調査を実施するかは、OECD において各国との協議に基づき検討されている。日本は FS の成果を踏まえ、国立教育政策研究所が豪州、カナダと国際的なテスト問題バンクの開発に 2014 年度から着手した。

3．パフォーマンス評価
(1) 新しい教育評価論における位置づけ

最後に、図1の領域Dにあたるパフォーマンス評価を取り上げたい。パフォーマンス評価 (performance assessment) は、学生の学修成果を直接評価する方法の一つであるが、多肢選択式などの客観テストで扱う量的データと異なり、質的データを対象とする評価である。松下 (2012) によれば、パフォーマンス評価とは、「ある特定の文脈のもとで、さまざまな知識や技能などを用いながら行われる、学習者自身の作品や実演 (パフォーマンス) を直接に評価する方法」と定義され、「オルターナティブ・アセスメント (alternative assessment) ＝代替的評価」という新しい評価のパラダイムに位置づけられる。オルターナティブ・アセスメントは伝統的な心理測定学的パラダイムの代替・対抗・補完的機能をもつ。心理測定学的パラダイムは心理測定学や知能理論に依拠し、知は要素に分割でき、脱文脈的だとする前提に立ち、客観テストや質問紙調査などの評価方法を用いて、量的データを客観的基準で評価する。これに対して、オルターナティブ・アセスメントは構成主義や状況論に依拠し、知は分割できない一まとまりの複合性をもって具体的な状況の中で可視化されるという前提に立ち、パフォーマンス評価やポートフォリオ評価、真正の評価などの評価方法を用いて、質的データを複数の評価者による間主観的基準で評価する (松下, 2012)。ただし、実際にはこの二つのパラダイムの中間的な評価や混在した評価がみられる。標準テストであるAHELO-FSでも、多肢選択式の客観テストが用いられる一方で、記述式のパフォーマンス評価が取り入れられていたのは既述の通りである。

　初等中等教育を中心とした教育評価研究においては、パフォーマンス評価とポートフォリオ評価は、新しい教育評価の構想として登場した「真正の評価 (authentic assessment)」論の代表的方法として説明されている (田中, 2008)。真正の評価は、1980年代後半のアメリカにおいて、アカウンタビリティの要請に応えて州政府による標準テストが多用された時期、こうしたテストの作為性や断片性への批判として台頭した。真正の評価は「学習者に、仕事場や市民生活など現実世界の課題と類似した、本物らしさ (真正性) をもった課題に取り組ませる評価の方法」と定義される (松下, 2012)。ここでは実生活・実社会の文脈に即したリアルな課題に対して、さまざまな知識や技能などを「応

用」したり「総合」したりして解くことが期待されている。こうした真正の評価は、知識が受動的に伝達されるのではなく、主体によって構成され、自分の周りの人やものと「対話」「共同」しつつ知を構築するという構成主義的な学習観に基づいている (田中, 2008)。

真正の評価などの新しい教育評価論は、それまで主流であった教育目標を評価規準として評価する「目標に準拠した評価 (criterion referenced assessment)」を批判するばかりでなく、それとは相対立する立場との統合を図ろうとする試みでもあった。その構想は、次の四点にまとめられる (田中, 2008)。第一に、「目標準拠」対「ゴール・フリー」を越え、教師の目標にとらわれない学習者や地域住民などの第三者が評価に参加する可能性、第二に、「外的な評価」対「内的な評価」を超え、外的な規準に合わせるだけではなく、学習者の自己評価を促す可能性、第三に、「結果の評価」対「プロセス (過程) の評価」を越え、目標に至る (至らない) 試行錯誤や葛藤までトータルにとらえる可能性、第四に、「量的な評価」対「質的な評価」を越え、観察しづらい高次な教育目標に基づく質的側面をも把握する可能性を提示している。こうした構想は、いわば、学習者の内面的な成長・変化を深くとらえようとする評価が発展してきたとみることができる。

以上、パフォーマンス評価とポートフォリオ評価は、真正の評価を代表する方法といわれたり、これら三つの評価方法が並列的に列挙されたりするように、三つの方法はパラダイムやアプローチの点で同様の新たな方向性を示す評価として理解できる。ただし、いずれも評価対象に着目しながら、その評価の焦点は異なっている。パフォーマンス評価は評価課題の形態 (パフォーマンス＝芸術作品、論文等の制作品、あるいは、演奏、実技、口頭発表等の実演)、真正の評価は評価課題の特性 (真正性＝本物らしさ)、ポートフォリオ評価は評価資料 (収集・蓄積した評価の素材) に重きを置く評価方法と考えられる。

(2) ルーブリック

ところで、こうしたパフォーマンスの質を評価するために用いられる評価基準を「ルーブリック (rubric)」という。しばしば、「ルーブリック評価」と

表1 ルーブリックの基本構造

(スティーブンス他, 2014 の p.4 より一部抜粋)

	評価尺度	評価尺度2	評価尺度3
評価観点1	評価基準1－1	評価基準1－2	評価基準1－3
評価観点2	評価基準2－1	評価基準2－2	評価基準2－3
…	…	…	…

表2 ルーブリックの例―映画に関するプレゼンテーション―

(スティーブンス他, 2014 の pp. 34-35 より一部抜粋ならびに修正)

	模範的	有能	発展途上
個人の発表技法	明瞭で、早口になったり叫んだりすることなく、十分な声量で話した。抑揚や声の質も調整できていた。	聞き取ることはでき、理解できないというほどではなかったが、話し方が不明瞭、話すスピードが速すぎるまたは遅すぎる、ささやき声になる、叫ぶ、単調であるという問題があった。	話し方が不明瞭、話すスピードが速すぎるまたは遅すぎる、ささやき声になる、叫ぶ、単調であるという問題があり、何を言っているかわからないことがあった。
	不必要に長く話すことなく、割り当てられた時間をフルに使うことができた。	発表時間が長すぎた、または短すぎた。	割り当てられた時間と比べ、大幅に短いまたは長い発表であった。
	…	…	…
グループの発表技法	発表において、グループのメンバーが等しく活躍する機会があった。	各メンバーに割り振られた発表時間や発表内容に偏りがあった。	各メンバーに割り振られた発表時間や発表内容に偏りがあり、特定のメンバーに役割が集中していた。
	…	…	…
導入	扱おうとするトピックが提示され、全体的な発表の方向性が明確にされた。	扱おうとするトピックや全体的な発表の方向性は提示されたが、実際の発表はそうなっていなかった。	扱おうとするトピックや全体的な発表の方向性が提示されなかった。
	…	…	…

いう語を用いて新たな教育評価方法の一つとされるが、ルーブリックは評価基準を指すのであって、評価対象に注目した先の三つの評価方法とは厳密には区別されるべきであろう。ルーブリックは、パフォーマンス課題のように自由度が高く幅のある学修成果の質を量的に評価する、すなわち定性的評価を定量的評価に接続する機能をもつ。それは**表1**のように、1つ以上の評価観点（＝求める具体的なスキルや知識）とそれについての1つ以上の数値的な評価尺度（達成レベル）、および、尺度の中身（認識や行為の特徴）を説明する評価基準の記述語から構成される（スティーブンス他, 2014）。より具体的には、**表2**のような表形式を例示できる。

　ルーブリックは評価観点や評価尺度を増やすほど精緻化されて評価の妥当性が高まるだろうが、その一方で、評価基準が詳細で複雑になるほど評価者内・評価者間の評価のぶれをもたらし、評価の信頼性を損なう可能性をもつ。また、精緻な評価の準備や実施のために手間がかかり、評価の実行可能性を低めてしまうことも問題である。それゆえ、評価観点は最大でも6〜7点、評価尺度は3段階が最適であり、最大で5段階ともいわれている（スティーブンス他, 2014）。なかには、評価観点を複数設定せずに全体的に評価する方法（「全体的ルーブリック（holistic rubric）」）や、評価尺度を複数設定せずに最高水準の行為レベルを列挙してコメントを付したり、達成要件を示したチェックリスト方式をとったりする方法などもみられる。

　ルーブリックを適用範囲（スコープ）と評価期間（スパン）を組み合わせて分類すれば、学士課程全体、あるいは教養教育を通じてなど、複数年にわたる学修成果を評価するための「長期的プログラムルーブリック」、特定の授業科目の学修成果を評価するための「授業科目ルーブリック」、記述答案や課題レポートなど特定の課題を採点するための「課題評価ルーブリック」の三つに分類できる[2]。また、ルーブリックを共有する範囲としては、大学間で共有し、各大学での開発のリソースに利用できる「メタルーブリック」、特定の大学内で共有する「コモンルーブリック」、個人が独自に使用する「個別ルー

2　松下（2012）は、ルーブリックのタイプを構造、スコープ、スパンの観点から分類しており、本稿でもそれを参考にしたうえで再分類している。

ブリック」の三つに分類できるだろう[3]。

　これら三分類同士をかけあわせてみると、メタルーブリックには、アメリカ大学・カレッジ協会（Association of American Colleges & Universities：AAC&U）の「学士課程教育における妥当な学修評価（Valid Assessment of Learning in Undergraduate Education：VALUE）」ルーブリックという長期的プログラムルーブリックがある。これは学士課程4年間の学修成果について16領域のルーブリックを共同開発したものであり、各大学では学科・科目等の必要に応じてそれを修正しながら用いている。これに対して、コモンルーブリックには、長期的プログラムルーブリックとして、関西国際大学における三つのスキルに関する全学共通の「コモンルーブリック」が、授業科目ルーブリックとして、山口大学の初年次科目「山口と世界」のルーブリックが、課題評価ルーブリックとして、新潟大学歯学部の初年次科目「大学学習法」のレポート評価用ルーブリックなどがある。なお、個別ルーブリックでは、授業科目ルーブリックや課題評価ルーブリックの作成・利用が考えられるだろう。

　このように、個別ルーブリックばかりでなく、学内で共有されるコモンルーブリックの開発が日本でも進み始めている。こうしたルーブリックの開発は個人で行う場合と共同で行う場合とによって、その方法が異なる。ルーブリックを複数の教員で共有する際はもちろんのこと、個人で利用する場合も、評価方法の妥当性や信頼性を高めるために、ルーブリックを共同開発することが望ましいだろう。

　開発の基本的な流れとしては、主に以下の二通りの開発方法がある。第一の開発方法は一人でも複数人でもできる作業だが、第二の開発方法は複数人でなければできない作業である。

　第一の開発方法は、以下のような手順となる（スティーブンス他, 2014）。
① 授業全体の目標と課題の目的や目標を振り返る。
② 課題に関する学習目標のリストを作成し、各目標の期待される最高水準の行動を記述する。

---

[3] 「メタルーブリック」「コモンルーブリック」の名称・分類については、濱名他（2012）、松下（2014）に倣った。

③ 最高水準の行動を類似するスキルごとに分類し、各グループに共通する見出しをつけ、評価観点とする。
④ 評価尺度を何段階にするか、各段階の評語を何にするか決め、不足する行動の記述（評価基準）を補いながら、表形式に整える。

　個人で開発、利用する場合は上記の第一の開発方法のみとなろうが、複数でルーブリックを開発、利用する場合はこの第一の開発方法を複数で行うか、もしくは、複数で以下の第二の開発方法の作業を行う。これは開発のための「モデレーション（moderation：調整）」といわれ、前述の信頼性を発展させた概念である比較可能性を高めるための手法である。モデレーションは、評価過程を統一する方法と評価結果を統一する方法の二つがあるが、前者のほうが有効だとされている。下記は評価過程を統一するグループ・モデレーションの典型例である（田中, 2008；田中編, 2010）。

① パフォーマンス（作品）を多数集める。
② 評価観点と評価尺度について、評価者間で合意する。
③ 全作品を互いの採点がわからないように採点する。
④ 同じ点数がついた作品に共通して見られる特徴を記述し、記述語（評価基準）を作成する。
⑤ 意見が分かれた作品について再評価を行う。

　第一の開発方法は授業や課題の目的・目標に基づいて開発する方法であり、教員の授業設計の視点が中心となる。第二の開発方法は実際の成果（物）に基づいて開発する方法であり、学習者の学修状況が反映されやすい。いずれの開発方法を採用するにしても、それぞれの特性を理解して、もう一つの方法を参考にするとよいだろう。場合によっては、第一の開発方法を第一段階として、第二の開発方法を第二段階として、二つの開発方法を段階的に併用することも考えられる。第二の開発方法を第二段階として行うのであれば、第一段階で用いる第一の開発方法は④の途中までとし、評価観点と評価尺度を目的・目標に基づいて決め、第二段階では評価基準となる記述語についてパフォーマンスに基づき検討することになるだろう。

　モデレーションにはこの他、評価基準の共通理解を図るために、「アンカー

(anchor)」と呼ばれる典型的な作品例を示す、評価者に対して研修を行うなどの方法もあるが、なかでも上記のルーブリックの共同開発を目指し、評価過程で評価結果を統一する方法は最も有効とされている。前述した AHELO-FS において、採点ルーブリックの修正や採点者のトレーニングに重点が置かれたことからも明らかなように、こうしたモデレーションはきわめて重要な作業である。

最後に、ルーブリックの利点と課題について論じておきたい。山田（2013b）をまとめると、ルーブリックを活用することによって、以下のような利点が挙げられる。

・評価の目安がわかり、学生自身の行動が明確になる。
・学生が自らの学習活動を評価できる。
・学生が学習結果だけでなく、学習プロセスを把握し調整できる。
・採点開始から終了まで評価がぶれない。
・異なる人が評価しても評価がぶれない。
・教員による評価と学生による評価を比較検討できる。
・採点時間を節約し、詳細なフィードバックができる。

他方、ルーブリックの開発・利用には次のような課題が考えられる。何より大きな問題は、ルーブリックの妥当性、信頼性を高めるのに労力がかかり、実行可能性が低くなることである。例えば、妥当性を高めようと評価観点や評価尺度を増やせば、評価に手間がかかって実行可能性を損なうとともに、評価者間のぶれが大きくなり評価の信頼性を損なうことになる。また、この信頼性を高めるために、教員間で評価過程を統一するモデレーションを行うと、これにも相当な労力がかかり実行可能性を減ずることになる。妥当性の点でいえば、すべての観点が同数の評価尺度に区分できるか、評価基準の記述語が漏れや重複なく、尺度間の差異を明確に示すことができているかといった問題も考えられる。信頼性の点でいえば、評価者が評価基準を共通理解するには、多くの実例の収集とそれらの実例と評価基準との対応を明確にすることが重要になる。さらに、学生が評価の目安を理解できるのはよいが、成績評価のために教員の求めている基準に学生が安易に適合しようとすることが望ましいかという問題もある。以上のことから、ルーブリックの利

点を活かせるように適切に開発・利用するには、いまだ課題が少なくないことが明らかである。

おわりに

本稿では、学生の学修過程や学修成果が評価の対象として重視されるようになった背景を確認し、教育評価に関する基本的な概念を踏まえたうえで、現在大学において利用可能なさまざまなアセスメント方法を整理する枠組みを紹介した。そして、これらのうち近年特に注目されている大規模継続型学生調査、標準テスト、パフォーマンス評価について、それぞれ研究開発動向を概観してきた。

現在、各大学では授業やゼミ、研究室を通じて、学修成果を定性的に評価する方法を主に用いつつ試行錯誤している段階にある。客観的な指標設定や定性評価項目の評価方法について苦慮するとともに、統一的評価の実施や卒業後までの情報収集に困難を生じるなどの課題を抱えている（有限責任あずさ監査法人, 2014）。

本稿で取り上げたアセスメントの方法は、「アセスメントの対象」、「指標の特質」、「評価の主体（アクター）」、「データ収集の方法」の四つの切り口から4領域に分類されたものである。これらのなかには成績や中退率など、認知的側面を中心に従来から大学で蓄積されているデータも少なくない。しかし、アセスメント・ポリシーにおいて求められているのはそれだけにとどまらず、技能や態度の側面など、新たにツールを開発してデータを収集する必要のあるアセスメント方法である。それは、学生自身に学修状況や学修成果を尋ねる間接評価から、テストや作品、実演などの学生の学修成果を対象とする直接評価まで含まれる。しかも、定量的分析ばかりでなく定性的分析を用いて、学修成果や成果に至るまでの学修プロセスも評価対象にし、さらには一教員による一方的な評価にとどまらず、複数の教員や学習者自身、あるいはそれ以外の第三者など多様な評価主体が評価に参加できる、柔軟で開かれた評価方法が検討されているのである。

ここから導き出されることは、どれか一つのアセスメント方法が唯一万

能であるというわけではなく、多様な方法の中からそれぞれの評価の利点と課題を理解したうえで、適切な方法を複数選択することが望ましいということである。そもそも、「アセスメント」の定義の一つとして、多角的な観点から、多様な評価方法を用いて評価資料を収集することとある。評価方法は一つの手法で事足りるわけではないのである。

　その際、各大学・学部・学科の文脈に応じて行い、必ずしも全学的に一律にというのではなく、専門分野の特性に鑑みて手法を検討することも考えられる。文部科学省の調査によれば、ポートフォリオや学生調査については専門分野にほとんどかかわらず、8割前後の学部が導入に対して肯定的であり、ルーブリックは5〜6割程度が肯定的である。しかし、標準テストは最も低く、抵抗感が強い。肯定的意見は保健系のみ5割を超え、それ以外は2割〜4割台となっている。保健系と芸術系は学修成果の把握に最も積極的であるが、保健系が標準テストに最も肯定的なのに対し、芸術系は最も否定的で、実技、作品、個別指導などを用いている。他方、社会系や人文系では、卒業論文や細やかな学生面談なども評価方法に挙げている。このように、専門分野によって学修成果の把握状況や評価方法に対する考え方にはかなり温度差がみられるのである（島, 2014）。

　いずれにしても、本稿で示した評価方法の原理－妥当性（カリキュラム適合性）、信頼性（比較可能性）、公正性、実行可能性－の四つの観点に照らしながら、いつ、どこで、誰が、何のために、何を、どのように評価するかということを意識し、方法を取捨選択することが重要であろう。妥当性、信頼性、実行可能性の三つを同時に成立させるのは容易なことでないのはすでに見てきた通りである。大規模継続型学生調査、標準テスト、パフォーマンス評価は、それぞれに利点と課題を抱えながら、現在開発途上にある。とりわけ、より実生活・実社会の文脈に合った形で応用力や総合力を評価する方法を求めて、評価方法が精緻化されてきているが、反面、開発・利用に大きな負荷がかかってしまう可能性がみられる。こうした評価をめぐるジレンマを十分に認識し、各大学の資源や基盤条件を考慮して、費用対効果を見積もりながら、評価目的や評価対象に見合った評価方法を検討していくことが必要といえるだろう。

【参考文献】

中央教育審議会（2005）「我が国の高等教育の将来像（答申）」
中央教育審議会（2008）「学士課程教育の構築に向けて（答申）」
中央教育審議会（2012）「新たな未来を築くための大学教育の質的転換に向けて　〜生涯学び続け、主体的に考える力を育成する大学へ〜（答申）」
大学 IR コンソーシアム（2016）HP: http://www.irnw.jp/index.html（2016.6.30）
大学審議会（1997）「高等教育の一層の改善について（答申）」
深堀聰子（2014a）「第1章　調査の背景・目的・研究デザイン」深堀聰子編著（研究代表者）（2014）『AHELO 調査結果の分析に関する研究会（研究成果報告書）』国立教育政策研究所、pp.3-17
深堀聰子（2014b）「おわりに　総括と今後の展望」深堀聰子編著（研究代表者）（2014）『AHELO 調査結果の分析に関する研究会（研究成果報告書）』国立教育政策研究所、pp.99-102
藤本元啓（2013）「ポートフォリオ」初年次教育学会編『初年次教育の現状と未来』世界思想社、pp.97-112
キャロライン・V・ギップス著、鈴木秀幸訳（2001）『新しい評価を求めて－テスト教育の終焉』論創社（Gipps, C. V.（1994）Beyond Testing : Towards a Theory of Educational Assessment, The Falmer Press.）
濱名篤、川嶋太津夫、山田礼子、小笠原正明編著（2013）『大学改革を成功に導くキーワード 30　「大学冬の時代」を生き抜くために』学事出版
濱名篤、土持ゲーリー法一、井上敏憲、松田岳士、山本秀樹、藤木清（2012）「体系的なカリキュラム構築と学習成果の可視化のためのルーブリックの構築・活用」『大学教育学会誌』第 34 巻第 2 号、pp.82-85
ダイアン・ハート著、田中耕治監訳（2012）『パフォーマンス評価入門－「真正の評価」論からの提案』ミネルヴァ書房（Hart, Diane（1994）Authentic Assessment : A Handbook for Educators, Pearson Education, Inc.）
HERI（2015）HP:http://www.heri.ucla.edu/（2015.4.10）
ジェイ・サープ（2015）HP : http://jsaap.jp/index.html（2015.4.10）
金子元久（2014）「第 10 章　高等教育政策への示唆」深堀聰子編著（研究代表者）（2014）『AHELO 調査結果の分析に関する研究会（研究成果報告書）』国立教育政策研究所、pp.91-98
岸本喜久雄（2014a）「第5章　AHELO-FS の参加経験から確認された取組の意義と課題」深堀聰子編著（研究代表者）（2014）『AHELO 調査結果の分析に関する研究会（研究成果報告書）』国立教育政策研究所、pp.49-54
岸本喜久雄（2014b）「OECD-AHELO の学習成果アセスメント」『IDE 現代の高等教育』No.560・5 月号、pp.11-16
国立教育政策研究所（2015）HP: http://www.nier.go.jp/koutou/ahelo/index.html 2015.4.10）
松下佳代（2012）「パフォーマンス評価による学習の質の評価－学習評価の構図の分析にもとづいて－」『京都大学高等教育研究』第 18 号、pp.75-114
松下佳代（2014a）「共通教育における学習成果の直接評価－研究目的・研究計画・進捗状況について－」『大学教育学会誌』第 36 巻第 1 号、pp.62-66
松下佳代（2014b）「『学習成果』の設定と評価－パフォーマンス評価を中心に－」立教大学教育開発・支援センター主催秋季シンポジウム（2014.10.23）発表資料

松下佳代、田口真奈、大山牧子 (2013)「深い学習の評価ツールとしてのコンセプトマップの有効性 —哲学系入門科目でのアクションリサーチを通じて—」『大学教育学会誌』第 35 巻第 2 号、pp.121-130

溝上慎一 (2014)『アクティブラーニングと教授学習パラダイムの転換』東信堂

西岡加名恵、石井英真、田中耕治編 (2015)『新しい教育評価入門—人を育てる評価のために』有斐閣

NSSE (2015) HP: http://nsse.iub.edu/ (2015.4.10)

OECD 編著、深堀聰子監訳 (2014)『高等教育における学習成果調査フィージビリティ・スタディ報告書第 2 部 —データ分析と各国の経験』国立教育政策研究所 (OECD (2013) Assessment of Higher Education Learning Outcomes Feasibility Study Report Volume 2–Data Analysis and National Experiences.)

島一則 (2014)「第 1 章 専門分野別にみたラーニングアウトカム把握への取組状況—全国調査から—」島一則 (研究代表)『大学教育改革の実態の把握及び分析に関する調査研究』(平成 25 年度文部科学省先導的大学改革推進委託事業事業成果報告書) 広島大学高等教育研究センター、pp.1-29

ダネル・スティーブンス、アントニア・レビ著、佐藤浩章監訳、井上敏憲、俣野秀典訳 (2014)『大学教員のためのルーブリック評価入門』玉川大学出版部 (Stevens, Dannelle D. and Levi, Antonia, J. (2013) Introduction to Rubrics : An Assessment Tool to Save Grading Time, Convey Effective Feedback, and Promote Student Learning, Second Edition, Stylus Publishing.)

杉谷祐美子 (2015a)「今求められている学修評価に関する基礎知識」2014 年度河合塾 FD セミナー (2015.3.15) 発表資料

杉谷祐美子 (2015b)「ジェイ・サープ学生調査から何がわかるか？」『「学生調査と IR」〜第 60 回公開研究会から〜』＜私学高等教育研究所シリーズ No.57 ＞日本私立大学協会附置私学高等教育研究所、pp.65-94

田中耕治 (2008)『教育評価』岩波書店

田中耕治編 (2010)『よくわかる教育評価 第 2 版』ミネルヴァ書房

山田礼子編著 (2009)『大学教育を科学する：学生の教育評価の国際比較』東信堂

山田礼子 (2012)『学士課程教育の質保証へむけて—学生調査と初年次教育からみえてきたもの』東信堂

山田剛史 (2013a)「連載：学びと成長を促すアセスメントデザイン (第 3 回：認知的側面に偏らない評価指標設定に知恵を絞ろう)」『Between』8-9 月号、pp.32-34

山田剛史 (2013b)「ルーブリック評価とはどのようなものでしょうか。」中井俊樹、鳥居朋子、藤井都百編『大学の IR Q&A』玉川大学出版部、pp.96-98

有限責任あずさ監査法人 (2014)『学修成果の把握と学修成果の評価についての具体的方策に関する調査研究』文部科学省 HP：http://www.mext.go.jp/a_menu/koutou/itaku/1347643.htm (2015.4.10)

G. ウィギンズ, J. マクタイ著、西岡加名恵訳 (2012)『理解をもたらすカリキュラム設計—「逆向き設計」の理論と方法』日本標準 (Wiggins, Grant P. and McTighe, Jay (2005) Understanding by Design, Expanded 2nd Edition, the Association for Supervision and Curriculum Development.)

第2章 大学評価の展開

第2節　大学の個性的発展を促す評価

生和　秀敏

　個性的であるということは、「独自性」と「一貫性」が認められ、対社会的には、それが大学を特徴づけるイメージとして定着していることを指す場合が多い。そのためには、他大学との相違点や特異性のみを強調するだけでは不十分で、その独自性が、日常の活動の中で持続的・一般的に認められるものでなければならない。個性化を促す評価とは、当事者では分かりづらい「持続している活動の価値」を積極的に見つけ出し、それを当該大学の構成員はもとより、対外的にも分かりやすい形で公表し、関係者の新たな大学づくりに寄与できる評価でなければならない。

1. 大学の多様化・機能別分化

　新制大学になって以来、「学術の創造・継承・発展」をめざすヤスパース型の伝統的な使命に、「自立的な市民の育成」や「専門職業教育」といったオルテガ型の新たな使命が付け加わることによって、大学の使命・役割の多様化が進み、高等教育の大衆化の受け皿として期待される大学が急速に増えてきた。現在、我が国の4年制大学は約780校あり、短期大学を含めると1,000校以上の数に上っている。学士課程の卒業時に授与される学位の名称も800種類はあると言われている。大学という同じ呼称を冠していても、実質的には、設置形態でも規模の面でも機能の面でも多様であり、部局によっても育成すべき人材像や教育目標にかなりの違いがある。

　新学制発足20年を機に「46答申」で示された大学の種別化問題は、個性化・機能別分化と表現は変わってきたが、今も大学関係者に突きつけられている

課題である。「46答申」では、使命と役割の違いによる高等教育機関の再編成が必要であるとの認識から、第一種(仮称、大学)、第二種(仮称、短期大学)、第三種(仮称、高等専門学校)、第四種(仮称、大学院)、第五種(仮称、研究院)の5つに制度的に種別化し、第一種の大学については、総合領域型、専門体系型、目的専修型の機能別の3類型を例示している。

平成10年の大学審答申「21世紀の大学像と今後の改革方策について」では、大学を「総合的教養教育」「専門職業能力育成」「地域社会の生涯学習機会提供」「最先端研究」という機能分類と、「学部中心」「大学院中心」という種別分類を例示している。いずれも、機能や役割を明確にすることが各大学の活動を焦点化させ活性化を促すであろうという認識に基づくものである。最近では、種別化と繋がる機能的分化という表現を避け、機能強化という表現に置き換えられている。

II．カリフォルニア高等教育マスタープラン

既にユニバーサル・アクセスの段階になっているアメリカでは、大学の量的拡大に伴う質の低下などの批判に対応するために、大学の使命・役割の種別化を図ることで、高等教育の機会均等・拡大を追求しながら、大学の質を確保し、教育研究の水準を維持・向上させるという輻輳した課題に対処している。そのモデルとなったのは「カリフォルニア高等教育マスタープラン」で、州立の大学を使命・役割の異なるエリート型(10校)・マス型(21校)・ユニバーサル型(103校)の3グループに分類し、その類型に従って、キャンパスの配置、大学院教育の提供方法、入学要件の設定などを行っている。原則として類型間の移動がない比較的固定した類型区分である点が特徴である。

しかし、このような区分を、我が国の大学にそのまま適用することは難しい。大学院の設置状況には違いはあるものの、学校教育法を遵守し、大学設置基準を充足できている大学を種別化する制度上の論拠がないからである。国立大学の場合、旧帝国大学の流れを汲む大学と各県一校の原則によって配置された新制大学との間には、保有資源や規模や実績にかなりの違いがあることは否定できないが、その違いをカリフォルニア・マスタープランのよう

に制度的に固定できる論理は見いだせない。まして、多くの私立大学を、合理的に区分することは容易ではない。カーネギー教育財団が行っている「博士・修士・学士の授与状況と内包する分野数」によって大学を10の類型に区分する「カーネギー分類」が注目され、我が国でも同様な分類の試みがなされているが、大学院の設置形態と大学の規模による分類の域を出ておらず、およそ大学の個性や特徴を適切に反映した機能別分類にはなっていない。

　国際的競争力をもつ研究大学を定め、それに重点的な資源配分を行うのが目的であれば、研究実績指標をもとに対象となる大学を選定することは可能であろう。現に国は、研究水準の高い大学を強化する目的で、世界的な研究成果が見込まれる大学に対して、今後10年間、研究助成を行うことを決めた。しかし、多様化している大学の個性的な発展を促すためには、研究大学の特定だけでは不十分である。平成17年度の中教審答申「通称、将来像答申」では、大学が有する機能として7つの機能を例示し、各大学はこれらの機能の全てを果たすのではなく、限られた資源を集中的・効果的に投入することによって、各大学の個性化・特色化を推進することを求めている。

III. 機能別分化の意図と現実

　「将来像答申」で例示された機能は、①世界的研究・教育拠点、②高度専門職業人養成、③幅広い職業人養成、④総合的教養教育、⑤特定の専門的分野(芸術、体育等)の教育・研究、⑥地域の生涯学習機会の拠点、⑦社会貢献機能(地域貢献、産学官連携、国際交流等)の7つである。各大学は、自らの自主的な選択に基づき、これらの機能への比重の置き方を不断に見直し、緩やかな機能別分化を図ることが期待されている。しかし、機能別分化を推進しようとしても、「世界的研究・教育拠点」にのみ公財政支援が限られるようであれば、機能的分化は机上プランの域を出ない。そもそも機能分化論は、国の高等教育政策として導入されたものだが、全ての機能を等しく重視しようと考えているかどうかは疑問である。「大学改革実行プラン」の中で、地域再生の拠点としてCOC構想が示されているが、他の機能についても同様な公財政支援を組織的・継続的に行うことが不可欠である。

近年、大学における「グローバル人材の育成」が声高に叫ばれているが、もともとは、企業活動の国際展開を目指す産業界の強い要請を受けたもので、国はこれを社会全体の大学への期待として置き換え、国際的競争力にある教育研究大学とグローバル人材の育成を掲げた大学に機能強化という観点から競争的資金の重点的措置を行っている。政策誘導という形で大学の機能分化を推進しようという意図を感じるが、形を変えた産学協同路線を突き進んでいる印象がなくはない。設置者が国である国立大学はともかくとして、独自の設置理念をもっているはずの私立大学の多くも、軒並みグローバル人材をキャッチコピーとして掲げている。しかし、環境・資源・紛争・人権・平和といったグローバル・イッシューはお題目だけで、留学数やTOEFL/TOEICの得点の向上に教育目標を掲げている現状を見ると、「大学とは何か」という本質的な問いかけが、いつの間にか置き去られている感を強くする。

機能別分化が進まない理由のひとつは、各機能に応じた評価基準が明確でなく、各大学が自らの特色として特定の機能を掲げたとしても、その妥当性を客観的な視点から判断できる基準がないことである。現在行われている大学評価は、認証評価のような一律の基準による画一的な評価であり、大学の機能分化や役割分化に対応できる評価システムにはなっていない。各大学が機能分化の趣旨を理解し、自らの現状を客観的に見つめ直し、独自性を発揮して個性輝く大学を創生するには、各機能の社会的価値を明確にすると共に、それを支援することのできる各機能に対応した多元的な評価システムの構築が必要である。

Ⅳ．多元的評価システム構築の課題

多様な大学を評価するためには、一律の基準や方法ではなく、各大学の特性を踏まえた多元的な評価を考える必要がある。多元的な評価とは、評価基準の多元性のみならず、自己評価や第三者評価など評価主体の多元性、絶対評価や相対評価などの評価方法の多元性、機関別・分野別・機能別と言った評価対象の多元性、書面評価や実地視察など評価手段の多元性など様々な視点が考えられる。一般に言われている多元的評価システムとは、大学に期

待される多様な機能と役割の違いに応じた多次元の評価基準を設定し、各大学が掲げる目的・使命の達成度を評価するのに相応しい評価方法で評価を行う評価システムのことである。

　この評価システムを構築するためには、①評価すべき機能次元の確定、②各機能次元の独立性の確認、③各機能に関する具体的な評価指標の決定、④評価指標の定量化と尺度化の工夫などが求められる。しかし、これまでに例示されてきた各機能が相互に独立した次元と見なせるかどうか、各機能について妥当性にある評価指標をリスト・アップできるかどうか、多岐に亘る指標を基に合理的な評価基準を策定することが可能かどうかなど、解決すべき課題は多い。それに加え、大学評価における多元的評価は、個別性や特殊性のみを強調するものではなく、認証評価などで求められている共通評価と有機的に結びつけて考える必要がある。この関係を表したものがイメージ図（図1）である。このような新しい評価システムが構築でき、その結果に基づく公財政支援が保証されるようになれば、個性的であることの社会的価値を大学が実感でき、各大学は自らの特長を生かした新たな大学創生に向けた動きを支援できる可能性はある。

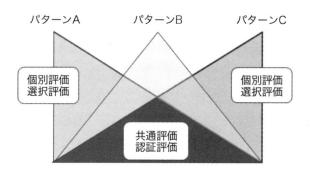

図1　多元的評価のイメージ図

　現在考えられている機関別多元的評価システム構築の方法としては、既存の評価基準や評価項目を活用しながら評価方法を変えるやり方と、大学の個性や特長を評価できる新たな評価基準や評価項目を設定するやり方の二通

りが考えられる。大学基準協会は、「新構想の大学評価のアクションプラン」の中で、主要点検・評価項目を、全ての大学に一律に求めるものと、各大学の選択に委ねる評価項目とに区別する方法を提案し、それを実施した経験がある。しかし、選択項目の殆どが、認証評価で求める内容の域を超えていたため、各大学の自己点検・評価に生かされることが少なかった。現在では、認証評価の対象となる「基盤評価」と、各大学が自主的に掲げる目標の達成度を評価する「達成度評価」という区分に変更している。しかし、各大学が掲げる目標に大きな違いが見られず、達成度評価が機能別分化を促す評価にはなっていない。

大学評価・学位授与機構では、学校教育法に基づく機関別認証評価とは別に、大学の個別な機能に着目した「大学機関別選択評価」を導入している。大学機関別選択評価の対象となっている選択評価事項は、「研究活動の状況」「地域貢献活動の状況」「教育の国際化の状況」の3項目で、それぞれについての評価基準と評価の観点を公表している。社会的期待度の高い大学の活動を機関別評価の対象として取り上げている先導的な試みとして注目される。「研究活動の状況」や「教育の国際化の状況」については、共有可能な評価指標があり、一定の評価が可能であるが、地域再生を謳う政策意図を反映した「地域貢献活動の状況」に関しては、意味する内容が多義的であるため、誰もが納得できる評価を行うことは容易ではない。

Ⅴ. 個性化・機能別分化への道筋

機能別分化は、多様化する大学がそれぞれの特長を生かしながら存在感のある大学として発展するための一つの方策であって、機能分化それ自体が目的ではない。機能別分化を前面に押し出さなくても、大学が自らの特長を見いだし、個性的な大学として活動を展開できるのであれば、中教審が示した7つの機能の例示にこだわる必要はない。朝日新聞社が刊行している「大学ランキング」は、様々な角度から大学の特長を浮き彫りにする目的で試みられているもので、取り上げている内容も具体的で分かりやすく、市場における注目度は高い。

大学評価・学位授与機構が示している選択評価事項は、大学が全体として取り組むべき政策的な重要課題を挙げたもので、専門分野によって構成されている部局等を単位として考えるならば、これ以外の多様な選択事項も考えられる。近年、国立大学の法人化を契機に大学を一つの法人格を持つ組織体と見なす傾向が強まり、個性化・機能別分化も大学を単位として求められているかのような印象がある。しかし、そのことが多様な機能を内包している大学側の対応を却って難しくしている点は否めない。

単科大学を別として、複数の部局から構成された総合大学や複合大学では、組織上は一つの機関であっても、学部・研究科という専門分野の自主性・自律性を尊重する大学運営が今日まで続いている。大学の教育研究活動を評価する場合は、研究組織でもあり、教育課程の編成権をもち、教育活動の実施責任主体でもある学部や研究科を対象とした専門分野別の評価に重心が移りつつあるのは、大学の現状から考えて当然の成り行きである。この点は機能別分化においても同様で、教育目標が異なる部局の特性を無視して、大学全体として機能別分化を推し進めることは容易ではない。また、内包している諸機能の重要度を大学として決めることは、重要である機能とそうでない機能を大学として選別することであり、場合によっては、そのことが部局間の対立構造を増大させかねない。機能別分化は、大学単位で考えるより部局単位で考えるほうが現実的であるかもしれない。

部局は、ディシプリンを単位とした専門分野別組織であるだけではなく、旧制度における高等学校・専門学校・師範学校など異なった設置目的をもつ教育機関を継承したものが多く、機能別組織としての性格も有している。部局レベルで考えれば、専門分野別評価と機能別評価は、全く次元の異なるものではない。日本技術者教育認定機構（JABEE）が行っている「技術者教育プログラム」や、医学・歯学・薬学など医療系の分野で定着している「モデル・コア・カリキュラム」では、養成すべき人材像が明確にされ、それを確実に達成するための教育プログラムが開発され整備されている。工学系や医療系ほどは容易でないとしても、自らの専門分野の社会的価値を問い直し、養成すべき人材像と教育目標を明確にできれば、どのような専門分野においても、

自らの役割と目指すべき方向を見いだすことは可能である。

【参考文献】

朝日新聞社 (2013)「大学ランキング」週刊朝日 2014 版、20 周年記念号、週刊朝日ムック
天野郁夫 (2003)『日本の高等教育システム―変革と創造』東京大学出版会
オルテガ著／井上正訳 (1996)『大学の使命』玉川大学出版部
クラーク・カー著／小原芳明他訳 (1996)『アメリカ高等教育の大変貌―1960-1980 年』玉川大学出版部
黒川洋行 (2007)「ヤスパースとオルテガの大学論―大学の理念、教養概念、授業のあり方についての比較検討―」『関東学院大学経済経営研究所年報　第 29 集』、60-78 頁
小林雅之 (2004)「高等教育の多様化政策」『大学財務経営研究』第 1 号、53-67 頁、国立学校財務・経営センター
島一則 (2006)「法人化後の国立大学の類型化」『大学財務経営研究』第 3 号、61-85 頁
大学基準協会 (2001)「新構想の大学評価のアクションプラン」
大学教育学会 30 周年記念誌編集委員会編 (2010)『大学教育　研究と改革の 30 年―大学教育学会の視点から―』東信堂
大学審議会答申 (1998)「21 世紀の大学像と今後の改革方策について―競争的環境の中で個性輝く大学―」
大学評価・学位授与機構 (2011)「大学機関別選択評価・選択評価事項」
中央教育審議会答申 (1971)「今後における学校教育の総合的な拡充のための基本的施策について」
M. トロウ著／天野郁夫・喜多村和之訳 (1976)『高学歴社会の大学―エリートからマスへ―』、UP 選書、東京大学出版会
光田好孝 (2004)「日本の大学のカーネギー分類」『大学財務経営研究』、第 1 号、72-82 頁、国立学校財務・経営センター
J.S. ミル著／竹内一誠訳 (2011)「大学教育について」『岩波文庫』岩波書店
村瀬泰信 (2009)「私立大学の組織分析に向けた機関類型化の試み」『仏教大学大学院紀要』教育学研究科篇　第 37 号　37-53 頁
文部科学省 (2004)「米国カリフォルニア高等教育マスタープランの概要」中央教育審議会配付資料
C. ヤスパース著／福井一光訳 (1999)『大学の理念』理想社

第2章 大学評価の展開
第3節 ステークホルダーに対応した評価
―多様な大学への期待、市場価値のある評価情報―

堀井　祐介

1. はじめに

　近年、社会の多様化に伴い、大学教育に求められるものが非常に多様化してきている。大学が社会的存在である以上、社会からの要求に応えるため大学も変わらなければならない。その大学の活動を評価する大学評価活動も社会的活動であり、社会の要求、社会情勢を踏まえて変わらなければならない。かつての大学同士が相互評価するピアレビューの仕組みから、2006年の米国のスペリングスレポートで謳われた透明性と説明責任（TRANSPARENCY AND ACCOUNTABILITY）の影響により、大学活動に投入されている資金、人的資源等に対するアカウンタビリティを果たすため、大学人だけでなく外部有識者も交えた評価体制が整備されるとともに、大学の諸活動、特に教育に関する情報公開が必須となってきている。日本においても、戦後設立された大学基準協会が行って来たピアレビューでの加盟判定審査等の大学評価活動をより公的な活動とするため、学校教育法の改正により平成16年から認証評価機関による認証評価受審が、また、平成23年度から教育情報公表が義務化されている。情報公開については、中教審答申や教育再生実行会議等でも強く求められてきている。

　一方、これら大学活動の透明性や説明責任が求められる大学評価は果たして「誰に対して」のものなのか、大学評価を通して市場価値のある情報は提供できているのか、については様々な考え方があり、ここにも多様性が見られる。本稿では、この「誰に対して」に焦点をあてて大学評価について述べていきたいと思う。

II. 大学評価は「誰に対して」のものか

　大学の諸活動に関わる人たちのことは一般的にはステークホルダーと呼ばれる。このステークホルダーとは本来は利害関係者、出資者などを意味する。大学にとってのステークホルダーとは、具体的には、学生、教職員（以上学内関係者）、家族（学資負担者）、高校、社会、政府、地方自治体、企業（卒業生の雇用主）、労働市場代表、学協会、研究者コミュニティ（以上学外関係者）等々、非常に多岐にわたる。

　これらステークホルダーは大きく２つに分類することができる。学生を軸とした、学生、家族（学資負担者）、高校グループと、機関としての大学を軸とした、社会、政府、地方自治体、企業（卒業生雇用主）、労働市場代表、学協会、研究者コミュニティ（以上学外関係者）グループである。この分類は、学校教育法第八十三条「大学は、学術の中心として、広く知識を授けるとともに、深く専門の学芸を教授研究し、知的、道徳的及び応用的能力を展開させることを目的とする。大学は、その目的を実現するための教育研究を行い、その成果を広く社会に提供することにより、社会の発展に寄与するものとする。」での大学の定義ともおおむね合致している。第１項が学生、教職員、家族（学資負担者）、高校グループ向けであり、第２項が上記学外関係者に向けてのものと言える。特に第１項については、大学の活動について述べられており、学生の立場で解釈すると「大学は、学術の中心として、学生に対して広く知識を授けるとともに、深く専門の学芸を教授研究し、学生の知的、道徳的及び応用的能力を展開させることを目的とする。」となる。そのため、この八十三条の履行状況を評価することがステークホルダーに対応した評価であり、実際、各認証評価機関も関係法令に則って評価活動を実施しているため、法令や評価機関が定めている基準を説明することでもステークホルダーに対応した評価の姿を導き出すことができるかもしれない。

　しかし、現実的には、条文や基準には解釈の多様性があり、また、ステークホルダーが大学に求められているものはより具体的なものである。そのため、以下では法令や認証評価基準を念頭に置きながら、個々のステークホルダー毎に、大学に何を期待しているのか、それの実現のために大学評価の果

たす役割は何か、大学評価がどのような意味を持つのかを考えることを通して、社会の要求、社会情勢を踏まえた大学評価のあり方への示唆が得られないかを探ってみたい。

III. ステークホルダーは大学に何を期待しているのか

学生は大学構成員の中で最大グループであり、かつ、ステークホルダーとしても最も重要な存在である。その学生が大学に期待することとして、1. 最先端の研究成果にふれるなど知的好奇心を満たし生涯学習能力を習得する、よりよい就職、進学、資格取得（国家試験を含む）、2. 留学等につなげることで卒業後の社会で獲得した能力を役立てるため知識・技能を身につける、3. 過剰な費用負担を避けるために標準修業年限での卒業・修了する、4. ゼミを含む授業、部活、サークル活動等を通して友人、知人、先輩、後輩、恩師等との持続性のある人間関係を構築する、5. 快適な学生生活を送るため適切な学生サービスを受けることなどが考えられる。大きく分けると1. から3. は授業を中心とした教育課程、学習指導に関するもの、4. と5. は課外活動、学生生活支援に関するものとなる。教育課程に関しては、学生の知的好奇心を満たす魅力ある授業およびその基盤となる研究成果（授業、教科書、参考図書、担当教員の研究業績など）、体系的に整理された学習内容（授業、シラバス、科目ナンバリング、カリキュラムツリーなど）、予め定められた学習目標および学習成果とそれらの達成度評価の仕組み（成績評価方法、成績評価基準、成績評定、成績分布、カリキュラムマップ、達成度自己評価アンケートなど）、授業評価アンケートなどが、学習指導に関しては、適切な履修指導体制、アドバイス教員制度、オフィスアワー等の授業外学習支援体制、予習復習を含む自学自習環境整備などが、課外活動に関しては、経費および施設を含む課外活動団体支援体制などが、学生生活支援に関しては、奨学金制度、障がい学生支援を含む修学支援体制、学生相談体制、就職・進路支援体制などが学生の期待に応えたかどうかを判断する項目または指標としてあげられる。これらの項目は、現在大学機関別評価機関として認証されている3つの評価機関において表現は異なるが概ね基準項目として採用されている。また、3機関とも

訪問調査・実地調査においては学生との面談が設定され学生からの声を反映させる仕組みを備えている。

　学生が大学および大学生活に期待していることが達成されたかを確認し評価するには、最終的には、学生一人一人の活動を逐一確認し、成績を含む各種データをもとに当該学生に対して綿密なインタビューを行うしかないが、個別指導に効果的な部分があるのがわかっていながら授業を一対一で行えないのと同様に、大学評価も学生一人一人の声をもとに実施することは不可能である。そこで、学生の総意、もしくは総意と見なせる程度の数の学生の意見としてこれらの項目を評価する仕組みが求められる。これらの仕組みをどのように評価するのか、制度としてあるかないかで判定してよいものか、数値基準を設けるとした場合、適切なレベル、数値は設定できるのか、など評価の仕組み構築に向けての課題は多いが、現在、法的に義務づけられている認証評価においても数値等の定量的指標分析と自己点検評価報告書、面談等の定性的評価を組み合わせ、大学における諸活動をできるだけ多面的に評価する方法がとられており、評価方法改善活動も行われている。

　家族（学資負担者）が大学に求めることは基本的に学生と同じであるが、学生自身を支える制度、サービス、就職支援を含む進路指導への期待が学生自身よりは高くなると考えられる。高校が大学に求めることも基本的には学生と同じであるが、教育機関として高校で学んだことと大学での活動が結びついているか、高校で学んだことが活かせているかという点への関心が付加されるものと考えられる。企業（雇用主）が大学に求めるものとしては、上記、学生、家族、高校が求めるものに加えて、経済産業省が提唱する「職場や地域社会で多様な人々と仕事をしていくために必要な基礎的な力」をあらわす概念である社会人基礎力を身につけ、健全な社会生活を営む力を備えた人材を育成することがある。この点は、労働市場代表が求めるものと重なっている。また、研究成果の社会還元についての関心も高い。地方自治体も、就職先としては、企業と同様である。それに加えて、大学設置者の立場としては、投入した資金の適切な運用、地域における教育・研究・学習拠点、教育、研究両面における地域課題解決に資する活動も求めている。この場合の学習拠

点とは、高卒生の学習だけでなく、地域住民を含めた生涯学習拠点の意味も含んでいる。政府は、他の学外関係者と同様のことを大学に求めるとともに、国立大学への運営費交付金、私立大学等経常費補助等の私学助成金、国公私立を対象とした各種競争的資金を投入し、大学の教育・研究活動を支えている立場から、その資金の効率的な運用、運用の結果としての有能な人材輩出、教育・研究活動の社会還元、社会貢献活動、それらを併せた形での大学の総合的活動に対する社会における評価などへの関心を持っている。最後のステークホルダーとしての社会は、これまで述べてきたことの総体としての活動を大学に求めていると考えられる。

最後に残ったステークホルダーとして教職員があげられる。教職員の場合は、基本、学生が求めるものを与える立場のため、大学という組織において、学生と同じく学内関係者として、1．最先端の研究成果にふれるなど知的好奇心を満たし生涯学習能力を習得させる、よりよい就職、進学、資格取得(国家試験を含む)させる、2．留学等につなげることで卒業後の社会で獲得した能力を役立てるため知識・技能を身につけさせる、3．過剰な費用負担を避けるために標準修業年限での卒業・修了させる、4．ゼミを含む授業、部活、サークル活動等を通して友人、知人、先輩、後輩、恩師等との持続性のある人間関係を構築することを支援する、5.快適な学生生活を送るため適切な学生サービスを提供することなどを自らも含めた大学の活動に期待しているといえる。

IV．大学評価はステークホルダーに対して、どうあるべきか

以上、大学に対してステークホルダーが求めるものを見てきた。重複するが、ステークホルダー毎に求めるものは、学校教育法第八十三条「大学は、学術の中心として、広く知識を授けるとともに、深く専門の学芸を教授研究し、知的、道徳的及び応用的能力を展開させることを目的とする。2　大学は、その目的を実現するための教育研究を行い、その成果を広く社会に提供することにより、社会の発展に寄与するものとする。」により定義された大学が、この定義されていることを着実に確実に実行しているかによると考えられる。ステークホルダーが着実に確実に実行していると考えているなら、昨今の高

等教育改革を求める声もここまで大きくはならなかったであろうが、「新たな未来を築くための大学教育の質的転換に向けて〜生涯学び続け、主体的に考える力を育成する大学へ〜（答申）」（中央教育審議会、平成24年8月28日）に示されているように、日本の大学が、世界に通用する人材や企業、社会が求める人材を育てているかとの質問に6割を越える国民が否定的な回答を行っていたり、企業の学士課程教育に対するニーズと大学が教育面で特に注力している点との間にギャップがあったり（pp.62-63）していることから、まだまだ大学はステークホルダーの声を十分反映した活動を行っていないと判断されている。

　もちろん、ステークホルダーに迎合すればいいという話ではなく、大学が知の拠点として自らの見識に従い教育・研究活動を進めながら、ステークホルダーと対等な立場での対話を重視し、今まで以上にステークホルダーの声に耳を傾けることが重要であると考えられる。一方でステークホルダー側も、従来の知名度、偏差値、ランキングだけに頼るのではなく、現在行われている自己点検評価、認証評価などの大学が行っている評価活動により積極的に目を向け、評価結果を全てのステークホルダーを含めた社会全体の重要な情報としてとらえ活用していく必要がある。そのためには、各種評価活動の可視化を進め、説明文書、根拠資料をよりわかりやすく提示できることが必要である。

　また、ステークホルダーに対応した評価活動としては、ステークホルダーの評価活動への参加が有効である。実際、『欧州高等教育の質保証の基準およびガイドライン』（Standards and Guidelines for Quality Assurance in the European Higher Education Area（ESG））でも、学生や労働市場代表者などのその他の利害関係者の質保証活動への関与についてはたびたび言及されている。例えば、このESGに則り実施されているデンマークでの教育プログラムアクレディテーションにおいては、審議・審査を行うアクレディテーション分科会（以下、分科会）メンバーの構成は、当該教育プログラム関連分野の専門家1名、外部（卒業生・修了生の雇用可能性のある企業から）1名、学生1名となっている。

　日本における大学の評価は機関別評価にその軸足が置かれており、学生

をはじめとするステークホルダーの評価活動への参加は限定的である。しかし、日本においても専門職大学院評価をはじめとする分野別評価では実務経験者が評価者に加わっており、徐々にステークホルダー参加の評価も広まってきてはいる。ただ、一番重要なステークホルダーである学生参加についてはまだまだ不十分である。今後、ますます高等教育および高等教育質保証が国際的になっていく中で、日本におけるそれらの活動もよりステークホルダー重視へ移行していくことが求められて来るであろう。その際には、近年欧州で特に進んでいる学生参加についても避けられなくなるだろう。

第2章 大学評価の展開

第4節　評価方法の改善

和賀　崇

はじめに

　日本の大学評価活動は、1991年に自己点検・評価が努力義務化され、2004年に認証評価制度が開始されたことで、本格的に取り組まれることとなった。この間、各大学では13年の評価経験が重ねられ、どのように評価に取り組むか、また評価を大学運営にどのように取り込むか、各大学で実践が重ねられてきた。

　一方で、大学基準協会の相互評価など評価活動の経験があった機関もあるが、評価機関にとっても認証評価は新たな取り組みであり、評価を行いながら生じてきた実践的な課題も少なくない。また、日本の大学評価は、「官民のシステム全体で大学の質を保証していく必要がある」との提言の下、大学設置基準や大学設置認可制度と一体性のあるシステムとして構想されたことから、官民それぞれの立場に立った課題の把握も必要である。

　本節では、大学評価として認証評価に着目し、特に第1期から第2期にかけて各認証評価機関が何を課題として把握し、いかなる改善を図ったか、中央教育審議会等がどのような見解を表明したかを整理しつつ、認証評価機関が行った評価方法の改善についての現状と今後取り組むべき課題を提示したい。

1．中央教育審議会での検討と提示された課題

　周知の通り、近年の中央教育審議会の答申は、日本の高等教育における質保証制度構築を推進している。簡潔に振り返ると、「大学の質の保証に係る新たなシステムの構築について」（2002年）では、大学の質の保証の必要性

を説き、設置認可の見直しと第三者評価制度の導入を提言し、「我が国の高等教育の将来像」(2005年)では、機能分化等高等教育の多様化、質保証たる認証評価の活用と評価方法の不断の改善などを提言した。また、「学士課程教育の構築に向けて」(2008年)では、学士課程共通の学習成果に関する参考指針として「学士力」を提示し、3つの方針(ディプロマ・ポリシー、カリキュラム・ポリシー、アドミッション・ポリシー)の明確化、大学の自律的な質保証を強く求めた。同答申では、分野別の質保証の枠組みづくり、質保証に関する国際的な動向にも言及しつつ、認証評価について「第二期に向けて改善すべき課題を集約・整理し、必要な見直しを図ること」も求めている。

　高等教育の質保証システムについては、2009年3月から中央教育審議会大学分科会質保証システム部会が論点を継承し、公的な質保証のあり方についての検討を進めている。質保証システム部会は審議事項として「設置基準、設置認可審査、認証評価の三つを一体とした質保証システムの在り方について」を掲げ、詳細には「質保証システムと公財政支援の関連の在り方について」、「欧米における大学の質保証に用いられる基準や指標を踏まえた、我が国の設置基準、認証評価等の検討について」、「大学の機能別分化に応じた認証評価活動の推進について」等が示されている。その他、「近年の大学設置認可の状況を踏まえた設置認可制度の改善について」、「学位プログラムを中心とする大学教育の検討を通じた質保証への取組について」があり、日本の高等教育における広範な質保証システムを検討事項とした。2009年3月から2011年1月までの1年10ヶ月の間、質保証システムについて検討を加え、大学分科会の資料である「第5期・中央教育審議会大学分科会のこれまでの審議における論点整理について」に検討結果がまとめられている。

　認証評価に関して注目すると、当該資料の「認証評価の改善」の項において、認証評価は大学の質保証の仕組みとして定着し、認証評価の運用におけるいくつかの課題は改善され、大学の質向上についても貢献しているとされた。しかし、「認証評価やそれに先だって実施されている自己点検・評価の結果に基づき、その教育研究活動の更なる改善を進めている大学はまだ多くないとの指摘もある」として、認証評価機関の更なる改善を求めている。そ

の際の検討すべき課題例としては、以下の点が提示された。

検討すべき課題例

(ア) 評価の内容・方法の充実
　・教育の質保証の取組を重視した評価。その際、国際的動向にかんがみて適切なものであることに留意。
　・学生の卒業後の社会的・職業的自立の観点からの評価。

(イ) 認証評価の一層の効率的な実施
　・自己点検・評価に関する内容整理と、評価業務の一定程度の共通化。
　・大学データを各認証評価機関が効果的に活用できる体制の整備。
　・専門職大学院の評価の実施に当たり、機関別評価との連携への配慮。

(ウ) 各大学の特色ある教育研究の進展に資する観点
　・大学の機能別分化を促進していくにあたり、各大学がどのような機能に重点を置いてもそれが適切に評価されるようにするための工夫。
　・認証評価は、各大学の特色ある教育研究の進展に資するようにすることが求められており、こうしたことへの一層配慮。あわせて、大学の機能が多様であることを踏まえ、認証評価機関によっては、機関別の認証評価と別に、個別の機能に特化した評価活動に取り組むこと。

(エ) 国際的な対応
　・諸外国の質保証や評価制度に関する動向の恒常的に把握・分析。そのための調査研究機能を高めることや、その成果の共有。
　・認証評価の仕組みと、我が国の大学の状況を分かりやすく発信。
　・認証評価機関の国際的な連携の推進。

(オ) その他の課題
　・評価者の研修機会の充実。
　・認証評価後の大学への継続的な情報提供等の支援。
　・優れた評価結果を得た大学や、優れた取組の積極的な発信。
　　（中央教育審議会大学分科会第94回配付資料「第5期・中央教育審議会大学分科会のこれまでの審議における論点整理について」より）

同項には、認証評価機関の発意により発足した「認証評価機関連絡協議会」にも言及があり、「各機関が連携し、協議を進めながら、『検討すべき課題例』に掲げた課題について、認証評価の運用の改善が具体的に進展することが期待される」と、評価機関の主導による評価方法等の改善への期待を示した。

II．評価機関が行った調査とその結果

　認証評価の開始以降、認証評価機関では様々な調査を行い、認証評価の課題の把握を試みている。本項では、4年制大学の認証評価を行う3評価機関が第1期の終盤に次期評価を見据えつつ実施した調査報告を取り上げ、評価機関がどのような実践的な課題を把握したかについて整理する。なお、それぞれの調査報告においては、評価の有効性等など成果についての分析もなされているが、本項では評価の改善について着目するため、課題の指摘部分のみを取り上げる。取り上げる主な調査報告は、大学基準協会『「大学評価（認証評価）の有効性に関する調査」報告書』(2012年3月)、大学評価・学位授与機構『進化する大学機関別認証評価－第1サイクルの検証と第2サイクルにおける改善－』(2013年3月)、日本高等教育評価機構『平成23年度認証評価に関する調査研究』(2012年7月)の報告書にまとめられているものであり、各機関のウェブサイトにて公表されているものである。

　あらかじめそれぞれの調査の概要を踏まえておくと、大学基準協会は、2011年度から開始した新大学評価システムの運用に反映していくことを目的として、第1期の7年間に認証評価を受けた301大学を対象にその有効性に関する調査を実施し、その結果等を報告書にまとめ公表した。調査は、アンケート調査と評価を受けた大学への訪問、聞き取り調査である。アンケート調査は、学長または自己点検・評価の責任者を対象に行われ、当該報告書の執筆時点では237大学の回答を得ている。アンケートの内容は、ハンドブックや諸様式の使い勝手、実地調査の適切さ、協会のサポートなど評価実施の具体的な作業に関わることと、認証評価の受審を通じた取り組み状況、並びに協会に対する意見などで構成されている。報告書には、大学基準協会が実施した、第1期7年間の延べ324大学に対する認証評価結果の分析もなされ、

まとめられている。

　大学評価・学位授与機構は、毎年の評価の実施直後に、大学及び評価担当者を対象としたアンケート調査を実施し、その分析結果を公表している。2013年3月に刊行された『進化する大学機関別認証評価－第1サイクルの検証と第2サイクルにおける改善－』は、それら過去の評価におけるアンケート結果を総合して分析するとともに、認証評価及び選択的評価事項に係る評価についての有効性及び適切性について検証を加えたものである。また、検証を通して明らかとなった課題に対し、第2サイクルに向けて講じた対応にも言及している。

　アンケート調査は、評価を受けた大学と機構側の評価担当者が回答するもので、項目は実施年度により多少の違いはあるが、評価を受けた大学には、評価基準、評価方法、作業量などといった実施時のことから評価結果の効果及び活用方法等を問い、評価担当者には、評価基準、評価方法に加え、研修、評価担当者の作業量を問うものである。当該報告書では、評価を受けた大学145校中143校、評価担当者426名中312名から回答を得て分析を加えている。

　日本高等教育評価機構は、大学側の認証評価担当者を対象にアンケート調査及び訪問による聞き取り調査を行っている。評価を行った272大学中258大学から回答を得ている。アンケート項目については、評価結果の活用や自己点検・評価の推進に関する部分と、評価方法の改善、同機構の評価支援策に関する設問で構成される。また、同機構が行う短期大学の認証評価や、次回の認証評価を受けるに当たっての評価機関選定の基準なども問うている。

　ところで、認証評価制度は、複数の機関がそれぞれの特質を活かして評価することを前提としており、評価機関ごとに評価基準、評価システム、評価実施方法等を設計しているため、細部がいくらか異なる。そのため、アンケート調査等から得られた評価の実施に伴う実践的な課題は、必ずしもすべてが同じになるわけではない。しかし、その点に留意しながら報告書を併読すると、認証評価における共通の課題が見出せ、おおよそ次の5点にまとめることができる。

1．評価作業の負担

　アンケート調査には、いずれの評価機関においても作業量に関する設問があり、評価に関する作業量やその負担感が課題として指摘されている。大学基準協会の調査では、「作業負担が適当でないとの感想を持った大学が相当数存在している」との分析し、大学側から点検・評価項目が広範であり、負担、作業量は膨大であること、大学の規模によらず同じ作業量が求められること、特定の教職員へ負担が偏ることなどが具体的な意見として提示されている。聞き取り調査の分析には、「大学側は、大学評価（認証評価）対応を通常業務外の作業と位置付けているため、負担が大きいと感じている」との分析もなされており、後述する課題である内部質保証体制の構築にも関わる課題であると示されている。大学評価・学位授与機構の調査では、「特に、『自己評価書の作成』に関する作業量については、ほとんど全ての対象校が『大きい』としている」との分析を示し、「『根拠資料・データの収集』のための作業量が大きかったとの意見のほか、『学内調整（本部と各部局間）』のための作業量が大きかったとの意見が多く寄せられている」と具体的な負担内容を提示している。また、自己評価書の文字制限、添付する資料の作成についても労力や時間を要したとのアンケート結果も紹介されている。日本高等教育評価機構の調査では、「受審にかかる事務負担の軽減」への期待を調査しており、「とても期待する」、「期待する」を合わせると90.3％、中でも「とても期待する」の割合が非常に高いこと示され、大学側の期待の大きさを確認することができる。

2．評価を受ける大学と評価機関との意思疎通

　大学基準協会の聞き取り調査の分析において、事前説明、事前相談、報告書作成に関して、協会側と大学側で認識のずれがあることが指摘されており、「双方で認識を共有し、ずれを確認、修正しながら作業を進める姿勢が重要」との分析結果が示されている。また、協会との意思疎通を問う設問に否定的な回答をした大学は、大学と協会の見解が相違した場合の対応の不十分さ、大学の個別事情を考慮してもらえないといった不満があることが紹介

されている。日本高等教育評価機構の調査では、「受審前の事前相談の充実」を期待するかについて問うており、「とても期待する」、「期待する」が合わせて83.3%と高い期待が寄せられている。

意思疎通の問題は、他の問題とも関係し、例えば大学基準協会では「個別に事前相談で対応することを、説明会できちんと伝え、ハンドブック等にも明記すべきであると思われる。実地視察の時間不足の問題も協会側、大学側の連絡が密であれば防げたかもしれない」との分析がある。

3．評価基準、新しい概念の説明の機会の充実

評価機関の評価基準は、多様な大学の評価を行うため、やや抽象的な表現となっている。また、多様な観点をいくつかの基準に編成するため、内容的な重複が生じることもある。大学評価・学位授与機構の調査では、「評価しにくい観点」や「重複する観点」があることに大学側の不満があることがわかる。

大学基準協会では、評価システムの変更に伴って一時的に負担が増大することを作業量に関わる課題として指摘している。また、聞き取り調査の分析の中では、「特に2008（平成20）年に『到達目標』重視の姿勢となったことは、『到達目標』がそれまでの説明会ではあまり触れられていなかったため大きな混乱を招いた」との反省も見られる。加えて、第1期中に関心が高まってきた課題、すなわち、内部質保証体制の構築、ラーニング・アウトカムとその測定方法等についての情報提供への期待が高まっていることにも言及されている。日本高等教育評価機構の調査においても、学内の自己点検・評価活動において評価機構が支援できることとして、「新評価基準についての解説」、「分野別評価についての情報発信」についての期待が高いことが示されている。

4．評価員に関する課題

評価員に関する課題としては、評価員側の作業負担の課題と、大学側から見た評価員の課題が指摘されている。大学評価・学位授与機構の調査では、評価担当者（評価員）の作業量についての設問があり、大学同様、書面調査に

係る作業量については「大きい」との回答が寄せられている。関連する自由記述から、書面調査の作業量は、評価大学の自己評価書の出来によって大きく左右されることも指摘されており、自己点検評価の充実とも関連する課題である。

大学基準協会及び日本高等教育評価機構の調査では、評価を受けた大学側の意見として、評価員によって評価にばらつきがあること、評価員への研修を充実すべきであることの期待が表明されている。

5．評価の活用、内部質保証体制の構築、評価の実質化

いずれの評価機関も認証評価後の評価結果の活用、指摘事項の改善具合等を問うている。各大学において、改善には取り組まれており、実際改善されつつあることは調査から読み取れるが、評価機関は更なる課題を見いだしている。

聞き取り調査に基づいて、大学基準協会は「大学側は、大学評価（認証評価）対応を通常業務外の作業と位置付けているため、負担が大きいと感じている。大学評価（認証評価）を日常的な自己点検・評価活動にどう組み込むのか、協会として事例調査・研究を行い、適宜情報提供していく必要性がある」と分析している。さらに「今後は、大学自身の自己点検・評価活動と大学評価（認証評価）とがうまく連動し、大学側が大学評価（認証評価）受審を意識せず、事前に改革、改善活動が進められるようになっていくことが重要」と指摘している。

大学評価・学位授与機構の調査では、自己評価の出来に関して、大学側と評価員側で認識の差があることが指摘されている。評価員の自由記述においては、「評価の観点について十分な把握をしないままに記載されている観点があったり、適当な場所に記載されていない場合があった」、「提出前の点検が行なわれていたのか、疑問に思う点が多々みられた（乱文や誤字の多さ）」、「記載内容を保証する資料が添付されていなかった項目が多かった」、「評価のためのデータが精選されていないために、膨大な資料に目をさらす必要があった」などの意見が示されており、自己点検・評価の更なる充実を期待しているものと思われる。

III. 各評価機関における評価基準の改定、評価方法の改善

　2004年度から始まった認証評価は、7年以内ごとに1回、認証評価機関による評価を受けることが義務付けられており、2010年度までにほとんどの大学が認証評価を経験したこととなった。この第1期中から各認証評価機関は課題等を把握していたものの、評価基準など評価の根本については、評価の公平性を確保する観点から大幅な変更は加えてこなかった。前項のように各評価機関は第1期中の課題を整理、分析し、第2期となるのに合わせ、評価基準を改定するなど評価方法の改善に取り組んでいる。

　さて、各認証評価機関の第2期の評価基準には、2点の共通点があげられる。第一に、いずれの評価機関も評価基準の項目数を減少させている。前回の経験を活かし、データ収集の継続性を確保することを意識しつつ、大学評価・学位授与機構は、2011年度に11あった基準を10にし99あった基本的な観点を81に縮小している。日本高等教育評価機構は10の基準を4基準に整理した。大学基準協会については、評価基準を15から10に、評価項目数45に減少させている。これらは、すでに見たように一回の評価に関する作業量を低減すること、評価の効率化を意図して、項目の重複や統合を進めたものと思われる。

　第二に、学生の学習成果、内部質保証、教育情報の公開についての項目が、中央教育審議会等の指摘に沿う形で、より明確な表現で提示されるようになった。これらの項目については、従前から評価項目として取り上げていたところ、審議会の指摘や検討状況、外国の大学評価の動向、大学間の認証評価に対する理解の深まりなどを踏まえ、改定したものと考えられる。

　以下、各認証評価機関の改善点を概観しておこう。

　大学評価・学位授与機構では、第2期からの評価基準として、従前の評価項目を整理するなどして「学習成果」（基準6）、「教育の内部質保証システム」（基準8）、「教育情報等の公表」（基準10）を新たに設定した。この改定は、新たな動向に対応するだけでなく、評価の作業量を低減することも意図されており、基準、観点等の整理・統合及び削除・修正を行い、平成23年度に11あった基準を10に、99あった基本的な観点を81に縮小したものである。変更

点を最小限にとどめることで、大学側が新たな種類の根拠資料・データを収集する手間を省くことも意識している。

その他、自己評価書の字数制限の緩和、『自己評価実施要項』の記載情報の充実、大学設置基準等関係法令を確認するための「法令チェックシート」を追加するなどしている。また、評価結果の記述方法を改良し、「改善を要する点」の指摘に加え、「改善が"望まれる"点」を記載して、改善の支援を強化している。

また、第2期は、従前は認証評価と同時に受けることとされた「選択評価」を独立させ、選択評価のみの評価を行うこととした。これにより、大学の多様な需要に対応できるとしている。

大学基準協会においても、評価基準を15から10に整理・統合しており、評価項目についても基本となる重要事項に絞り、全体として45項目に減少させている。この方策は、大学と評価機関の負担軽減を図りつつも、「大学自身による内部質保証機能の充実を期待して」行われるものであると解説され、『新大学評価システムガイドブック』などにおいて、「自己点検・評価を生かしながら、改革・改善を継続的に可能とする自律的なシステムを整備すること」、「点検・評価の結果を改革・改善に確実に繋げる」ことの重要性を強調している。他機関同様、教育成果の評価が要請されており、従前の評価基準「教育内容・方法」が「教育内容・方法・成果」に改定されている。

評価方法の改善として、それぞれの評価項目の内容を示す手がかりとなる「評価の視点」も新たに提示された。この「評価の視点」については、法令の定めにあるものなど必須となるもの以外は、各大学が取捨選択するものとしており、各大学の状況に即した自己点検・評価の手助けになるものとしている。また、大学に自己評価の結果を4段階の評定値で示すことが求められており、評価の効率化が図られている。

日本高等教育評価機構においても、評価基準を11から4に集約するなどの取り組みがなされた。評価の方法として、大学が「基準項目」ごとに「満たしている」、「満たしていない」の「自己判定」をする仕組みが取り入れられ、大学が自己判定を行い、評価機関がその内容を検証することで、自己点検・

評価の実質化を図っている。また、評価機関が設定する「評価基準」は基本的・共通的な事項に限定し、大学はこれに自らの使命・目的に即した自己点検・評価項目を加えるようにした。これにより、評価の効率性を高め、大学の個性・特色をより重視した評価を行うとしている。その他、第1期中ではあるが、実地調査の日程変更、評価機関による自己評価報告書・本編やデータ編の事前チェック、事前相談に着手するなど、その都度評価方法に改善を加えてきた。

IV．今後の課題

　これまで見たように、中央教育審議会等は高等教育の質保証を進める提言を行い、設置基準、設置認可制度といった公的な質保証システムの検討、整備を進めてきた。評価機関では、自ら評価に関する課題あるいは国際的な質保証の動向を把握し、適宜改善に取り組んでいる。しかしながら、評価にかかる課題のすべてが解決されたわけではない。

　まず、新たに評価基準に加えられた「内部質保証」や「学習成果」は、日本の大学評価に定着しているとはいえない。評価機関の調査にもあるように、大学側からは詳細かつ具体的な説明や例示の要望が出ているし、評価機関側はそれに十分には答えていない。各大学及び各評価機関の実践、研究の更なる積み重ねが必要である。また、評価の国際通用性を担保するためには、日本国内だけにとどまらず、各国の評価機関の動向や実践を視野に入れつつ、取り組むべき課題である。

　次いで、一度認証された後、評価機関の評価作業や評価結果の質をいかなる仕組みで担保すべきかが明らかでない。言い換えれば、日本の認証評価制度においては、いわゆるメタ評価が不在である。確かに、認証評価の第2期開始前に、質保証システム部会などを中心に国の質保証システムの全体像が検討されてはいるが、個々の評価機関が行った評価や評価結果が妥当であるかまで十分に検証されたわけではない。認証評価が社会的に認知され、社会的な評価にさらされているともいえない状況である。評価を受ける大学やコストを負担する関係者からすれば、評価の有効性に関してばかりではなく、

その対費用効果についても検証を求める声も上がってこよう。

　また、大学設置基準、設置認可の事後チェックと認証評価の関係についても、曖昧な部分が残されたままである。評価機関は認証評価において大学設置基準の遵守を確認するよう求められてはいるが、実際にそれを貫徹するのは困難であるし、そもそもの主体の違いから設置認可の事後チェックにはなり得ないとの指摘もある（舘、2005）。認証評価の基本的な性格、役割を明確にしないまま評価を続けることは、認証評価の形骸化にもつながりかねない。

　評価機関が抱える課題もある。評価機関が実施したアンケート調査等でも示されたとおり、いずれの機関も評価員研修の充実を課題としてあげている。研修会や研修資料の充実等対策は講じられているものの、評価の判断基準のばらつき、実地調査での対応など評価員の資質が問われる場面での課題が解消するには至っていない。そもそも評価員に求められる資質とは何か、どのように育成可能かを検討していく必要があろう。この評価員に関する課題の根本には、評価員を大学等からのボランティアでまかなうことや、評価対象大学数の偏りから必要な評価員数も年度により大きく変動することといった課題もある。評価実施体制の基盤についても併せて検討する必要があろう。

【参考資料及びウェブサイト】

財団法人大学基準協会、独立行政法人大学評価・学位授与機構、財団法人日本高等教育評価機構、日本学術会議『3 認証評価機関・日本学術会議共催シンポジウムこれからの大学教育の質保証のあり方－大学と評価機関の役割－』、2010 年 11 月（http://www.niad.ac.jp/n_kenkyukai/no13_dai2kai3ninnsyosinnpo.pdf）（2015 年 5 月 3 日閲覧）

大学基準協会「新大学評価システム ガイドブック－平成 23 年度以降の大学評価システムの概要－」大学基準協会、2009 年（http://www.juaa.or.jp/images/accreditation/pdf/explanation/university/2009_10/documents_01.pdf）（2015 年 5 月 3 日閲覧）

大学基準協会『「大学評価（認証評価）の有効性に関する調査」報告書』、2012 年 3 月（http://www.juaa.or.jp/images/publication/pdf/other/daigakuhyouka_report.pdf）（2015 年 5 月 3 日閲覧）

大学評価・学位授与機構『進化する大学機関別認証評価－第 1 サイクルの検証と第 2 サイクルにおける改善－』、2013 年 3 月（http://www.niad.ac.jp/n_hyouka/jouhou/__icsFiles/afieldfile/2013/05/22/no6_12_soukatsu.daigaku.pdf）（2015 年 5 月 3

日閲覧)
舘昭「国際的通用力を持つ大学評価システムの構築」『大学評価・学位授与研究』第3号、2005年、pp.3-19
中央教育審議会「大学の質の保証に係る新たなシステムの構築について(答申)」2002年8月5日
中央教育審議会「学士課程教育の構築に向けて(答申)」2008年12月24日
中央教育審議会「我が国の高等教育の将来像(答申)」2005年1月28日
中央教育審議会大学分科会「第5期・中央教育審議会大学分科会の審議経過と更に検討すべき課題について(案)」、大学分科会(第94回)配付資料、2011年(http://www.mext.go.jp/b_menu/shingi/chukyo/chukyo4/siryo/__icsFiles/afieldfile/2011/01/26/1301577_3_2.pdf)(2015年5月3日閲覧)
中央教育審議会大学分科会質保証システム部会ウェブサイト(http://www.mext.go.jp/b_menu/shingi/chukyo/chukyo4/027/index.htm)(2015年5月3日閲覧)
日本高等教育評価機構『平成23年度 認証評価に関する調査研究』、2012年7月(http://www.jihee.or.jp/publication/pdf/research_report/h23_ninsyou_chyousa.pdf)(2015年5月3日閲覧)

【補遺】

　本文中の独立行政法人大学評価・学位授与機構は、2016年4月1日をもって独立行政法人国立大学財務・経営センターと統合し、「独立行政法人大学改革支援・学位授与機構」となった。従前実施していた大学評価、学位授与、質保証に関わる調査研究等の業務は、引き続き行うこととしている。本稿では、報告書の名称等との整合性を保つため、旧名称のままとしている。

　また、「新たな未来を築くための大学教育の質的転換に向けて(答申)」、「新しい時代にふさわしい高大接続の実現に向けた高等学校教育、大学教育、大学入学者選抜の一体的改革について(答申)」においても、大学教育の質的転換を進める方策として、内部質保証及びそれを重視した評価の重要性について重ねて指摘された。

　2016年3月には、学校教育法第110条第2項に規定する基準を適用するに際して必要な細目を定める省令が改正された(施行は2018年4月1日)。認証評価機関が定める評価基準に定めなければならない評価項目として、「大学における教育研究活動等の見直しを継続的に行う仕組み(「内部質保証」)に関すること」、「卒業の認定に関する方針、教育課程の編成及び実施に関する方針並びに入学者の受入れに関する方針に関すること」、「設置計画履行状況等

調査における『警告』『是正意見』等への対応状況を把握すること」が追加された。重点評価項目として、「内部質保証に関することについては評価において重視すべき事項とすること」との規定も追加されている。加えて、評価項目だけではなく「評価の質の向上」として、評価機関の評価方法に「評価に関する規定や組織の運営状況について自ら点検及び評価を行い、その結果を公表すること」、「評価において改善等を大学に指摘した場合、当該大学からの求めに応じ、再度評価を行うよう努めること」、「評価の過程において高等学校、地方公共団体、民間企業等の関係者から意見を聞かなければならないこと」を規定し、評価方法等の改善を求めた。

【追加参考資料及びウェブサイト】

官報、号外第73号、2016年3月31日、p.74
中央教育審議会「新たな未来を築くための大学教育の質的転換に向けて〜生涯学び続け、主体的に考える力を育成する大学へ〜（答申）」2012年8月28日
中央教育審議会「新しい時代にふさわしい高大接続の実現に向けた高等学校教育、大学教育、大学入学者選抜の一体的改革について〜 すべての若者が夢や目標を芽吹かせ、未来に花開かせるために 〜（答申）」2014年12月22日
文部科学省「学校教育法第百十条第二項に規定する基準を適用するに際して必要な細目を定める省令の改正について（諮問）」、2016年3月18日（http://www.mext.go.jp/b_menu/shingi/chukyo/chukyo0/toushin/1368843.htm）（2016年6月20日閲覧）

第2章 大学評価の展開

第5節　教育プログラムの評価

生和　秀敏

　カリキュラムも教育プログラムも教育課程を意味する点では同じであるが、カリキュラムが、公教育の教育目標を達成するために国によって定められたものであるのに対し、教育プログラムは、教育主体が自らの権限と責任において定める教育課程である。大学設置基準や大学院設置基準で設置のための要件は定められているものの、大学における教育課程の編成権は大学に委ねられている。この点が初等中等教育とは大きく異なっている。厳密に言えば、大学における教育課程は教育プログラムであって、カリキュラムと呼ぶのは適切ではない。教育プログラムは、大学の権限と責任が凝縮された教育課程であり、これを評価することは、大学の教育活動の適切さを評価することでもある。

1．教育プログラム制導入の背景

　大学における教育活動の単位組織である学部・学科は、教育組織であるだけではなく、教員の所属する研究組織でもあり、さらに、大学の管理運営の実質的な単位組織になっている。このことは、教育活動の責任主体の明確化という点においては優れており、学生の所属意識も強い。他方、教育活動が、学部・学科を構成する教員集団の意向に大きく依存するため、組織改組や教員の人的構成に影響を及ぼさない範囲での改革・改善に留まるきらいがある。一方、教育プログラム制は、教育プログラムの教育目標を明確に定めた上で、そのプログラムに相応しい授業科目を開設し、その授業科目に最も相応しい教員が担当し、学生が主体的にプログラムを選択する制度である。

教育プログラム制は、教育目標に合致した教育活動を展開することを目指したもので、既存の所属組織とは関係なく、教育プログラムに関連する分野の教員の協力が不可欠である。プログラムの改廃や授業科目の変更は、教育目標の妥当性や達成度評価を基に行われるため、教員の恣意的な関与は限定されることになる。教員には、研究に裏付けられた授業内容であることに加え、教育目標の実現に資する授業内容・授業方法への転換が強く求められる。近年、学部・学科制から教育プログラム制へ移行する大学や専門分野が増えてきているが、その背景として以下のような理由が考えられる。

　第1は、学生の多様化への対応である。ユニバーサル時代になり、学生の学力構造・進路意識・大学に対する期待も、学生によって様々である。このような学生の多様化に対応するには、学部・学科制のような一律の教育課程での対応には限界がある。第2は、教育の国際的通用性への対応である。学部・学科において教えることのできる閉じた教育ではなく、国際的にも十分通用する人材を育成するためには、大学が保有する知的資源を総動員した開かれた教育を展開する必要がある。第3は、新たな学士課程教育組織のあり方の模索である。学士課程と大学院との相対的な役割分化が求められる中にあって、これまでの学部と大学院との煙突形の教育組織のあり方が問い直され、学士課程に相応しい教育システムの模索が始まっている。第4は、教員の定数削減への対応である。国公立を問わず、大学の人件費の比率は高い。教育の質を下げないで人件費の削減を可能にするには、学部・学科の枠を超えた人的資源の有効活用を積極的に行う必要がある。第5は、教育改革の推進である。教育改革を妨げている最大の要因は、変化に伴う既得権や研究基盤が崩壊するのではないかと懸念する教員の保守的な意識である。教育と研究を制度的に分離し、研究基盤を保証すれば、積極的な教育改革に全学を上げて取り組みやすい。

II. 専門分野別評価の目的

　機関別評価は大学全体を組織体として評価するものであり、専門分野別評価は大学の専門性を様々な分野ごとに評価するものである。しかし、大学

が高等教育機関である以上、教育研究活動の基本単位である学部や研究科(以下、部局)の活動を考慮しないで大学全体を評価することは難しい。部局は、専門分野ごとに分かれた教育研究活動の責任主体でもあると同時に、大学組織を構成する重要な単位であるからである。但し、専門分野別評価とは各部局を対象とした評価であると簡単に割り切れない面がある。複数の部局から構成されている大学においては、機関別評価の中に専門分野別評価が内包されていると考えられるが、単科大学や専門職大学院のような場合は、機関別評価と専門分野別評価との区別は難しい。既にかなりの大学で進められている教育と研究を分離した制度では、既に教育プログラムによる教育が行われており、専門分野別評価を部局単位の評価に置き換えること自体あまり意味をなさなくなっている。

　独立した大学院として設置されている法科大学院や経営系専門職大学院などは、専門分野別評価を認証評価としているが、評価基準の中には組織の管理運営や情報公開・説明責任など機関別評価の基準が含まれている。また、全学共通教育として位置づけられてる教養教育のように、教育課程の編成権が全学機関に委ねられているものに関しては、専門分野別評価という範疇に馴染まない。しかし、特定の部局が編成権や実施責任を担っている場合には、専門分野別評価の対象としないわけにはいかない。このように見てみると、機関別評価と専門分野別評価の違いは、評価対象となる組織や単位の違いというよりは、評価目的の違いと考える方が適当である。

　専門分野別評価の目的や意図を理解するには、機関別認証評価の項目として国が定めた事項と専門分野別認証評価項目として定めた事項との比較を行ってみることが有効である。専門分野別評価においては、学生の受け入れ、教員組織・教育課程・教育内容・教育方法など、教育活動に直接関係した評価項目がかなり詳細に定められている。一方、機関別評価において示されている項目は、教員組織・教育課程に関するもの以外に、教育研究組織・施設設備・事務組織・財務状況など、大学の全体像を評価する項目が示されている。大雑把に言えば、機関別評価は経営体としての組織評価に主眼が置かれ、専門分野別評価は教育活動の評価に焦点が当てられている。

専門分野別評価が上記の内容を評価するのであれば、評価の対象となる大学内の組織単位は、①学生の受け入れと定員管理に権限と責任を持っていること、②教員の人事計画および人事選考に権限と責任を持っていること、③教育課程の編成権を持っていること、④教育内容・方法を決定し、成績評価および単位認定権を持っていること、などによって決まることになる。制度的には、教授会を構成できる学部や研究科が評価対象ということになるが、上記の諸条件を実質的に教授会から委任されているとすれば、学科もしくは専攻単位もあり得る。

III. 教育プログラム評価の意味

専門分野別評価の具体例として取り上げられている日本技術者教育認定機構 (JABEE) が行っているのは、高等教育機関の技術者教育プログラムの審査・認定であり、あくまでも評価の対象となるのは「教育プログラム」の評価であり、教育組織の評価ではない。JABEE は、教育プログラムを「ある教育目的・目標を実現するためのカリキュラムとそれを支える教育システム (時間割、教育方法、評価方法、教育組織、設備等を含む) とを包括した概念で、学生の進路や具体的な教育目標 (コース) に応じて、授業科目等を系統的に配列し、学習者が主体的に自分のペースで履修することを促すものである」と定義し、その中には、教育成果の保証も当然含まれると考えている。

教育プログラムによる教育は、学部・学科制を採らないアメリカの高等教育を参考にしたものだが、学生の主体的・自主的な学習態度を育成すると同時に、厳格な履修方法の管理によって系統的な学習を促し、厳正な評価方法によってグローバル・スタンダードに耐え得る教育内容を保証しようとするもので、多様化と国際化に対応した教育システムと考えられる。専門分野別認証評価としてスタートした法科大学院基準や経営系専門職大学院基準は、それが独自の組織と認められるため機関別評価の項目も含まれているが、その基本となる考え方は JABEE と同じ教育プログラムの評価であり、高度専門職業人養成に対する国内での需要に応えるだけではなく、国際社会で活躍できる人材を育てようという目的で定められている。専門分野別評価は、専

門分野ごとに展開されている教育活動の実態を評価するのが目的であり、「教育プログラム」が評価対象の中心に置かれている。

教育プログラムとは、「各学習者に教育目標を達成させるために学習内容を具体化して、それを目的行動として予め系列化された意図に従って確実に学習させる整理・体系化された内容」と定義されている。つまり、教育プログラムによる教育とは、①教育目標を明確にすること、②目標達成のための学習内容を具体化すること、③求める学習内容を系列的に配置すること、④確実に学習することを促すこと、⑤そのことを可能にするための教育システムを整備することである。

このうち特に重要なことは、教育目標の明確化と具体化である。JABEEにしろ医学教育モデル・コア・カリキュラムにしろ、まず育成すべき人材像が明確にされ、具体的な教育目標が分かりやすく掲げられている点が共通した特徴である。目標が明確であれば、目標との関係で学生の達成度を調べることができる。達成度を調べることができれば、達成度を上げるための教育内容や教育方法の工夫が可能になり、最も効果的なカリキュラム編成の必要性も生まれてくる。

教育プログラムのもう一つの大きな特徴は、履修したプログラムによって学生の学習の程度や習得した知識・技術・態度等の諸能力が分かるという点である。そのためには、教育プログラムの開発と合わせ、達成度を的確に評価できる教育成果の評価システムの構築が必要である。学期ごとに行われる試験の評価は各授業担当教員に任せられているが、評価基準を明確にし、その妥当性を検証する仕組みを整備しなければならない。大学は自らの評価が、大学教育の質の証明書であるという自覚を持つとともに、自らの評価の妥当性について絶えず点検する姿勢が不可欠である。

Ⅳ．グローバル・スタンダードへの対応

専門分野別の教育プログラム評価が論じられ始めた背景には、国際社会において活躍できる人材を養成することを迫られている分野において、我が国の大学の学位を国際的に保証することの必要性が急速に高まったためであ

る。ユネスコ、OECDなどの国際機関が大学の国際展開と学習機会の国際化を進める中にあって、いかなる分野にあっても大学の質保証の主座が、これまで以上に国際的通用性に大きくシフトしてきている。

　平成16年度から始まった認証評価制度は、大学の設置認可後の事後評価システムとして受け止められており、設置要件が遵守されている限り「不適」と評価機関によって判定されることは稀である。長い間、国が定めた大学設置基準等の法令によってコントロールされてきた大学にとってみれば、大学の質保証の必要条件は、設置認可後も大学設置基準を確実に遵守することであり、国際的通用性云々は、遵守事項というより期待事項と受け止める傾向が強い。各認証評価機関の評価基準を見ても、評価を通じて大学の国際的な通用性まで保証できる内容にはなっていない。

　わが国の高等教育政策の一環として位置づけられている機関別認証評価は、国内の大学の質保証に関して一定の妥当性があるとしても、国際的な質保証を可能とする評価制度とは言えない。大学基準協会はこれまで、大学基準に合致した大学を「高等教育質保証機関の国際的ネットワーク（INQA-AHE）」に登録し、当該大学が国際的にも質が保証できる大学であることをアピールしてきた。しかし、国際的な大学間の競争と流動化が求められる中で、どれほどのインパクトがあるかは疑問である。

　学位の国際的質保証という大学教育のグローバル・スタンダードに対応するためには、機関別認証評価とは別の枠組みでの評価システムの構築が必要であり、専門分野別の教育プログラム評価に新たな期待が寄せられているのは当然の成り行きといえる。しかし、学位名称だけでも800を超える各専門分野における教育プログラムの評価を評価機関で行うには膨大なコストと時間が掛かることは避けられない。

　今後の専門分野ごとの教育プログラム評価は、基本的には各大学が自らの自己点検・評価の中で行うのが現実的である。しかし、各大学の恣意に委ねるという意味ではない。各大学は、日本学術会議が提示した分野別参照基準や関連学協会が示すモデルカリキュラムなどを参照して、自らの教育プログラムが客観的な視点から見ても妥当なものであることを自己証明すること

が必要である。そのためにも、評価機関は、いかなる分野にも適用可能な教育プログラム評価のひな型（ジェネリック・モデル）を示し、各大学の各専門分野で適切な教育プログラム評価が可能となるよう支援することが必要となっている。

V．教育プログラム評価のジェネリック・モデル

教育プログラム評価の視点としては、以下の諸点が考えられる。

1．教育目標の明確化

教育目標が明確であるかどうかは、目標の達成状況を検証・分析・評価が可能であるかどうかで判断できる。また、教育目標を学生の学習目標に置き換えることができれば、学生にとって分かりやすいものになる。教育目標の設定に当たっては、各大学が掲げる理念・目的に加え、中教審が提案している学士力や学術会議の分野別参考指針、さらには、QAAや各学協会で示されている分野別ベンチマークを参照することを勧めたい。

2．教育内容の充実

プログラムを構成する教育科目（専門教育科目、教養教育科目、外国語教育科目などの大まかな科目区分）と、それに含まれる授業科目の教育内容が明確に示されている必要がある。教育科目の区分は、大学の使命・目的・教育目標を念頭において、バランスよく設定することが望ましい。各授業科目の教育目標・教育内容は、プログラムの教育目標を達成するための下位目標となっていることが必要である。

3．適切な履修コースの設定

複数の履修コースを設定する場合は、各履修コースの設定がプログラムの目標と整合性がとれたものであることが重要である。同じプログラムでも、学生の学修歴や進路意識によって履修内容や履修方法に違いがあってもよい。伝統的なディシプリン型のプログラムに加え、社会人基礎力や若年者就職基

礎力など社会が求める人材養成目的を加味した履修コースなど、学生の多様化に対応した相応の工夫が求められる。

4．適切な教育組織の構成

　教育組織としては、プログラムの目標・内容によって、学部一体型、学部横断型、独立型、大学連携型など様々な形態が考えられるが、何よりも教育組織を構成する教員の教育力の向上が強く求められる。教員の教育力評価の方法と評価指標の開発に加え、チーム・ティーチングや授業の相互評価システムの構築など、FDの実質化に向けた様々な活動が考えられる。

5．系統的な授業科目の配置

　知識を教授する講義、知的技能を訓練する演習、実践を通じて現象を科学的あるいは総合的に学ぶ実験・実習など、プログラムの教育目標に合わせ、適切な比率で授業科目を配置する必要がある。学生の理解を深めるためには、基礎から応用、入門から発展、理論から実践、俯瞰から個別へなど、系統性と順序性のある授業科目の配置が必要である。また、各授業の難易度が分かるようにコースナンバーを付けることは、授業内容の標準化を促進し、単位互換や教育の国際化に対応するための要件である。

6．プログラムに適合した教育方法の採用

　プログラムの教育目標によって、授業内容や方法は異なるが、問題発見・問題解決に繋がる論理的な思考方法を習得させる点に意を払う必要がある。さらに、学生の主体的・自主的学習の推進を図るためには、何よりも授業への関与度を高めることが重要である。また、授業の充実を図るためには、学生の予備学習が不可欠で、シラバスが予習ガイドとなるような記載方法が求められる。あわせてポートフォリオ等による学習の管理も考慮する必要がある。

7．成績評価の厳格化

　成績評価の基準が予め周知され、しかも、その基準が明確で学生が納得

できるものである必要がある。その基準に従って、厳格・公正に評価がなされることが成績評価の必須要件である。プログラムの教育目標の到達度を評価するには、個々の授業の成績評価だけでは必ずしも十分とはいえない。プログラムとしての評価基準・評価方法が考案され、実施されることが望ましい。

8．教育成果の保証

学生の学習成果だけではなく、どのような教育活動が学習成果と繋がっているのか分からなければ、教育成果の証明にはならない。また、入学時にプレースメントテストを実施し、入学後の伸び率を教育成果の指標とするなどの方法を考えているか、客観的な学力のみならず、学生の主観的な自己成長感・有能感なども加味した教育成果の指標化を考えているか、総合卒業・修了判定試験制度等を導入しているかなど、様々な評価の視点が考えられる。

9．プログラムの点検・評価・改善

プログラムの教育目標、構成する授業科目や教育内容、授業方法や評価方法などについて、組織的・定期的に点検・評価を行うことは、教育の質の維持・向上のために不可欠である。また、プログラムが、学問の進展に対応しているのか、学生や社会のニーズに対応しているのかなど、第三者の意見も取り入れながら検討する仕組みの構築とプログラム改編のための手続きが明確に示され、構成員の合意形成がなされてることも重要である。

VI．教育プログラム評価の課題

教育プログラム評価を考えるにあたっては、大学教育の質保証が可能となるような評価、国際的に見ても十分通用性のあるような評価、各大学の個性や特徴を活かすことが可能なような評価を考えることが必要である。一方で、機関別評価との区別が明確となるような評価、大学側にとって分かりやすく、準備のための負担が少なくて済む評価、既に行われている機関別評価や専門職大学院での専門分野別評価と整合性のある評価など、評価システムの設計に当たっては、現実的な要請に十分応えられるものでなければならない。

多くの大学においては、教育プログラムの意味がまだ十分理解されているとは言えない。これまでの大学は基本組織である学部や学科によって支えられ、各学部で必要な教育活動を行い、学部の責任で人材養成を行ってきた。しかし、学部の教育目標は概して抽象的で、具体性に乏しく、そのため、そこで編成される教育課程は、学部を構成する教員集団の裁量に大きく依存し、学問分野の体系性に留意しながらも、基本的には教員の学問的興味と関心で教育内容が決まるというケースが少なくなかった。これに対し教育プログラムは、学問の高度化・大学の個性化・学生の多様化が進む中にあって、教師と学生が共に目指すべき教育目標・学習目標を明確に定め、それを共有し、その実現に資する教育課程の編成と教授・学習過程を重視した教育方法によって、教育の実質化を目指すための教育課程と考えられる。表1は、両者の特徴を略記したものである。

表1　カリキュラムと教育プログラムの比較

カリキュラム	教育プログラム
一般的定義	一般的定義
・国が定めた教育課程 ・編成権は国に帰属 ・標準的な教育課程	・教育主体が定めた教育課程 ・編成権は教育主体に帰属 ・多様性のある教育課程
大学における意味づけ	大学における意味づけ
・教育計画・教育内容が中心 ・学部・学科主導の編成 ・設置基準準拠型 ・大綱化以前の教育課程	・教授・学習過程を重視 ・学生の自主的な選択を重視 ・教育目標達成型 ・大綱化以降の教育課程

各大学が適切な教育プログラムを編成し、認証評価機関が妥当性の高い評価を行うためには、関連する各専門分野の学協会との積極的な協力が不可欠である。JABEEが機能しているのは、各教育プログラムに関係する80以上の学協会が正会員として参加し、プログラムの開発と評価に関わっているからである。時代や社会のニーズに応えるという技術者教育の性格上、実際の活動現場となる企業等の関与にも大きな役割が期待されている。この点は

医学教育モデル・コア・カリキュラムの場合でも全く同様である。このように教育プログラムとその評価システムの開発は、あくまでも大学教育改革の必要性から考えられたものであり、関連する専門分野の関係者の努力と時間を掛けた準備によって形が整えられてきたものである。今後は、専門分野別の教育プログラムのみならず、国際化や地域再生など分野横断的なテーマに焦点を当てた教育プログラムの開発が必要になってくる。研究者団体である学術会議や関連学協会との連携はもとより、テーマ関係団体・地域社会などとの協力・協働が求められる。そのためにも大学は、部局を超えた教育システムの構築と大学を超えた協力のあり方を真剣に検討すべき段階に来ている。

【参考文献】

有本章編訳（2007）「学位に関するベンチマーク・ステートメント―英国・高等教育水準審査機構（QAA）の学科目別報告―」広島大学高等教育研究開発センター

大学基準協会（2008）「専門分野別評価システムの構築―学位の質保証から見た専門分野別評価のあるべき方向性について―」平成19年度文部科学省大学評価研究委託事業報告書

絹川正吉・舘昭編（2004）『学士課程教育の改革』東信堂

串本剛（2005）「大学教育におけるプログラム評価の現状と課題」『大学論集』、第37集、263-276頁

京都大学高等教育研究開発推進センター（2003）『大学教育学』培風館

溝上慎一（2006）「カリキュラム概念の整理とカリキュラムを見る視点」『京都大学高等教育研究』第12号 153-162頁、京都大学高等教育研究開発センター

文部科学省（2011）「医学教育モデル・コア・カリキュラム―教育内容ガイドライン―」平成22年度版

文部科学省（2011）「歯学教育モデル・コア・カリキュラム―教育ガイドライン―」平成22年度版

日本技術者教育認定機構（2012）「JABEEのあゆみ―設立から13年」日本技術者教育認定機構

日本臨床心理士資格認定協会（2009）「新・臨床心理士になるために」平成21年度版、誠信書房

J.ブルース・オーバーマイヤー、今田寛著（2007）『心理学の大学・大学院教育はいかにあるべきか』K.G.りぶれっと N0.20、関西学院大学出版会

依田新監修（1979）『新・教育心理学事典』金子書房

第2章 大学評価の展開

第6節 内部質保証システムを支える IR 機能

鳥居　朋子

I．大学の内部質保証システム[1]と IR

1．システムとしての内部質保証の要請

　近年、内部質保証（internal quality assurance）という用語に関する国際的な認知の広がりとともに、そのシステムとしてのあり方に対する関心が高等教育研究者や実践者の間で強まりつつある。本節では、日本の大学において内部質保証をシステムとして構築する上で重要な役割を果たし得る Institutional Research（IR：機関調査）の機能に焦点をあてて検討する。とくに、IR の実践および研究の蓄積が厚いアメリカの状況を主な参照の対象として、日本へのヒントを得ることとしたい。アメリカにおける質保証のメカニズムにかかわっては、政府と高等教育機関の間に位置し、調整機能を発揮する機構や団体（アクレディテーション団体や専門団体等）の存在が大きくなってきていることから（図1）、そうした中間団体と機関の IR の関係に着目して考察する。

　ひとまず、IR の本質的な機能について触れる前に、そもそも内部質保証が大学のマネジメントにかかわってどのような問題提起を孕むものなのかを確認しておこう。高等教育の質保証は「外部質保証」と「内部質保証」といった対概念によって説明される包括的な枠組みである。UNESCO-CEPES（ユネスコ・ヨーロッパ高等教育センター）の定義を訳出した大場（2009）によれば、外

---

[1] 本稿では「システム」について、Kast and Rosenzweig (1973) を参照したバーンバウムの定義に従い、「一つのシステムは、二つあるいはそれ以上の相互に依存する部分（あるいは下位システム）をもち、境界によって環境から区別されるところの組織された全体」（バーンバウム , 1992, 46）という意味で用いる。

部質保証とは、「機関（プログラム）の質の審査・維持・向上のための機関間または機関の上位にある制度」（大場, 2009, 178）であり、内部質保証とは、「機関（プログラム）の一連の活動に関する質の監視（monitoring）と向上（improvement）に用いられる大学内部の仕組み」（大場, 2009, 178）を指す。これらのことから、とくに内部質保証においては、個々の大学が何らかの根拠に基づいて質を保証する仕組みを主体的に構築することが喫緊の課題であることが示唆されている。

さらに、このUNESCO-CEPESの内部質保証の定義においては、大学の活動実態の把握にとどまらず、それらの把握に基づく改善を指向している点が注目される。つまり、これまでもPDCA（Plan-Do-Check-Action）の循環的な流れで推進することが奨励されてきた大学のマネジメントにおいて、とりわけCheck（評価）の位相からAction（改善）の位相への橋渡しの強化が重視されているのだと見なせる。したがってUNESCO-CEPESによる定義は、「システム」という用語こそ添えられていないものの、機関内部の質保証を静態的に捉えるのではなく、内部質保証の個々の構成要素が総合的に機能するような動態的なイメージを包含していると言えよう。

2．日本における内部質保証システムをめぐる状況

こうした国際的な動向に足並みを揃えるように、日本においても、2004年の認証評価の制度的な開始とともに機関の内部質保証に対する社会的な要請が高まってきている。なかでも、認証評価機関の一つである大学基準協会は次のように内部質保証を定義し、そのプロセスとしての動態的な性格を強調している。「内部質保証（Internal Quality Assurance）とは、PDCAサイクル等の方法を適切に機能させることによって、質の向上を図り、教育・学習その他のサービスが一定水準にあることを大学自らの責任で説明・証明していく学内の恒常的・継続的プロセス」（工藤, 2012,19）。

その上で、大学基準協会は「内部質保証」の評価項目を3つ設定している。(1)大学の諸活動について点検・評価を行い、その結果を公表することで社会に対する説明責任を果たしているか、(2)内部質保証に関するシステムを

整備しているか、(3) 内部質保証システムを適切に機能させているか(工藤, 2012)。これらから、社会への説明責任の前提として、機関内部の質保証の仕組み自体についてメタ評価の観点から機関自身がチェックすることが求められていると言えよう。まさに、大学が自らの活動を精査するセルフスタディとしての「自己点検・評価」を、認証評価の受審時だけに対応するようなイベントに終わらせず、いかに日々の組織的な営みの中に安定的かつ恒常的に組み込み、質保証に向けた意思決定を習慣化するかという課題である。

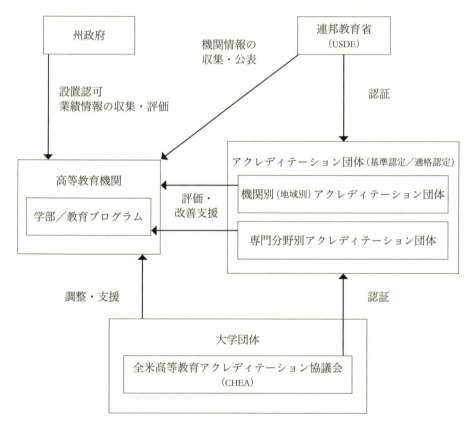

図1　アメリカ高等教育の質保証の構造
(福留 2009：図1を参照し作成)

3．内部質保証システムとIRの機能

　こうした大学の内部質保証に対する認証評価からの要請にともない、近年日本において注目が集まっているのがIRである。IRとは、「機関の計画策定、政策形成、意思決定を支援するための情報を提供する目的で、高等教育機関の内部で行われるリサーチ」(Saupe, 1990,1) を指す。1924年にアメリカ・ミネソタ大学でカリキュラム、学生の在籍率、試験の達成度を研究する調査研究部門として設置されたのが現在のIRのモデルにつながっているという(山田, 2013)。その後、IRは1960年代以降にアメリカの高等教育機関において拡大・進展し、欧州、アジア、オセアニア等の国ぐにでも展開してきた。とはいえ、いわゆる学術研究のためのリサーチではない。あくまでも自機関の組織運営の支援を本義とする実践志向の強い調査分析活動である。現在の日本においても、こうしたIRを内部質保証システムの駆動力として活用し、根拠に基づく意思決定の仕組みを整えることが期待されていると言えよう。

　先に見た内部質保証のプロセスに照らせば、IRとは高等教育機関が優先する課題にそくして何を明らかにするのかを定め、適切なリサーチ・クエスチョン（個々の機関の特性や課題に応じた問い）を立て、現状の監視だけではなく、当初の計画・目標に照らした進捗状況を測り、改善に向けた次期計画の策定につながるような意思決定を支える機能である。一例として、アメリカのペンシルベニア州立大学の取り組みを見てみよう。同大学は、パブリック・ユニバーシティとしてさまざまな社会経済層の人びとに広く開かれた社会的存在となることを使命に掲げている。これに照らし、「大学へのアクセスおよび学位の取得しやすさ」というテーマにおいて、「異なった社会経済層の出身の学生たちは、入学から学位取得までの経路において、どれほど違いがあるのか？」というリサーチ・クエスチョンを立て、学生の世帯所得、第1セメスターのGPA、6年での学位取得率等のデータを分析対象とし、必要とする学生（群）に的確に支援を届けられるような計画・方法の策定に活用している(Dooris, 2009)。まずはデータありきではなく、適切なリサーチ・クエスチョンを立てることによってはじめて、収集すべきデータや情報の同定が可能になるということが読み取れる好例であろう。

もとより、IR の守備範囲は、学習成果や教育プログラムに関する教学領域だけに留まらず、学生募集、奨学金政策、財務、校友行政等、きわめて幅広い。アメリカの状況を見れば、(1) アクレディテーションに関連した業務とプログラムの検討、(2) 運営管理上の情報の提供と計画、学内政策策定とプログラムの評価のための分析、(3) 学生、大学職員、職員のデータ収集と分析、(4) 予算および財政計画策定、(5) 学生の学習成果の評価のためのデータ収集および評価アセスメントの実施と分析、(6) 学生による授業評価事業の実施、(7) 学生の履修登録管理と募集管理、(8) 年次報告書の作成、(9) 州の財政補助金獲得のために必要とされる書類の作成、(10) アメリカ教育省の調査事業に提出するデータの作成、(11) 大学関係出版物への情報提供等、多岐にわたる (山田, 2013)。

ただし、これらのサービスすべてが均等かつ同時に提供されているわけではなく、当該機関の使命や戦略、重点計画・目標、執行部らのニーズ、IR 担当者の能力等に応じて、IR のサービスの重点化が図られている。すでに IR の専門職団体が確立されているアメリカであっても、すべての高等教育機関が IR の専門部署を備えているわけではない。IR を取り巻く環境条件を表現すれば、多様というひと言に尽きる。そうしたアメリカの IR の専門部署の状況に基づき、IR の「生態系」をモデル化した Volkwein (2008) によれば、(1) 専門性スキルを有した少数のスタッフがデータや情報の分析業務等をおこなっている「技術者組織型 (Craft structure)」、(2) 技術者組織型と次に述べる専門官僚組織型の中間にあたる「委員会組織型 (Adhocracy)」、(3) 体系的かつ大規模な体制という特質を持つ「専門的官僚機構型 (Professional bureaucracy)」、(4) IR が機関内に分散している「分散型 (Elaborate profusion)」に大別されるという。それぞれの機関が、組織文化や保有資源等の諸条件に照らしつつ、合理的判断にそくして IR の様式を選択しているのだと言えよう。

このうち、比較的体系的で大規模な組織である「専門的官僚機構型」の IR に注目すれば、組織内部でより専門的に分業化した IR の体制を窺い知ることができる。たとえば、ミネソタ大学の IR 室には、Director を筆頭に Associate Director、Assistant Director、IT Professional、Research Assistant、Analyst、

Data Analyst、Special Project Analyst、Web Developer 等の専門職が配置されている[2]。サービスを統括する責任者と各分野のエキスパートで構成されたひとつの専門家集団だと言える。

II．IR をめぐる新たな潮流
1．Institutional Effectiveness への展開

　そもそも、IR が機関の内部において取り扱う領域の幅広さゆえに、Association for Institutional Research（以下、AIR と略記）等の専門学協会が確立されているアメリカにおいても、しばしば IR が何であるかを正確に捕捉することは難しいと語られる (Terenzini, 1999)。ところが、近年、IR の専門職の職務内容はおろか、かれらのアイデンティティを揺さ振るような動きが見られる。今後、日本の大学で IR の機能の組織化や強化を図るにあたって、こうした IR の先進国に見られる新たな潮流をあらかじめ視野に収めておくことには重要な意味があるだろう。

　Gonyea and Kuh (2009) は、21 世紀初頭のアメリカにおける IR の動向について以下の3点を指摘している。それは、第一に学生や機関の業績に関するより多くの根拠、説明責任、透明性への飽くなき欲求である。第二に、学生や機関の業績に関する客観的かつ信頼に値するデータを大学首脳陣へ提供できる高い技能と力量を備えた専門職が配置された IR 室の認知度と重要性の向上である。第三に、学生のエンゲージメントや、機関の質の代理測定値としても改善の取り組みを報告するための実用的な情報としても機能するプロセス指標等の優勢である。これらの動向は、学習成果測定への貢献、機関の業績測定への貢献、測定のための新たな調査設計の検討といったサービスに具体化され、IR の守備範囲を広げかつ深める方向に作用している。いわば、Institutional Research から Institutional Effectiveness（機関の有効性）への重心の移動であり（岡田, 2012）、IR の担当部門で働く人々の職務内容やデータを介したコミュニケーションのあり方に変化を求めるものであると言えよう。

2　Office of Institutional Research, University of Minnesota のウェブサイトを参照。http://www.oir.umn.edu/staff（2013/9/9）

これらの動向を促進している大きな要因のひとつに、ここ数年のアクレディテーションからの強い後押しがある。たとえば、アメリカに6つある地域アクレディテーション協会の中でも、教育成果に焦点をあてた評価を最も明確に打ち出しているとされる「西部地域アクレディテーション協会4年制大学委員会（The Western Association of Schools and Colleges, Accrediting Commission for Senior Colleges and Universities、以下、WASCと略記）」の状況を見てみよう（前田, 2009）。WASCは、2008年7月に改訂された「アクレディテーション・ハンドブック」において、基準のひとつである「学習と改善に取り組む体制の構築」（Standard 4）の中にIRのサービスに学習成果測定に資する適切なデータ収集を含めることを盛り込み、IRが学習成果測定への関与を強めることを求めた（鳥居, 2011）。また、2009年9月に公表された「プログラム点検のすぐれた取り組みに関する指針」においても、WASCは機関における教育プログラムの点検プロセスに学習成果測定や外部評価を必ず含めることを強調している（WASC, 2009）。

　さらに、これら点検のプロセス管理については、IRに関係する部分として、IR担当部門は部局に対してプログラム点検のデータ・パケットを提供すること、そこにはセルフスタディの際に用いられるプログラムと関連性を有しかつ利用可能なデータが入っていることとしている。例えば、在籍者数および在籍率のデータ、卒業生や学生の満足度調査、NSSE（National Survey of Student Engagement）、市場調査のデータ等が挙げられている（WASC, 2009）。本稿執筆現在、改訂作業が進められている最新の「アクレディテーション・ハンドブック」（2013年3月：最後から2番目の草稿）においても、こうした方針は継承されており、依然として学生および学生の成功がアクレディテーションの最大の関心事であることが確認されている（WASC, 2013）。

　あわせて、2013年5月にカリフォルニア州ロングビーチで開催されたAIRの年次大会において、同地域を管轄するWASCのWolf会長が基調講演を提供したのは、アクレディテーションと機関（ないしIR）との関係性を提示するという意味で象徴的なできごとであった。Wolf（2013）によれば、今日のアクレディテーションが抱えている問題として、透明性の欠如（比較のための結果やデータの不足）、学生の定着率や卒業率への関心の弱さ、過剰な費用および

負担等があり、課題として、学修の結果への注目、すべての機関ーとくに下位校ーにおける学位がもたらす価値のよりいっそうの明確化、営利目的の遠距離教育の有効性および統合性、改革を進める能力等が挙げられるという。こうした課題を克服するにあたり、IRの専門部署にかけられている期待は大きい。とくに重要なことは、IRの担当者が教職員らとチームを組織したり、学習を検証するための多角的な方法についてアセスメント調整担当者と協働したりすることや、ストーリー展開とあわせてデータを公表すること等が提言された点である（Wolf, 2013）。こうしたことは、学内の意思決定支援に際して大学首脳陣のニーズに応答しつつ職務を果たすというIRの基本的な立ち位置に照らせば、これまでの職務範囲を超えるものであり、また、特別な意味付けを行わずにデータを中立的に取り扱うという従来の客観的な態度と対立することに等しい[3]。IRがより戦略性をもって機関の有効性の向上に向けた意思決定に深く関与していくことは、かれらの業務に向き合う構えに変更を求めるだけでなく、専門職としてのアイデンティティにも葛藤をもたらし兼ねない。大学首脳陣や教職員をはじめとする内部質保証にかかわるアクターらと対等にわたりあっていくような新しいIRの担当者の像を、現職の人びとが現代社会の要請として受け入れていくのかどうか、今後の動向が注目される。

2．IRの職務内容の拡張とアセスメントの高度化

　一方で、これらのアクレディテーションからの提言に呼応するように、アメリカで発行されているIRの専門誌や研究会等において、学生調査の実施の手引きとなるような具体的な手法の検討やノウハウの共有が活発に図られている点は興味深い。とくに機関における学習成果測定へのIRの貢献については、いわゆる間接評価のツールのひとつである学生調査の設計・実施・

---

[3] 事実、Wolfの提言に対して、データや情報に特別な意味付けを施した上で特定のトップマネジメントを支援した場合、もしそのトップマネジメントが退陣した際は自分たちの雇用保障はどうなるのかといった質問が聴衆から出されていた。こうしたことからも、IRの専門職としてのかれらの動揺や戸惑いが窺える。

分析に対する支援が相当する。

たとえば、Delaney (2009) は多くの典型的な IR の調査は潜在的にアセスメントと関連していると述べ、具体例として上級生 (4年生) や卒業生、雇用主への調査等を挙げている。こうした調査の設計段階でアセスメントを重視することによって、IR の担当者はかれらの仕事と組織のアセスメントとの関連を強化することができるという。さらに、アセスメントを重視して設計し実施した上級生調査において用いる調査モデルとして、以下のような 6 つのステップが示されている (表1)。

表1　調査の6つのステップ (Delaney, 2009, 33-34)

① 組織のミッションを見直す。
② 学士課程の教育プログラムの目標を定める。
③ 学生の生活体験の主要な構成要素を明らかにする。
④ 学業成績と満足度を評価する方法を開発する。
⑤ 計画立案および政策課題に対処する分析計画を設計する。
⑥ 結果を計画立案および政策に向けた提言に解釈する。

Delaney (2009) によれば、IR の担当者は学習成果測定といった部分的な貢献に止まらず、機関の自己点検・評価、評価チームの訪問調査、報告書の作成、機関からの応答、機関の行動計画の策定等のアクレディテーションの過程に多大な付加価値をもたらし得るという。その上で、「地域アクレディテーションが測定を重視し、機関の有効性に関する意思決定に成果を活用している現在、IR の担当者にとっては、機関の有効性に関するかれらの大局的な理解を深め、いかに計画立案、自己点検・評価、改善といったさまざまな過程を結合できるかが重要だ」(Delaney, 2009, 33) と説き、先に見た Wolf の提言と同様、機関の有効性という観点から、IR の担当者にさらに広い視野と深い洞察をもって職務にあたることを求めている。

III. 日本における IR および内部質保証システムをめぐる課題

日本においても、内部質保証システムの観点から学習成果測定の結果を

教育の質向上に活用していくことが重視されている。大学基準協会は、ディプロマポリシー等に明示している学習成果を測定するための評価指標の開発を求め、成果の測定はあくまでも大学自身の営為であり、これを内部質保証システムに内包させること、また学習成果の測定結果を教育改善にフィードバックさせていくことが重要だという立場をとっている（工藤, 2012）。

とはいえ、機関にとっての真の挑戦はここからである。根拠に基づく意思決定の経験に乏しく、内部質保証の取り組みの実績が薄い日本の大学において、これらの課題をどのように引き受ければよいのか。おそらく、多くの機関が感じている脅威はこの点にあるのではないだろうか。さらに、浅野ほか（2013）が指摘するように、教員でもなく職員でもない、いわゆるIRの専門職のマーケットが確立されているアメリカ等と比べれば、日本の大学はそもそもIRの担い手の土壌が質・量ともに大きく異なる（表2）。一般的に、学

表2　日米におけるIRの異同（浅野ほか, 2013を参照し作成）

	日本の現実	米国の現実
情報システム	データ・ベースが学内の様々な部局に点在しており、評価担当者はデータ共有を進めるため部局回りに奔走する。	最近では全学的なデータ集積と単純集計システム（Data Warehouse）が整備されつつあるが、まだ手作業でデータ作成をしている大学もある。
業務内容	評価報告書作りが主たる業務。	単なる報告書作成と高度な分析の業務の割合は大学やIR部門の規模や担当者の能力により異なる。また、データ分析の結果について解釈が異なり、容易に意思決定に結びつかない場合もある。
担当者	教員か職員の職位しかなく、部署移動で専門性が高まらない。	専門職は入学在籍者分析、情報管理システム、学習成果の測定といった分野に細分化されるが、最低限の能力としてリレーショナル・データ・ベースに対する知識が求められる傾向。担当者の受けた教育内容や職務経歴により、専門能力の高さは様々。
大学執行部	執行部は評価データを意思決定に反映させていない。	執行部はデータ以外の政治的な側面にも配慮しており、学内の案件の性格によりデータの意思決定への活用には濃淡がある。

内の複数部署を数年単位で異動し、さまざまな仕事の経験を通じてジェネラリストとして熟達していく日本の大学職員の固有性が、IR の担い手やその専門性を突きつめて論じる上で、見方によっては、ひとつのボトルネックになっていると考えられる (鳥居, 2013)。

しかし、認証評価への対応をはじめとし、現場は待ったなしの状況にある。すでに個々の機関レベルでは、ジェネラリストとしての性格が強い職員と教員とが協働し、IR の機能を導入・強化していくことを前提条件として、IR の開発や内部質保証システムの構築への模索が始まっている。さらに、こうした状況や現場のニーズを背景に、IR の実践の手法に関する書籍の翻訳および開発や、研修プログラムの設計・提供も、少しずつ増えてきている (ハワード, 2012 ; 中井ほか, 2013)。とくに、後者の研修プログラムに関しては、認証評価機関やコンソーシアム等と個別大学の協働による開発が急がれよう。

最後に、21 世紀初頭の日本の大学における内部質保証システムやその支援機能としての IR の開発が、歴史的にどのような意味を持つ課題なのかをいま一度考えて小論を閉じたい。そのために、多少の飛躍は否めないが、新制大学が誕生した戦後初期の時代まで遡る。当時の大学には、データおよび情報を活用した意思決定の原型とも呼べる取り組みが存在した。大学基準協会の初代会長を務めた和田小六が学長として改革を率いていた東京工業大学である (鳥居, 2008)。同大学では、機関を取り巻く外部環境 (社会制度、高等教育政策、同僚機関の動向等) の変化および内部環境 (教職員、事務職、学生等の人材、運営費用、建物・設備等のハード、各種情報) の状態の絶えざる検証と、迅速な情報収集かつ柔軟な対応が図られていた。とくに、戦後の高等教育政策の動向を先取りし、機関にとって有利な改革の方向性を定めるうえで、環境分析は欠かすことのできない作業のひとつであった。東京工業大学では、環境分析で得た情報の一元的な把握と、構成員によるそれら情報の共有を目的とした流通経路の整備が図られていたことが戦後初期の改革の速やかな実行を支えていた。

もっともこうした事例は、焦土と化したキャンパスの復興という大学の「非常時」における緊急措置的な対応であり、大学制度が一定の落ち着きを

見せた「平常時」には徐々に勢いを弱めていったことは否定できない。そうであれば、これまでの日本の大学に IR の機能が存在しなかったのではなく、むしろデータに基づく検証の習慣化が果たされなかったと見なせるのではないだろうか。21 世紀初頭の大学において内部質保証システムを運用することこそが、時代を超えた課題とも言える大学のオートノミーを実現する必要条件として問われているのではないか。今日の日本の大学で IR が脚光を浴びていることも、そうした歴史的な文脈で理解することが重要だと考える。

【参考文献およびウェブサイト】

Delaney, A. M. (2009). "Institutional Researcher's Expanding Roles: Policy, Planning, Program Evaluation, Assessment, and New Research Methodologies," *New Directions for Institutional Research,* No.143, pp. 29-41.

Dooris, M. J. (2009). Student Success -Quality Advocates Panel -Institutional Research Perspectives, Presentation to Quality Advocates session, December. http://www.psu.edu/president/cqi/planning_research/reports/QAStudentSuccess.pdf（2013/9/4）

Gonyea, R.M., Kuh, G. D. (2009). "Editor's notes," *New Directions for Institutional Research,* No.141, pp.1-4.

Kast, F.E., and Rosenzweig, J.R. (1973). *Contingency Views of Organization and Management.* Chicago: Science Research Associates.

Saupe, J. L. (1990). *The Functions of Institutional Research,* 2nd edition. Tallahassee, FL:Association for Institutional Research.

Terenzini, P. (1999). "On the Nature of Institutional Research and Knowledge and Skills It Require," *New Directions for Institutional Research,* no. 104, Winter, pp. 21–29.

Volkwein, F. (2008). "The Foundations and Evolution of Institutional Research," *New Directions for Higher Education,* No.141, Spring, pp.5-20.

WASC (2008). Handbook of Accreditation.
http://www.wascsenior.org/files/2008_handbook_of_accreditation.pdf　（2013/9/6）

WASC (2009) .WASC Resource Guide for 'Good Practices' in Academic Program Review.
http://www.wascsenior.org/node/253　（2013/9/6）

WASC (2013). 2013 Handbook of Accreditation: penultimate draft.
http://www.wascsenior.org/content/draft-2013-handbook-accreditation　（2013/9/6）

Wolf, R. (2013). "The Role of Institutional Research in a Time of Major Disruption," Keynote , The AIR Forum, Long Beach. CA. The USA, May 20, 2013.

浅野茂・本田寛輔・嶌田敏行 (2013)「米国における IR による意思決定支援と我が国での活用について」大学評価担当者集会 2013 第一分科会講義資料、神戸大学、8 月 23 日。

大場淳 (2009)「第 7 章　フランスにおける高等教育の質保証」羽田貴史・米澤彰純・

杉本和弘編著『高等教育質保証の国際比較』東信堂、pp.177-195。
岡田有司（2012）「AIR2011・AAIR2011参加報告―北米・豪州のIRの動向と日本のIRにおける課題―」鳥居朋子『大学マネジメントにおける上級管理職とIRの機能的連携に関する研究』（科学研究費補助金（基盤（C））研究成果最終報告書）、pp.115-116。
工藤潤（2012）「学士課程教育と学士力の実質化―認証評価からみた現状と課題―」『大学教育学会誌』第34巻第2号（通巻第66号）、pp.17-22。
鳥居朋子（2008）『戦後初期における大学改革構想の研究』多賀出版。
鳥居朋子（2011）「第3章 データに基づくカリキュラム・マネジメント―質保証の文脈における教育改善と Institutional Research―」東北大学高等教育開発推進センター編『教育・学習過程の検証と大学教育改革』東北大学出版会、pp.63-92。
鳥居朋子（2013）「質保証に向けた教学マネジメントにIRはどう貢献できるのか？―立命館大学における教学IRの開発経験から―」『大学マネジメント』9巻3号、pp.2-7。
中井俊樹・鳥居朋子・藤井都百編著（2013）『大学のIRQ&A』玉川大学出版部。
ハワード、リチャード編（大学評価・学位授与機構IR研究会訳）（2012）『IR実践ハンドブック―大学の意思決定支援―』玉川大学出版部。
バーンバウム、ロバート（高橋靖直訳）（1992）『大学経営とリーダーシップ』玉川大学出版部。
福留東士（2009）「米国高等教育におけるラーニングアウトカムに関する動向」『比較教育学研究』第38号、pp.145-158。
前田早苗（2009）「大学の質保証における認証評価が果たすべき役割について」『大学評価研究』第8号、pp.53-63。
山田礼子（2013）「IR（Institutional Research）：エビデンスにもとづくマネジメントの手法」濱名篤・川嶋太津夫・山田礼子・小笠原正明編著『大学改革を成功に導くキーワード30―『大学冬の時代』を生き抜くために―』学事出版、pp.28-33。

【補遺】

本稿は2013年9月に執筆したものである。

終　章
調査研究の総括

生和　秀敏

　認証評価制度が始まって約10年、既に第二クールに入っているが、大学評価に関する様々な問題や課題が浮き彫りになってきている。その主なものとしては、(1)大学評価の目的は、基準への適合性を判断するためのものか、大学の質の維持・向上を支援するためのものなのか、この点が曖昧である、(2)大学設置基準等の法令要件の遵守を中心とした教育環境や教育システムを評価対象とする認証評価だけで、果たして大学教育の質の保証になり得るのだろうか、(3)多様化・個性化の促進を謳っていながら、設置形態・伝統・規模・保有資源など基本的な条件が異なる大学を画一的な基準で評価することが、果たして適当なのだろうか、(4)大学を機関として評価するだけではなく、教育研究活動の実質的な単位である教育プログラム評価を考えなければ、大学教育の質の評価は不可能なのではないか、(5)教育環境や教育条件の評価ではなく、学習成果など教育成果を評価の対象としなければ、大学に対する社会の期待に応える評価とはいえないのではないか、(6)自己点検・評価、機関別・専門分野別認証評価、法人評価、専門分野ごとの教育プログラム評価など、多重化している評価システムを簡素化し、評価者側も被評価者側も負担の少ない評価体制の構築が必要である、(7)大学教育の国際的通用性が問題となる以上、大学評価もそれに相応しい内容と水準を備えたものでなければならない、などが指摘されている。

　本書の基となった調査研究の主な目的は、大学のグローバル化が進行している中にあって、各国の認証評価機関の活動の実態を調べることで、大学評価のグローバル化の現状を理解し、国際的通用性のある評価のあり方とは

どのようなものか、今後、わが国の大学評価を改善する上で参考になる点はあるのか、あるとすればどのような点なのかを明らかにすることであった。知識基盤社会と言われている今日、いずれの国においても、高等教育への社会の需要は高まり、世界の大学の数は急激に増加し、設置形態や設置目的・社会のニーズへの対応の仕方など、大学の様態にも多様化が見られるようになってきた。その一方で、同じ大学という名称を冠してはいるものの、それぞれの大学が授与している学位の質の不揃いが問題になり、ディグリー・ミルと呼ばれる大学も少なくなく、大学の質に対する懸念も増大している。このような事態に対処するため、各国は評価機関を設置し、自国の大学の質を保証し、大学の国際的通用性を図ることに意を払っているのは、当然と言えば当然のことである。

　大学評価の国際的動向は、第1部第5章の「大学評価の国際的動向」に記載しているが、予想以上に大学評価の方法と内容に関して、グローバル化が進行していることが理解できる。その理由は、国や設置形態の違いはあっても、本書で取り上げた各国において大学設置の目的・使命に関しては、かなりの共通性が認められることなどが大きい。その意味では、本調査結果だけから、これが大学評価の国際的動向と見なすには一定のバイアスがあることは否めない。しかし、調査研究の目的が、大学評価の意味と課題をグローバルな視点から捉え直し、わが国の今後の大学評価のあり方を探ることであり、アンケート調査や訪問調査の結果をも含めて考えるなら、有益な情報を得ることができたといえる。これらをもとに大学評価の動向を推察すると、(1)基準適合から目的適合へ、(2)機関別評価から教育プログラム評価へ、(3)インプット評価からアウトカム評価へ、(4)外的質保証から内部質保証へ、(5)評価の簡素化とライトタッチへ、(6)評価機関の連携の強化といった流れが考えられる。この動向予測と、本書に直接には載録しなかったアンケート及び訪問調査結果とを照合しながら、大学評価の課題を再整理することで、本書の総括に替えたい。

I. 基準適合から目的適合へ

国際的によく知られている評価方法としては、アメリカで発展してきたアクレディテーション型と欧州諸国に見られるオーディット型がある。前者は予め大学基準を定め、それに適合しているかどうかという観点から大学の適格性を評価するやり方である。後者は、各大学が自ら掲げている目的・目標と照合することで大学の現状を目的適合という観点から評価するやり方である。実際の評価対象事項や評価項目に大きな違いがあるわけではないが、外的基準に準拠した評価なのか、内的基準に基づく評価なのかという点では、両者は対照的といえる。この違いは、大学の歴史や文化の違いもさることながら、各国の大学の数に大きく関係している。大学のユニバーサル化が見られ、4,000以上の大学を抱えるアメリカでは、量的拡大に伴う質の不揃いが問題となり、予め定めた大学基準に適合しているか否かを判別することが、大学コミュニティの質の維持にとって必要であった。一般に言われている「質保証（Quality Assurance）」は、この意味で使われている。一方、大学の数が比較的少なく、殆どの大学の質が既に一定水準にある欧州諸国においては、質保証のための評価の必要性は低く、各大学が目指す目的・目標の実現に向けた自己改革・自己改善を支援することが評価機関には期待されてきた。ここでの評価は、「質の向上（Quality Enhancement）」への支援という意味合いが強い。

　しかし、近年、この単純な区分が当てはまりにくい事態が見られ始めている。

　知的基盤社会といわれ、社会の各層が大学への関心を寄せるようになると、大学の量的拡大は必然的に大学の多様化を加速させることになり、全ての大学に適用できる汎用性のある大学基準を定めることが難しくなってきている。アメリカのアクレディテーションをモデルとしてきた大学基準協会の大学評価も、全ての大学に遵守を求める基盤評価と各大学が独自に掲げる目的・目標の達成度を評価する達成度評価を併用しているのは、まさにそのためである。各国とも、機関別評価の重要な評価事項として「内部質保証システムの構築」を求めたり、一律の評価基準とは別に、選択評価を加えたり、多元的評価システムの構築を模索するなど、大学の特長を生かした評価のあり方を検討せざるを得なくなっている。また、国際化の進展に伴い国際的通用性を基準とした、新たなアクレディテーションを模索しようという動きもある。

オーディット型の評価においても同様で、アメリカほどではないにしろ、欧州でも、大学数の増加による質の不揃いに加え、「欧州高等教育の質保証の基準及びガイドライン」が策定され、自らが掲げる目標の達成度だけではなく、大学教育の国際的通用性という観点から大学の質を改めて評価し直す必要が生まれてきている。ダブル・ディグリーやジョイント・ディグリーなど、流動化が進み、国境を越えた大学教育の展開が求められるようになると、共通した基準に基づく教育プログラムの編成が必要になり、国際的基準に合致した大学教育の標準化への動きが盛んに見られるようになってきている。従来型のシステム・アクレディテーションとは異なり、プログラム・アクレディテーションの必要性が増大しつつある。わが国でも、医学や工学など、専門的職業人を養成するための教育プログラムでは、学協会などが中心となって定められた国際基準をクリアーすることが強く求められている。この傾向は、他の専門分野にも波及していくものと考えられる。

　調査実施前の予測では、基準適合型評価から目的適合型評価への移行が、かなり進んでいるものと考えていたが、評価機関の現状は、それとはかなり異なっていることが分かった。大学にとってみれば、個性尊重と繋がる目標適合型評価は受け入れやすいが、評価機関側からみれば、評価基準を定め、それへの適合性を評価する基準適合型評価のほうが、客観的で実効性のある評価ができると考えているのであろう。今後は、大学と評価機関との意思疎通を図り、性格の異なる2つの評価を、どう融合させるかを考えていく必要がある。

II. 機関別評価から教育プログラム評価へ

　大学評価の対象を大別すると、高等教育機関として大学の全体を単位として評価する機関別評価と、機関を構成する各専門分野を評価単位とする専門分野別評価とに分けられる。単科大学を別にすると、多くの大学組織は、学部・研究科等などの専門分野組織から構成されており、機関と専門分野とは、全体と部分といった関係にある。その意味では、機関別評価は、機関を構成する専門分野別評価の集合として考えることも可能である。しかし、あくま

でも原則は、機関別評価は、理念・目的、教育研究組織、施設設備、管理運営体制、学生支援体制、財務状況、内部質保証システムなど、大学の組織全体を評価することが目的であり、専門分野別評価は、教育プログラムや教育活動の展開を評価するのが目的で、それと直接関係した事項や項目が評価対象になっている。しかし、実態は必ずしも明確に区分けできないケースもある。単科大学や専門職大学院などでは、機関別評価と専門分野別評価の区別は曖昧であるし、学部・研究科等の教育研究組織が管理運営の単位組織になっている場合には、専門分野別評価の中に管理運営に関する評価も含まれることになる。また、専門分野を超えた教育活動やイッシューや課題を中心テーマとして展開されている教育活動の評価まで、専門分野別評価と称することには違和感がある。このように考えると、教育課程や教育活動を対象とした評価は、専門分野別評価とするより、「教育プログラム評価」とし、評価対象が明確にしたほうがよい。そうすれば、専門分野ごとに編成されているプログラムも、超分野的プログラムも、等しく評価の対象にできる。

このような概念整理を行った上で、世界の大学評価の対象を見てみると、機関別評価から教育プログラム評価へと評価の対象が確実に移りつつあるように見える。特に大学の国際化や流動化は、国による設置形態や大学の置かれている文化的・社会的背景の違いを乗り越えてこそ可能であり、教育プログラムや教育活動の評価こそ、その大学の国際的通用性を評価する上で重要な指標となることは間違いない。プログラム評価という場合、教育内容のみを意味するのではなく、教育目標・教育方法・履修方法・教育組織など、かなり広義の意味で用いられているのが普通である。例えば、ワシントン・アコードの枠組みの中で国際的通用性を目指しているJABEEでは、教育プログラムを「ある教育目的・目標を実現するためのカリキュラムとそれを支える教育システム（時間割、教育方法、評価方法、教育組織、設備等を含む）とを包摂した概念で、学生の進路や教育目標に応じて授業科目等を系統的に配列し、学習者が主体的に履修することを促すもので、その中には、教育成果の保証も含まれる」と考えている。

III. インプット評価からアウトカム評価へ

　大学の質について言われている内容を整理すると、およそ、以下の4つのレベルが考えられる。第1は、大学に関する法令要件や設置認可時の遵守事項が守られていること、第2は、大学が掲げる使命・目的が達成されていること、第3は、社会が大学に期待する教育成果が認められること、第4は、国際的通用性のある教育研究が行われていることである。このうち、第1のレベルは、大学が大学として機能するための条件が整っているかどうかを問題としているが、その他の3つの視点は、大学の活動の成果が質保証の重要なポイントであることを示している。一般には、前者をインプット評価、後者をアウトカム評価と言っているが、インプット評価だけで大学の質の保証ができるとは到底考えにくい。

　現在、世界を席巻しているかのように見える新自由主義の流れは、社会発展に貢献できる人材養成機関としての性格を強めている大学の改革の方向を大きく規定している。新自由主義とは、市場原理、競争原理、自由貿易、規制緩和、民営化などの経済的な自由主義を柱とするもので、国による規制を少なくすることが、個人や企業の活力を引き出し、経済の活性化を促し、ひいては社会全体の発展に繋がるという考え方である。そこでの評価の基準は、結果重視、成果重視であり、インプットもプロセスも、それがアウトカムと繋がってこそ意味をもつと考えられている。このような考え方は、欧米のみならず、2000年代以降、アジアを中心とした開発途上国の間に急速に広まってきている。中国・韓国と並んで留学生の多くを本学に送り込んでいるインドネシアやマレーシアなど東南アジア諸国の国立大学は、わが国の場合と同様、法人化を進めている。この背景には、国際通貨基金(IMF)や世界銀行が、開発途上国への融資の条件として、新自由主義経済への転換を強く求めてきたことと無関係ではない。

　大学のグローバル化は、「ユネスコ高等教育世界宣言―21世紀の高等教育―」や、ユネスコとOECDが連名で公表している「国境を越えて提供される高等教育の質保証のガイドライン」でも明らかなように、文系理系を問わず大学に強く求められている21世紀の課題である。しかし、現在、政府・財界・

マスコミが一体となって主張している大学のグローバル化は、経済の活性化とそれを可能にする技術開発を支える人材の養成とイノベーション創出であることは明らかである。大学に求められている教育成果も研究業績も、「どれほど実際に役立つのか」「どれほど新たな産業創出の可能性が期待できるのか」といった観点から評価される傾向が強い。大学評価が、インプット評価やプロセス評価からアウトカム評価へ変わってきているのは、そのほうが、国民も市場も受け入れやすいという判断によるものであろう。この流れを加速させるかのように、国が求めている大学改革の方向も、自主・自律の確立や新たな価値の創造というより、社会が期待する国際的競争に勝てる人材の養成という他律的な側面が強調され、それを可能にする教育システムや教育方法への転換と、先導的な研究成果が期待できる分野に人的・物的・資金的な資源投入を可能とする管理運営体制の整備に力点が置かれている。

IV. 外的質保証から内部質保証へ

　平成14年の中教審答申「大学の質の保証に係わる新たなシステムの構築について」を受け、各大学に自己点検・評価が義務づけ、さらに認証評価機関による外部評価が義務づけられ、国公立大学法人においては事業期間ごとに法人評価を受けることが求められている。それに伴い、自己改革・自己改善を行うための手段であった自己点検・評価が、本来の目的とはことなり、認証評価や法人評価などの外部評価を受ける準備のための基礎資料集めといった性格を強めてきている。その結果、大学の質を保証するのは、大学自身ではなく、外部の第三者機関であるかの印象が強まってきている。しかし、先進諸国の動向を見ると、第三者機関による評価は、あくまでも各大学が行う自己点検・評価の信頼性と妥当性をチェックすることに主眼が置かれ、大学評価では、自己点検・評価機能の充実による内部質保証システムを予想以上に重視していることが、今回の調査からも明らかになった。

　大学の使命・目的は、既存の価値をどう実現するかと言う点に限定されるのではなく、新たな価値を生み出す、自主的・自律的な活動の主体として継続的に機能することが期待されている。そのためには、第三者の意見を尊

重するとしても、大学評価の主体も基本的には大学自身でなければならず、「他律から自律へ」「External から Internal へ」「外的質保証から内部質保証へ」という方向性が浮かび上がってきた。内部質保証システムの構築とは、大学の使命・目的を実現するために、自らの活動を自己制御するシステムであり、大学の質を自らの責任で維持・向上させるための仕組みである。繰り返しになるが、大学評価は、それ自体が目的ではなく、よりよい大学創成のための手段であり、改革・改善を行える主体は、あくまでも当事者である大学である。大学の情報が正確に公表され、大学のポートレートが整備されれば、これからの外部評価は、極論すれば、各大学の内部質保証システムが構築され、適切に機能しているかどうかを評価すればよいことになる。

　しかし、わが国の場合、国による事前審査と第三者機関による事後評価をセットとして、大学の質を保証する公的質保証制度が法的に整備されているため、国の認証を受けている評価機関としては、大学が掲げる使命・目的の実現より、国が大学に求めている遵守事項の履行状況のほうを重視する傾向にあることは否めない。制度的に国から独立した第三者機関が評価を行うことになってはいるが、認証評価機関となるためには、国が評価機関に求める要件を具備することが必要であり、本来なら設置権限をもつ国が行うべき事後評価を認証評価機関が代行しているのに過ぎないという見方も成り立つ。わが国における内部質保証システムの構築が進まないのは、所詮、大学評価とは、国の息の掛かった外部評価機関が行う業務であるという意識が根強くあるからであろう。あるいは、自主的なギルドの共同体を基盤として発展してきた欧米諸国の大学と、国の高等教育政策によって主導されているわが国を含むアジア諸国の大学とでは、自主・自律という大学の根幹に関わる意識の違いによるのかもしれない。認証評価制度の導入以前の大学基準協会の相互評価は、単なる適格認定に留まらず、評価する側もされる側も、評価活動や評価結果から得た情報を自己改革・自己改善を行うため手段として活用することで、大学コミュニティ全体の質が維持・向上されることを期待して行われてきた。オーディット型の内部質保証の重要性が言われ始めている今日、大学も評価機関も、そして政府も、大学評価の意味を改めて考えてみる必要がある。

V．評価の簡素化とライトタッチへ

　法令要件の遵守状況を確認するための明確な評価基準が予め定められ、各基準に該当する評価項目とそれに対応する指標が客観的な数値として示されていれば、評価機関の評価作業は、比較的容易であり、誰でも評価は可能である。認証評価制度を導入した当初の狙いは、大学設置時に求めた法令要件が確実に履行されていることをチェックすることが目的であり、それが最低限の大学の質を維持させる要件と考えていたと推察される。しかし、大学評価の目的が、最低限の質保証から継続的な質の向上支援へと移行するのに伴い、機関別評価から専門分野別評価、さらには、教育プログラム評価へと評価対象が広がり、インプット評価からアウトカム評価へ主座が移り、評価すべき事項も多岐に亘り、評価項目数も増加し、評価を担当する専門分野の関係者からなる評価グループの編成も相当の規模になっている。

　さらに加え、認証評価とは目的を異にする法人評価や大学院に特化した外部評価などが義務づけられ、各大学はその準備に教職員挙げて忙殺されるようになってきている。このまま放置しておくと評価はさらに「自己増殖」を繰り返し、教育研究という大学の本来業務に支障が生じかねない恐れがある。わが国で進められている教育情報の公開と大学ポートレートの準備は、社会に対する大学の説明責任を果たすという本来の目的に加え、重層化されている各種の評価に関わる負担を軽減させるという狙いがある。これが整備され、公表されたデータの信頼性が確保できれば、評価の簡素化は可能になると考えられる。

　しかし、公表が義務づけられている大学情報の多くは、インプットやアウトプットなど数量的に示しやすいものに限られており、教育目標との照合による教育成果の指標となるアウトカム指標と見なせるものは少ない。これらの指標だけから、各大学の教育的努力を適切に評価できるかどうかは、些か不安ではある。公表情報や大学ポートレートが、どのような使い方をされるのか、大学のみならず、評価機関も注視しておかなければならない。

　各国とも評価の簡素化とライトタッチ評価の必要性は感じており、評価基準の精選、評価事項の選択制、評価項目の思い切った削減、教育プログラ

ム評価の大括化、評価日程の短縮、共有可能な公表データの積極的活用、評価申請に添付される自己点検・評価報告書の字数制限などが提案されている。しかし、評価の目的や対象が多岐に亘ると、「ミニマル・エッセンシャル」な評価に踏み切るのには、かなりの決断が必要である。評価事項や評価項目を付け加えることは簡単だが、これまで対象としてきた事項や項目を削除するには、それなりの理由を関係者に納得させることのできる論拠が必要である。例えば、評価項目間の関係を評価者の反応をもとに、項目分析や多変量解析などの統計的方法を用いて適切に整理すれば、「この項目を聞けば、他の項目をわざわざ聞く必要はない」などの判断はある程度は可能である。これまでとは違う視点と方法で、評価の簡素化とライトタッチ評価を検討するのも1つのやり方である。

VI. 評価機関の連携の強化

　各国の評価機関相互の連携はかなり進んでいる。全世界の評価機関のネットワークであるINQAAHEのみならず、地域ごとのネットワークやコンソーシアムが整備されつつある。その目的は、大学のグローバル化に伴い学位の質のグローバル化が求められることを受けて、互換性のある学位システムの構築、単位互換制度の整備、学生や教員の流動化の促進、共同した教育プログラムの開発など、国際化を視野に置いた新たな評価システムの構築が求められてきているからである。欧州高等教育圏の構築を目指すボローニア・プロセスほど本格的なものかどうかは分からないが、アメリカでもアジア・太平洋地域でも、評価機関のネットワーク構築が進み、それぞれの地域の文化的・社会的特性や各国の事情を尊重しながら、可能な限り、評価基準や評価方法の共通化を図るため、評価者研修などでの相互交流が積極的に進められている。

　これまでの大学評価の中心であった機関別評価は、設置形態や教育制度と密接に関係していたため、国境を越えた共通した評価の仕組みを構築することへの積極的な意味は弱かった。つまり、機関別評価の評価基準は、同一の教育体制のもとにおいてのみ適用可能なローカル・スタンダードであった。

しかし、教育プログラムの評価基準は、国境を越えて適用可能なグローバル・スタンダードでなければ意味をなさないことは、異論のないところであろう。欧州で進められている TUNING プロジェクトや、参考指針として示されている QAA の学科目ベンチマークなどは、専門分野における教育プログラムにおいて求められるコンピテンシーを示したもので、教育プログラムの国際的通用性を評価する上で重要な役割を果たしている。大学教育における学習成果を評価するために OECD が着手し始めている AHELO は、教育プログラムのアウトカム評価の手段として国際的にも注目されている。これからの評価機関は、国際的な連携を進めると同時に、学協会との連携を強めることが必要不可欠となっている。これからの大学の管理運営や組織形態は、あくまでも国際的通用性のある教育活動の展開を可能とする仕組みでなければならず、教育プログラムの国際化が契機となって、大学の機関としての国際化が促進されることを期待したい。

Ⅶ．評価能力の向上

評価に対する信頼性は、評価者への信頼性に帰属する。何を評価するのかは、勿論重要だが、誰が評価するのかは、それ以上に重要である。大学評価の場合、いくら評価基準が明確にされ具体的な評価項目が設定されても、評価における評価者の主観性を排除することはできない。平成 28 年 3 月、中教審大学分科会は審議まとめ「認証評価制度の充実に向けて」を公表し、その中で、「評価人材の育成」の重要性を指摘しているが、特筆すべき具体的な提案はない。

現在、評価者は評価機関から委嘱された大学関係者を中心に構成されているが、評価への動機づけや評価能力には評価者間にかなりの差がみられる。評価機関では独自の研修や評価者ハンドブックなどを作成し、評価者訓練に努力はしているものの、必ずしも満足のいく状況にはない。その理由は、評価活動への参加が自らの業績評価に結びついておらず、大学から推薦されて、やむなく評価者になっているケースが多いからであろう。自らの大学のことには関心があっても、評価を通じて大学コミュニティ全体の質の向上に責任

をもつという意識は概して希薄である。

　それに加えて問題なのは、評価活動の大学内における位置づけが曖昧である点が挙げられる。大学ガバナンスで留意すべき重要な側面は、意思決定の仕組みの明確化、業務執行の効率化、評価システムの整備にあることは、既に知られているところである。特に評価システムの整備は、大学が自律的な組織として機能するためには不可欠であり、大学が自らの意思で改革・改善を図るためには欠くことができない課題である。評価機関に参加する大学関係者の評価に対する意識の違いは、それぞれの大学の評価活動に対する意識の違いを反映している可能性が高い。評価者個人に、評価論や評価方法への精通を求めることは当然であるが、各大学における評価文化の定着こそが、質の高い評価人材の育成にとっては最も重要なことと言える。

　最後に少し気になった点を2つ述べておきたい。第1は、学生評価の位置づけの問題である。大学にとって最も重要なステークホルダーは学生である。消費者保護と学生保護とを同一視することには若干問題があるとしても、大学が目を常に向けていなければならないのは学生である。一部の国では学生評価を重要視しているが、全体としてみる限り、評価機関の行っている大学評価に占める学生評価の重みは、決して十分なものではない。評価機関として学生評価をどう位置づけるか、今後の大きな検討課題である。

　第2は、評価機関の社会的位置づけについての懸念である。評価機関の評価結果が大学の存続判断や奨学金貸与の条件となっている国もあれば、そこまでは評価結果のもつ社会的価値が高くない国もある。特に、研究大学を指向している有力大学の多くは、評価機関にさして期待をしていないように見受けられる。彼らが関心を寄せているのは、タイムズやトムソン・ロイターなどが発表する大学ランキングであり、それが、大学の市場価値を決めていると考えているからである。このような風潮の中で、評価機関が自らの社会的価値を高めるために何をすべきか、その確かな道筋はまだ見えていない。

高等教育のあり方研究会名簿

(2015(平成)27年2月27日現在)

職名	氏名	所属機関
座長	鈴木典比古	国際教養大学
調査研究員	生和秀敏	広島大学
〃	羽田貴史	東北大学
〃	早田幸政	中央大学
〃	山田礼子	同志社大学
〃	山本眞一	桜美林大学

※ 任期：2013(平成25)年8月1日 ～ 2016(平成28)年3月31日

高等教育のあり方研究会
大学評価理論の体系化に向けた調査研究部会名簿

(2015(平成)27年2月27日現在)

職名	氏名	所属機関
部会長	生和秀敏	広島大学
部会調査研究員	大場　淳	広島大学
〃	工藤　潤	大学基準協会
〃	杉谷祐美子	青山学院大学
〃	鳥居朋子	立命館大学
〃	堀井祐介	金沢大学
〃	前田早苗	千葉大学
	和賀　崇	岡山大学

※ 任期：2011(平成23)年11月18日 ～ 2014(平成26)年3月31日

執筆者一覧（執筆順）

生和　秀敏（編者、広島大学名誉教授、大学基準協会特任研究員）
有本　章（兵庫大学教授・広島大学名誉教授）
寺﨑　昌男（立教大学・東京大学・桜美林大学名誉教授）
大森　不二雄（東北大学教授）
稲永　由紀（筑波大学講師）
前田　早苗（千葉大学教授）
工藤　潤（大学基準協会事務局長）
早田　幸政（中央大学教授）
堀井　祐介（金沢大学教授）
大佐古　紀雄（育英短期大学准教授）
木戸　裕（前国立国会図書館専門調査員）
大場　淳（広島大学准教授）
斉藤　泰雄（国立教育政策研究所名誉所員）
黄　福涛（広島大学教授）
渡辺　達雄（金沢大学准教授）
杉本　和弘（東北大学教授）
杉谷　祐美子（青山学院大学教授）
和賀　崇（岡山大学准教授）
鳥居　朋子（立命館大学教授）

JUAA選書　第15巻

大学評価の体系化

2016年10月20日　初版 第1刷発行　　　　　　　　　〔検印省略〕
　　　　　　　　　　　　　　　　　　定価はカバーに表示してあります。

編者ⓒ生和秀敏・大学基準協会／発行者：下田勝司　装丁：桂川 潤　　印刷・製本／中央精版印刷

東京都文京区向丘1-20-6　　郵便振替00110-6-37828　　　　　　　　発 行 所
〒113-0023　TEL(03)3818-5521　FAX(03)3818-5514　　　株式会社 東 信 堂

Published by TOSHINDO PUBLISHING CO., LTD.
1-20-6, Mukougaoka, Bunkyo-ku, Tokyo, 113-0023, Japan
E-mail : tk203444@fsinet.or.jp　http://www.toshindo-pub.com

ISBN978-4-7989-1390-2 C3037 ⓒ Japan University Accreditation Association, 2016

東信堂

大学の自己変革とオートノミー——点検から創造へ	寺﨑昌男	二五〇〇円
大学教育の創造——歴史・システム・カリキュラム	寺﨑昌男	二五〇〇円
大学教育の可能性——教養教育・評価・実践	寺﨑昌男	二五〇〇円
大学は歴史の思想で変わる——FD・評価・私学	寺﨑昌男	二八〇〇円
大学改革 その先を読む	寺﨑昌男	一三〇〇円
大学自らの総合力——理念とSDそしてFD	寺﨑昌男	二〇〇〇円
大学自らの総合力Ⅱ——大学再生への構想力	寺﨑昌男	二四〇〇円
大学評価の体系化	大学基準協会編	三二〇〇円
高等教育の質とその評価——日本と世界	山田礼子編著	二八〇〇円
学士課程教育の質保証へむけて——学生調査と初年次教育からみえてきたもの	山田礼子	三二〇〇円
アウトカムに基づく大学教育の質保証——チューニングとアセスメントにみる世界の動向	深堀聰子	三六〇〇円
高等教育質保証の国際比較	羽田貴史編	
転換期を読み解く——潮木守一時評・書評集	米澤彰純編	
大学再生への具体像 大学とは何か【第二版】	杉本和弘編	二六〇〇円
フンボルト理念の終焉?——現代大学の新次元	潮木守一	二四〇〇円
いくさの響きを聞きながら——横須賀そしてベルリン	潮木守一	二五〇〇円
「大学の死」そして復活	潮木守一	二四〇〇円
大学教育の思想——学士課程教育のデザイン	絹川正吉	二六〇〇円
大学教育の在り方を問う	絹川正吉	二八〇〇円
北大 教養教育のすべて——エクセレンスの共有を目指して	山田宣夫	二三〇〇円
大学は社会の希望か——大学改革の実態からその先を読む	小笠原正明安藤厚細川敏幸編著	二四〇〇円
転換期日本の大学改革——アメリカと日本	江原武一	二〇〇〇円
大学の管理運営改革——日本の行方と諸外国の動向	江原武一	三六〇〇円
	杉本均編著	三六〇〇円

〒113-0023 東京都文京区向丘1-20-6
TEL 03-3818-5521 FAX 03-3818-5514 振替 00110-6-37828
Email tk203444@fsinet.or.jp URL:http://www.toshindo-pub.com/

※定価：表示価格（本体）＋税